Heinz Grill

Die Signaturen der Planeten und die seelisch-geistige Entwicklung in der Pädagogik

Unterrichtsbeispiele des
Herausgebers Günther Pauli

Heinz Grill

Die Signaturen der Planeten und die seelisch-geistige Entwicklung in der Pädagogik

Unterrichtsbeispiele des Herausgebers Günther Pauli

Bibliografische Information der Deutschen Bibliothek
Die Deutsche Bibliothek verzeichnet diese Publikation in der deutschen
Nationalbibliografie; detaillierte bibliografische Daten sind im Internet über
http://dnb.ddb.de abrufbar.

Copyright 2012
bei Lammers-Koll-Verlag
Auricher Straße 10
D-71665 Vaihingen/Enz
Tel: +49 (0) 70 42 / 815 24 05
Fax: +49 (0) 70 42 / 815 24 04
e-mail: verlag@lammers-koll-verlag.de
Internet: www.lammers-koll-verlag.de
Web-Shop: www.yogabuecher.de

ISBN 978-3-935925-38-9

Herausgeber: Günther Pauli
Fotos: Petra Himmel, Günther Pauli, Martin Sinzinger, Albert Wimmer,
Pico del teide © Spargel - Fotolia.com,
Baum am Grand Canyon © flocco21 - Fotolia.com
und Archiv Lammers-Koll-Verlag
Titelzeichnung: Petra Himmel, Cornelia Förch
Zeichnungen: Flora Duley, Cornelia Förch, Petra Himmel, Günther Pauli
Satz: Albert Wimmer
Gesamtherstellung: Druckerei Uhl GmbH & Co KG, Radolfzell/Bodensee

Inhaltsverzeichnis

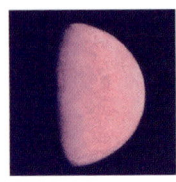

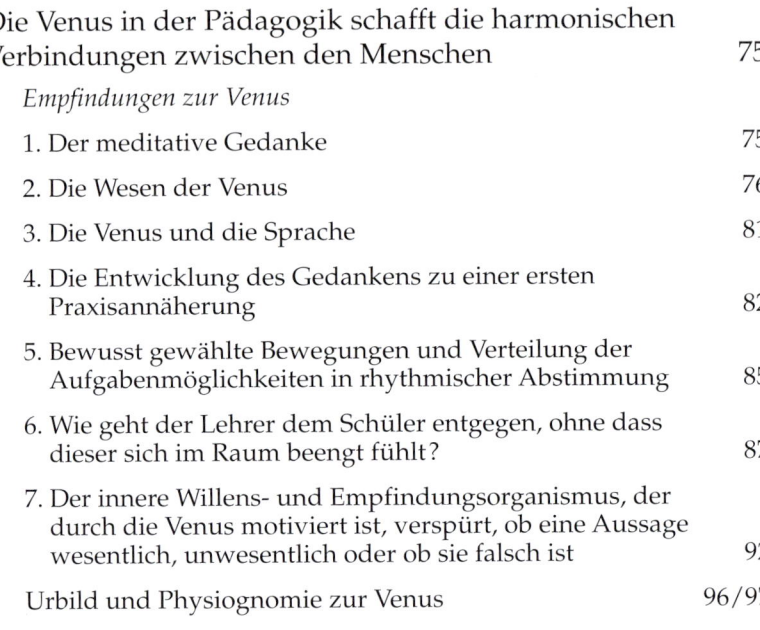

Unterrichtsbeispiele des Herausgebers

Vorwort

Die Tätigkeit als Lehrer oder Pädagoge dürfte heute keine leichte sein. Es wird immer schwerer, Inhalte zu vermitteln und deren Wert darzustellen, ohne sich dabei auf das heute übliche Nützlichkeitsprinzip eines äußeren Gesellschaftssystems zu berufen.

Sicherlich möchten die Lehrer in den vielen verschiedenen Schulformen ihre Unterrichtsstunden in einer guten Lernatmosphäre abhalten und mit der Klasse ein gutes Verhältnis haben. Dieses Wollen oder auch dieses Wünschen begleitet uns aber als Lehrer oft als ein unbewusstes Wollen. Es lebt in uns so, wie solche Wünsche, dass man zum Beispiel Glück im Leben hat. So hofft man auf eine gute Klasse, einen Erfolg im Unterricht und auf ein gutes Kollegium.

Da sich diese Umstände selten von selbst erfüllen und der Schulalltag gerade in der Vermittlung von Lerninhalten seine Anforderungen stellt, sucht man heute auf vielen Wegen nach Lösungen. Dieses Suchen nach Lösungen auch vor dem Hintergrund des äußeren gesellschaftlichen und vor allem wirtschaftlichen Wandels drückt sich auch im Bild des Lehrers selbst aus: In etwa den letzten 40 Jahren hat er sich vom „autoritären Dompteur" zum „agilen Entertainer" verwandelt, der mit allerlei Tricks seine Klasse „bei der Stange hält". Neuerdings werden sogar Seminare für Lehrer angeboten, in denen das Witze-Erzählen gelernt wird, damit der Lehrer gut bei der Klasse ankommt.

In dem Ihnen hier vorliegenden Buch wird eine aus der geistigen Welt inspirierte und aus meiner Sicht als lehrend tätiger Mensch völlig neuartige Pädagogik dargestellt. Sie bietet eine Grundlage, eine lehrende und vermittelnde Tätigkeit aufzubauen, die sich nicht nur an den äußeren Bedürfnissen, wie etwa des Wirtschaftssystems, orientiert und auch keine scheinbar günstige schnelle Lösung in einfachen Methoden sucht, sondern die den Menschen in einem umfassenderen Sinn ins Auge fasst und insbesondere seine Bezüge zur geistigen Welt mitberücksichtigt.

Welche Gedanken oder Überlegungen bewegten nun den Autor Heinz Grill, seine Ausführungen in einer vielleicht zunächst ungewöhnlichen Weise nach den Planeten des Sonnensystems zu gliedern? Eine erste Möglichkeit der Beantwortung dieser Frage wäre folgende: Den hier vorgestellten Gedanken und Darstellungen liegt zunächst zugrunde, dass der Mensch kein statisches, fertiges Wesen ist, sondern in einem fortlaufenden, andauernden Entwicklungsprozess steht und zwar nicht nur als Kind oder als Jugendlicher, sondern auch als Erwachsener in jedem Lebensalter. Des Weiteren wird in diesen Darstellungen von folgender Grundlage ausgegangen: Das, was im Menschen durch seine Entwicklung auf der Erde zur Umsetzung kommen soll, ist in der geistig-seelischen oder kosmischen Welt schon veranlagt in Form verschiedener Seelenqualitäten oder Wesenheiten, die diese Qualitäten tragen. Die Gesamtheit dieser kosmischen Wesenheiten könnte man als einen geistigen oder göttlichen, aus dem Kosmos angelegten Menschen beschreiben, dessen Absicht es ist, in seiner irdischen Manifestation das Leben als Ganzes immer mehr zu erheben, zu erneuern und zu veredeln. Sodass die Qualitäten, die im Geistigen schon angelegt sind, den höheren Menschen im Irdischen mehr und mehr zur Geburt bringen wollen. Aus der Sicht geistiger Forscher, wie zum Beispiel Rudolf Steiners oder des Autors, ist, wie schon angedeutet, diese geistige Gesamtheit gegliedert nach verschiedenen höheren seelischen Qualitäten oder Wesenheiten, die im Kosmos ausgebreitet sind und deren Gliederung sich auch in der physischen Welt als das der Astronomie zugängliche Sonnensystem abbildet. Oder mit anderen Worten: Das Planetensystem ist der sichtbare Ausdruck einer größeren, geistig-seelischen und gegliederten Gesamtheit.

Weiter liegt nach den Ausführungen der Geistforscher jedem sichtbaren Planetenkörper mit seinen kosmischen Bewegungen, seiner Bahn und Gestalt ein geistiges Wesen zugrunde, das gleichzusetzen ist mit einer bestimmten seelischen Qualität. In der Vergangenheit, so weiter nach den Aussagen der Geistforscher, waren die Menschen mit dieser geistigen Welt mehr unbewusst oder wie man sagt „intuitiv" verbunden und erhielten auf diesem Wege ihre Anregungen zu einem Kulturaufbau. Aus der Notwendigkeit der Entwicklung der Individualität musste sich der irdische Mensch in seinem Bewusstsein aus dieser Verbindung herausnehmen und absondern.

Im jetzigen Zeitrahmen erfordert die Entwicklung des Menschen die Notwendigkeit, sich wieder mit der geistigen Welt in Beziehung zu setzen, aber nun mit einem freien, taghellen, forschenden Bewusstsein, um in dieser schöpferisch tätigen Form wieder kulturbildende Inhalte in das Leben zu bringen.

Die hier vorgestellte Pädagogik ist nach der oben beschriebenen geistig-seelischen Gliederung aufgebaut und vermittelt in ihren wesentlichen Gedanken einmal die gegebene größere geistige Struktur, um dem Menschen wieder eine Beziehung mit seinem geistigen Urgrund und der größeren geistigen Gesamtheit zu eröffnen. Des Weiteren gibt sie die Möglichkeit, ein wichtiges Lebens- und Tätigkeitsgebiet des Menschen nach geistigen Grundlagen zu erheben und aus der aktuellen Not herauszuführen, indem diese Pädagogik den Einzelnen anregt, im Sinne der hier gegebenen Gedanken selbst forschend und praktizierend tätig zu werden.

Des Weiteren bieten sowohl das Studium des Textes, als auch die Betrachtung der Bilder, die aus der imaginativen geistigen Schau entwickelt sind, dem Leser die Möglichkeit, selbst eine tiefere Anschauung zu den Wesenheiten der größeren kosmischen Gliederung zu entwickeln und regen dazu an, die höheren seelischen Ausdrucksformen auch in ihrem irdischen Ausdruck immer mehr zu entdecken. Daher sollte man beim Umgang mit dem Buch beachten, dass alle Zeichnungen neben der gestalterischen Absicht vor allem zum Zwecke des Studiums entwickelt wurden, in dem Sinne, dass der Leser, der sich eine Anschauung über die Planetenwirkungen aneignen möchte, die Ausgestaltungen des Wesens eines jeden Planeten an der Physiognomie des Menschen und an der Pflanzenbildung, sowie an der Lichtwirkung studieren kann. Zu diesem Studium sind auch die Bilder, die das kosmische Wirken in der Physiognomie des Menschen wiedergeben am Ende eines jeden nach den Planeten gegliederten Kapitels größer dargestellt. Der als Pädagoge tätige Mensch kann aus dieser entwickelten Anschauung heraus in seiner eigenen Arbeit einen Sinn dafür aufbauen, wie die von ihm ausgehenden Gedanken- und Schöpferkräfte gestaltet sind und welche Wirkungen von ihnen ausgehen.

Die Aussagen über das Wirken der Elementargeister basieren auf Vorträgen von Rudolf Steiner, der die Elementargeistigkeit aus geistiger Sicht beschrieb.

Ich selbst habe in diesem Buch anhand von Beispielen aus dem naturwissenschaftlichen Unterricht einen ersten Versuch gemacht, die gegebenen Anregungen umzusetzen, wobei ich zunächst vor allem die Anregung aufgriff, dass ein Unterricht dann mehr zum Gelingen kommt, wenn man in der Vorbereitung von einem oder mehreren führenden Gedanken ausgeht, die in einem wirklichen Bezug zum Thema stehen und in das Thema tiefer hineinführen.

Wir wissen heute nicht so recht, wie sich eine wahre und wirkliche Beziehung zur Klasse und auch zum Unterrichtsthema aufbaut und verharren hier oft in unseren unbewussten Wünschen. Es ist ein großer Unterschied, ob man als Lehrer zum Beispiel eine Klasse betritt und in sich mehr den Wunsch hegt, der so lauten könnte: „Hoffentlich verläuft die Stunde gut.", oder ob der Lehrer mit einem vorbereitenden Gedanken zum Thema die Klasse betritt und bei sich sagt: „Ich möchte, dass dieser Gedanke zu dem Thema von der Klasse gut aufgenommen und verstanden wird und dass wir auf dieser Grundlage Erfolge haben werden. Ich werde so gut wie möglich den Gedanken darstellen." Dieser Weg, einen Gedanken zum Thema zu finden und ein Thema so zu unterrichten, dass die Klasse oder der Zuhörer eine Beziehung dazu finden können und dass sie Interesse entwickeln können, wird wohl nicht immer leicht sein und man wird ihn in vielen Fällen erst erlernen müssen. Man kann diesen Weg sicher nicht als eine leichte Methode schnell übernehmen.

Die vorgestellten Unterrichtsbeispiele wollen den als Lehrer und Pädagogen tätigen Leser dabei helfen, vielleicht schon eingefahrene Unterrichtsformen zu verlassen und mit Schöpferkraft und Phantasie neue Wege zu den zu vermittelnden Inhalten aufzubauen und auch den eigenen Forscherdrang auf ganz neue Weise wieder zu erwecken.

In diesem Sinne wünsche ich Ihnen viel Freude beim Lesen.

Günther Pauli

Erziehung bedeutet, die Mitmenschen
mit bestmöglichen Idealen und Sinnen zu
gestalten und sich dabei mit vollster
Realitätswahrnehmung bewusst zu bleiben,
dass es frei wirkende und schaffende Kräfte
im Geiste gibt, die den Menschen nie
in Besitz nehmen, ihn nie manipulieren
oder missionieren.

Heinz Grill

Die bewusste und konkrete Annäherung zu einer spirituellen Erziehungskunde

(1) So wie sich ein Schiff langsam und mit Bedachtsamkeit einer neuen und bisher unbekannten Landzone annähern kann, so kann sich auch das menschliche Bewusstsein feineren und bisher noch unbekannten Wirklichkeitsebenen annähern, die wie ein neuer Horizont auf ihre Entdeckung warten. Die Annäherung an jene Welten, die im Allgemeinen mit Geist und des Weiteren auch mit Seele benannt sind, stellt für den Menschen immer einen faszinierenden und mit Geheimnissen reichhaltigen Weg in das scheinbar Ungewisse dar. Diese Ungewissheit aber soll nun hier durch eine beschreibende Darstellung und durch Einübung in tiefere Gesetzmäßigkeiten zu einer wachsenden Gewissheit werden.

Mit den Ausführungen über eine erweiterte Erziehungskunde, eine Erziehungskunde, die spirituelle Grundlagen der Entwicklung berücksichtigt, besteht von allem Anfang an die große Schwierigkeit, dass gerade das Wort „spirituell" keine klare, eindeutige Darlegung besitzt. „Spirituell" bedeutet im Allgemeinen „geistig" und damit ist immer eine ungreifbare und nicht leicht definierbare Dimension einer tatsächlich bestehenden Wirklichkeit gemeint. Ein Baum ist beispielsweise eine konkrete Erscheinung, die mit den Augen wahrgenommen werden kann und so wird wohl niemand an der Existenz des Baumes zweifeln. An einer geistigen Existenz aber kann man sehr wohl zweifeln, da man an diese glauben oder nicht glauben kann. Damit aber die Ungewissheit, die über alle spirituellen Erscheinungen oder über alle geistigen Wirklichkeiten besteht, zu einer klareren und konkreteren Bewusstheit wird, muss sich der Mensch heute auf einen Übungsweg begeben, mit dessen Hilfe er langsam zu jenen Wahrnehmungen gelangt, die das geistige Dasein so real erfassen wie beispielsweise die Wirklichkeit des Baumes.

Ein Übungsweg, bei dem der Aspirant ein geistiges Wahrnehmen lernt, führt zu einer Art intensiveren Erkenntnis, die durchaus eine zumindest erweiterte Sichtweise oder eine sensiblere und differenziertere Wahrnehmung zu den Erscheinungen des Lebens entwickelt und schließlich zuletzt in die regelrechte Ausprägung einer Hellsichtigkeit einmündet. Die Ansprüche auf einem Übungsweg dürfen durchaus von demjenigen, der eine spirituelle Erziehungskunst entwickeln oder der zumindest spirituelle Elemente in seine Erziehungsarbeit einbringen möchte, so hoch gesetzt werden, dass er nicht zu theoretisch von dem Wesen der menschlichen Seele und

(1) Leider nähern sich heute viele Menschen auf sehr unkonkrete und emotional intuitive Weise dem Wesen der Spiritualität an. Der Unterschied von einer sehr bewussten und konkreten zu einer emotionalen und unkonkreten Annäherung liegt darin, dass in der konkreten Bewusstseinsaktivität die Begriffe sorgfältiger eruiert und bewusst eingesetzt werden, während in einer unkonkreten Umgangsform mit Spiritualität die Begriffe oftmals beliebig assoziiert werden. Solange Entwicklungsprozesse sehr unbewusst verlaufen, können sich sehr leicht Fehler mit einem langwierigen und folgeschweren Verlauf manifestieren. Die konkrete Annäherung zur Spiritualität erlaubt eine weitaus bessere Gesamtentwicklung und kann die Eigenständigkeit des Individuums in jeder Weise fördern.

(2) Der Geist selbst als jene geheimnisvolle Erscheinung des Menschseins, als jenes höchste Gut, ist nach allen ersten Vergleichen und Beobachtungen nur dem Menschen eigen und nicht dem Tier oder einer Pflanze. Die Seele des Menschen, wie sie in der folgenden Abhandlung begrifflich gebraucht wird, stellt mehr dar als die heute sehr trivial und allgemein bezeichnete Psyche. Ein Kind entwickelt eine werdende und wachsende Seele und auch der Erwachsene sucht nach einer Erweiterung seiner seelischen Wirklichkeit. Jedes Kind und jeder Erwachsene lebt in der Sehnsucht nach seelischer Erweiterung und vollkommeneren Gefühlen. Die menschliche Seele trägt das Streben nach Fortschritt und die Merkmale der Einzigartigkeit und darf mit der Tierseele infolge ihrer besonderen individuellen Entwicklung nicht verwechselt werden. In den folgenden Ausführungen werden die einzelnen Begriffe des Geist- und Seelenlebens näher charakterisiert werden.

(3) Dieser Begriff „edifizierbar" erscheint bereits hier am Anfang günstig, da gerade die pädagogische Arbeit mit dem Aufbau des Menschen verbunden ist. Unter Pädagogik versteht man in der Regel das Führen des Kindes zu bestimmten Zielpunkten. Wenig Bewusstsein besteht aber darüber, dass die Gedanken und Worte, die ein Lehrer an ein Kind oder auch an einen Erwachsenen richtet, zum Aufbau seines Seelen- und Geistleibes führen werden und nicht nur Informationen oder rein äußere Lernziele weitergeben. Die Seele und der Geist sind nicht feststehende Wirklichkeiten, sondern sie sind gestaltbar und aufbaubar.

der Existenz des Geistes spricht, sondern diese mit verschiedenen authentischen, konkreten Erfahrungen erlebt. Es ist nicht verkehrt, wenn jemand die Geheimnisse hinter der äußeren Sinneswelt studiert und mit einem hellsichtigen Blicke oder zumindest mit einem erweiterten, feineren Wahrnehmen jene Kräfte kennenlernt, die in dem jungen Menschen zu einem wirklichen und bleibenden Wertgefüge führen. Ein Ehrgeiz sowohl zu einer guten Erziehungsarbeit als auch zu einer weisheitsvollen und erweiterten Sichtweise innerhalb dieser sollte durchaus den Pädagogen zu lebendigen Forschungen motivieren. (2)

Es müsste selbstverständlich sein, dass das Seelen- und Geistleben nicht durch lapidare Glaubensbekenntnisse manifestiert werden kann und es des Weiteren auch nicht genügt, wenn einige esoterische Begriffe mit der bisherigen Unterrichtsmethode vermischt werden. So wie man ein Vollkornbrot nicht backen kann, wenn man zu dem Weißmehl nur einige Kleie hinzumischt, so lässt sich auch Spiritualität nicht durch äußere Hinzufügungen von Worten oder Emotionen erreichen. Ein solider Übungsweg, der die Mühe nicht scheut, sich mit den Erscheinungen des Lebens intensiver und tiefgründiger auseinanderzusetzen und sich auch mit einigen Meditations- und Konzentrationsübungen zu plagen, ist heute nahezu unerlässlich, wenn der Pädagoge zu seiner wirklichen praktischen wie auch spirituellen Berufung kommen möchte.

Die erweiterte pädagogische spirituelle Disziplin entwickelt sich beispielsweise in ganz praktischer und logischer Weise, indem eine Auseinandersetzung mit verschiedenen Begriffen, Bildern und Zusammenhängen erfolgt und sich der Pädagoge nicht mit vorzeitigen Definitionen zufrieden gibt, sondern die einzelnen Begriffe und Bilder in eine sogenannte „edifizierbare", in eine produktive, aufbaufähige Bewusstheit führt (3). Für die Bewusstwerdung einer höheren Wirklichkeit, in der das Leben eines jeden Menschen und ganz besonders auch eines Kindes eingebunden ist, das im Werdegang der Erziehung steht, benötigt man neben einer exakten methodischen Vorgehensweise vor allem jene sich erweiternde und konkretisierende Sicht, die immer mehr ein Wissen über den Geist und über die Seele zur praktischen und nachvollziehbaren Integration führt. Der Weg ist immer eine Form der Annäherung, des zunehmenden Hintastens an eine Wirklichkeit, die nicht so sehr mit festen Händen greifbar und selbstverständlich wahrnehmbar ist wie diejenige der materiellen Welt. Dennoch aber sollte sie durch die hier vorgeschlagene Arbeit für den Pädagogen nicht ein äußerer Glaube bleiben oder gar ein unantastbares Tabu darstellen, sondern sie sollte bald so real werden, dass sie genauso hinzugehört wie der Baum zum Leben.

Die bessere Erfassbarkeit von den zunächst erst einmal schwierigen Begriffen des Geistes und der Seele erfolgt umso leichter, je mehr sie in der Praxis durch ihre Wirkensweise und beständige Gegenwärtigkeit mit Hilfe von realen und klaren Beobachtungen ausdifferenziert werden. Wo ist der Geist tätig und wo lebt und fühlt die Seele? Wo und in welchem Zusammenhang sind sie auf ihre jeweilige spezifische Art wirksam? Diese ungewöhnlich anmutenden Fragen werden sich weiterhin durch verschiedene Beschreibungen und Wiederholungen entschlüsseln. Der Einzelne muss aber neben den Informationen, die er über diese Begriffe erwirbt, auch eine gewisse Entwicklung durch Konzentration gewinnen. Die Information schenkt den ersten Kontaktpunkt, der die Anregung über die höheren Welten eröffnet. Indem sich aber der Aspirant auf diesem Weg intensiver und anhaltender mit gewissen Phänomenen auseinandersetzt, bringt er eine Konzentration in seine Bewusstseinsbildung und er wird schließlich auf eigenständige Weise zu der Überzeugung gelangen, dass sowohl die Seele als auch der Geist des Menschen reale Wirklichkeiten sind. Von einem Vorstellungsinhalt zu einem nächsten Vorstellungsinhalt nähert sich das Bewusstsein diesen Ebenen an und edifiziert, erbaut oder kreiert im menschlichen Wahrnehmen, in den Sinnen und den daran geknüpften Empfindungen eine erste konkrete Identifizierung. (4)

Der Geist ist, wie das wohl jeder bereits weiß, nicht mit den äußeren Augen sichtbar und dennoch ist er existent. Die Seele ist vielleicht im weitesten Sinne fühlbar, jedoch wird es zunächst eine Frage bleiben, ob diese wirklich mit den täglichen Gefühlen identisch ist oder ob sie nicht auch weitere, tiefere, unbekannte Dimensionen des Fühlens und Empfindens trägt. Jedenfalls liegt in jedem Menschen auf latente und meist nur sehr partiell entwickelte Weise mit den geistigen und seelischen Anlagen eine spirituelle Dimension beheimatet. Diese drückt sich durch den Körper und durch das äußere Leben aus, aber sie gehört tatsächlich jener Wirklichkeit an, die eine höhere ist als es die materielle Sinnessphäre repräsentiert.

Eine Schrift wie diese beschreibt tatsächlich eine schrittweise Annäherung zu einer Realität, die verborgen hinter der Sinneswirklichkeit steht. Nicht die Sinneswirklichkeit wird verleugnet, sondern sie wird nach ihren tieferen Gesetzen erforscht und entsprechend jener Weisheit, die über die materiellen Schranken hinaus möglich ist, bereichert. Die in Bildern und Vorstellungen gestaltbare Bewusstheit, die in konkreten Schritten beschrieben wird, entwickelt sich aber keinesfalls durch eine Art schweigende Selbstversenkung und auch nicht durch eventuelle subjektive Gefühle oder gar selbstgeschaffene Einbildungen, sondern vielmehr durch ein sehr sensibles, waches und bewusstes Aufmerksamwerden auf ein mögliches

(4) Es ist schwierig, von Geist zu sprechen, wenn dieses Wort nicht mit geeigneten Vorstellungen zur Anschauung „aufgebaut" wird. Ebenso ist es schwierig, von Seele zu sprechen, wenn man sie nur mit einem trivialen Gefühl gleichsetzen würde.

und entwicklungsfähiges Ideal, auf ein sogenanntes ganzheitliches Ideal, in dem der Geist und die Seele im besten und wirksamsten Verhältnis zu ihrer physischen Wirklichkeit, zu ihrem materiellen Träger des Lebens, zum Entfalten kommen. Es ist die Form der Pädagogik, wie sie hier aufgezeigt wird, aus einem Ideal gedacht. Diese Tatsache muss am Anfang ausreichend zur Kenntnis genommen werden. Leugnet man das hier vertretene mögliche Ideal, so wird man sicher zu keinem Verständnis dieser hier getätigten Aussagen gelangen.

Früher war der Pädagoge häufig die strenge, unnachgiebige Autoritätsperson, die durchaus die Schüler zu züchtigen wusste. Nicht selten sprach man von den Maßnahmen, die den Schülern den eigenen Willen brechen sollten. Heute dagegen wird der Pädagoge in seiner Autoritätsstellung sehr stark reduziert und die bestimmende Kraft des Unterrichtes übernimmt der allgemein bestehende Leistungsdruck. Die Lehrer sind nahezu vergleichbar mit einem Hilfspersonal, das die Leistungsanforderungen an die Schüler vermittelt. Aus diesen beiden Extremformen sollte durch eine wachsende Erkenntniserkraftung wie auch durch Schulung und Übung zu den seelischen und geistigen Wahrheiten eine wirkliche rationale und gute Autorität, die ein Ehrgefühl in die pädagogische Arbeit hineinbringt, entstehen. Der Lehrer sollte sich in seinem Beruf als Pädagoge ehrwürdig fühlen. Dieses Ideal, das keine Extremformen beinhaltet, sondern das geistige, das seelische und das praktische Leben harmonisch vereint und gerade dadurch eine Autorität mit rationaler Überzeugungskraft darstellt, ist dieser Schrift zugrunde gelegt. (5)

Man sollte beim Lesen dieses Buches deshalb nicht von der Erwartung ausgehen, dass die Methoden für die Erziehung sehr schnell und leicht übermittelbar seien und sie wie Rezepte sogleich in eine Anwendung des Lehrplanes finden. Das Ideal einer Pädagogik, welche die Geist- und Seelenwirklichkeit an den Anfang stellt und von dieser ausgehend die körperlichen Ebenen erobert, will durchaus erst einmal in kleinen Schritten in eine praktische Umsetzung hineinarbeiten. Praktische Übungen verbunden mit der Intensivierung einer Konzentrationsfähigkeit werden für den Aspiranten durchaus notwendig. Derjenige, der sich den Inhalten dieser durch Spiritualität erweiterten Pädagogik hinwendet, schult zunächst seine eigene Beziehungs- und Auffassungsfähigkeit und erweckt auf dieser Grundlage, wenn man es einfach bezeichnen will, seine innerste Regsamkeit und ein edles Aufrichten der Seele, er gewinnt ein tieferes Empfindungsvermögen und entwickelt langsam auf diese Weise ein Verständnis über Zusammenhänge, die im Menschsein wurzeln und die für die tragfähige Fortschrittlichkeit

(5) Das Ideal äußert sich für den Leser vielleicht erstmals durch die Freiheit und Logik, wie die Gedanken und auch die Gefühle in einen Zusammenhang mit dem Leben gedacht werden. Diese Gedanken sind vielleicht anfangs noch etwas ungewöhnlich und sicherlich noch nicht immer ganz vollkommen, aber sie können zumindest Anregungen bringen, die zu einem besseren gestaltbildenden Unterricht führen.

von großer Bedeutung sind. Er nähert sich einer Erziehungskunde an, die mit ihren Auffassungen sowohl an die Erziehung des Einzelnen als auch an eine ganze Klasse gerichtet sein kann und bei günstiger Bemühung einen ganzheitlichen und praktischen Beitrag in der gesamten Menschheit fördert. Es ist deshalb vorteilhaft, sich die einzelnen Absätze und Kapitel in konzentrierter, beziehungsvoller und vor allem in inhaltlicher Weise vorzunehmen. (6)

(6) Wenn hier von einem möglichen Ideal die Rede ist, so soll mit diesem Begriff eine Dimension angesprochen werden, die heute sicherlich nur im geringfügigen, partiellen Maße entwickelt ist. Fast jeder Mensch trägt Ideale in sich und führt sie auch unbewusst zu einem bestimmten Grade aus. Die bewusste und konkrete Annäherung soll auf der einen Seite die bisherigen latenten, unbewussten Fähigkeiten des Menschen zur Bewusstheit erheben und darüber hinaus auch zusätzliche neue Ideale erwecken, die noch gar nicht im Menschsein geboren sind.

Ein Mensch erbaut eine Vorstellung.

Für das praktische Üben zur bewussten kontemplativen Gedankenbildung genügen in der Regel wenige Minuten. Es muss hierzu nicht unbedingt eine spezielle Sitzhaltung eingenommen werden. Die aus der Übung entwickelten Gedanken sollten aber im Zusammenhang mit den betrachteten Bildern in der Seele nachwirken.

Ein Tier kann keine Vorstellung bilden
und wird von unbewussten Trieben motiviert.

Ein Übungsbeispiel zur Beobachtung und kontemplativen Gedankenbildung

1. Für die Entwicklung eines pädagogischen Feingefühls und einer ersten erweiterten Erkenntnis ist es günstig, sich mit gezielter Aufmerksamkeit verschiedenen Beobachtungen hinzugeben.

2. Man beobachte beispielsweise einen erwachsenen Menschen, der denkend eine Vorstellung erbaut. Diese kreiert er mit objektiver Anteilnahme nach außen. Den Eindruck, den man aus dieser Beobachtung gewinnt, sollte man erinnernd in der Seele nachklingen lassen.

3. Dann beobachte man ein Tier, das keine Vorstellungen bilden kann, sondern von unbewussten Trieb- oder Instinktkräften seine Bewegungen motiviert.

4. Bei dem ersten Bild gewinnt der Übende eine sehr sensible Bewusstheit, dass über diese objektive, denkende Tätigkeit eine neue, fein geschaffene Wirklichkeit in die Geburt geführt wird. Diese neue Wirklichkeit war bisher nicht vorhanden. Der Mensch ist fähig, Ideen oder zumindest Phantasien zu erschaffen. Die neue Wirklichkeit nimmt eine Art geistige Formgestalt (7), das heißt, eine der Qualität des Lebens entsprechende metaphysische Offenbarung an. Das Bemerkenswerte ist bei der Beobachtung, wie das menschliche Denken anhand der objektiven Ausrichtung etwas aus dem Licht heraus erschaffen kann, das bisher nicht vorhanden war. Nicht aus dem organischen, sondern aus den lichten Dimensionen wirkt das Denken schaffend.

5. Das Tier hingegen schenkt nicht diesen kreativen und lichthaften Ausdruck, wenn es seine Augen nach außen richtet. Es reagiert vielmehr aus unbewussten Antrieben auf die hereinströmenden Impulse der Außenwelt. Das Tier zieht förmlich mit den Augen die Aufmerksamkeit nach innen. Vielfach wirkt das Tier deshalb sympathisch. Es kreiert jedoch nicht eine lichte Wirklichkeit, sondern nimmt diese in seine Sphäre hinein.

(7) Die Bezeichnung „geistige Formgestalt" will eine feinere, für das Auge nicht sichtbare, aber für die Seele erfahrbare Wirklichkeit beschreiben. Die physische Wirklichkeit ist für die Sinne erkennbar, die metaphysische Wirklichkeit wird für die Seele oder durch die Seele erfahrbar. Jedoch muss sich die Seele auf die höhere Wahrnehmungsfähigkeit vorbereiten.

Der Gedanke muss im Verhältnis zum menschlichen Willen seine Führungsinstanz einnehmen

Die pädagogische Aufgabe liegt in der Verantwortung, andere Menschen, Kinder, Jugendliche oder auch Erwachsene auf rechte Weise zu neuen Perspektiven, Lerninhalten, Aufgaben, Entwicklungsdimensionen oder fachlichen Vertiefungen zu führen. Es ist die Aufgabe deshalb nicht nur eine passive Vermittlungtätigkeit, sondern eine aktive Führungs- und Gestaltbildearbeit. Das Geheimnis dieser Führung oder Gestaltung, die immer auf freilassende und für die seelische und geistige Entwicklung fortschrittliche Weise geschehen soll, liegt in der inneren Beziehung, wie ein Gedanke im Verhältnis zum Gefühls- und Willensleben erlebt und gebraucht wird. Besitzt der Gedanke über das Gefühlsleben und auch über das Willensleben hinaus eine vorrangige Stellung oder, wenn man es mit diesen Worten ausdrücken darf, eine ausreichend lichte Position, so kann eine freilassende und doch zielstrebige Führung des Pädagogen günstig in die Welt finden. (1)

Die menschliche Seele besitzt drei Seelenkräfte, die sich im Denken, im Fühlen und im Wollen ausdrücken. Jede einzelne menschliche Individualität trägt diese drei Seelenkräfte in sich, aber sie trägt sie mit bestimmten Ausprägungen und spezifischen Betonungen in ihrer bewegten Mitte. Manche Personen sind tatsächlich mehr von der Willenskraft motiviert und andere wieder mehr vom Gefühlsleben und schließlich wieder andere mehr vom Denken. Grundsätzlich geben die Anlagen eine natürliche Grundkonstitution, die als gegeben und allgemein als sinnvoll angenommen werden kann. Für die Unterrichtätigkeit erscheint es aber ganz besonders interessant, wenn dieses innere Verhältnis, das in den Seelenkräften beständig wechselseitig und dynamisch wirkend tätig ist, in eine genauere Anschauung findet. (2)

Der Pädagoge kann mit Hilfe seines entwickelten Bewusstseins, und das ist eine bedeutungsvolle Tatsache, einen Gedanken in die Formulierung führen und von dieser ausgehend weitere Dimensionen des Lernens, des Verständnisses wie auch der zukünftigen Ideale bei seinen Schülern fördern. Aus diesem Grunde ist die pädagogische Tätigkeit immer mit jener Förderung verbunden, die den Menschen mit neu hinzukommenden Gedanken, Empfindungen und Impulsen zum entwicklungsfreudigen Erkraften bringt. Es ist aber ein großer Unterschied, wie weit sich der einzelne Erzieher dieser Aufgabe im zunehmenden Maße bewusst wird und wie weit er auf fortschrittliche Weise sowohl sein eigenes Bewusstsein fördert als auch dieses auf rechte und beziehungsvolle Weise in den Dienst zu anderen stellt. Eine Erziehungstätigkeit, wie sie hier in diesen Ausführungen verstanden wird, geschieht immer mit einer wachsenden Bewusstheit und deshalb mit einem aufbaufähigen und regsamen Gedankenleben. Die denkende Tätigkeit ist jene Seelenregsamkeit, die gegenüber dem Fühlen und dem Wollen mehr für das direkte Bewusstsein und die unmittelbare gegenwärtige Bewusstheit zugänglich ist und in sich selbst eine freie Dimension der Weite und Konkretheit offenbart. (3)

Für jede Art von pädagogischer Tätigkeit ist deshalb das menschliche reife und geformte Denken wichtig, auf das erst in einem zweiten Schritt die Einstimmung des Empfindens folgt. Die lichte Denktätigkeit ist eine Disziplin, die hier an den Anfang der Selbsterziehung des Pädagogen gestellt wird. Der Pädagoge schult gezielte logische Gedankengänge, die mit bewussten Wahrnehmungsvorgängen nach außen verbunden sind und die in dieser Schrift auf praktische Weise vermittelt werden. (4) Je besser ihm diese Tätigkeit des im Zusammenhang stehenden logischen Denkens und Wahrnehmens gelingt, desto intensiver, differenzierter und geordneter gestaltet er sein Empfindungsleben aus. Gleichzeitig kann er infolge dieses aktiveren Bewusstseins seine Führungsqualitäten als Lehrer rational und freilassend entwickeln. Das nachfolgende wirklich gesunde, in der Seele ruhende Empfindungsleben ist schließlich ein Resultat aus einem guten und zusammenhängenden Denken wie auch aus einem geführten, aktiv getätigten Bewusstsein. Klare Gedanken, gepaart mit objektiven Wahrnehmungen, die von Empfindungen begleitet sind, geben jedem Unterricht eine angenehme Entspanntheit mit einer leichteren Erfassbarkeit des heute oftmals so schwer nachvollziehbaren Lerninhaltes.

Als große Schwierigkeit in einer pädagogischen Arbeit erscheint in der modernen Zeit, dass man heute durch die sogenannte Intellektualität oder auch die sich immer weiter verbreitende Emotionalität eine wirkliche Gedankenrealität außer Acht lässt und dadurch eine wahre, freie und gut geführte Logik mit integrierter Wahrnehmung aus dem Unterricht ausklammert. Allgemein sind, wie es bekannt ist, intellektuelle Strukturen in der Unterrichtsführung ermüdend und führen fast ausweglos zu einem wachsenden, unangenehmen Leistungsdruck. Der Gedanke, um den es sich jetzt hier in der Betrachtung handelt und der im Zusammenhang mit dem Geist eine genaue Charakterisierung erhalten soll, trägt in sich jedenfalls eine große Freiheit, Schöpferkraft und sogar diejenige Dimension, die mit Liebe bezeichnet wird. Da Geist und Gedanke dem Menschsein gegeben sind und jeder Mensch über diese durch

(3) Ein Lehrer, der gut in der Gedankenbildekraft gegründet ist, gewinnt eine natürliche Stabilität und kann auf dieser Grundlage leichter den Anforderungen der Zeit begegnen.

(4) Im Gebrauch der Sprache, wie beispielsweise die einzelnen Begriffe zueinander stehen, kann eine Logik oder auch eine größere Unregelmäßigkeit bestehen. Auf die Sprache wird deshalb in den folgenden Abschnitten der methodischen Pädagogik eine große Aufmerksamkeit gelegt.

(5) In den folgenden Kapiteln befinden sich verschiedene Anregungen, wie der Lehrer langsam seine Fähigkeit zur Gedankenbildung und auch eine konkrete Anschauungsfähigkeit entwickelt. Indem sich jemand mit diesem Weg auseinandersetzt, schult er die Seelenkraft des Denkens und entwickelt auf dieser Grundlage geordnete Gefühls- und Willensstrukturen.

(6) In der Grundschule werden den Pädagogen die vollständigen Lehrmaterialien gegeben, sodass sie fast gezwungen sind, eine reine Vermittlungstätigkeit anstelle einer wirklichen aufbauenden pädagogischen Tätigkeit zu leisten. In einem Unterricht, in dem vorwiegend Kopien zum Ausfüllen verteilt werden, kann kein wirklicher Gedanke zum Tragen kommen.

(7) Im Kapitel „Der Jupiter und die Erhabenheit des Gedankens" (7. Das Verhältnis eines Nicht-Gedankens zu einem Gedanken am Beispiel von Texten) wird der Unterschied sehr deutlich dargestellt, wann Ausführungen einen Gedanken beinhalten und wann kein Gedanke zugrunde liegt.

Schulung verfügt oder zumindest verfügen lernen kann, müssten wohl alle Bemühungen doch irgendeine Art Führung zur Gedankenkraft und damit eine wachsende Bewusstheit zu dieser lichten Ebene, in denen der Gedanke lebt, beinhalten. Diese Aussage, dass im Gedanken eine Lichtdimension angelegt ist und dass dieser eine wirkliche Geistesdimension umfasst, ist hier mit besonderer Betonung erwähnenswert. Man muss diese Aussage wörtlich nehmen und sie sich auch auf praktische Weise vorstellen. Der Gedanke ist Geist und dieser webt und lebt frei im Lichte.

Damit diese bedeutungsvolle Aussage, die vielleicht zunächst in einer Annäherung erfasst werden kann, nicht zu sehr relativiert und nivelliert wird, ist es wichtig, auf jene Bedeutung hinzuweisen, die hier dem Geiste und damit dem Gedanken in seiner Stellung und Bewusstseinsform beigemessen werden kann. Im modernen Intellektualismus besteht mehr ein willentlich getriebenes Denken, das in sich selbst keine Weite, keine Freiheit und auch für das Objekt keine Anschauung besitzt. Der Lehrer kann sagen: „Wir wollen heute die Nadelbäume in der Stunde behandeln. Die Nadelbäume sind im Unterschied zu den Laubbäumen durch eine stark zentrierende Verdichtung des Blattwerkes gekennzeichnet, das sich in fein gegliederten Nadeln an der Peripherie organisiert." Mit dieser Aussage beschreibt der Lehrer ein Bild und entwickelt einen Gedanken. Es ist aber auch möglich, dass diese Form der gedanklichen Aufmerksamkeit nicht ausreichend entwickelt wird und der Lehrer nur ausdrückt: „In dieser Stunde nehmen wir die Nadelbäume durch. Wir zählen sie auf und lernen sie auswendig." In diesen Sätzen überwiegt das Wollen gegenüber einem Gedanken und es vermindert sich dadurch die freie Anschauungsfähigkeit. Es ist deshalb der Intellektualismus sehr kritisch, denn er verschleiert durch seine eigene willentliche oder gebundene Struktur die wirkliche und mögliche Anschauungsfähigkeit. (5)

Jeder Pädagoge benützt jedenfalls bestimmte Wahrnehmungen und Denkfolgen und erschafft mit diesen eine bestimmte Atmosphäre und auch eine Aussage für den Unterricht. In den Stunden des lehrenden Unterrichtes überträgt und vermittelt der Lehrer seine persönliche Wahrnehmung und seine bisher errungene Auffassung mit Hilfe bestimmter Formulierungen, Zeichnungen oder getätigter Aussagen an seine Zöglinge, Kollegen oder Klienten. Häufig ist in diesen Wahrnehmungsprozessen die gedankliche Bewusstheit in einer Art Untergang begriffen, in einem, wenn man es so ausdrückt, Untertauchen und es dominieren Leistungskonzepte oder manchmal reine Emotionen und manchmal wiederum intellektuell treibende Impulse. Obwohl es natürlich ist, dass ein Lehrer den Fortschritt seiner Schüler will und diesen auch durch Leistungs-

24

anforderungen und ähnliche Maßnahmen durchsetzen kann, so dürfte die klare gedankliche Aussage nicht durch ein einseitiges Wollen oder anstrengende intellektuelle Strukturen übertönt werden. Je klarer die Wahrnehmung verbunden mit der Aussage im Unterricht steht, desto leichter wirkt diese durch sich selbst. Aber hierzu muss der Gedanke zur Konkretisierung, zur Bewusstheit und Klarheit geführt werden und dies geschieht durch die bewusste Seelentätigkeit des Denkens, des nachfolgenden Fühlens und des richtig eingestimmten Wollens. (6) Die klare Ebene des herausgearbeiteten und entwickelten Gedankens aber kommt meist zu wenig in die Geburt oder sie bleibt innerhalb der intellektualistischen Gewohnheiten überdeckt. Eine reife und ideale Arbeit erfordert von Seiten des Pädagogen ein Aufrichten des Selbstbewusstseins im Sinne einer mutigen Führung. Diese aber gewinnt er nur, wenn er die gedankliche Bewusstheit im rechten Verhältnis zu den Gefühlen und zu den treibenden Kraftimpulsen des Willens entwickelt. (7)

Es ist außerordentlich wertvoll, wenn für diese besonders den Gedanken betonende, erweiterte Pädagogik jener Unterschied zwischen dem intellektuellen Denken und dem Bewusstseinssinn, der zu einem Gedanken möglich ist, noch einmal näher betrachtet wird. (8) Die heute allgemein übliche Intellektualität besitzt keine plastizierende und organisierende Rückwirkung auf den Menschen, während eine wirklich klare gedankliche Bewusstheit eine entwicklungsfreudige und gestaltbildende Wirkung freisetzt. Die Einschätzung des Denkens, das im Verhältnis zu einem Gedanken stehen muss, wird heute wohl darin missverstanden, dass das höhere Wesensglied, dasjenige des Geistes, zu sehr mit anderen Kräfteströmen, die mehr aus den Körperbedingungen des Menschen kommen, aus seinen leibeigenen Gefühlen oder auch aus seinen Motiven und Antrieben, verwechselt wird. (9) Das wirkliche Denken kommt infolge des heute üblichen übertönenden emotionalen Wollens oder auch des druckbeladenen intellektuellen Leistungsstrebens nicht mehr zur Entfaltung. Der am Anfang stehende Gedanke, der aus einer bestimmten Wahrnehmung geboren ist und der in einer möglichen Anschauung eine konkrete, klar geformte und in einem logischen, integralen Zusammenhang stehende Wirklichkeit darstellt, wird noch viel zu wenig berücksichtigt oder er wird sogar missverständlicherweise ausgeschlossen. Das menschliche Bewusstsein ist heute deshalb so sehr materiell oder intellektuell orientiert, da es gerade im Denken die mögliche reine und an allem Anfang stehende Wirklichkeit des Gedankens nicht mehr ausreichend zur Kenntnis nimmt. Da man die Nöte der Zeit als Pädagoge wahrnimmt, versucht man sich relativ häufig mit Kompensationen zu retten und bietet den Schülern manchmal Traumreisen

(8) Es sagt der Schüler beispielsweise: „Mein Vater." Welcher Gedanke liegt in dieser Aussage, welche Wahrnehmung umschließt diese? Es kann je nach Bewusstheit diese Aussage die Bindung an den Vater ausdrücken oder es kann der Gedanke der Ehrerbietung darin liegen. So wie die Gedanken und Wahrnehmungen entwickelt werden, entstehen schließlich die zunehmend freilassenden Strukturen. In der Intellektualität jedoch können diese feinen Unterschiede nicht mehr wahrgenommen werden.

(9) Ein wirklicher Gedanke kommt immer aus einer objektiven Überlegung, die in der Sachlage und in der Wahrnehmung zum anderen oder nach außen anknüpft, während die sogenannten leibeigenen Gefühle mehr die unbewusste Wirklichkeit des Lehrers darstellen. So kann es sein, dass ein Schüler den Unterricht stört und der Lehrer sofort mit strafender emotionaler Reflektion gegen diesen agiert. Die emotionale Reaktion des Lehrers entsteht aber nicht aus dem Gedanken, sondern aus einem emotionalen Verhalten. Dieses entsteht aber aus dem Körper. Es steigt die Reaktion bildhaft gesehen aus dem Organischen des Lehrers empor.

oder andere emotionale Ausgleiche an. Die Ursachen dafür, dass das Denken und der Gedanke mit seiner Wahrnehmungsfähigkeit nicht richtig zur Entfaltung kommen, werden aber dabei übersehen. Das Denken ist heute auch durch das Unbewusstsein zu automatisiert und durch Formen, in die es gepresst wird, routinemäßig nach dem Nutzwert determiniert oder es ist durch Beeinflussungen aus seiner Mitte gerissen. (10)

Die moderne Art des Denkens geschieht bei genauer Betrachtung tatsächlich ohne wirkliche Bewusstheit für den Gedanken und dadurch entfremdet sich das Leben aus seinen objektiven, sachlichen und natürlichen Beziehungen. Da dieser fundamentale Unterschied zwischen der gedanklichen, organisierenden Dimension und den willentlich-emotionalen unbewussten Antrieben oder auch den intellektuellen Strukturen oftmals schwierig und ungreifbar erscheint, soll hier mit Hilfe von zwei Zeichnungen das Bild noch einmal verdeutlicht werden.

(10) Ganz besonders der Erwachsene steht eigentlich immer unter dem Druck, sein persönliches Leben in einem guten Selbstbewusstsein gegenüber anderen zu rechtfertigen. Wenn die Frau sagt: „Mein Mann", so kann gleichfalls wie der Schüler „Mein Vater" sagt, die besitzergreifende Haltung gemeint sein. Ein Bewusstsein, welche Dimension eventuell mit der Aussage „mein" und „dem Manne" verbunden sein kann, welche Ehrerbietung und klare Gegenwärtigkeit sich darin ausdrücken, bleibt infolge des gedanklichen Unbewusstseins häufig zu wenig entfaltet.

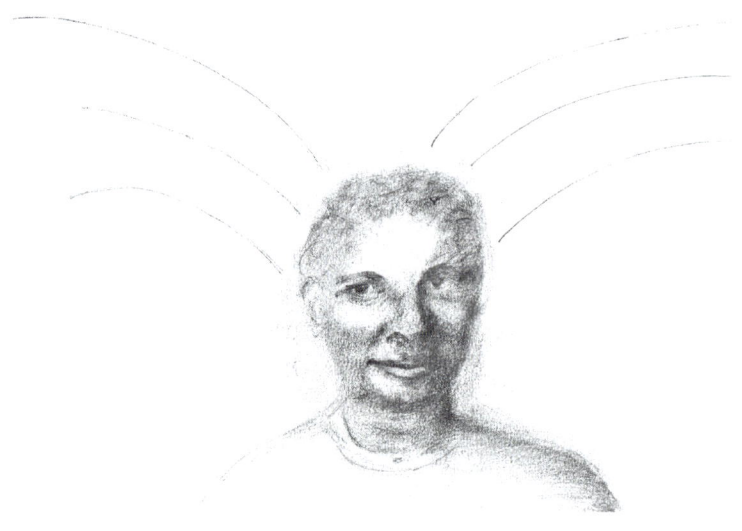

Der Gedanke besitzt eine organisierende Wirkensfähigkeit, die die Haut, die Augen und das Gesicht des Menschen zum Erstrahlen bringen können. Wird der Gedanke auf richtige Weise positioniert und durch den Willen gelenkt, entstehen in der Folge günstige Empfindungen.

Das Wollen besitzt eine antreibende Kraft, es ist die Kraft der Seele selbst. Bleibt es aber ohne die obere Sphäre des Gedankens, verdunkelt es immer mehr die Peripherie des Menschen, erschafft eine dunkle Aura, ein Lichtkleid, das zunehmend den Menschen in und um sich selbst abschirmt.

Es ist nicht zu viel und nicht zu weit gegriffen, wenn innerhalb der Betrachtung nun diese metaphysische Annäherung zu den feinen Unterschieden, die im Denken bestehen, erfolgt. Der Gedanke, wie er hier gemeint ist, ist eine eigene, konkrete und klare sowie auch reale Wesenheit oder, wiederholt gesagt, er ist wie eine unmittelbare, ursprüngliche, aus dem Lichte der Schöpfung gewobene Wirklichkeit und er schenkt sowohl eine wahre Autorität als auch eine weitreichende Freiheit. Der Gedanke ist ein Wesen aus Geiststoff und dieses bildet eine frei wirkende Autorität. (11)

Die meisten Menschen sehen heute die irdische Welt als die reale Wirklichkeit an, während sie das Gedankenleben als eine Art abgeleitete, der Sinneswelt nachfolgende Erscheinung bezeichnen. Demnach wäre die irdische Welt mit allen körperlichen Bedingungen der Anfang der Weltenschöpfung, und in der Folge dieser irrtümlichen Vorstellung oder mangelnden Wahrnehmung muss der Gedanke die Rolle eines abstrakten Nebenproduktes einnehmen. Alle heutigen modernen und meist schnellfertig übernommenen Denkvorstellungen, die auf dieser Wahrnehmungs-, Gefühls- und Identitätsgrundlage stehen, müssen in jene Schwierigkeit einer wachsenden Polarisierung oder Unvereinbarkeit gelangen, die beispielsweise

(11) In den folgenden Betrachtungen werden die Gedanken in ihrer Wirkungsdimension und Formgebung skizziert. So wie ein äußerer Gegenstand eine Form besitzt, so besitzt auch der Gedanke als Wesen eine bestimmte Form und durchaus auch eine ihm gemäße Bewegung.

(12) Der Gedanke ist die freie Instanz, während eine Empfindung oder ein Gefühl bereits näher zum Körper gehört und der Wille sogar ganz zum reinen individuellen körperlichen Dasein zählt. Der Pädagoge gewinnt die wachsende Freiheit, wenn dieses Verhältnis im richtigen Sinne gewahrt ist.

(13) In der anthroposophischen Literatur sind diese beiden Glieder mit dem Ich und dem Astralleib benannt. Das Ich prägt den Inhalt und der Astralleib die Flexibilität des In-Beziehung-Tretens.

(14) Ein Pädagoge muss den Mut zum Erziehen aufbringen. Es ist seine Pflicht, Kinder oder durchaus auch Erwachsene auf rechte Weise zu führen. Es wäre wohl keine gute Geste, wenn die Kinder den Lehrer führen würden. Die mutige und souveräne Kraft, einen Gedanken mit objektiver Gültigkeit so in die Welt zu führen, dass dieser den jungen Menschen willentlich zu einem günstigen moralischen Aufbau formen kann, darf hier als Ideal in der Pädagogik betrachtet werden.

schon die Begriffe Autorität und Freiheit auf den ersten Blick geben. Kann jemand eine Autorität besitzen und doch in vollkommen freilassender Führungskraft und Überzeugung auf seine Mitmenschen wirken? Sicherlich ja, wenn er sein Bewusstsein zu einem wahren Gedanken mit einer objektiven Wahrnehmung entwickelt hat. (12) Fehlt ihm aber diese Auseinandersetzung zu wirklich objektiven bewussten Beurteilungen, so kann er diese Autorität nicht durch diktatorische Strenge oder künstliche Ablenkungen ersetzen.

Für die pädagogische Arbeit müssen in der folgenden Betrachtung als Erstes klare, anschauliche und vor allem wahre Gedanken in das Zentrum des Bewusstseins rücken und als Zweites von diesen ausgehend weitere praktische Beziehungen und schließlich zuletzt methodische Ansätze entstehen. Mit diesen zwei Hauptbemühungen, der Wahrheit des Inhaltes und einer rechten modifizierten Beziehungsintegration des Inhaltes (13), kann auf langsame Weise eine Form der Synthese entstehen, die eine spirituelle Ebene mit der irdischen vereint und die sich schließlich mit einer zunehmenden Erkraftung und größeren Überzeugungskraft bei gleichzeitig freilassender Dynamik an die Kinder, Jugendlichen oder auch Erwachsenen richtet. Die Erziehung trägt in sich dann nicht mehr nur äußere Ideen, intellektuelle Ideale, gut gemeinte Emotionen oder einige Wortutilisationen, sondern sie trägt eine Kraft durch den Gedanken in freilassender Weise beziehungsvoll in die Welt hinein und erschafft jene Dimension, die den Atem der Liebe auf universale Weise zum Fließen bringt.

Aus diesem bisher geschilderten Zusammenhang entwickelt sich das ideale Bild des Pädagogen, der in sich Autorität, Authentizität und einen gut geführten, freilassenden Unterricht verkörpert. Diese Souveränität von Erwartungsfreiheit entsteht durch die Selbsterziehung des Pädagogen, der nicht bei Intellektualität oder Emotionalität stehenbleibt, sondern die Begriffe und Vorstellungen bis in die Tiefe hinein durchdringen lernt und daraus eine wachsende Überzeugungskraft und Authentizität in seinen Worten ausdrückt. (14)

Ein Übungsbeispiel zur Logik der Gedanken

Man betrachte ein Hemd. Es ist günstig, sich bei jeder Betrachtung eine sorgfältige Anschauung über die äußere Erscheinung, wie sie dem Auge entgegenkommt, zu bilden. Bewertungen sollen zurückgehalten werden. Es werden die Ärmel registriert, dann der Kragen, die Farbe, die gesamte Form, die Länge und schließlich können Überlegungen entstehen, zu welcher Zeit man dieses Hemd getragen hat, Keinesfalls sollte die Betrachtung mit Bewertungen, ob es nun schön oder nicht schön ist, ob es sympathisch oder antipathisch erscheint, erfolgen. Schließlich führt der Betrachter einen zusätzlichen Gedankengang in seine Betrachtung hinein: Was wird sich derjenige, der dieses Hemd entworfen hat, gedacht haben? Ein Hemd ist nicht bloße Materie, sondern transportiert den Gedanken, der von dem Schneider in dieses hineingelegt wurde. So kann der Schneider nach Traditionen gedacht und empfunden oder auch nach lebendiger und freier Phantasie dieses Kleidungsstück entwickelt haben. Die Logik ist jedenfalls immer gegeben, dass ein Hemd nicht existent wäre, wenn ein Schneider nicht einen Gedanken in die praktische Umsetzung gebracht hätte.

Indem sich jemand auf diese Weise eine Anschauung bildet, bemerkt er, dass hinter jeder Materie eine gedankliche Realität stehen muss. Die Erscheinung wäre nicht existent, wenn sie nicht aus einer schöpferischen Seite, aus der Umsetzung eines gedachten Gedankens einmal entstanden wäre. Nicht sehr logisch wäre es oder zumindest zu einseitig würde sich das Denken entfalten, wenn man sagen würde, dass hinter jeder Erscheinung Gott wirkt und lebt. Indem man die Differenziertheit und schöpferische Seite des Gedankens, die nur durch die menschliche Äußerung entstehen kann, mit der Verallgemeinerung des Gottesbegriffes ersetzt, kann allzu leicht eine menschliche Bequemlichkeit entstehen, die nur wenig Konstruktivität in sich birgt. Auch hinter der Natur, hinter allen Wirklichkeiten der Weltenschöpfung stehen gedankliche Realitätsformen.

Jede Pflanze ist in Wirklichkeit aus einem Einfluss, der eine ganz spezifische schöpferische Wirkung in sich trägt, entstanden. Das Licht webt an den Pflanzen und kreiert in verschiedensten Phasen die Blätter, Blüten und Früchte. So lebt der Kosmos mit seinen differenzierten Ausstrahlungen mit ganz speziellen Einflüssen in der Pflanzennatur. Vereinfacht man diese Vorstellung und setzt man wieder für alle diese spezifischen Wirkungen den Gottesbegriff ein, wird der Mensch sehr bequem und überlegt sich immer weniger, welche Dimensionen, welche Wirkungen in ihrer spezifischen Art hinter der Pflanze oder hinter einer Erscheinung stehen. Der Mensch jedenfalls ist der Träger eines Geistlebens, denn er kann aus sich selbst heraus Ideen und Errungenschaften entwickeln. Dieser Tatsache sollte sich der Einzelne bei dieser Übung, wenn er einen Gegenstand betrachtet, bewusst werden. (15)

(15) Wenn hier in diesen Darstellungen deshalb von Geist gesprochen wird, so ist mit diesem nicht mehr die Abstraktheit des Gedankens in seiner weltenfernen Dimension gemeint, sondern es ist gerade diejenige Dimension angesprochen, die in einer Reife und Bewusstheit im Menschen ihren Ausdruck findet. Der Gedanke erstrahlt in der Persönlichkeit des Lehrers, er prägt den individuellen Ausdruck seines Lehrens und deshalb darf man von einem authentischen und reifen Ich sprechen. Dieses Ich ist aber nicht mehr nur nach einem abgespaltenen, für sich stehenden Ego, nach einem sogenannten egoistischen, kleinlichen, eigenbezogenen Wollen ausgerichtet. Es ist vielmehr eine unmittelbare Kraft und sogar eine wirkliche Ausstrahlung der Liebe, die in den Unterricht hineinströmt. Der Lehrer, der sich auf diese Weise erzogen hat und bis in die tieferen Bewusstseinsdimensionen, die der Gedanke, der Geist ist, in sich trägt, eingedrungen ist, kann auf freilassende und doch auf zielsichere Weise unterrichten. Diese Unterrichtsfähigkeit steigt natürlich umso mehr, je besser seine Beziehungsfähigkeit im Sinne von Einfühlungsvermögen, Empfindungskraft und flexibler Kommunikation ausgeprägt ist. Er vermag die Kinder ohne Zwang zu führen, denn es strömt aus ihm eine reale schöpferische Kraft in den Unterricht hinein. Die wirkliche Dimension, die in diesem verwirklichten und vollreifen bewussten Gedanken ruht, ist eine Gabe der Liebe an die Welt.

Das Dreieck als Hilfe zur Erklärung von Körper, Seele und Geist

Die einfachste Darstellung des Lebens, in dem sich die verschiedenen Gedanken, Gefühle und Handlungen bewegen, entsteht, wenn man ein Dreieck bildet, das an der Spitze den Geist, an den absteigenden Seitenlinien die Seele und an der Grundlinie den Körper repräsentiert. Das Dreieck beschreibt ein mögliches lebendiges und schönes Bild, das diese Wahrheit einer existenziellen Dreiheit, die in der Weltenschöpfung immanent ist, auf eine sehr anschauliche Weise wiedergibt. Die geistige Welt und ihre Verbindung mit der irdischen Welt oder, wenn man es so ausdrückt, eine obere, immaterielle Wirklichkeit und eine untere, materiell gewordene Wirklichkeit können wohl besser in einer Dreiheit als in einer Zweiheit empfunden werden, denn die Dreiheit verkündet einerseits eine Art Gliederung und andererseits weist sie auf die Zusammengehörigkeit der unterschiedlichen Schöpfungsanteile im Sinne von Geist, Seele und Körper hin. Die obere immaterielle Welt und die untere materielle Welt verbinden sich durch das vermittelnde Glied und das ist namentlich dasjenige der Seele.

Allgemein bezeichnen alle geometrischen Figuren bestimmte Harmonieformen des Kosmos.

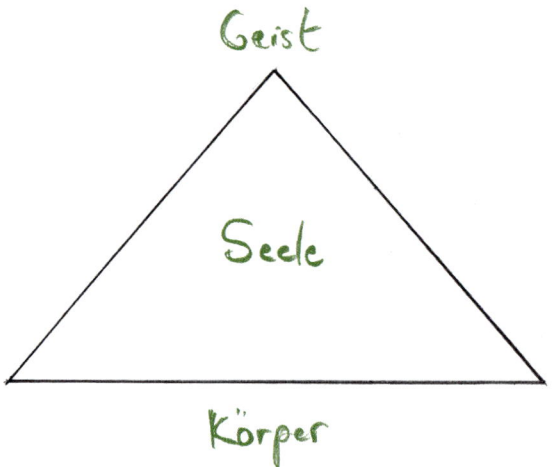

Begriffe wie einerseits autoritär und andererseits antiautoritär, die in der Pädagogik einen häufigen Gebrauch finden, bezeichnen beispielsweise eine Dualität, die durch eine Linie repräsentiert wird, die zwei voneinander entfernte Punkte zeigt. Fügt sich zu dieser Linie eine neue und dritte Dimension hinzu, so lösen sich die gegenüberstehenden Gegensatzpaare mit ihrer oftmals bestehenden

Unvereinbarkeit auf und treten in eine Beziehung. Das Dreieck darf deshalb als ein Symbol der Beziehung von zwei verschiedenen Dimensionen mit einer hinzukommenden dritten betrachtet werden.

Das obere Glied des Geistes, das die Spitze des Dreiecks repräsentiert, wirkt lebendig mit den Körperbedingungen und den Seelenwelten zusammen. Dasjenige Glied, das man im Allgemeinen als menschliche Seele bezeichnet und das alle tieferen Empfindungen, Gefühle und Emotionen umfasst, steht immerfort in einer ungesehenen Verbindung mit der oberen Spitze des Geistes, während auch die andere Seite, diejenige des Körpers, ebenfalls mit allen Gefühlen und schließlich auch mit den Gedanken eine untrennbare Verbindung aufweist. Diese drei Glieder, der Körper, das Seelenleben und das Geistdasein, können nicht isoliert voneinander existieren.

Interessant wird diese Darstellung auch im besonderen Maße für die Pädagogik ab jenem Moment, ab dem diesen drei Welten ihre ureigene Bedeutung beigemessen wird: Die Körperwelt repräsentiert die irdische Erscheinung und sie ist somit Ausdruck für das sogenannte Inkarniertsein des Menschen in der Welt. Dieser Begriff des Inkarniertseins beschreibt hier eine ungewöhnliche Formulierung, denn sie ist aus der esoterischen Betrachtung genommen. Sie erscheint wichtig, denn ein Lehrer kann von diesem Vorstellungssinn, den der Begriff geben kann, ein Bild formen und von diesem ausgehend seinen Schüler betrachten. Das Inkarniertsein bedeutet, dass sich ein Geistleben und ein Seelenleben in einen Körper begeben haben und sich weiter im Laufe des Kindesalters durch ein Lernen von neuen Gedanken und Gefühlen entwickeln. Der Körper wäre nicht existent, wenn er nicht durch dieses bewegte Inkarniertsein eines Geist- und Seelenlebens als solcher erfahrbar wäre. Alle körperlichen Erscheinungen sind einerseits in einer Zugehörigkeit zur irdischen Welt zu betrachten, wie beispielsweise die Arme, die Hände, die Wirbelsäule, denn sie bestehen aus Materie. Dennoch aber kann diese Materie für sich selbst kein Leben und kein Bewusstsein besitzen wie auch keine Entwicklung durchgehen, wenn es nicht ein Seelenleben und Geistleben im Innersten, in seiner wachsenden Einkörperung trägt. Sobald der Tod eintritt, exkarnieren die Seele und der Geist oder verlassen den Körper und es verliert dieser seine Lebendigkeit. Der Körper wird mit der Exkarnation oder dem Tod dem Erdenstoffe wieder ganz zurückgegeben. Die Vorstellungen, dass in jedem Menschen ein Seelenleben und eine Existenz des Geistdaseins bestehen und diese mit einer Inkarnation in einem Körper leben und mit dem Tod wieder den Körper verlassen, können lebendigere Empfindungen für den Umgang in der Erziehungskunst und allgemein im Miteinander des menschlichen Daseins geben. (1)

(1) Das Inkarniertsein erfolgt etwa bis zum 30. Lebensjahr, während das Exkarniertsein langsam mit dem 30. Lebensjahr beginnt und schließlich mit dem Tod seine Krönung gewinnt.

Das Gefühls- oder Seelenleben aber besitzt, wenn es auf einer nächsthöheren Stufe betrachtet wird, eine weitaus schwierigere und differenziertere Bedeutung. Die Seele ist nämlich, wie schon erwähnt, nicht nur eine Erscheinung, die anhand der irdischen, spürbaren Gefühle wahrnehmbar wäre, sondern sie ist darüber hinaus eine sehr feine und wohlproportionierte Wirklichkeit, die das Menschsein immer innerhalb der irdischen Zone übersteigt. Alle Gefühle, Empfindungen, Leidenschaften und Antriebe, die sich in den Seelenimpulsen zeigen, besitzen nach einer übersinnlichen höheren Anschauung eine sogenannte kosmische Bedeutung. Sie sind nicht alleinig Produkte eines Körpers, sondern sie sind vielmehr Äußerungen einer Wirklichkeit, die tatsächlich kosmisch ist und, wie dieser Name ausdrückt, aus den Kräften der Sterne kommt. Es ist nicht übertrieben oder einseitig ausgedrückt, wenn in einer Charakterisierung die Empfindungen und Gefühle den Sternen und ihren Ausstrahlungen zugeordnet werden. Aus diesem Grund wird in den nachfolgenden Betrachtungen die Pädagogik nach den sieben Hauptplaneten aufgegliedert. Sie soll eine empfindsame Bereicherung und damit seelische Erweiterung geben. (2)

(2) Die im Folgenden beschriebenen sieben Hauptplaneten sind die Sonne sowie die Venus, der Mars, Merkur, Jupiter, Mond und Saturn.

Der Mensch trägt mit der Seele eine Sternenwelt in sich und diese drückt sich in Form von verschiedenen Antrieben, Leidenschaften, Gefühlsbewegungen, Stimmungen und Empfindsamkeiten aus. Die Seele des Menschen lebt während des wachen Tagseins vorwiegend in dem Körper und dennoch bleibt sie aber nicht allein auf diesen beschränkt. Die Antriebe, die jemand verspürt, die beispielsweise ein Kind nach Bewegung motivieren, entstehen nicht allein aus dem Körper, sondern aus dem Kosmos, der sich des Körpers und der Nervenimpulse bedient und auf diese Weise eine Lebendigkeit im Leben verursacht. Die Seele und alle Empfindungen, Emotionen und Antriebe können deshalb, wie es auch die Anthroposophie nach Rudolf Steiner benennt, als „Astralleib" bezeichnet werden oder auch, anders ausgedrückt, als ein höheres Wesensglied, das aus dem Kosmos stammend auf den Menschen einwirkt und in diesem zur Zeit des Tagwachens inkarniert.

Schließlich kann noch einmal zur Wiederholung, und Wiederholung kann in verschiedener Weise mit ihren möglichen Variationen die wesentliche Bedeutung näherführen, als letztes und schwierigstes Glied die geistige Welt nach ihrem wahren Ursprung eine Benennung erhalten. Die Welt des Geistes wäre nicht existent, wenn es nicht, wie bereits in der Einleitung angeführt, den Gedanken als reale Existenzeinheit geben würde. Der Gedanke ist eine Realität, die zwar nicht sichtbar, jedoch erfassbar und dadurch beweisbar ist. Alle gedanklichen Äußerungen sind in Wirklichkeit aus dem geistigen Dasein geboren. Jene Welt, die

die Gedanken beschreiben, gehört aber nicht zu der irdischen Wirklichkeit und die Gedanken kommen vor allem nicht aus dieser. Sie kommen aber auch nicht aus einem seelischen Dasein oder aus dem Kosmos, sondern die Gedanken entstehen aus der realen Geistwelt oder, wenn man diese anders beschreibt, aus den reinen, höheren Wirklichkeiten der sogenannten schöpferischen Welten. Diese schöpferischen Welten wurden beispielsweise im Sanskrit mit dem Begriff *brahman* bezeichnet. Der Geist als eine existente Daseinsstufe äußert sich mit seinen vielseitigen, real existierenden Gedanken und diese entstehen aus jener Wirklichkeit, die feiner ist als die Sternenwirklichkeit, die gewissermaßen die innere Welt der Sterne, die reine Lichtwelt des Kosmos darstellt und die in sich selbst schöpferisch, das heißt konkret aus sich schaffend tätig ist. Wenn die älteren Weisen des indischen Yoga diese Wirklichkeit als *brahman* bezeichneten, so meinten sie damit, dass diese die Urbildewelt des schöpferischen oder des schaffenden Menschseins darstellt. Der Gedanke gehört der geistigen Welt an und ist somit eine Wirklichkeit, die den Menschen zur Zeit seines Lebens objektiv begleitet und die sogar auch wieder nach dem Tode unabhängig weiterexistiert. Die Geistwelt offenbart die ursächliche Welt, die Urbildewelt aller Schaffenskräfte.

So versinnbildlicht die Spitze des Dreiecks die geistige Welt mit der Wirklichkeit des Gedankens, die nach unten absteigenden Schenkel die Seelenwelt mit ihren vielen Empfindungen und Antrieben, das ist die Beziehungswelt, und die Grundlinie symbolisiert die Ebene der irdischen Welt, die zwischen Gegensätzen und verschiedensten Manifestationen ausgespannt ist.

Der Geist, die urbildliche Gedankenrealität.
Diese ist aus sich frei und schöpferisch.
Jedem Menschen steht die Gedankenregion frei zur Verfügung.

Der Empfindungsunterschied zwischen einer Linie, einem Dreieck, einem Viereck oder auch einem Fünfeck ist außerordentlich groß. Jede Figur beschreibt eine spezifische Dimension, die in der Welt und im Menschsein zu finden ist.

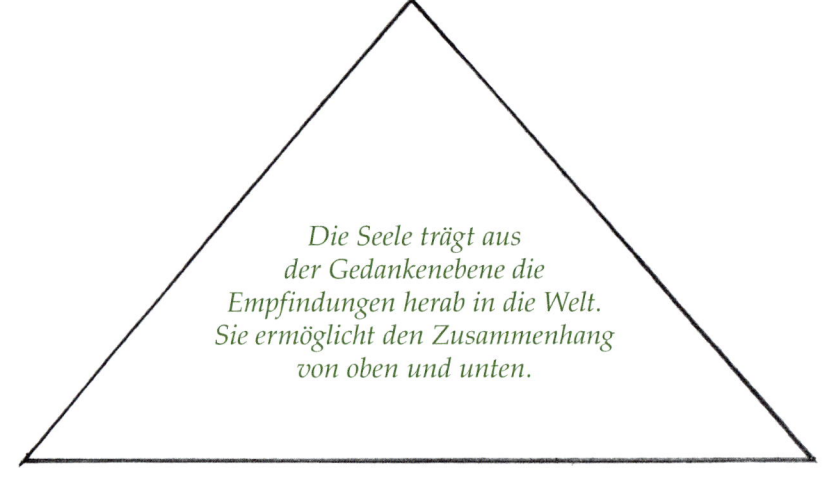

Die Seele trägt aus
der Gedankenebene die
Empfindungen herab in die Welt.
Sie ermöglicht den Zusammenhang
von oben und unten.

Die irdische Welt bildet einerseits die Basis,
aber andererseits auch den Zielpunkt,
in den die Gedanken und Gefühle einmünden.
Es ist die Welt der Formen.

Einige metaphysische Wirkungen auf den Ebenen von Körper, Seele und Geist

Die pädagogische Tätigkeit wirkt mit ihren Versuchen, Bemühungen, Methoden und Maßnahmen auf diesen drei Ebenen. Sie wirkt im Sinne der schaffenden Tätigkeit von Gedanken, sie wirkt aber auch, indem sie Gefühle und Empfindungen für die Kinder oder Jugendlichen hervorbringt, und schließlich wirkt sie im Sinne der körperlichen Formungen, denn auch auf dieser Ebene entstehen die verschiedenen Gestaltbildungen wie beispielsweise die Art und Weise der körperlichen Haltung. Es ist vielleicht viel zu einfach und elementar gesprochen, aber dennoch mit größter Klarheit erwähnenswert, dass der Erzieher in jeder Weise für seine Zöglinge oder auch für seine Klienten und Mitmenschen nicht nur einige Informationen oder Regeln weitergibt oder gar nur eine Art Instrument ist, durch das „ein Lehrplan spricht", sondern dass er im wahrsten Sinne Formen, Gefühle und Gedanken schöpferisch erzeugt. Es ist so wichtig, diese schöpferische Tätigkeit in ihrer realen und möglichen Dimension zu erkennen. Ein Erzieher, ein Lehrer wirkt auf der einen Seite mit seiner ganzen Persönlichkeit und auf der anderen Seite mit getätigten Gestiken, Äußerungen und Mitteilungen, er erschafft Vorstellungen, die er lehrfähig für den Unterricht vorbereitet. Immer entsteht durch die pädagogische Führung nicht nur eine passive Lehrvermittlung, sondern, und das ist das Besondere, das hier wiederholt in das Zentrum der Betrachtung rücken soll, es entsteht eine reale Wirklichkeit, eine Substanz und Schöpfung. (1)

Diese Aussage bedeutet, dass dasjenige, das der Pädagoge und allgemein jeder Mensch äußert, eine Wirklichkeit besitzt, die sich nicht nur in den geschichtlichen Tatsachenbereich der Weltenschöpfung hineinschreibt, sondern die tatsächlich in aller Realität in die Seelen- und Geistwirklichkeiten der Kinder übertritt. Ganz besonders der Pädagoge ist deshalb derjenige, der auf seinem Berufsweg jene Wirklichkeiten erzeugt, die für eine gegenwärtige und zukünftige Entwicklung von nicht unwesentlicher Bedeutung sind. Er erzeugt durch seine Lehrtätigkeit eine ganz bestimmte Form der Realität, die nicht nur materiell im Sinne von Folien, Tafelbildern oder Experimenten zu verstehen ist, sondern die durch den Gedanken und durch das Gefühl, das mit diesem verbunden ist, eine reale Wesensschöpfung darstellt. So wie jemand, der eine Speise zubereitet, mit den Nahrungsmitteln gemäß seiner Idee eine bestimmte neue Offenbarung in die Welt bringt, so ist im gleichen Maße der Lehrer

(1) Diese geschaffenen Wesen bleiben nicht abstrakt oder theoretisch, sondern sie sind auch so wirksam wie eine physische Nahrung, die den Kindern einverleibt wird. Für die weitere Betrachtung sollen diese sogenannten Wesen schematisch eine Skizze erhalten. Mit Hilfe dieser Skizze kann die tatsächliche metaphysische Wirkung, die Gedanken und Gefühle auf Kinder haben, leichter eingeschätzt werden.

tätig, der mit seinen inhaltlichen Darstellungen eine Art lehrfähiges oder geistiges Produkt erzeugt, ein Wesen erschafft, das mit bestimmten Gefühlen begleitet ist und schließlich zuletzt mit realen materiellen Aussagen in die Schöpfung hereintritt. (2)

Wie dieses Bewusstsein über die eigene schaffende Tätigkeit wirken kann, äußert sich beispielsweise darin, wie sich der Lehrer mit dem Wesen der Sprache und der Nutzung der Gestaltungsfähigkeit der Sprache auseinandersetzt. Es kann eine Sprache oberflächlich, ungenau, verwirrend, verurteilend, entfremdend oder befremdend wirken oder sie kann auch zur Erhellung der Sachlage und zur Erschaffung einer wirklichen ästhetischen, gesundheitsfördernden und erbauenden Atmosphäre führen. Je besser und je klarer die Sprachgestaltung durch die Auseinandersetzung und rechte Kenntnis der Sachlage oder der Beziehungsverhältnisse wird und je unmittelbarer sie vielleicht sogar im Sinne einer Empathie zu anderen Menschen wirkt, desto mehr gewinnt sie einen weitenden und menschheitsfördernden Charakter, der beispielsweise als Erstes das Selbstbewusstsein des Menschen erhebt. Die Entwicklung der Sprache geschieht im Allgemeinen durch die Art und Weise, wie der Mensch die Gedanken als Realität ansieht und sie auch zu bilden vermag, diese in einen mehr oder weniger konstruktiven Zusammenhang führt und sie durch seine gewählten Worte zum Ausdruck bringt. Derjenige, der gesprochene Worte nach hellsichtiger Weise erschauen lernt, bemerkt, dass diese wie Taten sind und sich in die Zusammenhänge des Lebens und in die Gemüter mit verschiedenen Formen und Farben hineinschreiben. Durch das Sprechen entstehen deshalb reale metaphysische Gebilde, die als Wesensformen bezeichnet werden können.

Eine gute, reale und der Sache entsprechende Kommunikation verletzt das menschliche Selbstbewusstsein nicht, sondern erhebt dieses. Für den Pädagogen sollte das Sprichwort „Worte vergehen, Taten bleiben" nicht zur baren Münze werden, denn die Worte, die der Pädagoge für seine Schüler spricht, bleiben in den jungen Seelen anwesend. Sie sind nicht nur Worte, sondern sie sind wie feinsinnige Taten zu betrachten. Ein Lehrer sollte sich deshalb ganz besonders in seiner Selbsterziehung um eine konstruktive und weitgefasste Sprachentwicklung bemühen, denn er erzeugt mit dieser Grundlage, selbst wenn sie nicht zur akademischen Reife gebracht wird, Wesensformen, die sowohl den Kindern als auch den Kollegen in seinem Umfeld für die Zukunft zur wachsenden Kultur werden.

Ein Beispiel kann wesentliche Unterschiede in der Sprache aufzeigen: Ein Referent spricht über Ernährung. In seinem Referat unterteilt er aber nicht, wie es meist üblich ist, die Nahrungsmittel in

(2) Der Unterschied, ob sich jemand dieser schaffenden Tätigkeit, die er ausübt, bewusst ist oder nicht bewusst ist, hat für die Persönlichkeitsbildung und Überzeugungskraft des Lehrers eine außerordentlich große Bedeutung. Verantwortung und Selbstbewusstsein entstehen im wachsenden Maße, je mehr jemand über das Existentsein seiner eigenen Gedanken, die er in der Kommunikation erzeugt, ein Bewusstsein ausprägt.

gesund und ungesund und er hütet sich auch vor der sehr dogmatischen Zuordnung, irgendeine bestimmte konventionelle oder alternative Richtung in den besonderen Vorzug zu nehmen. Er plädiert weder für vegetarische Kost noch für Fleischkonsum und vermeidet sogar, eine nivellierende Mitte zwischen diesen beiden auszudrücken. In der Gesamtaussage entwickelt er die Thematik, dass es nicht nur ein „Was", sondern auch ein „Wie" im Essen gibt und dass die Beziehung zur Ernährung eventuell wichtiger sei als die materielle Form. Will sich jemand spirituell weiterentwickeln, wird er mit Sicherheit zu einer vegetarischen Lebensweise übergehen. Die Ernährung kann auf materialistische, auf ästhetische oder auch auf schöpferische Weise in das Leben integriert werden. Die Nahrungsmittel kann der Mensch nach freiem Gewissen und Zügen gestalten und kann sie entsprechend der Notwendigkeiten der Entwicklung und seines ästhetischen wie auch moralischen Lebenssinnes für sich und des Weiteren auch für ein soziales Verständnis wählen. Indem ein Referent sich in diesem Sinne mit geeigneter Sprache zum Publikum in Beziehung bringt, Dogmen, Einseitigkeiten und Wahrheitsansprüche vermeidet und dennoch konkrete, inhaltliche und deutliche Aussagen zum Thema entwickelt, erschafft er ein großes Wesen, das sich in die Gemüter auf sensible Weise hineinschreibt. Die Worte werden zu Taten oder zu geschaffenen Wesen.

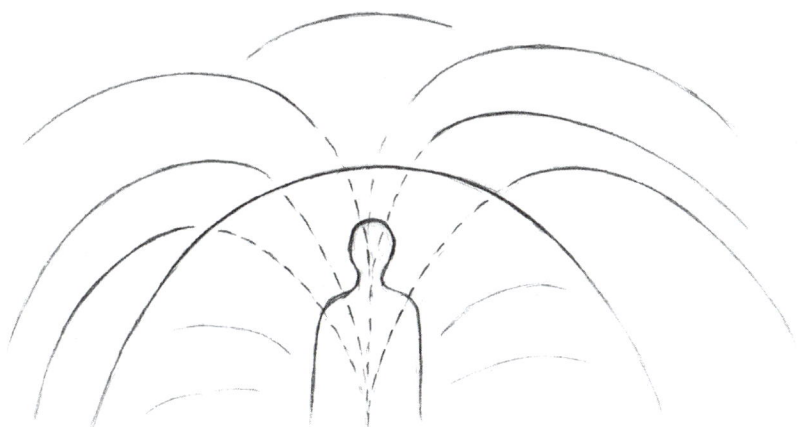

Schematisch kann diese Gedanken- oder Wesensform im Sinne eines konstruktiven, in Beziehung stehenden Sprechens oder Referierens wie mit weiten Bögen dargestellt werden, die eine Bewegung des Gedankens bis hinein in die Tiefe des menschlichen Daseins gewähren. Außen und innen bleiben leicht, frei und dennoch in einem fließenden Austausch. Sie schirmen sich nicht voneinander ab und treten somit nicht als große, voneinander distanzierte Pole auf. Es ist das Wort, das im richtigen Zusammenhang in das Leben hinein ausgesprochen wird, wie eine lichte und freie Transzendenz. Es ist konkret, klar, bleibt leicht und dennoch in seiner Bewusstheit als eigene Existenz erfahrbar.

Ein einseitiges oder zu sehr bewertendes Sprechen, ein schnellfertiges Definieren, Psychologisieren oder Assoziieren kann sehr leicht zu einer gegenteiligen Wesensform führen: „Der Mensch ist das, was er isst.", oder: „Fleischessen war schon immer eine Notwendigkeit und der Mensch braucht heute das Protein von tierischen Produkten. Die Wissenschaft hat erwiesen, dass es ohne Fleisch zu Mangelerscheinungen kommt.", oder auf der anderen Seite: „Indem du dich vegetarisch ernährst, begehst du keine Sünde." Diese vielleicht etwas grob ausgedrückten Wortformeln, die sich durch diese Art von einseitigen Formulierungen ohne Beziehung und ohne wirklichen inneliegenden Gedanken ausdrücken, können keine schöne Wesensform erzeugen. Es handelt sich bei diesen Worten nicht um eine Auseinandersetzung, sondern lediglich um eine emotionale und assoziativ gebundene Bewertung. Lässt man diese Worte, so unangenehm sie sogleich erscheinen, auf sich wirken, spürt man zumindest in der Seele eine gewisse Enge oder Einschnürung. Metaphysisch gesehen beschreiben sie eine in sich verschlossene, undurchlässige Kreation, die im Gesamtgefüge weder eine Zentrierung der natürlichen Empfindungen zu einer Mitte noch eine wirkliche Wahrnehmung nach außen mit einem aufbaufähigen und sozialorientierten Charakter zulässt. Der lichte Bogen, der sich wie eine verbindende, große Gesamtheit mit Hilfe des geeigneten Wortes über ein Individuum spannen möchte und symbolisch eine weite Offenheit darstellt, bleibt wie eine unberührte äußere Wirklichkeit fern vom Menschen, während dennoch die einseitig geprägten und wohl absolut als materialistisch zu erkennenden Worte, die keinen wirklichen Gedanken beinhalten und auch keine herausgearbeitete Kenntnis zur Sache in sich selbst beherbergen, nicht an einem menschlichen schönen und schöpferischen Aufbau teilnehmen. Es kann diese Art Sprache mit ihren eigenartigen Einseitigkeiten und auch unlogischen Behauptungen mit der folgenden Zeichnung skizziert werden:

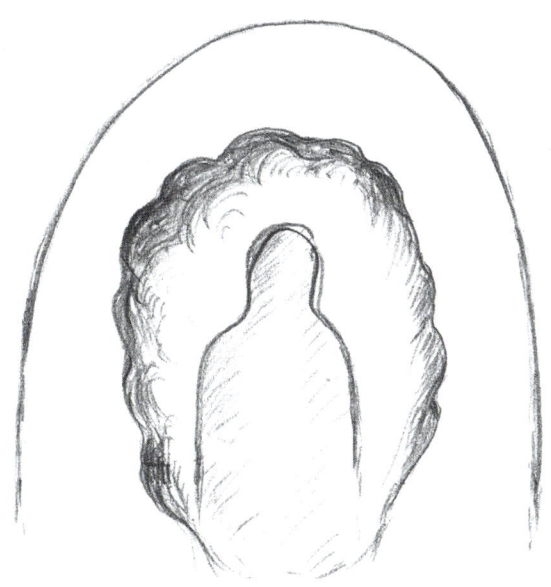

Es ist im ausgesprochenen Maße wichtig, dass sich der Pädagoge über seine schaffende Tätigkeit und seine Verantwortung, wie er mit Worten und schließlich auch mit Referaten umgeht, im ausreichenden Maße bewusst wird. Er erschafft immer im Unterricht jene Wesenheiten, jene realen metaphysischen Existenzen oder feinstofflichen Substanzen, die nach dem ersten Beispiel eine Tendenz zu Offenheit und Weite mit gleichzeitiger Zentrierung nach innen ermöglichen oder die im zweiten Beispiel einen Hang zur Abspaltung und Eingeschlossenheit besitzen. Durch diese Bewusstheit über die Wirkenssphäre der Sprache gewinnt der Lehrer eine wachsende Fähigkeit, seine Lehrinhalte in jenen Zusammenhang einer konstruktiven Anregung zu richten, und er kann auf dieser Grundlage mehr Interesse, Begeisterung und Anteilnahme erwecken, als wenn er seine Worte beispielsweise wie Schlagworte oder wie schnellfertige Wertungen nützt.

Die Sprache ist jedenfalls eine große menschliche Kunst, die auf drei verschiedenen Ebenen zu den Mitmenschen wirkt. Mit realen feinen Substanzen gleiten die Worte in den Raum, erfüllen die Atmosphäre, treten an die Sinne des Menschen heran, werden von ihm zur Kenntnis genommen, bewegen sein Gemüt oder auch nur sein Unbewusstes und werden schließlich doch zu einem gewissen Grade immer von ihm aufgenommen. Obwohl jeder Mensch Worte zurückweisen kann, sind die Worte dennoch wie reale Wirkungskräfte zu verstehen, die in den meisten Fällen nahezu wie unbewusst in das Leibliche und Gemütshafte übertreten. Je nachdem, wie ein Wort aufgeladen ist, prägt es das Selbstbewusstsein des Menschen. So wie aber der Zusammenhang des Wortes im Gesamten gewählt wird, lassen sich die verschiedenen Bezüge in einer Art Logik weiterleiten. Worte aber können auch mit einer Kraft verbunden sein und sie können die Gesundheit schwächen oder erbauen. Je vornehmer, eindeutiger und vor allem inhaltsreicher eine Sprache ist, desto mehr erschafft sie jene Kräfte, die vom Menschen positiv aufgenommen werden können. Mit der Zeit aber prägen die verschiedenen Sprachgewohnheiten sogar die menschliche Physiognomie. So wirkt die Sprache und ihre Ausgestaltung auf das ganze menschliche Leben.

Ein Pädagoge kann natürlich mit seiner pädagogischen Arbeit und mit seiner Sprachgestaltung nicht nur auf die schaffende, gedankenbildende und gedankenaufbauende Tätigkeit achten, sondern er kann auch auf die Gefühle oder besser sogar Empfindungen, die er mit den Worten in den Unterricht hineinbringt, seine Aufmerksamkeit lenken. Indem er seine erzieherische Tätigkeit an die Schüler richtet, schafft er die verschiedensten Arten von Gefühlen, die wieder in das Innere der seelischen Welt der Kinder hineingerichtet sind. Diese Gefühle können entweder unmittelbar bewusst empfangen und verspürt werden oder sie können aber auch noch unbewusst bleiben und erst zu einem späteren Zeitpunkt in modifizierter Weise in Erscheinung treten. Die Gefühle, die der Lehrer bei sich selbst entwickelt hat, oder auch diejenigen, die er unbewusst bei sich selbst trägt, bleiben in den Herzen der Kinder zurück und können deshalb für den gesamten weiteren Lebensweg als nicht unbedeutend bewertet werden. Deshalb ist die Motiventwicklung neben einer Kultivierung und Gestaltbildung der Sprachkünste unbedingt nennenswert. Es wäre wohl einseitig, wenn ein Lehrer über eine außerordentliche Sprachbegabung und über eine hochstehende Redekunst verfügt und dabei aber seine inneliegenden Motive nach Macht oder einseitigem Herrscherdrang streben würden. Ein inneres Ideal mit einer klaren Motivrichtung liegt im eminentesten Sinne auch jeder Bewegung, die der Mensch nach außen tätigt, zugrunde. Die Sprache ist eine Bewegung, die eine gestaltbildende Form für die Umgebung annimmt, und in dieser spricht sich deshalb die Seele des Menschen aus. Dieser Tatsache sollte sich der Lehrer unbedingt bewusst werden, denn wenn er sie übersieht, so kann er durch seine eigene Unbewusstheit eventuell einen verborgenen Schaden bei den jungen Kindern, die ihm anvertraut sind, hinterlassen. Die durch erzieherische Tätigkeit erzeugten Gefühle, die sehr stark mit den inneren Motiven verbunden sind, besitzen für die gesamte Entwicklung der Biographie des Menschen eine außerordentlich wichtige Bedeutung. (3)

(3) Ein schönes angenehmes Gefühl, das ein Lehrer in eine Klasse hineinbringt, indem er beispielsweise jeden Tag einige Blumen auf den Tisch stellt, sei damit nicht vordergründig gemeint. Auch ist weniger die gesamte emotionale Sphäre, die durch Stimmung erzeugt werden kann, ausschlaggebend. Die Empfindungen, die ein Lehrer in die Klasse hineinbringt, entsprechen vielmehr seiner eigenen wirklichen Ausstrahlung. Verspürt er eine reale ernsthafte Trauer und eine Betroffenheit bei der Schilderung einer weltlichen Tragik, so erstrahlt diese mit einem realen Gefühl nach außen, während er aber genauso bei der Schilderung des gleichen tragischen Ereignisses auf feine Weise überhebliche Macht- oder Sensationsgefühle äußern könnte. Je nachdem, wie das Seelenleben des Lehrers entwickelt ist, erstrahlen wesentliche Gefühle, die die Zukunft der Schüler beeinflussen.

40

Ein Referat, das jemand hält, sollte geeignete, durchdrungene und gut gewählte Inhalte besitzen. Die Inhalte tragen eine Kraft in sich, die wiederum wie eine Substanz auf die Lebenskräfte der Zuhörer wirkt. Hierzu kann ein authentisches Beispiel eine kleine Skizze erhalten: Ein sogenannter Weltanschauungsreferent der katholischen Kirche propagierte beispielsweise einmal Freiheit und forderte seine Zuhörer auf, über Freiheit nachzudenken, denn es seien heute so viele religiöse Richtungen tätig, die dem Menschen die Freiheit rauben. Nachdem einer der Zuhörer die peinliche Frage stellte, was denn der Referent nun unter Freiheit genau verstehe, wurde dieser ärgerlich und antwortete dem Fragenden, dass er zunächst über Selbstbestimmung nachdenken solle. Selbstbestimmung sei Freiheit und wenn der Mensch all das tun könne, was er gerne tut, so sei es auch Freiheit. Indem aber jemand eine solche provokative Frage stelle, und er meinte es tatsächlich unübertrieben, erkenne man, wie jemand in Abhängigkeiten sei. Der Weltanschauungsreferent erachtete deshalb den Fragenden sofort als abhängig.

Mit diesem authentischen Beispiel, das es leider nicht nur vereinzelt, sondern vielfach gibt, werden in den Worten Inhalte transportiert, die in Wirklichkeit keine sachlichen und konstruktiven Inhalte sind, sondern im wahrsten Sinne Aggressionen. Die Worte sind meist auch sehr unklar, ohne jeglichen Zusammenhang und deshalb lassen sie sich nicht in ihrem wahren Inhalt sogleich erkennen. Der Zuhörer nimmt jedenfalls den wirklich beigemessenen Inhalt der Worte auf. Handelt es sich anstelle eines wirklichen Inhaltes um Aggressionen, so kann der Zuhörer natürlich keine gesunden Lebenskräfte aufnehmen. Aus diesem Grunde ist es günstig, wenn man sich über die Kraft und Tatsächlichkeit des Inhaltes, der in Worten und Referaten lebt, eine ausreichende Bewusstheit verschafft. Je mehr man sich dieser Bewusstheit annähert und sich darüber klar wird, dass Worte immer Lebenskräfte erzeugen können, desto mehr wird der pädagogische Ehrgeiz steigen, in den Unterricht eine heilsame und erbauende inhaltliche Sphäre hineinzubringen.

Schließlich erschafft der Erzieher mit seiner gesamten vermittelnden Tätigkeit die verschiedensten Formen innerhalb des irdischen Lebens. Er vermittelt die Verhaltensweisen, die dem gewöhnlichen Benehmen angemessen sind, und trägt dazu bei, dass sich die klare Haltung des Menschen ausprägen kann. Er wird beispielsweise für ein Kind die Unterscheidungskriterien von einer schlechteren Körperhaltung zu einer besseren und angemessenen aufzeigen und er wird anhand der Spracherziehung eine günstigere Aussprache und Formerkraftung der verschiedenen Worte fördern und fehlerhafte und ungenügende Formulierungen korrigieren. Innerhalb der irdischen Welt bewegt sich deshalb die erzieherische Tätigkeit auf die wünschenswerten und angemessenen Formen zu.

Betrachtet nun der Pädagoge das Produkt, das er tatsächlich durch seine vermittelnde, lehrende oder führende Tätigkeit im Sinne der Sprachentwicklung äußert, das er in Gedanken und Worten erzeugt, das er in Gefühlen und ihren geordneten Beziehungen an die Seele heranführt und in inhaltlichen heilsamen Kräften erschafft und das er auch meist in äußeren Formen und Beispielen kundlegt, so wird er feststellen, dass er sowohl auf einer sichtbaren als auch auf einer unsichtbaren Ebene einen dreifachen Einfluss auf seine Mitmenschen ausübt. Das geschaffene Produkt wirkt wie ein unmittelbarer Gestaltungsstrom mit Langzeitfolgen auf die Mitmenschen. Der Charakter und das wahre Wissen des Lehrers ist viel unmittelbarer präsent und stellt ein Vorbild für andere dar. Ist der Charakter und die Weisheit bei einem Lehrer nicht wirklich entwickelt, lässt sich seine ausstrahlende empfindsame Wirkung nicht einmal durch den Versuch, sich ganz persönlich zurückzunehmen, auslöschen. Es kann nicht genügen, wenn der Lehrer nur Folien auflegt und seine eigene Sprachfähigkeit gegenüber dem Computer verleugnet.

Metaphysisch gesehen kann die Richtigkeit der Gedanken, wie sie im Worte leben, einen zentrierenden und doch freien Charakter haben und es können im weiteren Verlauf die Gefühle, wie sie im Zusammenhang der Sprache und in der Logik eingebunden sind, ein lebendiges Meer von Farben und lichten Erscheinungen aufzeigen, die eine angenehme Sympathie und zuletzt durch ihren Inhalt heilsame Leichtigkeit besitzen. Gefühle sind tatsächlich, wenn sie einigermaßen entwickelt sind, wie ein farbiger Schimmer und derjenige, der hellsichtig tätig ist, merkt an den harmonischen Farben die solide Beziehungsfähigkeit der menschlichen Gefühle. Die Sprache trägt immer Gefühle in sich und diese werden in der Regel umso lebendiger, je besser die Worte in einem logischen Zusammenhang sind. Schließlich zeigt sich an dem wirklichen und klaren Inhalt, der in den Worten liegt, eine Authentizität der vorausgegangenen Auseinandersetzung. Je inhaltsreicher jemand unterrichten kann, desto heilsamer und auch, wenn man den Ausdruck gebrauchen will, inkarnierter können Kräfte im jungen Menschen eingebunden werden. Diese tatsächliche inhaltliche Seite zeigt sich in der Ruhe, die Worte bewirken können. Zuletzt zeigt sich an den äußeren ästhetischen und klaren Umgangsformen die Authentizität des Lehrers selbst. Sie beruht auf der Grundlage der wirklich erlebten und gelebten Selbsterziehung, auf einer Bewusstseinsschulung zu wachsenden Werten und auf einer gelungenen dynamischen Integration der gesamten Sprache. (4)

(4) Mit der Anpassung an äußere leistungsorientierte oder akademische Ideale, die vielleicht durch die Eltern oder das Umfeld auferlegt sind, verarmt der junge Mensch in seiner Individualität und er verliert an Wärmekräften.

Aus den Erkenntnissen entwickelt sich die methodische Unterrichtsformung

In den folgenden Kapiteln, die durch einzelne herausgegriffene Charakteristika der Planeten gegliedert sind, befinden sich verschiedene allgemeine wie auch konkrete Beschreibungen, die für die seelisch-geistige Entwicklung von einer wesentlichen Bedeutung sind. (1) Der einleitende meditative Gedanke vermag auf den ersten Blick sicherlich weniger die praktische Seite des Unterrichtens darzustellen. Er spricht mehr den übergeordneten inneren Sinngehalt einer Wirkungssphäre an, die in der seelischen und geistigen Mitte des Menschseins gegeben ist.

Der zweite Aspekt führt schließlich zur Beschreibung der sogenannten Wesen, die charakteristisch für eine seelisch-geistige Sphäre sind und die im idealen Falle nach besten Schaffenskräften des Pädagogen kreiert werden können. Die Wesenssubstanzen des Planeten sind immer auf metaphysische Weise zu verstehen und sie wirken aber auch bis in die physische Grundlage des Menschen. Beispielsweise können nach der unterschiedlichen Physiognomie die Planeten im Gesicht einen Ausdruck erhalten. Der Mond wirkt fast immer runder, formt das Antlitz weicher als beispielsweise sein strenger Gegenspieler, der Saturn. Die Beschreibung der Wesenssphäre soll durchaus ein Bewusstsein für die Tatsache erwecken, dass jeder Lehrer mit seinem Unterricht eine bestimmte Atmosphäre von Charakteristika, die den Planeten entsprechen, erzeugt.

Im dritten Punkte werden aus dieser Sichtweise die Gedanken erstmals in die Beziehung des praktischen Unterrichtes geführt. Sie bleiben in diesen Kapiteln aber noch recht allgemein und sollen mehr eine Übersicht über die mögliche Unterrichtsgestaltung geben. Ganz besonders interessant ist dieser dritte Punkt für die Vorbereitung des Lehrers, denn wenn dieser die Klasse aufsucht, so sollte er einen Sinn entwickeln, wie er eine günstige und rationale Führung für die einzelnen Schüler entfalten kann und wie es ihm möglich wird, mit weiter Übersicht eine ideale Sphäre, in der die praktische Lerntätigkeit gut gelingt, zu kreieren.

Im vierten Abschnitt gewinnen diese vorbereitenden Gedanken schließlich erstmals eine konkrete Umsetzung in eine methodische Anwendung. Je nachdem, welche besondere Unterrichtsführung der Pädagoge bevorzugt und je nach individueller Veranlagung und Stilform er diese umzusetzen vermag, kann er sich nun

(1) Eine umfassende Beschreibung der einzelnen Planeten wäre für diesen Rahmen des Buches zu langatmig und es würde eventuell die pädagogische Tätigkeit in den Kernpunkten ablenken. Jeder Planet aber besitzt eine unendlich weite Offenbarung von Eigenschaften. Die Beschreibung eines Planeten in genauer Ausführung könnte sicher einen eigenen Band darstellen.

auf reale, praktische Weise üben und Gedanken wie auch Empfindungen im angemessenen Sinne für die Klasse entwickeln. Die praktische Umsetzung einer Idee kann durchaus auf eine variable Weise erfolgen. Sie stellt eine sehr interessante und angenehme Herausforderung dar, denn so wie ein Handwerker ein gutes Produkt erzeugen möchte, so möchte auch der Lehrer mit seinem Unterricht ein möglichst ästhetisches und reifes Darlegen seiner Unterrichtskunst demonstrieren. Er möchte ein Wesen schaffen, auf das er mit uneitlem, aber angemessenem Stolz zurückblicken kann. Die Methodik, die in diesem Abschnitt beschrieben ist, wird aus der Bewusstheit der vorhergegangenen Gedanken entfaltet.

Im letzten Teil sind einige Beispiele genannt, die die bisherigen Aussagen in eine weitere Bekräftigung führen. Es gäbe sicher sehr viele weitere nennenswerte Beispiele, wie eine bestimmte planetarische Wirkenssphäre in den Zusammenhang mit der menschlichen pädagogischen Kunst übertritt und wachsende lehrfähige Möglichkeiten eröffnet. Grundsätzlich stellen die gewählten Beispiele nur Vorschläge und Anregungen dar, die an das Bewusstsein des Pädagogen appellieren und ihn zur Progressivität auffordern, einen schöpferischen und lebendigen Ehrgeiz für seine Unterrichtsgestaltung zu entwickeln. (2)

Zusammenfassend lässt sich zu dieser Gliederung, die in den folgenden Kapiteln vorliegt, bemerken, dass derjenige, der sich in dieser dargestellten schöpferischen Kunst des Unterrichtens üben möchte, durchaus auch das Lesen von den Beispielen ausgehend beginnen und sich bis zur Wesensgrundlage und bis zum meditativen Gedanken hindurcharbeiten kann. Die gesamte Schrift führt von einem Gedanken zu einem nächsten. Beginnt der Leser mit den Folgekapiteln, so kann er auf logische Weise zu den ersteren zurückfinden. Die Beispiele und die Methoden, die als Folgepunkte angeführt sind, beinhalten immer den zentralen meditativen Gedanken. So wie der menschliche Körper nach bestimmten Gesetzen aufgebaut ist oder, wie man es hier in dieser Schrift sogar noch deutlicher aussagen kann, nach kosmischen und planetarischen Weisheiten gestaltet ist, so ist auch diese Schrift in einem Zusammenhang komponiert, sodass jeder einzelne Gedanke sich mit seinem nächsten logisch verknüpft. Aus den Erkenntnissen eines Abschnittes entwickelt sich das Verständnis des anderen, dies sowohl vorwärts als auch rückwärts.

Die einzelnen Kapitel sollten aber unbedingt inhaltlich zur Erarbeitung kommen. Werden sie nur nach Konsum und schnellfertiger Rezeptierung genommen, können sie den inneren Gehalt mit ihrem schöpferischen ausstrahlenden Charakter nicht ausreichend

(2) Die heute bei Lehrern so häufig sichtbare Erschöpfung kann gerade durch ein natürliches, eigenes schöpferisches Umgehen und ein wiedererkraftendes Ehrgefühl in der Kunst des Unterrichtens wesentlich geheilt werden. Je mehr der Lehrer Freude an seiner Unterrichtskunst entwickelt, dies natürlich um des wahren Wertes und nicht um des Narzissmus willen, desto mehr erkraftet sein Stoffwechsel und sein eigener Antrieb für das Handeln. Er ist dann nicht nur der dienende Lehrer, sondern der schaffende pädagogische Künstler, der sich im rechten „Edifizieren" des Bewusstseins übt.

fördern. Der Lehrer vertieft sich in den Inhalt und aus der Vertiefung und den erlangten Kenntnissen fließt ihm schließlich jene schöpferische Kraft zu, die er benötigt, um ästhetische und reife Inhalte in den Unterricht zu führen. Er wird beziehungsfreudiger und erschafft schließlich den harmonischen planetarischen Ausdruck für seine Schüler.

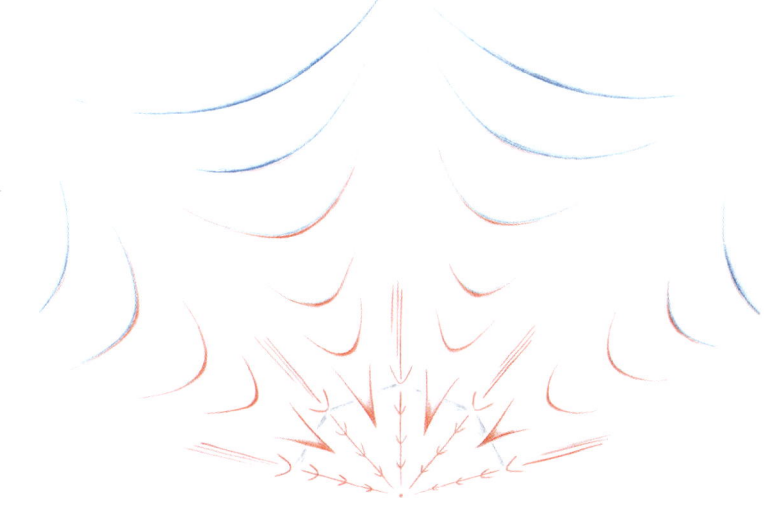

Aus dem größeren Umkreis gebiert sich
der Gedanke und zentriert sich schließlich mit der
praktischen Umsetzung in der Welt.

Betrachtungen der Aurenverhältnisse als tätige Übung für den Pädagogen

Sowohl Erwachsene als auch Kinder können von dem Lehrer mit intensiven Fragen zur Erkenntnisbildung der feinstofflichen Aura in die Betrachtung genommen werden.

Es ist sehr wichtig, dass der Lehrer nicht unbedingt versucht, aus den Personen, die er betrachtet mit Willensanstrengung etwas herauszulesen oder gar neugierig zu „erspekulieren". Die richtige Art des Schauens beginnt mit einer natürlichen, einfachen Wahrnehmung gegenüber den physischen, sinnlich erkennbaren Äußerungen. Nachdem diese physischen Eindrücke ausreichend gesammelt wurden, lässt der Lehrer diese ruhig und kontemplativ auf sich und seine Seele wirken. Er bleibt mit seiner Aufmerksamkeit in gedanklicher Vorstellung in dem aus der physischen Wirklichkeit erworbenen Bild seines Gegenübers. Hierzu kann er die Fragen stellen: Wie ist die Ausstrahlung hinter dem physischen Erscheinungsbild? Welche Wesen, Formen oder farblichen Erscheinungen lassen sich in der Empfindungskraft der Seele erleben?

Immer muss sich der Übende bewusst werden, dass es sich beim Erkennen der Aura nicht um ein physisches Erkennen und vor allem nicht um ein spekulierendes Erfassen der Wirklichkeit handelt, sondern um eine empfindbare und erfahrbare Wirklichkeit, die im seelischen, feineren Ausdruck besteht. Will der Übende diese erkennen, so muss er den seelischen Sinn für diese Wirklichkeitssphäre bei sich erwecken. Immer bleiben aber die Eindrücke, die erfahren werden, sehr still in der Seele. Jedes Ergebnis eines geistigen Erkenntnisprozesses lässt emotionale Reaktionen zurückweichen und fördert ein ruhiges, konzentriertes Erleben in der sensiblen Empfindungswelt des seelischen Wahrnehmens.

Wer sich auf diese Weise übt, sollte das Ergebnis nicht sofort mit einer ersten Betrachtung erwarten. Meist muss der Übende die erworbenen Bilder, die er von seinen Schülern oder Mitmenschen gewinnt, in sich nachklingen lassen. Dieses Nachklingen geschieht aber auch häufig durch ein bewusstes, erneutes Kreieren des erworbenen Bildes aus der Erinnerung. Je intensiver die Eindrücke, die zunächst über das physische Bild des Menschen erworben sind, durch erinnernde Wiederholung neu geschaffen werden und sie damit in der Seele nachklingen, desto leichter lässt sich die Aurenstimmung erahnen und schließlich zunehmend besser erkennen.

Es lässt sich die Aura leichter von einem Menschen erkennen, wenn er nicht unmittelbar im Gesichtsfeld anwesend ist, denn dann können die äußeren physischen Begebenheiten und Emotionen das Bild nicht verzerren. Wird im Nachhinein durch die tätige Erinnerung der Mensch in seiner Gestalt wieder zum „Auferstehen" gebracht und ihm gleichzeitig die Möglichkeit eingeräumt, dass er einen unsichtbaren Seelen- und Geistleib besitzt, der die tragenden Kräfte seiner Person repräsentiert, entstehen die Ahnungen über die Wirklichkeit der Aura.

Beispiele hierfür können mit einigen Zeichnungen eine Skizze erhalten:

Ein bewusst gedachter Gedanke spiegelt sich als eine aufhellende Lichterscheinung an der Stirn.

Jemand geht auf den anderen mit Interesse und Motivation zu. Er will seine Ideen mit Bitten an den anderen richten: orangefarben, je nach geordneter Folge (es kann ungeordnet oder sehr klar und empathisch gesprochen werden), in geschlossenen oder losen Kreissegmenten offenbart sich eine bewegte zwischenmenschliche Farbankündigung.

Die Aura zeigt sowohl eine abgeschlossene, oder besser gesagt, eingeschlossene Bewusstheit als auch eine sehr intellektuelle, fixierte mentale Haltung. Nach anthroposophischer Lehre würde man diese Erscheinung mehr nach der Vorherrschaft von luziferischen Wesen benennen.

Weitere Beispiele
zur Betrachtung der
Aurenverhältnisse
von Kindern und
Jugendlichen:

Beim fünfjährigen Kind erscheint die Aura meistens noch in zarten Farbtönen und bewegt.

Mit 15 Jahren verarmt leider viel zu oft die Aura schon in ihrer Farbigkeit und verengt sich zunehmend nach oben zum Kopfbereich.

Beim 25-Jährigen zeigt sich dann nicht selten eine Aura, die ganz von linearen Kräften dominiert ist, die sich im Kopfbereich stark verengen und zum Stoffwechsel hin aussacken und die Form verlieren.

In den Dolomiten, der Monte Agner von der Spiz di Lagunaz gesehen

Allgemein sind die Dolomiten durch den südlich geprägten sonnenhaften Charakter sehr reizvolle und ästhetische Berge.

Durch die Sonne kommt sowohl das Universale
des Weltenraumes als auch die Einzigartigkeit
jedes Partikels zur Geltung.

Die Sonne in der Pädagogik spendet die Möglichkeit zur Versöhnung mit dem Erdenwesen

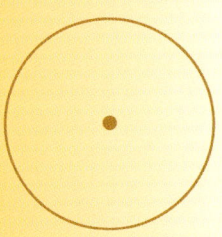

Empfindungen zur Sonne

Die Sonne ist nach den Darstellungen der Astrophysik der zentralste, weitaus größte und einzig selbstleuchtende Himmelskörper im Planetensystem. Hat man den Gang durch die Planetenfolge, wie bisher beschrieben, vollzogen, so kann man die Sonne vielleicht als eine Art goldenes Tor empfinden. Ihre Bedeutung für die Rhythmen des Lebens auf der Erde in Form von Tages- und Jahreszeiten und für das Leben überhaupt ist wohl am augenfälligsten. Den unmittelbaren Blick auf den Sonnenkörper kann das ungeschützte Auge nicht lange ertragen und so betrachtet man den Sonnenball häufig, wenn er durch Wolken oder Nebel hindurchschimmert oder sein Licht am Morgen oder Abend durch Dunst abgemildert ist. Am eindrucksvollsten ist das Erleben der Sonne bei Sonnenaufgang, wenn ihr Licht, nachdem die Nacht der Morgendämmerung gewichen ist, den gesamten Luftraum erfüllt und das umliegende Land durchflutet und umhüllt. Dieses Erleben der Sonne ist nach dem bewussten Wahrnehmen einer Nacht besonders stark gegeben.

1. Der meditative Gedanke

In der Erde lebt der Christusgeist oder allgemein der Geist der Liebe und dieser ist sonnenhaft. Er ist gleichzeitig warm. Er atmet auf unsichtbare und freie Weise aus allen Erscheinungsformen des Irdischen, aus den festen Gegenständen wie auch aus dem Wässrigen und Gasförmigen, auf stille Weise heraus. Der Pflanzengürtel der Erde mit seinen sprießenden und welkenden Offenbarungen äußert in seinem innersten Geheimnis ebenfalls die warme und erbauende Kraft des Christusgeistes. Diese geistige Ausatmung geschieht immerfort, ohne von der Materie abhängig zu werden. Das menschliche Bewusstsein erfährt diese feine und ihm entgegenhauchende Ausatmung des Christusgeistes erstmals dann, wenn es sich für die Geheimnisse der Weltenschöpfung schult und auf freie Weise auf die Mitmenschen und auch auf die Weltenschöpfung zugehen lernt.

51

Es lebt in dieser Ausatmung des Christusgeistes das menschliche Ich und dieses bildet sich in jedem Augenblick auf neue und souveräne Weise im Innersten oder im geistigen Sein des Menschen. Das Ich ist deshalb nicht eine statische Größe, es ist nicht nur ein psychologischer Faktor. Kein Augenblick vergeht, ohne dass sich dieses Ich im Menschen bildet. Selbst von kranken Tagen bleibt diese Bildung des Ich unabhängig, denn es wirkt im Geiste und ist zugleich reine Geistigkeit. (1)

2. Wie lassen sich die Wesen dieses wärmenden und idealen Sonnengeistes empfinden?

Die Sonnenwesen, die tatsächlich mit dem Christusgeist in die Erde eingezogen sind, leben in allen Partikeln der irdischen Erscheinungen, seien sie von Personen äußerlich geprägt wie angefertigte Stühle, Tische, Tafeln oder konstruierte Türen und Wände oder seien sie Naturerscheinungen wie Bäume, Wiesen und Steine. In allen Phänomenen oder in allen Weltenbewegungen, Bewegungen, die sich in Aggregatzuständen ausprägen können wie die geschwungenen Formen der Pflanzen oder die aufragenden und wohldifferenzierten Felsen, wie die Bewegungen im Flüssigen von sich sammelnden und sich zerstreuenden Gewässern oder wie die Berührungen der Lüfte, lebt insgeheim jenes christlich-geistige und wärmende Bewusstsein. Es lebt nur unsichtbar, gewissermaßen unberührt, nicht festlegbar, wie ein Seinsgrund einer anderen Wirklichkeit. Dieses Bewusstsein ordnet sich den spirituellen Dimensionen zu. Die Sonnenwesen können mit den Augen nicht direkt gesehen werden, auch dann nicht, wenn man die Sinneswahrnehmungen auf besondere Weise sublimiert. Die wirkliche Wahrnehmung zu jenen Wesen geschieht durch die gezielte Entwicklung von seelischen Empfindungen und auch durch die Entwicklung eines inneren Bewusstseins für jenes Glied im Menschsein, das man als Ich oder auch im indischen Sinne als das Selbst, als den sogenannten *ātman* bezeichnet. Jedoch sind diese Begriffe, diejenigen des Ich und des Selbst, erst einmal rein abstrakter Art. Wie und in welchem Ausdruck sie in der irdischen Welt in ihrer praktischen Äußerung erscheinen, ist sicherlich noch ein Geheimnis. Das Ich oder das Selbst soll nicht als ein Wesen bezeichnet werden, denn es beschreibt die höhere Instanz des Menschseins. Ist dieses Ich aber entwickelt und drückt es sich durch den Menschen aus, entfalten sich jene charakteristischen goldenen Wesen, die im folgenden Text beschrieben werden.

(1) Mit der Betrachtung dessen, wie das christlich-geistige Geheimnis im Menschen angelegt ist und wie es im Zusammenhang mit dem inneren Selbstempfinden und dem äußeren Selbstbewusstsein des Menschen steht, müssen sehr feinsinnige und eventuell schwierig anmutende Unterscheidungskriterien berücksichtigt werden. Es gibt ein Selbstbewusstsein, das äußerlich dem Menschen gegeben ist, und es gibt ein sehr ruhiges Gefühl, das man als Selbstempfinden, als Empfinden über das Ich, bezeichnen kann.

Indem diese Zeichnung als Übung nachvollzogen wird, erlebt die Seele im Inneren ein bewusstes Wirken von verschiedenen Kreisen, die eine Figur von einer einfachen Einheit zu einer ausgedehnteren, umfassenderen und komplexeren Einheit gestaltet. Der einfache Kreis beschreibt die Natur der Einheit und Unendlichkeit auf elementarste Weise. Mehrere Kreise in harmonischer Abstimmung können diese einfache Einheit in ihrer Weiterentwicklung vervollkommnen. Die Einheit ist am Anfang als Einzigartigkeit gegeben und sie erscheint als komplexe Universalität schließlich wieder in allen weiteren metrisch abgestimmten Figuren erneut.

In praktischer Weise nähert sich der Übende, der die Spiritualität sucht und sie mit der Pädagogik verbinden möchte, diesen Wesen an, indem er die Fähigkeit entwickelt, sich so exakt aktiv und gleichzeitig freilassend zu seiner Umgebung in Beziehung zu bringen, wie dies mit einem reifen Bewusstsein und auch mit einer klaren, konkreten Ausrichtung möglich ist. Das freilassende Bewusstsein, das der Pädagoge nach außen entwickelt, entsteht niemals durch ein sogenanntes Nicht-Ich, sondern durch ein entwickeltes gesundes Selbstgefühl und ein Bewusstsein über das Ich. Wenn der Pädagoge seine Schüler oder Studenten innerhalb einer konkreten und gut geführten Unterrichtstätigkeit freilassen kann, wird er bemerken, wie ihm gerade jene Kräfte zufließen, die ihm ein gesundes und integrierfähiges Ich geben. Dieses äußert sich in Form eines für ihn wahrnehmbaren innerlichen Ruheempfindens. Gleichzeitig spürt er mit seinem Blick nach außen ebenfalls eine Ruhe und kann sein Gegenüber oder auch die Objekte der Außenwelt als eigene einzigartige Wirklichkeit wahrnehmen. Tatsächlich strömen, ohne dass es der Pädagoge meistens als solche Erscheinung bemerkt, aus dem Erdengeist und aus der Erdenstofflichkeit jene geheimnisvollen Wesen sowohl dem Lehrer als auch den Schülern entgegen. Sie kleiden den Körper und die Umgebung mit warmen Rundungen ein. Plötzlich ist nicht mehr die bloße Materie so wichtig und es sind auch nicht mehr Emotionen oder besondere Attraktionen mit Phantasien und die Lust stimulierenden Charakter wichtig. Die bloße Materie oder auch die rein äußere, emotionale Gemütslage weichen gegenüber der ausatmenden Innerlichkeit und Ruhe. Diese Innerlichkeit bei gleichzeitig gesteigerter Offenheit ist tatsächlich durch eine geistige Dimension, das heißt durch wärmende Wesen verursacht. (2)

Wenn man von einem Selbstempfinden spricht, dann ist nicht das gewöhnliche Selbstbewusstsein, das äußerlich starke, fast triumphale Gefühl, das sicherlich auch jeder kennt, gemeint, sondern ein ruhiges, inneres Herzempfinden, das jeden Menschen, jede Kreatur, jedes Phänomen und auch die eigene persönliche Wirklichkeit in einem wirklichen Empfinden, einem Seinsempfinden wahrnimmt. Dieses Seinsempfinden jeder einzelnen Erscheinungsform, und ganz besonders der persönlichen, wird hier mit Selbstempfinden bezeichnet.

Das Selbstempfinden entwickelt sich im Laufe eines Lebens mit Hilfe der verschiedensten Prozesse der Entwicklung. Bei einem Kind oder bei einem Jugendlichen kann man ein reifes Selbstempfinden noch nicht erwarten. Erlebt aber der Erwachsene das Selbstempfinden bei sich und gegenüber anderen, so tritt immer die aufdringliche, dominierende Materie mit ihrer beherrschenden

(2) Wenn diese Wesen aus der Weltenschöpfung offenbar werden oder „ausatmen", zeichnen sie das menschliche Antlitz strukturiert, aber weich und anziehend. Das Ich des Menschen gleicht zwischen Verhärtung auf der einen Seite und Verwöhnung und Verweichlichung auf der anderen Seite aus.

Eigenart zurück. Beispielsweise erscheint der gut geebnete, metrisch angelegte Boden mit Pflastersteinen nicht mehr nur materiell, sondern er strahlt eine Ruhe aus, wirkt wie verbindend und eine feinste, wärmende, einkleidende, fast hellgoldene Schimmerschicht legt sich um die Materie. Jene Wesen, die mit dem Selbstempfinden erfahrbar werden, geben dem Blick nach außen eine zurückweichende Tiefe und so nehmen sie dem Fußboden jegliche Härte oder jegliches Gefühl der Kälte.

Das Selbstempfinden ordnet den Menschen auf sanfte Weise in seine materielle Umgebung ein. Die Umgebung atmet dann mit ihren verschiedensten Gesichtern, Erscheinungsformen, Kanten, Winkeln, Farben, Regelmäßigkeiten und Unregelmäßigkeiten wie aus sich selbst heraus aus. Die Sonnenwesen sind jene Wesen, die dem menschlichen Bewusstsein eine Versöhnung mit dem harten Stoff der Erde geben. Diese Wesen sind wie fein wärmeeinhül-lend, ohne verhüllend zu wirken. Sie sind erweichend, ohne aber die Umgebung zu transparent oder gar zu unkonkret zu schaffen. Das Konkrete bleibt das Konkrete, aber es wird durch die Wesen des Sonnengeistes, die aus der Materie wie freigesetzt werden, in den nahen Empfindungszusammenhang mit der menschlichen Selbstwirklichkeit und ihren Bewusstseinsprozessen geführt. Das Konkrete der Welt bleibt in seiner eigenen klaren Wirklichkeit, aber es gewinnt einen Schimmer des warmen, lebendigen Eingeklei-detseins und es verliert auf diese Weise jegliche harte Intellektuali-tät oder äußere starre Begrenzung.

(3) Giovanni Segantini: „Män-ner mit Kuhherde", 1898-1899, Bild aus dem „Alpentri-ptychon", Werden – Sein – Vergehen, Öl auf Leinwand, Segantini-Museum, St. Mo-ritz

In älteren Malereien lassen sich manchmal die sonnenhaften Wesen empfinden. Die Landschaft erscheint weich und wie aus einer goldenen alten Zeit. Der Maler Giovanni Segantini konnte beispielsweise diese Sonnensphäre in seinen Bildern sehr gut manifestieren. Die Wesen zeichnen jede Landschaft, wie wenn alle Einzelheiten klar und doch nicht vereinzelt, sondern miteinander verbunden sind. Jene weiche Sphäre wirkt im wahrsten Sinne malerisch. (3)

56

3. Die Entwicklung des Gedankens im Zusammenhang mit dem Unterricht

Für die Annäherung an die pädagogische Unterrichtsführung erfolgt ein erster Schritt, wenn sich der Lehrer zunächst über den Begriff des menschlichen Ich-Empfindens oder allgemein des Selbstgefühls eine ausgiebige und niveauvolle Vorstellung bildet. Woher kommt dieses Gefühl eines Ich? Ist es eine Erscheinung, die nach den Erfahrungen einmal im menschlichen Leben mehr zum Tragen gelangt oder sich in einer anderen Situation wieder in Depressionen und dumpfen Gefühlen verliert? Gibt es nicht Tage, an denen dieses allgemeine Ich-Empfinden wie verstummt, und lassen sich nicht immer wieder Tage erleben, an denen sich diese wertvolle, bewegende und antreibende Dimension, die allen soliden Wahrnehmungen wie eine innerliche zentrale Empfindung der Ruhe zugrunde liegt, besonders stabil manifestiert? Wenn jemand diese Wesen des Ich beziehungsweise die Gefühle, die das Ich wahrnehmbar und bewusst machen, studiert und es im Zusammenhang mit dem möglichen Wirken einer bestimmten Unterrichtsform entdeckt, so lässt sich meist über einen Beobachtungszeitraum von einigen Monaten deutlich erleben, wie ein freilassendes Lehren diese Seelenflut mehr erwecken kann und wie zu sehr leistungsfixierte und zwanghafte Formen das Ich mit seinem selbstempfindenden Charakter früher oder später zum Verstummen bringen.

Die Wesen, die ein Ich, ein eigenes Empfinden für das Sein des persönlichen Lebens, des Körpers und auch des Daseins anderer in die Welt tragen, atmen sich auf ganz besondere Weise aus den Erscheinungen der Welt heraus, wenn der Mensch auf richtige Weise, ohne dem anderen die Freiheit zu nehmen, in das konkrete, geordnete und geführte Lehren beziehungsweise Kommunizieren, Beziehungaufnehmen oder Begegnen treten kann. Er muss nur sanft im Sinne eines äußeren Selbstbewusstseins oder eines künstlichen, auferlegten Ich zurückweichen. (4) Er darf auch seine Emotionen nicht in die Mitte stellen, denn die so sehr gebundenen persönlichen Emotionen stören das ruhige, nach innen oder zum Herzen gerichtete Seinsempfinden. Die menschliche Fähigkeit zur Begegnung und zur Führung der Begegnung kann sich dann, wenn dieses rechte Aktivsein eintritt und die äußere persönliche Dominanz zurückweicht, auf sehr unterschiedliche Weise entfalten. Hier in diesem Zusammenhang bedeutet die Führung, dass dennoch keiner dem anderen seine Meinungen, Lehrformeln, Weltanschauungen oder Impulse aufzwingt. Weiterhin bedeutet eine wirkliche wohlgeordnete und geführte Begegnung, die in jeder Lehrdisziplin stattfindet, sich davor zu hüten, dem anderen jegliche Zügellosigkeit und

(4) Ein persönliches Zurückweichen darf nicht auf die Aktionskräfte, die der Lehrer wirklich in sich besitzt, bezogen werden. Vielmehr handelt es sich um eine Art emotionales Zurückweichen, sodass schließlich die Wahrnehmung zu den außenstehenden Personen mit einer größeren bewussten Ruhe und einem profunden Sinn für das Wesentliche entstehen kann.

Unverbindlichkeit einzuräumen und sich damit selbst in seiner Stellung oder Position zu verleugnen. Das gezielte und konkrete Lehren, das dem Pädagogen seine Berufsehre gibt, geschieht mit einer freilassenden Bewusstheit und einer gut gegründeten Autorität, die sich über einige Zeit der Erfahrungsentwicklung und bewussten Auseinandersetzung mit dem empfindsamen Ich und den Dimensionen, die damit verbunden sind, ergibt.

Immer ist eine menschliche Begegnung oder eine Lehrveranstaltung mit einem inneren Sinn für die Wahrheit der gelehrten Weisheit verbunden, und diese will in jeder Weise ergänzend und fördernd auf das Selbstempfinden und somit auf das ganze menschliche persönliche Niveau wirken. Ein großer Unterschied besteht natürlich darin, dass die Kinder in den ersten Jahren noch nicht über ein wirkliches Ich verfügen, während die Erwachsenen unmittelbar im Ich ansprechbar sind. Dennoch aber besteht das Ich-Empfinden im Sinne einer werdenden persönlichen Strukturierung und dieses sollte auf angemessene Weise von dem Lehrer als einzigartige Anlage respektiert werden. Indem sich jemand diese ideale Vorstellung über das Unterrichten im Sinne von Freiheit und gleichzeitiger Wahrheit, von einer natürlichen Verbindlichkeit und einem wachsenden, sich gegenseitig fördernden Sinn für das Einzigartige aneignet, wird er mit den Fragen konfrontiert, wie er eine Klasse führen kann, damit jede einzelne junge, werdende individuelle Persönlichkeit im bestmöglichen Sinne gefördert wird, und wie er das Thema dennoch als gesamte zu lernende Notwendigkeit in den Unterrichtsplan hineinbringt.

Bei der Betrachtung der menschlichen Begegnungen und auch der Unterrichtsführung lässt sich mit einigen guten beobachtenden Studien relativ leicht feststellen, dass dem Menschen das Ich-Gefühl nicht wirklich eingeredet werden kann. Ein Pädagoge, der zu seinen älteren Schülern oder auch zu Erwachsenen sagt: „Ihr müsst selbstbewusst sein!", kann mit dieser lakonischen Aufforderung sicherlich nicht das innigliche Wesensgeheimnis in der Seele erreichen, das im Wahrnehmen des Selbstes, im Empfinden dessen, dass jede einzelne Erscheinung im Leben eine für sich stehende einzigartige Wirklichkeit besitzt, lebt. Deshalb darf man das Selbstbewusstsein, dem man in der äußeren Welt eine so große Rolle einräumt, nicht mit dem Selbstempfinden interpretieren. Manchmal ist das äußere Selbstbewusstsein geradezu dem inneren Selbstempfinden hinderlich entgegengesetzt. Im Allgemeinen wird das Ich-Empfinden in einer sowohl jüngeren als auch älteren Schülerklasse dadurch günstig gefördert, indem der Lehrer den Mut hat, die Klasse kommunikativ und tatkräftig zu führen und die Lehre, die er auf seinem Fachgebiet unterrichtet, in einen möglichst großen

Wahrheitszusammenhang hineinzufügen. Der Pädagoge vermeidet ein Sich-Verschanzen hinter Folien und intellektuellen Strukturen, er tritt so gut es ihm möglich ist in die konkrete Beziehungsformung zu seinen Schülern.

Rein methodisch gesehen setzt sich der Pädagoge mit dem werdenden Ich seiner ihm anvertrauten Schüler auseinander, fühlt sich in die jeweilige Altersstufe und in die Werdeprozesse im Sinne einer bestehenden Einzigartigkeit des Entwicklungsstadiums hinein und des Weiteren räumt er sich selbst jene Position mit klarer, natürlicher Entschlossenheit ein, die einzelnen Schüler beziehungsweise Erwachsenen sowohl individuell als auch in dem Gesamten der Klasse zu führen. Die Art und Weise, wie sich der Lehrer in seine eigene Position mit einer aufmerksamen Ausrichtung und bewussten Wahrnehmung des Gegenübers begibt, wird schließlich für die grundlegende Selbstempfindung, die bei jedem Menschen wachsen und gedeihen will, von besonderer Bedeutung sein.

4. Die Sprache und ihre sonnenhafte Eingebundenheit

Wie das Licht der Sonne die Welt erhellt und die verschiedenen Sinneserscheinungen miteinander verbindet, so kann auch die Sprache die Gedanken in einem logischen Zusammenhang verbinden. Wer Formulierungen nach ihrer Logik untersucht, wird sehr große Unterschiede feststellen. Gedanken können sich von einem Satz zu einem nächsten und schließlich zu einem geschlossenen Paragraphen logisch entwickeln. Wenn Worte in einem Zusammenhang stehen, gewinnen sie eine angenehme, entgegenkommende und leichte Erfassbarkeit und sie strahlen dem Menschen gerade durch ihre rhythmische und erbauende Abgestimmtheit entgegen. Es ist günstig, wenn der Pädagoge darauf achtet, wie die Gedanken im Zusammenhang stehen, und wenn sich in logischer Folge aus einem Grundgedanken weitere Zusammenhänge, Amplifikationen und praktische Beispiele entwickeln lassen.

All jene Gedanken, die in einem logischen und sinnvollen Zusammenhang stehen, wirken auf das menschlich-physische Herz wie auch auf das Kreislaufleben stärkend, während unzusammenhängende und unlogische Gedanken das Herz schwächen und das gesamte Zirkulieren des Blutes in Disharmonie führen. Eine sehr empfehlenswerte Übung für die Entwicklung eines logischen Gedankenaufbaues kann wie folgend an einem Beispiel dargestellt werden: Es referiert jemand über Umweltschutz. Der zentrale Gedanke, der in diesem Referat zum Ausdruck kommen soll, ist jener, dass der Mensch nicht nur durch materielle Maßnahmen, wie beispielsweise dem Einbau von Katalysatoren, Geschwindigkeitsbegrenzungen und Abfallverwertung, Umweltschutz betreiben kann, sondern sogar viel unmittelbarer durch seine seelische Einstellung und Beziehung, die er mit Empfindungen zu seiner ganzen Umwelt aussendet. Indem dieser zentrale Gedanke den Leitinhalt seines Referates bildet, muss er in eine Ausarbeitung gelangen. In einer materialistischen Zeit wird man Umweltschutz wohl immer nach materiellen Kriterien verstehen und gar nicht wahrnehmen können, wie der Mensch auch emotional durch seine Einstellung die Natur und die Naturbedingungen beeinflusst. So kann der Referent beispielsweise im Zusammenhang stehend den Gedanken entwickeln, dass jede Form von Fanatismus ebenfalls die Umwelt belastet und weiterhin kann er den Gedanken aufbauen, wie unterschiedlich der einzelne Mensch mit dem Auto als den wohl nennenswertesten Abgaslieferanten umgehen kann. Die Einstellung in der Seele, wie ein Auto gefahren und benützt wird, kann durchaus mehr bewirken als die rein äußere Abgasreduzierung. Gedanke für Gedanke können aus einem zentralen Leitinhalt zur Entwicklung gelangen. Ein Referat, das nicht nur Aufzählungen, sondern diese Entwicklungsfolgen von Gedanken beinhaltet, besitzt eine tiefe Logik und wirkt auf das menschliche Herz auf feinste Weise anregend und verinnerlichend.

Im Gegensatz zu einem Referat, das in dieser gedanklichen Konsequenz geschaffen ist, gibt es sehr viele Möglichkeiten, Themeninhalte aneinanderzureihen und im Sinne eines Für und Wider zu argumentieren. So kann der Referent für Umweltschutz beispielsweise sagen: „Ich halte von Katalysatoren sehr wenig, da die wesentlichen Giftstoffe, die kanzerogen wirken, nicht zur Ausfilterung kommen und die Pflanzen nur einen geringen Schutz von diesen Maßnahmen gewinnen. Meine Meinung ist, dass man gegen die Herstellung von Plastik demonstrieren müsste, da sich dieser Stoff kaum abzubauen vermag und er auf die Dauer das ganze natürliche Leben überschüttet…" Gedanken wie diese sind nicht in einer logischen thematischen Folge entwickelt und deshalb bringen sie fast immer einseitige intellektuelle oder emotionale Reaktionen beim Menschen hervor. Sie stören infolge ihrer unzusammenhängenden und ungeordneten Aneinanderreihung über die Dauer hinweg sogar das harmonische Zirkulieren des Blutes in den Gefäßen. In einer pädagogischen Arbeit, sei sie schriftlich oder mündlich, könnte diese Übung, aus einem Gedanken die weiteren logischen Folgerungen zu entwickeln, sehr gut genützt werden.

60

Bei Vorträgen sollten deshalb nicht zu viele Gedanken ineinander oder nebeneinander gestellt werden. Eine sehr gute Stilform entsteht, wenn der Referent aus einer sehr klaren Aussage alle weiteren Inhalte amplifiziert und Fragen und Einwände der Zuhörer auf diese Weise zur Entwicklung der grundlegenden Hauptgedanken nützt. Es kann sein, dass ein Referent einen Vortrag hält und anschließend die Zuhörer unzusammenhängende und themenfremde Fragen an den Referenten stellen. Bei einem medizinischen Vortrag referiert ein Arzt beispielsweise über Ursachen, Folgewirkungen und Therapiemöglichkeiten von Diabetes mellitus. Schließlich fragt ein Teilnehmer: „Was soll man gegen den Stress am Arbeitsplatz tun?" Die Frage besitzt zunächst keinen Zusammenhang zum Thema. Der Arzt, der aber geschickt ist und eine Logik im Gedankenaufbau wahren kann, wird nicht unmittelbar auf die Frage eingehen, sondern das Wort „Stress" benützen und es in Zusammenhang mit seiner Abhandlung über Diabetes mellitus stellen. Durch die auf das Thema zurückführende weitere Schilderung entsteht eine zusammenhängende gedankliche Logik und die Zuhörer können das Referat leicht erfassen. (5)

(5) Wenn der Arzt unmittelbar die Frage beantwortet und Ratschläge gibt, wie man mit Stress umgehen kann, lässt er sich von dem Thema ablenken.

Im Bild ist das wärmehaft-zentrierende Wirken der sonnenhaften Elementargeister an einer Blüte dargestellt.

Die Elementarwesen wirken in der Natur an den verschiedenen Prozessen des Sprießens, Wachsens, Blühens und Reifens. Sie können entsprechend den verschiedenen Elementen zugeordnet werden: Die Salamander dem Feuer, die Sylphen dem Luftig-Lichthaften, die Undinen dem Wasser und die Gnomen der Erde.

Literaturhinweis: Wilhelm Pelikan „Heilpflanzenkunde Bd. III" mit einer Ausarbeitung auf der Basis von Hinweisen von Rudolf Steiner

5. Die Entwicklung einer Methodik, um individuelle Positionen mit dem Thema des Unterrichtes zu verbinden

Für diesen, wenn er so benannt werden darf, vorbildlichen und guten Unterricht, da er die individuellen Positionen wie auch die kollektive Gesamtheit berücksichtigt, sollte sich der leitende Lehrer am Anfang der Stunde niemals sogleich in das für ihn zu lehrende Thema, wie man umgangssprachlich sagt, stürzen. Es ist sehr günstig, wenn er als die wortweisende und wegweisende Persönlichkeit zuerst einmal eine Übersicht über seine Klasse, über seine Schüler oder Studenten entwickelt. Diese Übersicht sollte er bereits in seinem Bewusstsein vorbereitet haben, bevor er das Klassenzimmer betritt. Nachdem er in etwa weiß, welche Schüler schwächer und welche stärker sind, welche mehr Bereitschaft zum Mitarbeiten und welche weniger Bereitschaft mitbringen, kann er sich als nächste Disziplin in ganz klarer Weise die tätige pädagogische Führung einräumen und sich selbst vornehmen, dass er nicht nur sein Tafelbild anfertigt und seinen Unterrichtsstoff absolviert, sondern in Hinblick auf das gesamte Lehrvermitteln eine möglichst weitreichende und sehr klar gewählte kommunikative persönliche Begegnung mit den Schülern fördert.

Der Lehrer betritt das Klassenzimmer und er will nun mit seiner Aufmerksamkeit jede einzelne Individualität am bestmöglichen Platze wahrnehmen und dennoch mit dem zu absolvierenden Thema eine Einheit kreieren. Er steht vor der Klasse, erhebt sein Antlitz und sieht zunächst einmal die Schüler, wird auf diese aufmerksam, tritt mit ihnen nicht nur mit dem Gruß „Guten Morgen" obligatorisch in Verbindung, sondern er tritt auch in Verbindung, indem er ihnen eine wirkliche persönliche Aufmerksamkeit für eine mögliche und angemessene, vom Lehrstoff unabhängige Angelegenheit entgegenbringt. Vielleicht bemerkt er die Art der Sitzhaltung, wie die Schüler hintereinander gereiht sind, und beginnt diese mit etwas Phantasie anzusprechen. Er könnte bemerken: „Verdecken nicht die Großen, die vorne sitzen, die Kleinen, die hinten sitzen? Wie sieht es mit der Körpergröße und ihrer Verteilung aus?" Mit dieser kurzen Aufmerksamkeit kann er eine vom Lehrstoff unabhängige und interessante Gesprächsthematik hereinführen.

Indem er in einer Übersicht und persönlichen Wahrnehmung die Schüler einbezieht und noch nicht sogleich mit dem inhaltlichen Lehrthema beginnt, führt er die Aufmerksamkeit in einen Prozess hinein, der im weitesten Sinn sogar ein eingeleiteter sozialer

Prozess genannt werden kann. Die Schüler fühlen sich individuell wahrgenommen und bemerken die Tatsache, dass es unterschiedliche Körpergrößen gibt. Gleichzeitig fühlen sie sich trotz dieser unterschiedlichen Größen durch die Art und Weise, wie der Lehrer dieses Gespräch führt, in einer verbundenen Einheit. Es will der einzelne Schüler mit seiner Position in die Aufmerksamkeit gelangen und selbst als ein Teil der Klasse wahrgenommen werden. Schließlich kann der Lehrer sogar den Kleinsten der Klasse fragen, wie er sich denn fühle, wenn er den Großen sieht, und den Großen fragen, wie er sich denn fühle, wenn er den Kleinen sieht, und die Selbstwahrnehmung sowohl des Kleinen als auch des Großen mit einer geeigneten sympathischen, leichten Bemerkung erhöhen: „Die Kleinen sind ja die wendigsten, sie haben die Vorteile, dass sie meistens besser durch das Leben kommen. Und die Großen sind diejenigen, die ihre physischen Kräfte leichter einbringen können ..." (6)

(6) Wenn Aussagen wie diese getätigt werden, sollen sie geistreich und auch wahr sein. Sie sollen nicht nur rhetorische Kommunikationsmittel darstellen.

Diese beginnende Episode als gezielte pädagogische entspannte Kontaktaufnahme ist regelrecht eine Ordnungsmaßnahme, die methodisch und bewusst am Beginn einer Stunde hereingeführt wird, um jedem seine Position einzuräumen, ihn persönlich wahrzunehmen und gleichzeitig jene geschlossene Einheit für die zuhörende Schülerschaft zu kreieren. Individuelle Positionen in einem einheitlichen Gefüge stellen diese Ordnung auf natürliche Weise dar. Verschiedene Möglichkeiten, die sich durch Phantasie und Vorbereitung entwickeln lassen, stehen am Beginn der Unterrichtsstunde zur Auswahl. Wie kann der Lehrer am Anfang eine entspannte und natürliche Aufmerksamkeit auf die Einzelnen richten, sodass sich eine angemessene Wahrnehmung in der Ordnung und Freiheit der Möglichkeiten entfaltet? Er sollte am Anfang aus seiner Übersicht jene unmittelbare, wahrnehmende, persönliche Aufmerksamkeit im Sinne einer Begegnung fördern, die er gezielt mit seinem Dialog in die Klasse hineinführt. Diese ist immer sympathisch, verbindend und das natürliche Selbstgefühl fördernd. Der Lehrer geht auf die Schüler zu und nimmt sie individuell wahr, damit er von dieser Grundlage ausgehend schließlich auf zentrierte Weise und dennoch mit möglichen Variationen auf sein vorgenommenes Thema übergehen kann.

6. Ein Beispiel für die aktive und zugleich freilassende Tätigkeit eines mutigen und gestaltbildenden Unterrichtes

Es könnte der unbefangene Pädagoge glauben, dass der Unterricht am freiesten und sichersten sei, wenn er vor der Klasse sein Referat gewissenhaft und beschreibend ausführt und dabei seine Schüler gar nicht persönlich und auch nicht mit prüfenden Fragen, ob sie es verstanden haben, anspricht. Jeden könne das Referat erreichen oder auch nicht. Der interessierte Schüler würde den Ausführungen lauschen und der desinteressierte Schüler könne auch die Augen und Ohren schließen. Mit dieser Vorstellung aber fehlt das eingreifende, führende Ich des Lehrers im interaktiven Kommunikationszusammenhang und der Unterricht wäre nur auf einer relativ passiven Begegnung begründet. Es würde in ihm der gestaltbildende, kreative Prozess des interessierten Ich für die unmittelbare Kommunikation im Miteinander fehlen. Mangelt es aber an diesem Ich, das in das wirkliche Miteinander kommunizierend, gestaltbildend und erhebend eingreift, so können die persönlichen, anteilnehmenden Impulse nicht leicht im ausreichenden Maße erwachen und der Schüler bleibt eigentlich infolge dieser Unterlassung viel passiver und unfreier als man es auf den ersten Blick vermuten würde.

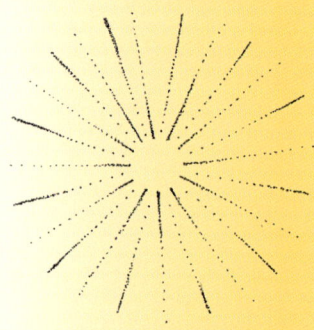

(7) Ein Thema besitzt eine Peripherie und ein Zentrum wie ein Kreis. Dadurch kann ein Thema die Menschen verbinden. Der Kreis ist ein Symbol für eine geschlossene Einheit, indem er einen klaren Mittelpunkt zeigt und indem er eine Peripherie mit einer unendlichen Anzahl von Einzelpunkten besitzt, die im Zusammenhang mit dem Mittelpunkt stehen.

Nachdem der Lehrer die Klasse betreten und wie erwähnt die Schüler in ihrer individuellen Natur bereits angesprochen hat, geht er zu einem Thema über, das vorstellbar ist wie ein Kreis, der die gesamte Klasse umschließt. Ein Thema ist immer etwas Universales und kann eine Geschlossenheit darstellen und deshalb sollte man sich durchaus der Vorstellung hingeben, dass jedes Thema vom Anfang bis zum Ende die einzelnen Personen zu umschließen vermag. Mit dieser Vorstellung behält der Pädagoge aber auch die verschiedenen einzelnen Positionen der Schüler in seiner Aufmerksamkeit und spricht eventuell mit einigen unterschiedlichen Betonungen die Lehrinhalte aus, sodass sie für den schwächeren Schüler entsprechend gut verständlich sind und auch für den stärkeren Schüler einige Anforderungen beinhalten. Die Variabilität, Schüler auf diese Weise in ihrer individuellen Natur anzusprechen, sollte sich der Lehrer selbst vornehmen und als Disziplin ausgestalten lernen. Der Unterricht gewinnt nicht nur eine Differenziertheit, sondern eine große kommunikative, sich ausgestaltende Dimension für eine Interessenssteigerung gegenüber dem Thema. Das Thema umschließt die Klasse und die individuellen Positionen finden innerhalb dieses Kreises eine tatsächliche persönliche Einordnung. (7)

Als Beispiel kann der Englischunterricht dienen. Häufig sind Schüler unterschiedlich begabt und manche plagen sich im Erlernen der englischen Sprache, während wieder andere diese auf spielerische und leichte Weise aufnehmen. Ein Lehrer gewinnt meist sehr schnell eine Einschätzung, wie die jeweiligen Dispositionen im Erlernen der Sprache gegeben sind. Dem Schüler, der schwächer ist, wendet er sich gelegentlich mit dem Blicke hin und er fragt eventuell gezielt den Schüler: „Das ist jetzt sicher schwierig gewesen, was meinst du?" Oder er sagt den Kindern, die sich schwer im Verständnis tun: „Jetzt müsst ihr leider eine Formulierung lernen, die im Deutschen ganz ungebräuchlich ist und die ihr wahrscheinlich etwas mühsam auswendig lernen müsst. Das ist die Formel ‚to do'. Der Engländer gebraucht bei allen Fragen (Do you want a cup of tea? Does he run fast?...) dieses ‚do' immer in Verbindung mit einer Tätigkeit und somit mit einem Verb." Er wird weiterhin eventuell zu diesen Schülern sprechen, dass nun bei jeder Stunde diese Formulierungen miteinander geübt werden müssen. Den stärkeren Schüler aber kann er direkt an die Tafel bitten, damit dieser zwei oder drei Sätze mit der Formel „to do" für die anderen schreiben lernt. Die Schwächeren können aufmerksam werden und sich eventuell sogar bemühen, in einer ganz fein abgestimmten anderen Positionierung den Stärkeren eine Art Hilfestellung zu geben. Jedenfalls beginnt der Lehrer auf aktive Weise in das Kommunikationsleben seiner Klasse einzugreifen und fördert die regsame, bildende Fähigkeit der jungen Gemüter. Er arbeitet in einem Prozess gemeinsam mit ihnen. Indem der Lehrer durch gegenseitige, den Leistungsmöglichkeiten entsprechend gut gewählte Aktivierungen und durch variable Positionierungen das Interesse anhebt, ermüden die Schüler weniger und finden einen persönlicheren Zugang zu den Inhalten.

Übersinnlich gesehen erweckt der Lehrer auf diese Weise sogenannte neue Ätherkräfte, das sind jene Kräfte, die man als lebensgestaltbildende Kräfte bezeichnen kann, und fördert somit das gesamte gesundheitliche Niveau des Unterrichtes. Nicht durch passives Zuhören und Rezeptieren der auf Folien oder auf die Tafel geschriebenen Lehrformeln können diese Ätherkräfte erweckt werden, sie werden vielmehr durch die Regsamkeiten des wachsenden interessierten Anteilnehmens erweckt, das bei Kindern die erste Grundform des noch nicht reif ausgebildeten Ich ist. Dieses Ich, dieses sich heranbildende Selbstgefühl, entwickelt sich auf natürliche Weise in spielerischer und leichter Hinsicht in einem ersten Eingreifen durch die Möglichkeit des gestaltbildenden Umgehens mit Worten und Sätzen. Der Ätherleib der Kinder beginnt auf intuitive Weise sehr schöne und kräftigende Formen auszugestalten. (8)

(8) Rudolf Steiner spricht in der Anthroposophie vielfach von Ätherkräften und ihrem Bildevermögen. Ätherkräfte sind nicht physische Kräfte, sondern jene feinen Lebenskräfte, die eine Art vermittelnde und gestaltbildende Tätigkeit aus dem Geiste zum Körper bringen.

Ist der Lehrer beispielsweise in einer Realschul- oder Gymnasiumklasse mit dem Englischunterricht tätig, so wird er wohl ein höheres Niveau erzeugen und dennoch aber Unterschiede zwischen schwächeren und stärkeren und zwischen interessierten und weniger interessierten Schülern vorfinden und in seiner Unterrichtsgestaltung berücksichtigen. Die Schüler sollen aktiv in die Kommunikation eingebunden werden und dennoch frei bleiben. Dieses Kunststück, das durch die regsame, willentlich richtig angesetzte und eingreifende Aktivität zu seiner Ausführung kommt, entwickelt sich beispielsweise, indem der Lehrer den schwächeren Schülern sagt, sie müssen ja später nicht unbedingt einen Beruf mit englischer Sprache ergreifen, aber sie müssten die Sprache zumindest so erlernen, dass sie die Prüfung bestehen. Vielleicht erwähnt er ihnen gegenüber gelegentlich ein Mindestmaß und erklärt sich als Lehrer durchaus solidarisch, wie in einem Prozess mit ihnen stehend, indem er ihnen ganz bewusst einräumt, dass die Note Vier mit „ausreichend" auch genügen kann. Den stärkeren Schülern geht er bewusst mit anspruchsvolleren Anforderungen entgegen und gibt ihnen Anweisungen, wie sie sich mit der Sprache weiterentwickeln können. Auch zu diesen erklärt er sich solidarisch und fördert die persönlichen Möglichkeiten. Die Gesamtheit des Themas gilt aber für alle und aus dem Englischunterricht wird nicht eine bloße persönliche Plauderei, sondern er bleibt trotz der individuellen Verschiedenheiten in seiner Klarheit und Objektivität. Das Besondere aber ist es, dass der Pädagoge das Thema wie zu einem gesamten Kreis ausgestaltet, in dem die einzelnen individuellen Dispositionen ihre Ordnung finden.

Hervorragend mit einer besonderen inneren Anregung zur späteren Empathiefähigkeit kann der Unterricht aufgebaut werden, wenn es dem Lehrer gelingt, dass sich die Schüler gegenseitig, die Schwächeren die Stärkeren und die Stärkeren die Schwächeren, fördern und erbauen lernen. Nicht das Wettkampfprinzip, sondern das erbauende Gestaltungsprinzip soll überwiegen. Für diese außerordentlich vorbildhafte Gegenseitigkeit kann der Pädagoge bestimmten Schülern Proben zur Selbstprüfung geben, die sie mündlich oder per Tafelzeichnung leisten sollen. Er fordert dann die anderen auf, den Schüler, der diese kleine Probe leistet, aktiv und mitdenkend zu unterstützen. Indem nämlich der einzelne Schüler nicht nur bei sich selbst und für sich und seine Leistung lernt, sondern durchaus jene so ungewöhnliche, beginnende kameradschaftlichempathische Anteilnahme zum anderen entwickelt, damit dieser seine Formulierung richtig bewerkstelligt, lernt der inneliegende Ätherleib dieses mitfühlenden und mental teilnehmenden Schülers die Lehrformeln am besten. So kann der Lehrer die Schüler der Klasse auffordern, wenn ihr Kamerad an der Tafel die Sätze nicht richtig schreiben kann, diesen wirklich so zu unterstützen, dass er sie bewältigt. Es meldet sich beispielsweise Einer aus der Klasse, der die unmittelbare Verbesserung bringen möchte. Der Lehrer weist ihn aber an: „Warte einmal, denke an deinen Kameraden, bevor du eine Verbesserung selbst schon aussprichst." Der Lehrer hält ihn bewusst zurück und fordert ihn auf, er solle nur einmal daran denken, dass er seinen Mitkameraden unbedingt unterstütze. Schließlich wendet er sich auch noch zu zwei anderen, die sehr wenig beteiligt sind und fragt diese: „Wisst ihr, wie die Formulierung sein müsste?" Wenn sie verneinen, fordert er sie auf: „Bleiben wir gemeinsam nun daran, das Rätsel zu lösen." Wenn sie aber bejahen, fordert er sie auf, für den an der Tafel stehenden Kameraden mitzudenken. Mit dieser Methode greift der Lehrer sehr stark in das individuelle Gefüge seiner Schüler ein und behält dennoch die Aufmerksamkeit zu dem Zielpunkt des Themas. Er erweckt aber geradewegs dadurch das stille Empfinden, dass jede Einzelposition von Wichtigkeit ist. Er fördert nicht eine Art Wettkampf oder ein mühsames Rezeptieren der Lehrformel, sondern das aktive Zueinander und das zunehmende, bewusste wie auch intuitive In-Beziehung-Treten zu einem Thema. Der Unterricht wird auf diese Weise lebendig und schließt sich wie in einem Kreis, der den Mittelpunkt eines Themas trägt, mit jeder einzelnen individuellen Position zusammen. Der Unterricht wird gestaltbildend, Baustein für Baustein entwickelt sich. Es werden jene verborgenen Ätherkräfte, die in den Schülern und auch sogar im Lehrer meist zu wenig zur Ausgestaltung kommen, besser entwickelt. (9)

7. Die Schönheit der richtig gewählten Haltung

Es gibt bei jedem Unterricht und somit in jedem Fachgebiet wesentlichere und unwesentlichere Inhalte. Es ist außerordentlich gut, wenn der Pädagoge bei sich selbst durch Schulung ein Gefühl dafür ausprägt, welche Werte den Menschen von Jugend an fördern und ihn dauerhaft durch das Leben begleiten und welche Umstände oder Begebenheiten des Daseins keine so große Rolle spielen. Für die Kinder, die beispielsweise Englisch lernen, erscheint es vorteilhaft, wenn der Pädagoge ein Wertgefühl dafür entwickelt, dass ein Wortschatz von sehr trivialer oder niedriger Art, wie zum Beispiel das so häufig umgangssprachlich gebrauchte Wort „shit", allgemein nichts Schönes darstellt, sondern dass man eine etwas gehobenere und klarere Ausdrucksform wählen sollte, denn sie spricht den Menschen in seinem Schönheitssinn an. Der Lehrer trägt dazu bei,

(9) Es wird heute besonders an Gymnasien bei Gruppenarbeiten der leistungsstarke Schüler vom Lehrer aus der Gruppe herausgenommen mit der Begründung, dass die Gruppe ihn aufhalte und behindere. Diese Aussage dürfte wohl die Klassengemeinschaft nicht in einen Zusammenhalt führen und den starken Schüler sogar isolieren.

dass auch die Kinder in dem späteren Verlauf ihres Lebens relativ leicht einen niveauvolleren Wortschatz als Wertkriterium pflegen werden. Dabei müssen in den Unterricht die Formulierungen nicht dauernd hineingeführt und mit gehobenem Zeigefinger moralisierend vertreten werden. Kindern, die sich im zweiten Lebensjahrsiebt befinden, genügt es, wenn der Lehrer ihnen ohne zu moralisieren ganz klar darlegt: „Das sind keine schönen Wörter, sie sind nicht für einen ordentlichen Menschen angemessen." Oder: „Das ist kein Englisch. Solche Worte wie ‚shit' gebraucht man nicht, da sie unwürdig sind."

Für Jugendliche ab dem 14. Lebensjahr kann der Sprachunterricht bereits in die Richtung eines kulturellen Wertebewusstseins eine Art Förderung erhalten. Der Lehrer bemüht sich um Eleganz und Dynamik in der Aussprache und in der Art und Weise, wie Sätze gebildet werden, und eventuell betont er den gesamten kulturellen Wert einer guten Sprachkultur. Die Sprache gibt dem Menschen Kultur, Kraft und Ausdruck. Sie belebt seine Fähigkeit des Miteinander-Umgehens und schenkt ihm ein schöneres Aussehen. Halbe, nicht zu Ende gesprochene Sätze, Wortformulierungen ohne Beziehung zu einer ordentlichen Aussage, rein emotionale Parolen geben dem Menschen nicht die ausreichend klare und schöne Form, die er verdienen könnte. Ein Lehrer, der ein Wertgefühl für Sprache und Kultur entwickelt, kann diese Wahrheit ohne moralisierende Forderung an seine Schüler weitergeben und so noch viele Jahre später in der Erinnerung seiner Schüler fortwirken. Nach vielen Jahren wird man den Lehrer nicht vergessen und er wird als Beispiel mit seiner Kultur- und Wahrheitsvorstellung, die er errungen hat, mit seiner Dynamik des Individuums und seiner Fähigkeit zu lehren und zu fördern, in den Herzen weiterleben. Ein Unterricht besitzt sein geheimes und verborgenes Zentrum in den bleibenden Wahrheiten, die sich ein Lehrer selbst durch Schulung und Werteentwicklung im Leben angeeignet hat.

Das Geheimnis des Unterrichtes ist es, richtig in Zusammenhänge einzugreifen und die Willensimpulse der Kinder und Jugendlichen unmittelbar auf rechte Weise zu fördern. Wenn der Schüler Worte gebraucht, die in keinster Weise ein Niveau beinhalten, kann der Lehrer durchaus einmal sagen: „Damit wirst du keinen großen Ruhm ernten und nicht unbedingt in deiner Haltung schön erscheinen." Eine Aussage wie diese regt in der Regel das gesamte Niveau nach oben an und die Schüler werden sich durchaus im Miteinander um eine klarere Wortformulierung bemühen und zu niedrig gewählte Ausdrücke meiden.

8. Das Wesen der Freiheit und die individuell angemessene Position

Das menschliche Ich, das sich jeden Augenblick auf unterschiedlichste Weise, beim Kinde in ganz langsamen ersten Uranlagen, beim Jugendlichen im Eifer des agonalen und expandierenden Willens und beim Erwachsenen durch die Entwicklung von Weisheit und Empathie, ständig neu bildet und in die erweiterte Intensität des Daseins treten möchte, schenkt sowohl die steigende Interessenskraft am Gegenüber wie auch die mögliche Freiheit des Menschseins. Es ist wahrhaftig eine unendliche und große Philosophie des Lebens, wenn sich der Pädagoge dieser sonnenhaften Aufgabe hingibt und dieses Ich auf richtige, sozialfähige und auch auf spirituelle Weise fördert. Indem er es bei seinen ihm anvertrauten Kindern, Jugendlichen oder auch Erwachsenen zur Entwicklung bringt, entwickelt er es am besten bei sich selbst. (10)

Der umgesetzte Mut zum Unterricht, zur Führung und Durchgestaltung eines Inhaltes, zur Bereicherung des gegenseitigen Wahrnehmens der Gemeinsamkeiten und der Unterschiedlichkeiten und schließlich die bewusst gewählte Anteilnahme an den einzelnen individuellen Dispositionen mit einer aktiven, regsamen Kommunikation fördert in jeder Weise die sich ausgestaltende werdende und wachsende Freiheit. Die Kunst, auf den anderen in jener Weise zuzugehen, dass sich andere nicht ausgeschlossen, sondern sogar durch das Thema miteinander verbunden und ebenfalls angesprochen fühlen, kann durch eine solide Vorbereitung zum Unterricht und durch Übung im empathischen Kommunizieren ausgeprägt werden. Mit dieser Solidarität und Anteilnahme entwickelt der Lehrer nicht ein kumpelhaftes Verhältnis zu seinen Schülern, sondern ein sehr klares, konkretes und vorbildhaftes, das rechtzeitig eine Distanz bewahrt und im kommunikativen Entgegengehen die einzelne individuelle Disposition wahrnimmt wie auch die nächsten Förderungsschritte in geschickter Weise anbringt. Der Lehrer sieht die Klasse als Gesamtes und die einzelnen individuellen Voraussetzungen mit detaillierter Wahrnehmung, sodass er die Verschiedenheit und die Gesamtheit in der Entwicklung des Themas zusammenfügt.

Zur Wiederholung kann noch einmal das Ich in detaillierter Weise skizziert werden. Was ist das werdende Ich? Dieses Ich ist eine werdende Führungsinstanz, die sich innerhalb einer angemessenen sozialen Position entfaltet. Dieses Ich leitet den Astralleib, den Beziehungsleib, zum Interesse. Und was ist das Interesse, das aus den richtig gewählten und positionierten Ich-Tätigkeiten entsteht? Es ist

(10) Der Ätherleib mit seinen inneliegenden erbauenden Kräften entwickelt sich durch Gegenseitigkeit. Diejenigen Kräfte, die man bei anderen fördert, entwickeln sich schließlich zur Vollkommenheit im eigenen Inneren.

das Interesse eine Ausatmung von feinsten Kräften in der Weltenschöpfung oder, esoterisch und ganz gewagt ausgedrückt, ist es das
unerkannte und doch immer gegenwärtige subtile Gliedmaßen-
bewegungsspiel des Christus selbst. So wie Interesse an einer Sache Leichtigkeit und Freude erzeugt, so geht diese seelenkräftige
Erscheinung dann, wenn das Ich im richtigen Eingreifen tätig ist,
wie ein feiner Atem dem Menschen entgegen. Der Mut zum Unterrichten und den individuellen Menschen wie auch die Gemein-
samkeit des Themas auf lebendige Weise miteinander zu verbinden
und phantasievoll mit gestaltbildenden Interaktionen in den Unterricht einzugreifen, schwächt nicht das freiheitlich wachsende Ich,
sondern erlaubt das Aufkommen des Interesses und führt schließlich jene sonnenhaften Wesen herbei, die den Menschen im Körper weich umkleiden und dennoch die einzelnen Individuen zu einem Kreise im Miteinander verbinden. Der sonnenhafte Unterricht
schenkt Lebenskräfte und führt das mühsame Plagen im Lernen zu
einem freudvollen, gegenseitigen sozialen und gemeinschaftlichen
Prozess empor.

9. Eine einfache Seelenübung zur Entwicklung eines logischen Zusammenhanges

Nach der sichtbaren Erscheinung bringt der Apfelbaum die Frucht des Apfels hervor. Der Baum müsste nach einer logischen Denktätigkeit die Ursache für den Apfel sein. Ist die Reihenfolge jedoch ganz richtig gedacht und kann sie deshalb als logisch auf allen Ebenen nachempfunden werden? Auf der Ebene der physischen Wahrnehmung ist sie sicher logisch.

Wie verhält es sich aber auf der Ebene des seelisch-geistigen Wahrnehmens? Aus dem Samen gedeiht ein Apfelbaum und der Same selbst bringt die Frucht hervor. Wären nicht Samen und Früchte gegeben, so könnten keine neuen Bäume aus dem Erdboden entspringen. Nach einer seelisch-geistigen Betrachtung ist es logisch, dass der Apfel den Baum hervorbringt und nicht umgekehrt.

Wer sich diesen Gedanken der Reihenfolge vom Apfel zum Baum hingibt, bemerkt in seinem inneren Empfinden eine Art nähere Übereinstimmung mit Weisheit und Logik. Eine Logik ist deshalb nicht nur im Hinblick auf die rein physische Nachvollziehbarkeit gegeben, sondern sie kann in einem größeren Zusammenhang mit einem Weltenganzen wahrgenommen werden. Das Feinere bringt in diesem Sinne das Gröbere hervor oder das Ich bewirkt die verschiedensten Motive und Bewegungen und bringt schließlich im spezifischen Ausdruck die physische Erscheinung in die Erde. (11)

(11) Solange man sagt, dass die Natur den Menschen hervorbringt, müsste man fast glauben, dass auch der physische Körper ein Seelenleben hervorbringen würde. Die kirchliche Theologie bleibt heute leider noch auf diesem Standpunkt.
Der Geist oder das Ich bringen schließlich die Offenbarungen des Physischen und deshalb ist die Natur, wie sie dem Auge erscheint, ein Ausdruck des Kosmos und des Geistes, des Ursprungs, aus dem auch der ganze menschliche Inkarnationsprozess entspringt.

Das Urbild des Sonnenwesens zeigt ein
harmonisches Verhältnis zwischen ausstrahlendem,
zentrifugalem Licht und einwirkenden,
dem Mittelpunkt entgegengehenden,
zentripetalen Lichtfluten.

Physiognomie zur Sonne

Eine zentrifu-
gale Ausstrahlung
in harmonischer Ab-
stimmung mit einer zen-
tripetalen Formung bilden
in der Summe das harmo-
nische Urbild der Sonne.
Aus diesem gleichmäßigen
Ausstrahlen und Zentrie-
ren bildet sich auch das
sonnenhafte Gesicht.

Das Venuslicht ist ein empfindsames Licht,
das mehr der Abendstimmung entspricht.
Es geht zur Erde und gibt das Empfinden, aufgenommen
zu werden. Der Boden nimmt den Menschen auf.
Das Licht vermittelt eine Nähe der Pflanzendecke und
umhüllt förmlich die Geomantie der Erde.
Wie weiche Hüllen wirkt dieses Licht.

Die Venus in der Pädagogik schafft die harmonischen Verbindungen zwischen den Menschen

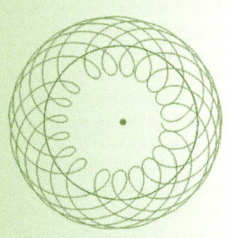

Empfindungen zur Venus

*D*ie Venus ist der sonnennächste Planet. Sie vollzieht ihre Runde in nur 88 Tagen und tritt für den irdischen Beobachter nie aus dem Sonnenumfeld heraus. In einem Wechsel von 58 Tagen geht sie kurz vor der Sonne auf oder nach der Sonne unter, meistens ist der Abstand aber nie groß genug, dass sie wie der Merkur die Glanzsphäre der Sonne ganz verlässt und ohne optische Hilfe entdeckt werden kann. So bleibt sie wie ein scheues Geschöpf oft unsichtbar und man braucht viel Geduld und Übung, um das leicht kupferfarbene Sternchen in der Morgen- oder Abenddämmerung aufzufinden, bevor der Glanz der aufgehenden Sonne es überstrahlt oder der Planet durch den Horizont schon dem Blicke entzogen ist.

Die Zyklen der Venus bewegen sich harmonisch um die Kreisbahn der Sonne. Es dürfte wohl die schönste Umkreisbewegung eines Sternes sein.

Die Zuordnung der Himmelskörper „Merkur" und „Venus" ist nach der Beschreibung Rudolf Steiners erfolgt, der darlegte, dass die Planetennamen für Merkur und Venus entgegen der geistigen oder ursprünglichen Sicht in der modernen Astronomie vertauscht wurden.

1. Der meditative Gedanke

Der Raum ist ein Ausdruck für die physische Wirklichkeit. Er äußert sich durch Begrenzungslinien, Volumen und Maßeinheiten. Das Wesentliche des Raumes aber ist seine räumliche Proportion, seine für sich stehende Ordnung und Begrenztheit. Er ist ein Ausdruck für die Endlichkeit. Die Unendlichkeit, der vorstellungsgemäße Gegensatz, ist nicht mehr ein Raum und infolge ihrer ungreifbaren Dimension entzieht sie sich auch jeglicher messbaren Wirklichkeit. Will jemand einen Raum konstruieren, so muss er innerhalb der irdischen Welt Mauern, Begrenzungslinien und spezielle Haltepunkte errichten. Innerhalb eines großen Unendlichen konstruiert er eine für sich stehende, fassbare und wahrnehmbare räumliche Wirklichkeit.

Zur Konstruierung eines räumlichen Verhältnisses benötigt der Konstrukteur einen Sinn für Proportionen und ästhetische Zusammenhänge. Dieser Sinn drückt sich innerhalb der geschaffenen Wirklichkeit aus. Die Proportionalität im Wesen des harmonischen Zusammenhanges räumlicher Verhältnisse äußert eine seelische Wirklichkeit. Diese seelische Wirklichkeit ist deshalb nicht der äußere Raum, sondern sie besteht in einer Art innerem Verhältnis, wie

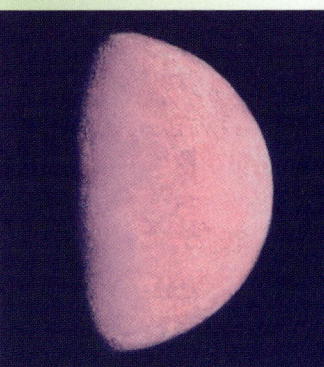

beispielsweise in der ästhetischen Feinheit, in der sich dieser Raum proportioniert und mit einem Gesamten, das heißt mit einer größeren universalen Ordnung, in Zusammenhang steht. Die Seele des Menschen gibt deshalb dem Körper ein harmonisches Empfinden und lenkt die Möglichkeiten zu weiteren, größeren Dimensionen des Harmonieempfindens empor. Der Körper könnte für sich allein dieses ästhetische und fein abgestimmte Empfinden keinesfalls offenbaren, wenn es keine Maßeinheiten und inneren Bezugsrichtungen in der Weltenschöpfung geben würde.

So wie der physische Raum sich dahingehend weiten oder auch veredeln kann, dass man seine Begrenzungslinien nach außen ausdehnt oder seine Proportionen zueinander harmonisiert, so kann sich im gleichen Maße ein seelischer Raum weiten oder veredeln, wenn man die Seele als tatsächlich existierende Wirklichkeit nicht zu sehr an den Körper bindet, sondern diese von ihm befreit. Eine seelische Weitung und Ausdehnung, eine Art Raumgewinn im seelischen Erleben entsteht immer dann, wenn die physischen Kräfte das Empfindungsleben nicht mehr einengen und behindern. Es lässt sich eine seelische Weite durch eine wachsende Körperfreiheit erfahren. (1)

Je weiter Gedanken und Gefühle im Sinne eines Ideales gedacht werden und je mehr sie in einem harmonischen Zusammenhang mit dem irdischen Leben wie auch mit dem kosmischen gesamten Dasein stehen, desto anziehender und heilsamer werden die irdischen Proportionen, Maßverhältnisse und schließlich die körperlichen Bedingungen. Das Wesen der Gesundheit offenbart sich in diesen harmonischen Verhältnissen.

2. Die Wesen der Venus

Die Wesen, die unter dem Planeten der Venus wirken, sind ähnlich wie diejenigen der Sonne warm, aber zusätzlich mit einer besonderen Lieblichkeit ausgestattet und sie wollen wie die zarte Luft am Morgen den Menschen umhüllen, berühren und in der weiblichen Anmut verschönern. Wenn diese Wesen aktiv tätig sind, bewirken sie eine regenerative, anregende und aufbauende Willenserkraftung. Sie besänftigen und stärken die Stoffwechselfunktionen und sie verbinden das menschliche Gemüt mit den verschiedenen Proportionen des Räumlichen.

Wer über diese Wesen eine Vorstellung gewinnen möchte, der kann sich eine große Schale vorstellen, in deren Mitte er sich selbst mit

(1) Es erscheint der Raum als physische Wirklichkeit mit seinen Proportionen und Variationen, mit seinen Weiteformen und auch sogar mit seinen Engetendenzen immer wie ein Ort des Angekommenseins. Für den Menschen offenbart der Raum die notwendige Lebensrealitätsebene. Nun könnte man aber der Versuchung unterliegen und durch eine ideenhafte Spiritualität, die noch nicht reif gedacht ist, eine Art Flucht aus all den räumlichen Begrenzungen von Linien, Maßeinheiten und auferlegten Größenverhältnissen erstreben und in eine vermeintliche Freiheit von der Erde hinwegstreben. Diese Art Versuchung ist nach Rudolf Steiner die sogenannte luziferische Versuchung. Es ist die klassische Versuchung der Erdenflucht, des Ausweichens aus Verantwortung und Realität. Die wirkliche Weite und Ausdehnung eines Raumes, die im seelischen Erleben erstrebt werden soll, sollte nicht mit dieser luziferischen Versuchung der Flucht aus den Räumen verwechselt werden.

seinem Körper platziert. Die Schale ist regelmäßig und rund und der tiefste Punkt ist jener, an dem er selbst mit dem Körper steht. Aus dieser tiefer gelagerten Mittenposition kann er nach allen Seiten den Blick schwenken und den oberen Rand der Schale erblicken. Er fühlt dann die Regelmäßigkeit der Schalenform und erlebt sich genau im Zentrum dieser und auch in einer geborgenen räumlichen Wirklichkeit. (2)

Für die weitere Vorstellung, wie die Seele sowohl das Physisch-Räumliche als auch das Seelisch-Räumliche empfindet, kann nun diese Person, die in der Schale steht, ihre Mittenposition aus dem Zentrum versetzt denken. Die Abstände zu dem Rand der Schale werden auf diese Weise einmal weiter und einmal enger. Von dieser „verrückten" oder aus dem Zentrum versetzten Stellung gewinnt die wahrnehmende Empfindung einen Charakter der Unruhe, denn die einzelnen Proportionen erscheinen nicht mehr ganz in ihrem Mittenverhältnis und des Weiteren fühlt sich diese Person nicht mehr harmonisch im geborgenen Raum beheimatet.

Die Wesen der Venus sind harmoniebedürftig und erstreben die bestmögliche und wohlproportionierteste Beziehungssphäre. Sie sind die feinen metaphysischen Geschöpfe, die immer sensibel auf alle Beziehungsverhältnisse reagieren. Sie bilden auch eine Art Schalenform um den Menschen und je besser sie organisiert sind, desto harmonischer werden diese Schalenformen. Mit dieser Schalenumkleidung und ihrem möglichen metrischen Charakter binden sie den Menschen in das irdische Leben und seine Räume ein. Das Harmoniebestreben ist ihnen auf so intensive Weise eigen, dass sie jegliche Abweichung aus den natürlichen Ordnungen und metrischen Grundsätzen des Lebens, aus den bestehenden Wahrheiten und günstigen menschlichen Verhältnissen sofort rückmelden. Der Mensch, der diese Wesen wertschätzt, bemerkt auf empfindungsvolle Weise wie wahre und konstruktive Beziehungen im Gegensatz zu misslichen und ungeeigneten Beziehungen ausgerichtet sind. Die Venus und ihre Wesen wirken weniger auf das emotionale Gemüt, sondern mehr auf das innere empfindsame Seelengebilde des Menschen.

(2) Nicht das gewöhnliche Kreiserleben, sondern ein wirkliches Schalenerleben, das ein Aufgenommensein wiedergibt, unterscheidet die Empfindungsformen zur Venus von jenen zur Sonne. Dieses Schalenerleben intentioniert eine Art Nähe zur irdischen Sphäre.

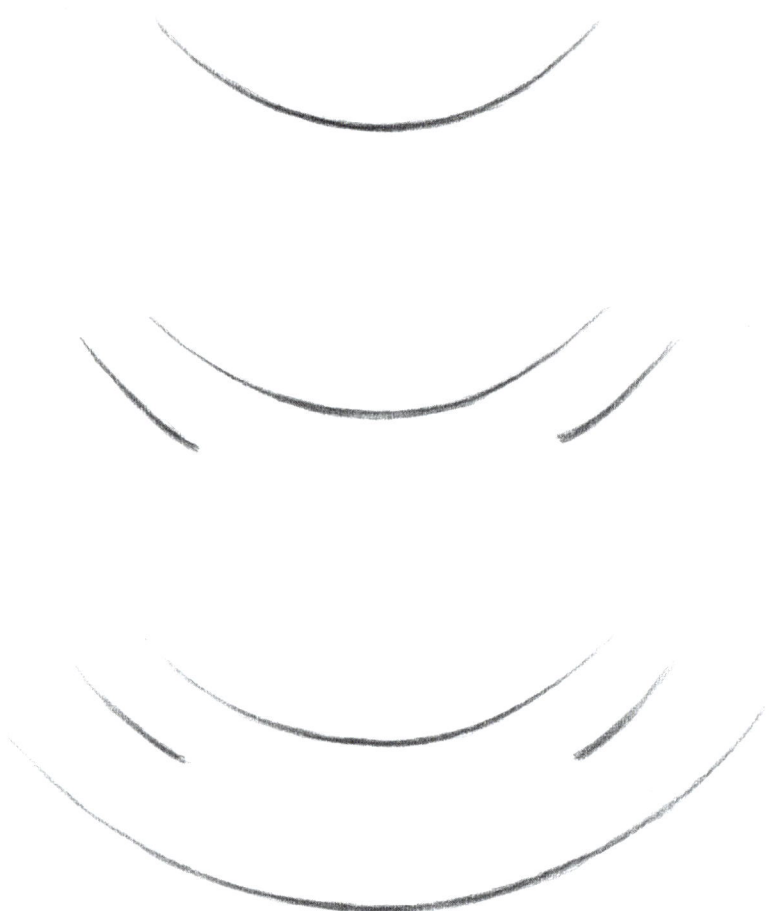

Das Dreieck in der Schale

Man beginne am besten, indem man eine harmonische Schale zeichnet. Diese ist weit nach oben offen und besitzt eine Tiefe. Will man die Weite der Schale betonen, kann man sie mit zwei Strichen am linken und rechten unteren Teil unterstreichen. Schließlich lässt sich die Weite beliebig ausdehnen, indem man noch einmal diese Schale in der gleichen Schwingung nach unten vergrößert.

Dieses Zeichen wirkt nach oben hin offen, weit und aufnahmefähig. Indem der Betrachter nun ein gleichseitiges Dreieck harmonisch in die Figur einfügt, eventuell dieses sogar mit den Schalen metrisch abgestimmt, gewinnt die Offenheit einen stabilen Halt und die Figur nimmt eine schöne komplexe Form an.

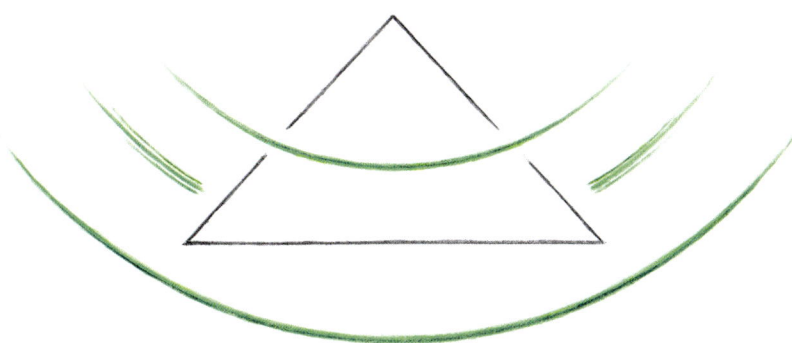

Allgemein sind diese Wesen mit einer anmutigen, weiblichen, anziehenden und in Folge ihrer Sympathie entgegenstrahlenden Wirkungssphäre verbunden. Die Venus geht deshalb dem Menschen freudig entgegen. Sie interessiert sich für den anderen, für sein Leben und seine Umstände. Der Unterschied zur Sonne, deren Wärme ebenfalls dem Menschen unmittelbar im Sinne einer Enthüllung der Transzendenz entgegengeht, ist jener, dass nun diese Wesen nicht unmittelbar wie aus der Materie freigesetzt zu atmen beginnen, sondern diese durch ihre genau gewählte Verbindung, die sie ausgestalten, eine sorgfältig bemessene Proportionalität entwickeln. Aus diesem Grunde fördern sie das räumliche Empfinden des Menschen. Das menschliche Gemüt erlebt sich in der angenommenen und geborgenen Verbundenheit mit der Materie. Die Materie erscheint durch Verbindungen beseelt, weit und wie von einer sanften Harmonie umkleidet. Jene Trennungen, die oft schmerzlich den Menschen durch äußere Verhältnisse auferlegt sind, können diese Wesen überwinden.

Weiterhin ziehen mit den Venuswesen sehr deutliche Empfindungen über rhythmische Strukturen und Gesamtverhältnisse in den Menschen hinein. Das rhythmische Erleben von Harmonie, Form und Farbe, von Raumaufteilungen und Größenverhältnissen, das gegenseitig abgestimmte Zusammenwirken und Ergänzen von menschlichen Kapazitäten und das schöne, dynamische Wirken von wirklichen Beziehungen, die Menschen miteinander geknüpft haben, sind Ausdrucksformen der Venus. So wie sich der Einzelne inmitten des Zentrums einer Schale befinden kann und zu den verschiedenen Rändern in metrischer Proportion nach außen blickt, so kann in dieser Eingebundenheit das Leben mit Anerkennung und Hingabe empfunden werden. Das menschliche Gemüt fühlt sich im Venuslicht mit der Erde, der Natur und mit den Mitmenschen verbunden und kann aus dieser Verbundenheit schließlich eine fromme und solide Hingabe zu anderen erleben. Die Schale selbst ist ein Symbol für Mitte, Metrik, Aufnahmefähigkeit und kosmische Offenheit. (3)

Eigentlich sieht das Auge, wenn es das Licht der Umgebung aufnimmt, nicht wirklich das Physisch-Äußere, sondern es nimmt die Widerspiegelungen eines Wesens, das die einzelnen Teile miteinander verbindet, am Physischen wahr. Dieses Wesen ist zunächst aber unsichtbar und es tummelt sich in den feineren kosmischen Lichtreflektionen. Alle diese Wesen, die den Raum beleben und beseelen und die Farben und Proportionen an den Menschen herantragen, zählen zu der Luft- und Lichtsphäre und sie bestimmen mit ihrer Sympathie oder auch mit ihrer Antipathie das menschliche Gemütsleben. So wie Licht und Luft die Raumessphäre erst ermöglichen, so kann auch das menschliche Gemüt über die feinsten Lichtberührungen und über die Empfindungen des Atems an dieser Außenwelt teilnehmen. Die Venuswesen sind tatsächlich jene feinen Substanzialitäten, die das menschliche Gemüt im Empfinden mit der räumlichen und äußeren Wirklichkeit verbinden.

3. Die Venus und die Sprache

Die Wesen der Venus können eine Wärme und zugleich Lieblichkeit in die Sprache hineinbringen. Diese Lieblichkeit entsteht durch die menschlichen Empfindungen, die zur Erde, zur Natur und zum Leben nahe ausgerichtet sind. Eine liebliche Atmosphäre ist durchaus anmutig. Sie ist nicht überreizend, sentimental oder überladen. Vielmehr äußert sie das nahe Empfinden des Angenommenseins oder Aufgenommenseins im Leben. Ein Restaurant beispielsweise wirkt lieblich, wenn es seine Gäste auf natürliche, entgegenkommende Weise aufnimmt.

Eine Sprache, die viele Beschreibungen mit Adjektiven verwendet, bringt das menschliche Gemüt näher in die praktische Erdensphäre. Jene Adjektive wie gut und böse, schön und hässlich, gescheit und dumm zeigen meist keine wirkliche Beschreibung und führen in der Regel nicht in eine wirkliche Empfindungsnähe zum Zielobjekt. Wenn jemand sagt: „Das ist eine fürchterliche Straße.", so beschreibt er mit dem Adjektiv „fürchterlich" durchaus sein eigenes Gemütsempfinden. Die Straße selbst wird er damit wohl nicht charakterisieren, denn eine fürchterliche Straße ist für eine wirkliche Empfindung schwer erlebbar.

Im Gegensatz dazu kann jemand eine Straße dahingehend beschreiben, dass sie außerordentlich kurvenreich ist, verschiedene enge Stellen aufweist, an denen zwei entgegenkommende Autos kaum einander passieren können und sich des Weiteren auf unnatürliche und künstlich angelegte Weise mehr der Landschaft aufdrängt als sich in sie hineinfügt. Indem sich jemand um diese Beschreibung bemüht, kann sich ein anderer die Straße im Verhältnis zur Natur und zum menschlichen Gemüt besser vorstellen. Schließlich wäre es nicht verkehrt, wenn er in seiner Zusammenfassung ausdrückt: „Ich habe diese Straße infolge dieser Eigenschaften als fürchterlich erlebt und ich glaube, dass auch andere Personen zu diesem Erleben gelangen."

Die Aufmerksamkeit auf die rechte Verwendung von Adjektiven, die eine zunehmende Beschreibung der gegebenen Wirklichkeit geben, führt zu einem lieblichen Charakter des gesamten menschlichen Ausdruckes. Der Zuhörer vermag durch die richtige Verwendung von Adjektiven, und ganz besonders dann, wenn sie in einer rhythmischen und logischen Folge stehen, eine Nähe zu dem beschriebenen Zielobjekt zu empfinden. (4) Durch die Adjektive werden die Substantive aus ihrer Isoliertheit in die Eingebundenheit und räumliche Eingliederung geführt und damit der Erdensphäre nähergebracht. (5)

(4) Es ist ein großer Unterschied, ob jemand sagt: „Der Leser soll sich selbst eine Meinung bilden.", oder: „Der interessierte Leser kann jene hier geschilderten Punkte sehr genau und überlegt zur Kenntnis nehmen und er kann schließlich auf dieser Grundlage eine Meinung weiterentwickeln."

(5) „Der Baum" als Substantiv kann beispielsweise durch die Beifügung von Adjektiven aus der isolierten Begrifflichkeit in eine nahe Vorstellung und Empfindung geführt werden: „Der weit ausladende Laubbaum und der spitz zulaufende, fein gegliederte Nadelbaum."

81

4. Die Entwicklung des Gedankens zu einer ersten Praxisannäherung

So wie ein Raum durch seine Begrenzungen und Verteilungen eng oder weit sein kann, so kann auch ein sogenannter Seelenraum, der sich in den verschiedenen Empfindungen ausdrückt, für den Menschen eng oder weit sein. Die Empfindungen, ganz besonders wenn sie tief im Menschen wurzeln, umschließen, verankern und beschreiben die menschliche Seele im Leibe. Sie sollten sich nicht durch Spannungen, nervliche Überforderung und Einseitigkeiten ganz aus dem Gemüt verdrängen lassen, sie sollten sich auch nicht durch Schwächungen, Ausschweifungen und allerlei Trivialitäten, die der emotionale Mensch durch seine Unbedachtheit leistet, zerstreuen oder gar völlig verlieren. Gute Empfindungen konsolidieren das Seelenleben und sie sollen durch eine geeignete pädagogische Methodik gefördert werden.

Der Vergleich der äußeren Raumesempfindungen, in denen sich der Mensch bewegt, mit den inneren Gefühlen und Seelenwahrnehmungen ist deshalb sehr zutreffend, da die menschliche Bewusstheit mit ihren Empfindungen tatsächlich immer in eine Art räumliche Weite oder räumliche Enge eingebunden ist. Das ganze Gefühlsleben pendelt immer zwischen Enge und Weite einher. Aber auch äußerlich steht der Mensch immer zwischen einem Geschütztsein im Raume und einem zu starken Ausgeliefertsein im Äußeren. Es kann zunächst auf der irdischen, materiellen Ebene die treffliche Frage gestellt werden: Welche Maßnahmen können einen gewöhnlichen Raum, der bestimmte Proportionen trägt, weit werden lassen? Und auf der anderen Seite: Welche Formationen geben einem zu offenen physischen Raum wieder den nötigen Schutz und die geeignete Harmonie? Von diesen Betrachtungen ausgehend lässt sich schließlich der Weg in die seelische Dimension weiterverfolgen.

Im Allgemeinen kann diese Frage dahingehend eine Beantwortung finden, dass man sich mit dieser Überlegung vergegenwärtigt, wie alle harmonischen Proportionen durch ihre Art der Verbindung, die sie in sich besitzen, gekennzeichnet sind. Bei einem zu engen Raum könnte die architektonische Maßnahme getroffen werden, alle spitzen Winkel durch offene Winkel zu erweitern und Türen und Fenster in eine höhere Form zu bringen. Derjenige, der einen in dieser Art verbesserten engen Raum betritt, wird trotz eines eventuellen äußeren Raumverlustes ein wachsendes Weiteempfinden gewinnen. Ebenso lässt sich ein zu weiter Raum durch die Strukturierung verschiedener Verbindungslinien mehr zu einer größeren Harmonie führen, indem sich eine Art Schutz und Eingebundenheit für die Sinne des subjektiven Betrachters kreieren lässt. Die Art der Verbindungen, wie diese im äußeren Raum durch architektonische Maßnahmen gesetzt werden können, gibt dem sich darin befindenden Menschen ein harmonisches Empfinden.

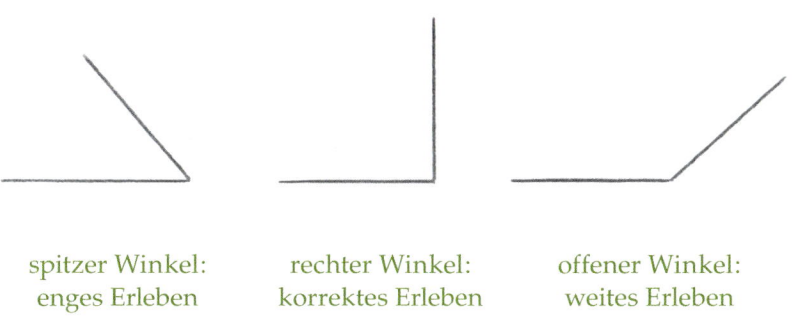

spitzer Winkel: rechter Winkel: offener Winkel:
enges Erleben   korrektes Erleben   weites Erleben

Der spitze Winkel, vor allem wenn er sehr stark Lichtkräfte in sich bindet, nimmt dem Menschen förmlich jenen Empfindungsteil des kosmischen Bewusstseins und gleichzeitig mindert sich seine Wahrnehmung gegenüber seiner eigenen Identität.

Der offene Winkel dagegen weitet das Empfinden und öffnet das Bewusstsein zum Kosmos. Der Mensch erlebt sich im Spiegel der offenen Winkelverhältnisse mehr integer und ganz.

Innerhalb der pädagogischen Bemühungen kann sich der Lehrer das Empfindungsleben seiner Schüler räumlich vorstellen und ihre Erlebenswelt dahingehend fördern, dass er auf die Art und Weise, wie Verbindungen entstehen, die eine Weite darstellen, Wert legt. Allgemein führen alle Verbindungen, die auf richtige und gehobene Weise hergestellt werden, zu einer günstigen Gemütslage, die weitend und daher lebenskräftigend ist, während alle zu sehr in der Isolation stattfindenden Unterrichtsformen wahrlich räumliche Trennungen erzeugen. Insbesondere intellektuelle Belastungen oder machtvolle, nicht im Zusammenhang einer Sache stehende autoritative Befehle, erzeugen Empfindungsverluste und verursachen unnötige nervöse Unruhen oder gar Widerstände. Die so häufige Nervosität der modernen Zeit entsteht metaphysisch gesehen aus Einschnürungen, die im Bereich des mittleren Menschen, des Brustkorbes und oberen Bauchraumes, eintreten und die einen Kreislauf mit wachsender Empfindungsverarmung und nachfolgenden Gesundheitsbelastungen verursachen.

Das Lernen soll deshalb mit dem Bewusstsein über das rhythmische oder sich wechselseitig verbindende Lebensgefühl entstehen und es sollte vor allem der Lerninhalt auch mit der Person des Lehrers in eine geeignete Verbindung geführt werden. Diese Verbindung erfordert die Beachtung eines großen und wichtigen Leitsatzes, der hier am besten als fundamentaler Grundsatz in die Disziplin der Pädagogik und seiner willentlichen Umsetzung hineinfinden kann: „Wenn jemand mit sich selbst produktiv umgehen möchte, muss er mit anderen umgehen lernen. Wenn jemand einen weiten Raum eröffnen möchte, einen Seelenraum, in dem fruchtbare Interessensbewegungen entflammen, so muss er im Raumempfinden seiner Mitmenschen und in der Interessenslage von seelischen Bedürfnissen seinen Dialog und seinen Unterricht anknüpfen lernen."

Die empfindsamen Verbindungen im Sinne eines harmonischen Raumgefüges sollten nicht mit einem künstlichen oder gar trivialen methodischen Ansatz verwechselt werden. Sie beinhalten keine infantilen Schmeicheleien und blumigen Reden oder sentimentalen Poesien. Sie sind auch an keine einseitigen Propagandaformulierungen gerichtet wie beispielsweise: „Wer heute gut lernt, kann in der Zukunft gut Geld verdienen." Eine Formulierung wie diese bewirkt in jedem Fall eine seelische Raumverengung, denn sie ist erstens nicht wahr und zweitens fördert sie keine rhythmische Ordnung des Empfindens. Sie kann kein wachsendes Interesse für den eigentlichen Lernstoff erzeugen. Man müsste beispielsweise sagen: „Wer heute gut in Beziehung zum Lernstoff tritt, kommt bald dem Ursprung der Dinge näher." Der Gedanke, wie er hier formuliert ist, ist noch ganz anders als bei der ersten Aussage verknüpft. Aus der Art und Weise, wie der Lehrer die Verbindungen sowohl in Gedankengängen als auch schließlich in den Gefühlen und Wertungen der Aussagen herstellt und wie er sie schließlich auch innerhalb der Gesamtheit seiner zuhörenden Interessenten kreieren kann, entstehen die so wertvollen seelischen Empfindungen. Die methodischen Ansätze, die durch eine venusgeprägte Pädagogik geschaffen werden können, stellen deshalb vielmehr reale und bewusste Maßnahmen dar, welche die Seele im Sinne ihrer Zusammenhänge, die sie sucht, mehr berücksichtigen und sie durch gezielt gewählte Verbindungen in eine freiere Weite ausdehnen lassen. Würde jemand die Parole aussprechen: „Wer heute gut lernt, kann in der Zukunft gut Geld verdienen.", so stellte er eine Verbindung her, die in Wirklichkeit keine Verbindung ist, sondern die nur eine materialistische Begierde anregt. Die Formulierungen können den jungen Menschen deshalb in eine wachsende Körperanhaftung verführen. In dieser Körperanhaftung aber kann sich die Seele in ihrem Bedürfnis nach Weitung nicht mehr ausreichend ausdehnen. Sie wird behäbig und verliert ihre räumliche Perspektive. In der ausdehnbaren freien Sphäre entsteht aber ein gesundes Interesse und es können auch die Sonnenkräfte im Sinne des Selbstempfindens wachsen. Die Methoden, die im Folgenden beschrieben werden, fördern das Weitwerden des Empfindungsorganismus und führen sowohl ein junges, heranwachsendes Gemüt als auch einen Erwachsenen näher an das Thema und an das Ideal heran und ermöglichen eine Progressivität im Ergreifen der natürlichen Entwicklungsbedürfnisse. (6)

(6) Die Venuspädagogik eignet sich naturgemäß im besonderen Maße für die Erwachsenenbildung. Wer sie entwickelt, wird Sympathiekräfte und gesundheitsfördernde Substanzialitäten für seine Mitmenschen ausprägen.

5. Bewusst gewählte Bewegungen und Verteilung der Aufgabenmöglichkeiten in rhythmischer Abstimmung

Indem sich der Pädagoge der verschiedenen, mehr seelischen räumlichen Bedingungen, in denen sich das Gemüt empfindungsmäßig bewegt, bewusst wird, erfährt er zunächst einmal ganz auf der körperlichen Ebene, dass sehr große Unterschiede darin liegen, wie er vor dem Publikum oder der Klasse steht, welche Bewegungen er vollbringt und wie er sein gesamtes Gebärdenspiel entfaltet. Er kann sitzend seine Arbeit leisten, er kann still stehen oder auch zwischen den Schülern umhergehen. Er kann auf bestimmte Personen zugehen oder sich mehr in der vordersten Ebene unmittelbar an seinem Rednerpult oder an der Tafel distanziert verhalten. Die Aufmerksamkeit auf diese rein räumliche und rhythmische Eingliederung seines physischen Bewegungsverhaltens kann einen ersten Anhaltspunkt über die Empfindungen, die bei Zuhörern damit ausgelöst werden, eröffnen.

Der Unterschied beispielsweise zwischen der unmittelbaren frontalen Haltung zu einer lateralen, mehr flankenorientierten Haltung, wenn der Pädagoge einem Schüler oder Erwachsenen gegenübersteht, ist sehr groß. Ohne sich von seinem Gegenüber mit der Aufmerksamkeit abzuwenden, kann der Körper innerhalb eines Gespräches eine feine Drehung um die eigene Achse tätigen, damit gewissermaßen für den anderen das rein äußerliche Raumempfinden etwas freier wird. Stehen sich die Fronten mit Gesicht und aufgerichtetem Oberkörper in prallster Konfrontation gegenüber, nehmen sich beide nahezu den Raum zum Atmen und die Empfindung kann sich nicht frei und entspannt zu einem klaren Gedanken oder einem Themengebiet entfalten. Eine gewisse Bewegtheit mit sehr vielen feinen Flankendrehungen, die dem Atempempfinden Raum geben, ein Bewegtsein zwischen den Zuhörern, ein wechselweises einmal sitzendes und wieder stehendes Gebärdenspiel, nicht zu hastig, sondern ruhig, rhythmisch ineinander abgestimmt, fördern auf der elementaren Ebene ein freieres Atmen innerhalb des Publikums. Es sollte das äußere Gebärden- und Bewegungsspiel, wie es sich im Rhythmus entfaltet, in seiner Bedeutung nicht zu sehr unterschätzt werden. Die Schüler werden im Allgemeinen durch rhythmische Bewegungen des Lehrers leichter zur freieren und ungezwungenen Aufmerksamkeit geführt. (7)

(7) Das harmonische Bewegungsverhalten wirkt unbewusst auf den Ätherleib und schreibt sich in diesen hinein. Je natürlicher und angemessener es sich gebärdet, desto mehr findet eine kraftumsetzende Wirkung auf diesen Leib statt.

(8) Diese Aussage sollte nicht
darin missverstanden wer-
den, dass ein Lehrer meint, er
müsse Schüler oder auch sogar Erwachsene zum Interesse auffordern. Keinesfalls sollte diese Aussage in einem
Satz vor dem Publikum er-
scheinen: „Ihr müsst euch
selbst verlassen und euch in
eine nächste Perspektive begeben. Öffnet euch!" usw.
Die Methode muss immer indirekt bleiben.

Nachdem sich der Pädagoge dieses äußeren Spiels in der wohlabge-
stimmten und harmonischen Bewegungskunst bewusst geworden
ist, lassen sich die weiteren Schritte für die Eröffnung eines psychischen oder sogar seelischen Freiraums eruieren. Der Lehrer sollte
den Satz unbedingt zur ganzen Praxis führen lernen: „Wer mit
sich selbst zurecht kommen möchte, muss mit anderen umgehen
lernen." Der Umgang mit anderen ist aber gerade durch die eigene
Beschränktheit und durch die Macht aller behäbigen Bindungen,
die die Seele an den Körper haften, eingeengt. Die Schüler können
tatsächlich nur etwas lernen, wenn sie eine kleine Wegstrecke aus
ihrer eigenen Behäbigkeit herausgehen und in einen nächsten freieren Raum hineintreten. Bleiben Schüler nur bei sich selbst, so kann
der Lehrer sie in Wirklichkeit nicht sinnvoll erreichen. Das Ziel einer guten Pädagogik ist es sicherlich nicht, den bloßen Wünschen
und Bedürfnissen egoistischer Art, die die Schüler oder auch Erwachsenen mitbringen, gerecht zu werden. Sie würden nur nach
Lust und Laune Filme anschauen und einige nette Unterhaltungen
rezipieren wollen. Die mühsame Arbeit des Lernens scheut das
gewöhnliche Gemüt eines Schülers wohl sehr schnell und infolge
von ohnehin vorhandenen Überlastungen, die heute in der Schulbildung bestehen, darf wohl der Pädagoge keine zu großen Zuge-
ständnisse an die Subjektivität der Schüler setzen. Er muss vielmehr die Kunst beherrschen, den Schüler ein Stück aus sich selbst
herauszulocken, ihn aus seinen bisherigen Räumen in eine nächst-
größere, weitere Offenheit zu führen. Dieses Kunstwerk des feinen
räumlichen Überschreitens einer vitalen subjektiven Grenze benötigt keine direkten äußeren Erklärungen, vielmehr bedarf es des
gezielten Einsatzes praktischer, sinnvoller Maßnahmen. (8)

Vielleicht ist der Lehrer an einem Tag etwas heiser und hat Mühe
zu sprechen. Indem er sich ein kleines Konzept vorbereitet, wie er
die einzelnen Schüler zu aktiven und verantwortlichen Aufgaben
führen kann, um seine Stimme zu schonen und um eine regsame
Teilnahme herbeizuführen, fördert er eine Rhythmik, die die einzelnen Schüler zu einem Aufmerksamwerden über die subjektiven Grenzen hinaus anregt. Einzelne Schüler werden beauftragt,
die mitgebrachten Folien vorzulesen, ein anderer wird direkt zum
Assistieren an die Seite des Lehrers gestellt, wieder andere werden mit dem Bildmaterial und dem Vorzeigen der Bilder vertraut
gemacht und schließlich sollen einige eine sinnvolle Zusammenfassung und Wiederholung leisten. Der Lehrer, der eine heisere
Stimme besitzt, könnte sich sogar etwas geschwächter geben als
er wirklich ist und bei seinen Schülern an diesem Tag bekräftigen,
dass sie eifrig mitarbeiten müssen, da er selbst zu eingeschränkt
sei. Die Maßnahme, die auf diese Weise geschieht, ist jene, dass die
Schüler nicht bei sich selbst in Erwartung und passiver Lernrezep-

tierung bleiben dürfen und dadurch eine neue Raumempfindung mit freierer Wahrnehmung gegenüber der gesamten Klasse erleben. Im Allgemeinen kann dieser rhythmische Aufbau sehr viele günstige Voraussetzungen erschaffen, die das Lernen lebendiger im Raume verankern und zu einem intensiveren und interessierten Begegnungsfeld beitragen. (9)

6. Wie geht der Lehrer dem Schüler entgegen, ohne dass dieser sich im Raum beengt fühlt?

Die Kunst, jemandem entgegenzugehen, damit dieser einen freieren Atemraum und ein natürliches erbauendes Interesse findet, entwickelt sich, indem der Lehrer möglichst keine Forderungen in zu zwingender und frontaler Weise stellt, sondern das Interesse des anderen durch die Förderung der Gestaltmöglichkeiten, die jedes Gemüt im jeweiligen Lebensalter besitzt, anregt. Im zweiten Lebensjahrsiebt möchten die Kinder innerhalb der Autorität des Lehrers, den sie meist als vorbildliche Persönlichkeit schätzen, den Inhaltsstoff lernen. Sie wollen sich in einer Art intuitiven Weise in die Worte und Bilder hineinleben. Übt ein Lehrer bewusst oder auch, wie es vielfach geschieht, unbewusst Druck auf Kinder aus, verkrüppelt er fast immer die weitere Interessensbereitschaft der jungen Gemüter und die spätere Erwachsenenzeit kann nur sehr schwer die damit verloren gegangenen antreibenden Kräfte ersetzen. Das Hineinleben und Sich-Verbinden mit dem Lehrstoff geschieht durch die Empfindungsentwicklung und erst dann in der Folge durch das Auswendiglernen. Im Allgemeinen geschieht dieses Verbinden mit dem Lehrstoff im Sinne eines rhythmisch-intuitiven Grundgefühls. Dieses rhythmische Grundgefühl kann der Pädagoge dahingehend ausprägen, dass er ein gutes Empfinden für Formen, Farben und Strukturelemente entwickelt und sich hineinfühlt, wie sie von einem jungen Gemüt empfunden und in der Zusammengehörigkeit wahrgenommen werden. Eigentlich ist das Leben der Kinder intuitiv rhythmisch. (10)

Der Pädagoge fördert am besten das Lernverhalten, wenn er nicht zu viele Mitschriften, vorzeitige Auswendiglernereien und zu isoliert gestellte Aufgaben erzwingt, sondern indem er die Sinne der Kinder gezielt nach außen lenkt und verschiedene Betrachtungen, die zunächst einmal in einfacherer Art an die Grundform oder an das empfindungsmäßige Aussehen der Sache gerichtet sind, anregt. Er sagt zum Kind keinesfalls: „Du hast deine Aufgabe nicht ordentlich gemacht und hast nicht gelernt, wie man ein normales S von

(9) Der Lehrer stellt gewissermaßen ein Verhältnis her, das gut aufeinander abgestimmt ist und wie ein „Schalenerleben" mit aufnehmendem Charakter für alle wirkt.

(10) Wenn man das Einmaleins an die Tafel schreibt, dann findet man viele rhythmische Elemente in den Zahlen. Man kann sie im rhythmischen Erleben leichter empfinden und in der Folge leichter lernen.

einem SCH unterscheidet." Vielmehr bemüht er sich, den rhythmischen, wahrnehmenden Ausdruck durch Wiederholungen näherzuführen, wie beispielsweise ein S bei „Sonne" oder bei „See" erscheint und wie es scheinbar etwas sehr Deutliches und Klares ausdrückt, während das SCH das beginnende S weich macht wie beispielsweise bei „schieben" oder bei der „Schwalbe". Der Empfindungsorganismus der Kinder nimmt die Wahrnehmungen zunächst einmal intuitiv auf und von diesen ausgehend wird er erst im Lernen und auswendigen Darlegen der Wörter und ihrer richtigen Schreibweise geschult. Das Prinzip der Wiederholung verbunden mit der Empfindung legt dieses rhythmische Gefühl im Organismus grundlegend an.

Die Methode, die der Lehrer im Wesentlichen zur Unterrichtsführung bevorzugt, ist jene, die Aufmerksamkeit gezielt auf bestimmte Wörter zu lenken, die Schüler die Worte schreiben zu lassen und sie somit mit der Aufmerksamkeit nach außen zu bewegen. Das Lernen, das sie auf diese Weise tätigen, ist nicht nur oder sogar weniger in seinen primären Ansätzen rezeptiv nach innen an die intellektuelle Aufnahmefähigkeit, die meist unter Leistungsdruck geschieht, ausgerichtet, sondern wird im Sinne von natürlichen empfindungsgemäßen Bewegungen nach außen durch die Aufmerksamkeit, die sich am Objekt intuitiv entwickelt, geschult. Wenn es nun dem Lehrer gelingt, verschiedene rhythmische Strukturen, die beispielsweise die Rechtschreibkunst besitzt, anzuführen, sie empfindungsmäßig durch Wiederholung nahezuführen, sodass die Aufmerksamkeit genügend nach außen fließen kann, so lernen die Schüler auf diese Weise unkompliziert und erleben dabei sogar eine relativ starke Regenerativität im Gemüt. Sie erhalten den geeigneten Raum, der ihnen eine empfindungsvolle Verbindung mit dem Lernstoff ermöglicht.

Noch deutlicher wird es, wie dieses rhythmische Gefühl erwachen kann, wenn der Lehrer ein Lehrbuch verwendet. In der Regel sind die Worte und Zeichnungen im Lehrbuch bedeutungsvoll und dienen dem Einstudieren. Die Annäherung kann aber nun langsam und indirekt zu dem Lehrinhalt erfolgen, indem die Schüler zunächst einmal auf die Form der Seite aufmerksam gemacht werden. Dann können sie wiedergeben, wie viel die Seite beinhaltet und in welcher Anordnung die Bilder stehen. Auf diese Weise nähern sich die jungen Gemüter erst einmal den äußeren Formen, die gegeben sind, an und empfinden ein gewisses rhythmisches Abgestimmtsein in der Gestaltung der Seite. Von diesen Empfindungen über die äußeren wahrnehmbaren Formen geht schließlich der Lehrer nach und nach auf Einzelheiten über. Er kann die Schüler dazu bewegen, dass sie die Zeilen besser wahrnehmen und dadurch auch die Wörter richtig anschauen. Eine Möglichkeit ist es auch, sie verschiedene Wahrnehmungen, die sie getätigt haben, wiederholen zu lassen.

Eine Möglichkeit, Wörter zu lernen, kann beispielsweise auch darin bestehen, dass der Lehrer die Wörter in einer Tabelle vorliest und gezielt drei, die in der Reihenfolge kommen, vorsätzlich vergisst. Die Schüler lesen mit dem Lehrer die Zeilen mit und bemerken natürlich sofort, dass er einige Wörter wohl übersehen habe. Der Lehrer fragt etwas naiv: „Wo, wo… stehen sie?" und lässt die Schüler nun diese eigenständig wieder vorlesen. Er bewegt die Schüler dadurch zu dem Lernstoff hin, führt sie nach außen, damit sie eine Beziehung sowohl zu den Wörtern als auch zu ihm aufnehmen. Am Ende der Stunde fragt er sogar noch einmal: „Heute war ich zerstreut. Welche Worte habe ich vergessen und was bedeuten diese Worte? Wenn wir diese Worte vergessen würden, dann würde uns schon etwas fehlen…" Mit diesen Bemühungen führt er die Aufmerksamkeit der Schüler in den entspannten Lernraum hinein und auf ganz natürliche Weise können die neuen Strukturelemente zur Rezeptierung gelangen. Je natürlicher die Bewegung im rhythmischen Zusammenhang nach außen fließt, desto natürlicher gestaltet sich im Sinne der ätherischen Ergänzung der Lebenskräfte, die im Inneren sind, die Aufnahme des Inhaltes aus. (11)

Im dritten Lebensjahrsiebt kann jenes feine Raumesweiteempfinden im Lernen durchaus mehr dahingehend gefördert werden, indem die Schüler im agonalen Prinzip eine Förderleistung erhalten. Sie suchen nun mehr das Wettkampfgemäße, das gegenseitige Messen, und dies durchaus auch gegenüber dem Lehrer und den verschiedenen Erwachsenen. Die Benehmensformen sollen aber nicht überschießen und einen ziellosen Lauf nehmen. Der Pädagoge kann sich aber dieses aufkommende Bestreben nach Wettkampf für den Unterricht zunutze machen und die Schüler auf geschickte Weise über ihre Grenzen locken. Sie wollen gestaltbildend nun im Sinne der Grundstrukturen ihrer Persönlichkeit lernen. Während die Strukturaufbauleistung im zweiten Lebensjahrsiebt rein rhythmisch und empfindungsmäßig stattfindet, so kann nun in diesem pubertären Alter schon mehr das persönlichere, elegante Umgehen zu einem Ansporn angeregt werden. Wieder ist es die zu mächtige Leistungsforderung, die eine sehr negative Wirkung freisetzen kann und das Interesse am natürlichen, eleganten Entwickeln der Lerninhalte zu einer einschnürenden Lähmung bringt. Der Pädagoge muss jedenfalls die Schüler im dritten Lebensjahrsiebt noch mehr im Sinne eines Persönlichkeitsaufbaues führen lernen als in allen früheren Phasen. Die Geschicklichkeit, Führungskunst in den Unterricht zu bringen, bedeutet weniger autoritativ gegen Unwilligkeiten und Resistenzen vorzugehen, sondern die

(11) Diese Beschreibung „ätherische Ergänzung oder Aufbau der Lebenskräfte" erscheint schwierig und bedarf einer zusätzlichen Erklärung: Je mehr jemand auf sinnvolle Weise einen neuen Inhaltsstoff aufnimmt, desto mehr wird sein innliegender Ätherleib bewegt und des Weiteren gestärkt. Intellektuelle Überladungen jedoch schwächen den Ätherleib, da der Inhalt zu wenig empfunden wird und das Lernen nicht wirklich einen sinnvollen Lebenskräfteprozess darstellt.

89

Schüler richtig im wachsenden Ehrgefühl anzusprechen und ihnen auf rechte Weise ein Selbstbewusstsein zu ermöglichen – und hier handelt es sich nicht um ein Selbstempfinden, sondern um ein gesundes, angemessenes Selbstbewusstsein im Sinne der Aufbaumöglichkeiten, die tatsächlich in der Persönlichkeitsstruktur zu entwickeln sind. Er bittet den Schüler nach vorne zum Kurzreferat und korrigiert ihn nicht nur nach den inhaltlichen, intellektuellen Darlegungen, sondern spricht ihn auch nach freien, nicht wertenden, sondern möglichen Kriterien an, die seine Art betreffen, wie er spricht, wie er seine gesamte Haltung gestikuliert, wie er steht, sich bewegt und sogar wie er seine Blicke zu den anderen richtet. Er stellt Unterschiede im Ideal heraus. Wie wirken die Augen, sanft und doch Kontakt aufnehmend? Und wie kann aus diesen Möglichkeiten eine schöne und elegante Verbindung zu den Zuhörern entstehen? Wie lassen sich Worte eleganter in den Dialog führen und wie kann die Schönheit des Inhaltes dargelegt werden? Indem der Pädagoge diese verschiedenen gestaltbildenden Elemente zur allgemeinen Persönlichkeitsentwicklung beachtet, erschafft er günstige räumliche Verhältnisse, in denen das Lernen einen entspannteren und freieren Charakter gewinnt.

Zusammenfassend lässt sich darlegen, dass in jedem Lebensjahrsiebt und auch dann ganz besonders im Erwachsenenalter das rhythmische Lernelement von einer sehr wichtigen Bedeutung ist. Der Pädagoge knüpft geeignete Beziehungsformen und stellt sich durchaus auf ganz reale Weise vor, wie er einen freien Wahrnehmungs- und Kommunikationsraum erschafft. In diesem freien Raum begegnet er dem Schüler oder natürlich auch dem Erwachsenen auf freie Weise, indem er langsam, rhythmisch und praktisch die gestaltbildenden Elemente erbaut. Es ist tatsächlich eine Arbeit, die gestaltend und Struktur erbauend am Menschen wirkt, und deshalb erlebt der Lernende unmittelbar die Erweiterungen im Sinne von aufbauenden Formen und Inhalten. Das wirkliche Lernen ist nicht zu verwechseln mit einem Überstülpen und sogenannten intensiven Berieseln mit Inhalten. Es ist vielmehr eine Art räumliches Freiwerden von fixierenden und überladenden Bewusstseinszugriffen, damit der Wille sich in diesem freieren Atem gestaltend erbaut und neue Möglichkeiten der wirklichen Bildung und natürlichen Leistung gewinnt.

Das lichthafte Wirken von feinen Naturwesen an
der Pflanze umwebt, umhüllt die Formen und schafft
feinste belebende Berührungen an der Peripherie.
Es sind jene Wesen, die von Rudolf Steiner als Sylphen
bezeichnet wurden. Gleichzeitig spiegelt sich auch der
feine berührende Austausch der Lüfte wider, der scheinbar
bis zum sinnlichen Ergreifen wahrnehmbar ist.

7. Der innere Willens- und Empfindungs- organismus, der durch die Venus motiviert ist, verspürt, ob eine Aussage wesentlich, unwesentlich oder ob sie falsch ist

Es erschafft mit jeder pädagogischen Aktion, mit jeder Kommunikation, Mitteilung oder Tätigkeit der einzelne Mensch eine geistige und auch seelische Wirklichkeit. Er kreiert sogenannte Wesen im Gedanken, oder auf die Empfindung bezogen, erschafft er Kreationen, die wie Farben wirken, und des Weiteren wirkt er auch auf die Formen des irdischen Lebens ein. (12) Die Wesen, Kreationen und Formen, die erschaffen werden, sind nicht unbedeutend und sie zählen nicht nur zu dem vorübergehenden Dasein. Dasjenige, das der Pädagoge erschafft, bleibt ganz besonders in den Kinderseelen erhalten und bestimmt oder beeinflusst manches weitere Schicksal des zukünftigen Menschen. Wer wahre und gute Gedanken mit der Erziehung in die Geburt bringen kann und wer diese mit einer empfindsamen Pädagogik auf jene Weise vermittelt, die das Dasein zu einem wirklichen Aufbau führt, der kann für das zukünftige Seelenleben außerordentlich schöne, sympathische Empfindungen mit kreativen Kräften fördern, die das Dasein über Jahre und Jahrzehnte förderlich begleiten. (13) Es ist der sogenannte Astralleib, der in sich die Empfindungen im Sinne von Wesen und ihrem Beziehungszusammenhang genau erlebt. Er erlebt sie in ihren Zusammenhängen, wenn sie richtig sind, wohltuend und, wenn sie falsch sind, mit Antipathie oder sogar Schmerz. Der feinstoffliche Leib, der Astralleib, folgt deshalb genau den Empfindungsverhältnissen, in denen sich alle Bewusstseinskräfte bewegen.

Ein praktisches Beispiel aus der Physik kann diesen Zusammenhang, wie ein Gedanke mit einem Gefühl oder einer Empfindung in der Seele verbunden ist, verdeutlichen. In den meisten Lehrveranstaltungen geht man davon aus, dass die Wintersonne deshalb schwächer ist, weil sie im Winkel ihrer Einstrahlung tiefer im Süden steht und damit weniger Wärmestrahlung auf eine bestimmte Fläche trifft. Ganz materiell gesehen ist dieser tiefe Stand der Sonne sicher der ausschlaggebende Kernpunkt, der die Strahlkraft von Wärme herabmindert. Im Sommer steht sie rein nach der materiellen Position höher und deshalb erscheint es plausibel, dass ihre Strahlkraft die Erde besser erwärmen kann, weil nun mehr Strahlung die gleiche Fläche erreicht. Wie verhält es sich aber mit einer feinsinnig erweiterten Betrachtung dieses Phänomens? Betrachtet man das Phänomen genauer, so stellt man fest, dass sich die Sonne durch ihre elliptische Umkreisbewegung im Winter näher an der Erde be-

(12) Die Zusammenhänge über diese Wesen, Kreationen und Formen, die der Lehrer auf den drei Ebenen von Geist, Seele und Körper mit seiner pädagogischen Tätigkeit erschafft, wurden im Kapitel „Einige metaphysische Wirkungen auf den Ebenen von Körper, Seele und Geist" bereits beschrieben.

(13) Die Gedanken, die im Kindesalter vermittelt werden, schreiben sich beispielsweise in den in der Anthroposophie genannten „Ätherleib" hinein. Sie bleiben dort und führen wieder zu verschiedenen Anknüpfungs- und Anziehungspunkten im späteren Dasein.

findet, während sie im Sommer tatsächlich weiter entfernt ist. Physikalisch ist aber die Winkelstellung bedeutungsvoller als die Entfernungsänderung der Sonne von der Erde im Jahreslauf, sodass die Winkelstellung als hinreichende Erklärung für die Erscheinung der Jahreszeiten und auch für die damit verbundenen Empfindungen beim Menschen genommen wird. Es wird aber durch die Physik in der üblich gelehrten Auffassung hier ein Erklärungsmodell durch Schlussfolgerung gegeben, das noch nicht unbedingt zu lebendigen, zusammenhängenden Empfindungen führen kann. Der wirkliche Zusammenhang, wie die Jahreszeiten entstehen, und ganz besonders das Verhältnis der Erde zum Sonnenkörper, kommen noch nicht ausreichend zum Ausdruck. Im Sommer jedenfalls besitzt die Sonne eine außerordentlich große, hitzige Strahlkraft, während sie im Winter nur sehr mäßig die Erdensphäre erwärmen kann. (14)

(14) Tatsächlich sind für die mathematische Berechnung des Sonnenstandes im Sinne der Entfernung nur 1,39 % ausschlaggebend.

Es stellt nun ein gewisses Wagnis für den Lehrer dar, wenn er diese übliche Lehrmeinung der Winkelstellung, die die Sonne im Winter mit ihrem tieferen Stand einnimmt, weniger wichtig bewertet als die Tatsache, dass die Sonne entweder näher oder weniger nahe an der Erde ist. Ein Planet wirkt nach geistiger Sichtweise mit seiner Strahlungsintensität durchaus intensiver auf die Erdensphäre, wenn er in erhabener Stellung weit genug entfernt ist, während er weniger starke Kräfte hervorbringt, wenn er zu stark vom Erdenraum aufgenommen und nahezu akkumuliert wird. Im Winter ist die Sonne tatsächlich durch ihren näheren und tieferen Stand von den Erdenkräften übertönt, während im Sommer die Sonne durch ihren erhabenen, aber zugleich auch ferneren Stand weitaus mehr Kräfte hervorbringen kann und somit erst durch diesen Zusammenhang die wundersame Erscheinung zur Entfaltung gelangt, dass der Mensch die Jahreszeiten in ihrem Wechselspiel erlebt.

Die Sonne steht im Sommer in einer großen Entfernung zum Horizont und kann dadurch eine große Kraft hervorbringen.

Der Pädagoge, der in dieser erweiterten Form das Beziehungsverhältnis der Planeten betont, das durch die Entfernung und Erhabenheit auf der einen Seite und durch die Winkelstellung und Nähe auf der anderen Seite entsteht, kann sich selbst eine Empfindung aneignen, wohin er die Aufmerksamkeit lenken will. Bleibt er nur dabei, die Winkelstellung als rein physikalische Gesetzmäßigkeit zu verdeutlichen, gewinnt seine Aussage einen nahezu materialistischen Charakter, während er ein besseres Bild für eine wirkliche Planetenwirksamkeit erlebt, wenn er, ohne die Winkelstellung zu vernachlässigen, die Erhabenheit der Sonnenstellung betont, die auch durch ihre Erdenferne noch intensiver zur Entfaltung kommt. Die Sonne erscheint in dieser Darlegung nicht mehr nur physikalisch, sie gewinnt vielmehr den Ausdruck eines eigenen großen und bedeutungsvollen Wesens, das in Verbindung mit den Jahreszeiten steht und das auch in Verbindung mit dem Menschen tritt.

Der Lehrer sollte wissen, dass eine Aussage, die noch mehr in den Zusammenhang rückt, auf das Gefühlsleben seiner Zuhörer sehr günstig wirkt, während Aussagen, die nur auf einseitigen materiellen Definitionen oder sogar auf Teilwahrheiten oder Unwahrheiten beruhen, das Gefühlsleben nicht ausreichend formen können. Es ist deshalb ein sehr großer Unterschied, wie von allem Anfang an ein Gedanke zu einem Lehrinhalt in seiner Positionierung geprägt wird und wie dieser zur reifen Empfindung über die Sache ausgestaltet wird. Der Zuhörer empfindet, dass mit der erhabenen Position, die durchaus weiter entfernt ist, die Sonne zu einer größeren Strahlkraft fähig ist, als wenn diese zu nahe und versteckt in die Erdensphäre rückt. Wird der Zuhörer beispielsweise nur mit der rein materiellen Lehrmeinung betraut, ohne ein klares Bild und nur auf einer mathematischen Berechnung beruhend, die besagt, dass die Sonne lediglich durch die Winkelstellung, die sie im Winter einnimmt, weniger Leistung auf die Erdoberfläche bringt, so kann er auf dieser Grundlage noch nicht zu einem gesamten und geordneten Eindruck für seine Seele kommen. Er erlebt bei einer zu materiell gebundenen Lehrvermittlung in seiner Seele eine Art Unvollkommenheit oder gar Disharmonie und diese begleitet ihn eventuell viele Jahre. Es ist deshalb so wichtig, dass die Gedanken im weiteren Verlauf auch zu realen Empfindungen aufgebaut werden und dass sich der Lehrer selbst darin schult, eine möglichst große und klare Wahrheit der Sache mit einem geeigneten empfindungsvollen Bild wiederzugeben. Die Seele der Kinder wie auch die Seele von Erwachsenen spürt den wirklichen Zusammenhang der Aussage und kann sich auf dieser Grundlage fast automatisch eine natürliche Empfindungsgrundlage erschaffen.

Empfindsame Abendstimmung
mit beruhigendem Charakter.
Das Venuslicht beruhigt die Nerven.

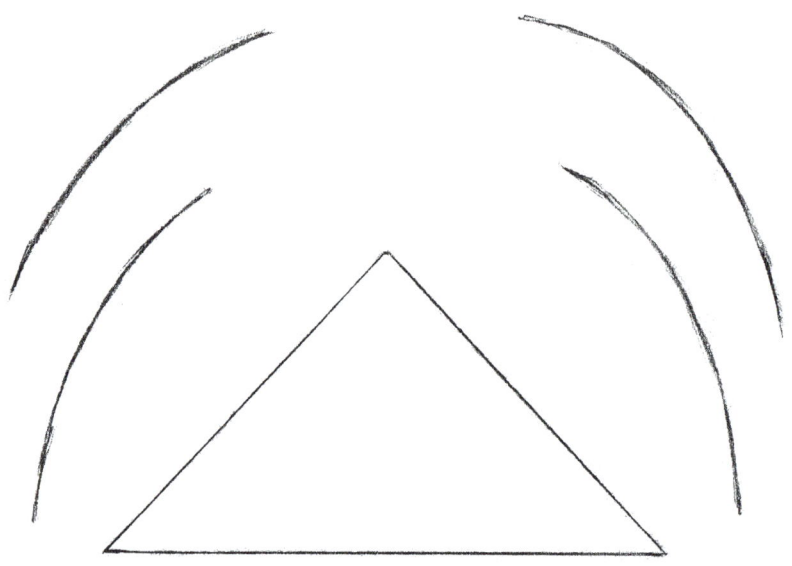

Das Urbild der Venus zeigt eine besondere
Verbreiterung der mittleren Partien. Die Stirn gestaltet
sich nahezu wie ein Dreieck, das seine breiteste Zone
nahe den Augen besitzt.

Physiognomie zur Venus

Das wesentliche Charakteristikum besteht in einer zentrifugalen Kraft, die sich nach außen öffnet. Betont ist die weite und sensible Schläfenpartie.

97

Das Marslicht entspricht dem Licht des Morgens und
des Vormittags. Es wirft ganz klare Schatten und erscheint
in sonnenbeschienenen, fast glitzernden Reflektionen.
Beim Bild wird das Licht-Schattenspiel deutlich, das
für den Mars charakteristisch ist.

Der Mars und die Entwicklung geeigneter Denkvorstellungen für eine gesunde Aktivität des Bewusstseins

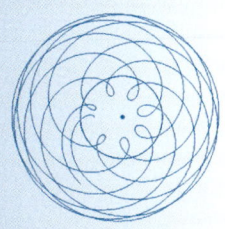

Empfindungen zum Mars

*M*it dem Mars betritt man nun einen neuen Bereich des Planetenraumes. Er ist der zur Erde nahestehendste der sogenannten äußeren Planeten, die außerhalb der Erdbahn ihren Umlauf vollziehen. Das neue Verhältnis des Außenraumes zeigt sich für den Beobachter auf der Erde daran, dass der Mars im Gegensatz zu Merkur und Venus der Sonne gegenübertreten kann, zur Sonne „in Opposition" stehen kann, wie es von den Astronomen bezeichnet wird. Der Planet erscheint dann am Osthorizont, wenn die Sonne im Westen untergeht, zieht seine Bahn während der gesamten Nacht sichtbar am Himmel, zur Mitternacht im Süden kulminierend, um schließlich am Westhorizont zu verschwinden, wenn die Sonne im Osten aufgeht. Seine Runde im Planetensystem vollendet er nach 687 Tagen und erreicht ungefähr alle 780 Tage die beschriebene Opposition zur Sonne. Die Bewegungen des auffällig rötlich-orangefarbenen Mars am Himmel wirken im Vergleich zu den noch ferner stehenden Planeten Jupiter und Saturn deutlich belebter, ja unruhiger. Innerhalb weniger Tage verändert der rötliche Lichtpunkt seine Position bezüglich der Fixsterne, seine Oppositionsschleife schwingt weiter aus, als die der beiden anderen Planeten. Nur etwas mehr als alle zwei Jahre tritt der Mars der Sonne gegenüber und auch die Helligkeit ist jedes Mal eine andere, da der Planet aufgrund seiner exzentrischen Bahn sehr unterschiedliche Entfernungen zur Erde annimmt.

1. Der meditative Gedanke

Die menschliche Kunst der Aktivität liegt in der Fähigkeit, die im Moment bestehenden und vorherrschenden Gefühle, Stimmungen und Meinungen und auch die allgemein existierenden Bedingungen transformieren zu können. Um diese Voraussetzung aber zu erfüllen, muss sich das Bewusstsein vom Körper unabhängig bewegen. Es ist das Bewusstsein ein feineres Glied der gesamten menschlichen Existenz und dieses ist fähig, den Körper wie auch die verschiedensten Bedingungen des Körpers in die gewünschten Richtungen zu steuern.

(1) Das entwickelte Ich des Menschen führt das Bewusstsein. Ein Bewusstsein kann sich nicht aus sich selbst heraus führen.

Der meditative Schritt besteht hauptsächlich darin, sich dieser Fähigkeit der Führung bewusst zu werden. Je mehr sich ein Mensch dieser Fähigkeit, wie das Ich alle Gefühle, Gedanken und Stimmungen lenken kann, bewusst wird, desto freier und frischer wird er in seinem gesamten persönlichen Dasein.

Es ist günstig, sich des Bewusstseins als das feinste menschliche Instrument, das es gibt, bewusst zu werden. Dieses feine Instrument ist wie die Harfe mit ihren Saiten, die auf die menschliche Hand warten, damit sie ihre Töne ausdehnend und schwingend in die Weite erklingen lassen können. So ist es eine geführte Hand, die über das Instrument Töne erzeugt, die wiederum in der Welt erklingen. Die Musik ist eine erbauende Kraft, die das Gemüt des Menschen erheben kann und die eine neue, belebtere Sphäre zu der bisherigen alten hinzuzufügen vermag. (1)

Das Bewusstsein ist aber nicht mit den menschlichen Sinnen zu verwechseln. Wenn die Sinne, wie es die Augen sind, in die Welt blicken, so können sie nur dasjenige wahrnehmen, was bereits geworden ist. Alle Gegenstände, die Erscheinungen und Wirklichkeiten der Welt sind bereits ein Ergebnis, das sich schon in das Zeitgeschehen der Vergangenheit eingeordnet hat. Wenn das Auge einen Baum sieht, so gehört dieser bereits der Vergangenheit an. Der unmittelbaren Gegenwart ist sich der Mensch innerhalb der Sinneswahrnehmungen noch nicht bewusst. Er sieht tatsächlich nur das Gewordene, aber dieses ist eben das Vergangene. Aus diesem Grunde erfährt das gegenwärtige Bewusstsein die Eindrücke der Sinneswelt, indem es auf das Gewordene blickt, aber dabei das Gegenwärtige und auch das Werdende noch nicht als Realität bemerkt. Der eigentliche schöpferische Vorgang, der sich aber im Bewusstsein durch Übung abzuspielen vermag, bleibt in der Regel von dem eigenen Wahrnehmen infolge des Einwirkens des Vergangenen unberücksichtigt. Die Harfe des Bewusstseins wird in der Regel noch nicht aktiv gespielt. Jene Kräfte, die sich von der Außensphäre in das Bewusstsein hineinspielen, besetzen dieses und erlauben somit dem ungeschulten Bewusstsein noch nicht, sich selbst in der Aktionskraft bewusst zu werden. Die Wahrnehmung ist deshalb bei gewöhnlichen Bedingungen nicht unmittelbar ein Prozess, in dem sich das Bewusstsein seiner eigenen Möglichkeiten und seiner eigenen Schöpferkraft bewusst ist. Immer ist es das Vergangene, das Bisherige oder das Gewordene, das sich in das Bewusstsein hineinspielt.

Die wahre Kunst der Bewusstseinsaktivität besteht in einer Bewegung, die in sich selbst schöpferisch ist, die jede gewordene Ebene der Wirklichkeit augenblicklich durch ihre eigene Kreativität und Neuschöpfung überwindet. Der Mensch besitzt die Harfe des Bewusstseins. Diese will auf gekonnte Weise ihre feinen Klänge in die Welt verströmen. Das Bewusstsein besitzt in sich das Begehren, eine nächsthöhere Entwicklungsdimension durch ihre eigene Bewegung herbeizuführen. So wie die Musik einen erbauenden Beitrag in der Welt kreieren möchte, so will jeder Mensch aus seinen innersten schöpferischen Dimensionen mit Hilfe des Bewusstseins einen erbauenden Beitrag leisten. (2)

Im Bewusstsein, das sich selbst seiner eigenen Möglichkeit gewahr wird, wird der Mensch freier und kann die bisherigen Situationen willentlich lenken und sie in eine gewünschte Richtung führen. Aber er bleibt solange unfrei, solange er sich beispielsweise dieser Möglichkeiten der Aktivität nicht bewusst ist und die Außenwelt mit all ihren Eindrücken, Assoziationen, Emotionen, Forderungen und besetzenden Vereinnahmungen passiv und vor allem unbewusst in sich hineinspielen lässt. Die Kunst der Aktivität liegt in der bewussten Führungskraft des Menschen selbst, der, wie das Bild zeigt, die Hand an die Saiten seiner inneren Harfe legt und die rechten Töne für die Außenwelt kreiert. (3)

2. Die Wesen des Mars

Die Wesen des Mars lieben nichts mehr als ihren eigenen Stoff, mit dem sie ihre Bewegung der immer neu schaffenden Wirklichkeit ausführen, und das ist das Licht selbst. Diese Wesen sind niemals statisch und auch niemals gebunden, sie bleiben immer frei von der Materie. In ihrer besten und schönsten Wirklichkeit sind sie ganz mit dem Menschen in Verbindung und werden zum Lichtträger und Lichtbringer. Der Mars ist der bewegteste Planet des Kosmos und bringt auch die Eigenschaften des begehrenden Bewegtseins und Aktivwerdens in die menschliche Natur. Dieser heftige Bewegungsdrang ersucht eine Überwindung von etwas Altem oder Gewordenem um der Neugründung und Erhöhung des Lebens willen. Will man diese Wesen charakterisieren, so ist es günstig, wenn man das sogenannte Alte oder Gewordene wie einen alten Raum darstellt. Er ist in sich gegründet und stellt eine für die Sinnessphäre gegebene Wirklichkeit dar. Geht ein Mensch mit seiner regsamen Aufmerksamkeit auf diesen Raum zu, tritt er in diesen hinein, so trägt er seine persönliche Sphäre ebenfalls zu dieser bestehenden Raumeswirklichkeit hinzu. Wenn er aber nun den Raum nach den Kriterien der möglichen Raumgestaltung betrachtet, entwickelt er einen Begehrensdrang und will auch auf natürliche Weise Verbesserungen in diesem Raume anbringen. Dieses Begehren, den Raum nach objektiven Kriterien zu sehen, wie er ist, und ihn schließlich nach bestmöglichen Ideen zu verbessern, führen die Wesen des Mars herbei.

Die aktiven Begehrensimpulse des Mars wirken aus der Umkreissphäre und treten dem Menschen entgegen. Sie bringen ein bisher

(2) Das Bewusstsein wird, wie bereits ausgedrückt, in der Anthroposophie als Astralleib benannt. Es trägt in sich einen großen Begehrensantrieb. Dieser wirkt positiv, wenn er zur Förderung der menschlichen Qualitäten und Werte in der Welt eingesetzt wird.

(3) Der Unterschied von einem sich besetzenden zu einem freien und möglichen, sich ausgestaltenden Bewusstsein kann wohl dann am besten empfunden werden, wenn der Mensch vollständig ruhig wird und wie von außen auf sich selbst zurückblicken lernt. Eine Übung in diesem Sinne existiert im Kapitel „Innere Ruhe und Entspannung" in dem Buch „Die Seelendimension des Yoga" (Seite 101).

noch nicht vorhandenes Licht zu dem Menschen. So wie ein Raum mit der Zeit düster wird, wenn die menschliche Sphäre ihn nicht belebt, so würde der Mensch düster werden und in alten Gefühlen und körperlichen Behäbigkeiten versinken, wenn die Wesen aus einem aktiven Begehren ihn nicht täglich aufsuchen und ihm einen noch nicht bekannten neuen Lichtanteil vermitteln würden. Auf diese Weise wird der menschliche Körper zu einem Stern, der ein Licht von außen empfängt und schließlich dieses Licht durch das ständig neu schaffende und von außen entgegenstrahlende Wirken der Marswesen wieder zurückgeben kann. Jene Marswesen wirken tatsächlich auch wie sternförmig ausstrahlend, hell und lassen den ganzen menschlichen Körper aufleuchten.

Man zeichnet einen Kreis, den man insgesamt dunkel hält, dann schlägt man um diesen Kreis einen weiteren, den man in 16 Segmente unterteilt. Von den einzelnen Punkten dieser Segmente markiert man nun die Spitze des Innenblattes und geht in schwungvollen Bewegungen immer wieder zu den gleichen Abständen im gleichen Rhythmus mit den von außen markierten Punkten, bis sich schließlich alle 16 Blütenblätter erschlossen haben. Bei der Zeichnung ist ein etwas intuitiver Schwung in der Bleistiftführung notwendig. Gleichzeitig muss sich dieser Schwung mit den äußeren Punkten des Kreises bemessen und die Blütenblätter an der Spitze markieren.

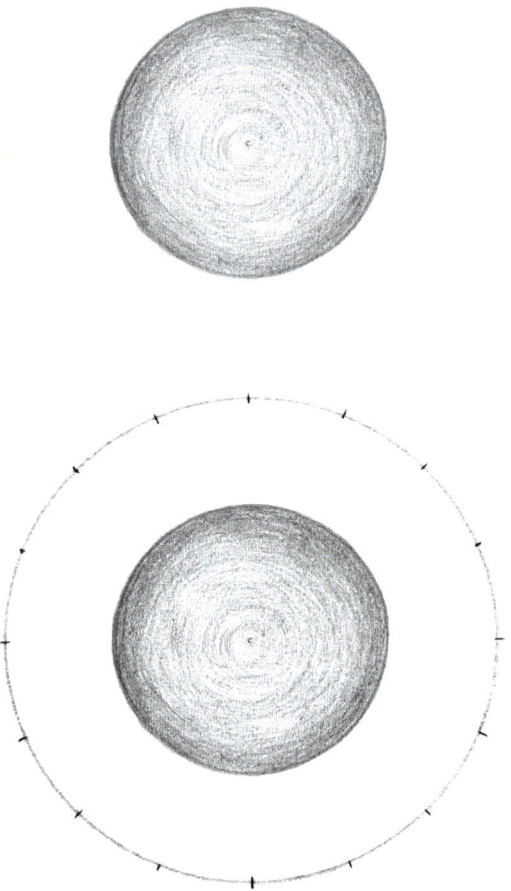

Mit dieser Zeichnung entwickelt sich ein Stern aus einem geometrischen geordneten Bild. Das Licht des Aktivseins führt über die Bewegung eine Art Durchlockerung oder Aufhellung im dunkleren Innenkreis herbei.

Eine Zeichnung in diesen kleinen Übungsschritten, wie sie dargestellt sind, nachzuvollziehen, erweckt innere Sinne im Seelenleib. Aus diesem Grund ist es günstig, wenn sich jemand der Mühe hingibt und eine Zeichnung schrittweise konstruiert.

Das Zeichen des Mars kann wie ein mehrzackiger Stern betrachtet werden. Seine Strahlen nach außen besitzen eine große ausstrahlende Bewegung. Die Strahlen selbst kommunizieren zwischen dem Innen- und dem Außenraum. Das Licht ist jenes Medium, das in der Weltenschöpfung besteht und feinste Wesen auf unsichtbare Weise beherbergt, die sich im schöpferischen Aufbau von den verschiedensten Prozessen, wie beispielsweise jenen von den Pflanzen, befinden.

Man könnte glauben, dass diese Wesen etwas sehr Unruhiges und Impulsives haben müssten. Wird sich der Mensch aber der Außensphäre bewusst und bringt er sein Bewusstsein wie auch seine Aktivitäten zur rechten Entfaltung, so leuchten die Wesen wie hellblau bis hin sogar zu einem schönen Königsblau bei ihm auf. Sie führen eine weite Umkreissphäre mit einem beruhigenden Glanz herbei. (4)

(4) Die rechte Aktivität des Bewusstseins führt nicht zur Unruhe, sondern zu einer Beruhigung und Stabilisierung der Nerven.

Die Schönheit ist ein Ergebnis einer Entwicklung, die gerade darin ihre Bedeutung einnimmt, dass sie nicht einen bisherigen gewordenen Zustand akzeptiert und ihn bei sich belässt, sondern diesen im unendlichen Spiel von Kräften neu beseligt und somit in eine neue Wirklichkeit überführt. Eine Pflanze ist schön, da sie keine bleibende Statik besitzt, sondern immer im Strom des Werdens und

Vergehens eingebunden bleibt. In jedem Augenblick arbeitet das Licht an der Pflanze und kreiert über die feine, unmerkliche Berührung der Oberfläche ihre Gestalt. Dieser Prozess löst oder begrenzt das Alte und erschafft in feinsten Differenzierungen eine neue Struktur. Feinste Sterne bilden sich immer wieder im aktiven Lichtbewusstseinsprozess. (5)

Ein Mensch ist schön, wenn er nicht an Abhängigkeiten festhält, sondern seine Schöpferkräfte in jedem Augenblick durch ein Unabhängigsein von alten Bewusstseinsfixierungen loslösen kann und in mutigen, kreativen Gedanken und Empfindungen wie das Licht selbst am Leben oder an der Materie arbeitet. Er wird sich seines eigenen Bewusstseins als Instrument der Aktivität bewusst. Dieses Gewahrwerden der Schöpferkräfte kostet Mut und eine Art Selbstübersteigung von Emotionen und Behäbigkeiten. Man kann auch sagen: Die Schönheit des Menschen ist deshalb schön, weil dieser in jedem Augenblick zurückweicht und im gleichen Moment durch seine eigene lichte Gedanken- und Empfindungstätigkeit neu aufersteht. Das Wesen der Schönheit besteht deshalb in der Kreativität des Lichtes, das unabhängig und schöpferisch ist und die Materie oder die sogenannte Wirklichkeit im Zeitengeschehen belässt und dennoch diese durch das menschliche Bewusstsein in eine immerwährende Verwandlung führt. So ist das Licht tätig am Leben und an der Materie und in sich selbst frei von der irdischen Welt. Es erschafft ein Sternenmeer der verschiedenen Strahlkräfte.

3. Der Mars und die Sprache

Der Mars besitzt eine kräftigende und schöne Ausdrucksart in der Sprachgestaltung. Er ist der Herr der Rhetorikkunst. Blumige Reden, sentimentale Gefühlsschwärmereien, Gejammere mit vielen Klagetönen und unlogische, unelegante oder im Niveau niedrig gehaltene Formulierungen verabscheut er. Seine Kraft will dem Worte Zielstrebigkeit, Fliehkraft, Schwung und definierende Klarheit geben. Diese definierende Kunst des Wortes sollte aber nicht mit einer dogmatischen Fixierung oder Einseitigkeit verwechselt werden. Sie ist vielmehr die Fähigkeit, die Sprache in eine Art differenzierte Genauigkeit und elegante Bewegtheit mit bildhaftem Charakter zu führen. (6)

Diese definierende Klarheit bei zugleich bestehender Rhythmik und Bewegtheit erreicht der Pädagoge wohl am besten, wenn er auf die vielseitige Verwendung von Verben achtet und diese in verschiedenen bildhaften und sich steigernden Formen benützen lernt. Der Pädagoge kann die Verben in Form eines Daktylus, einer Steigerung, verwenden. Er kann sagen: „Ein Mann rennt die Straße entlang." Indem er nun die Verben in einer genaueren und sich steigernden und sich vervielfältigenden Weise benützt, kann dieser Sachverhalt zu einem eleganten Bild mit einer dynamischen Dramatik entwickelt werden: „Wir sehen aus unserer neugierigen Blickposition, wie ein Mann die Straße entlangrennt, entlanghetzt, sich in der Zeit überschlägt, die Kurven schneidet und seine Schritte weit ausholt. Das Bild ist für uns ein deutlicher Eindruck eines Menschen, der nicht einen Dauerlauf absolviert, sondern der in Zeitnot scheinbar einen Termin versäumt." Durch diese vielen Verben und Adverbien wird ein relativ gewöhnlicher Vorgang zu einer bildhaften, lebendigen Szene, die sich durchaus besser in die Erinnerung des Zuhörers schreibt.

Eine gute Rhetorik kann sich auch darin ausdrücken, indem verschiedene Bilder wie auch Gegenbilder beschrieben werden, um die eigentliche Sache, um die es sich handelt, durch eine Differenzierung sorgfältig herauszustellen. Die Kunst des Definierens

(6) Der Mars will und kann definieren, aber das Definieren ist keine harte und fundamentalistische Festlegung, sondern sie zeigt sich sehr evident durch ihre Ausdifferenziertheit und klare Sorgfalt. Das Definieren kann in diesem Sinn Klarheit und Bewusstheit für die Vorstellungsbildung geben.

erfordert die Verwendung von verschiedenen Verben, Adverbien, Adjektiven und auch Substantiven. Die moralisierende oder bewertende Seite weicht ab jenem Moment immer weiter zurück, ab dem die Wirklichkeit in ihrer Differenziertheit durch die Sprache deutlich genug herausgestellt wird. (7)

4. Die Entwicklung der Gedanken zum pädagogischen Umgehen im Miteinander

In der Regel sind Beziehungsverhältnisse zu einer gewissen Gewohnheit geworden. So wie sich das Verhältnis zwischen Mann und Frau nach langen Jahren, sofern nicht größere Aufregungen die Szene zeichnen, zu einer fixen Wirklichkeit entfaltet hat und so wie bald eine schlechte Klasse für den Lehrer eine schlechte Klasse ist und eine gute Klasse eine gute, so nimmt schließlich das Leben seinen routinierten Verlauf. Bleibt aber eine Klasse, die man als beschwerlich und lernunfreudig bezeichnet, nicht auch im Bewusstsein des Lehrers mit dieser festen Auffassung wie fixiert und damit fast wie unverrückbar? Ebenso, nur nicht so auffällig, verhält es sich mit der sogenannten guten Klasse, die natürlich dem Lehrer willkommener erscheint und in die er aber mit einer vorgefassten Freude hineingeht. (8)

Ein gewisses Hindernis entsteht durch diese Art von Bewusstseinsfixierungen, die durch bisherige Erfahrungen ausgelöst sind. Solange der Pädagoge an der Erfahrung mit einer sogenannten guten oder schlechten Klasse, die er zu unterrichten hat, festhält, verhindert er zu einem gewissen Grade durch seine eigene fixierte Auffassung eine lebendige Neubelebung der Situation. Er kann nur sehr schwer aus dem Kreislauf, dem ihm die eigenen Sympathie- und Antipathieformen geben, heraustreten. Diese Gewohnheitsverhältnisse im Bewusstsein mit ihren sich auftürmenden, automatisch sich reflektierenden Schlussfolgerungen und Bewertungen sind nach einer metaphysischen Anschauung gesehen wie ein in sich selbst eingebundenes, lichtundurchlässiges Paket, das in seinem weiteren Versand der Willkür übergeben bleibt. Das geschulte Bewusstsein des Pädagogen kann oder sollte durch mutige und klare Auseinandersetzung diese fixierenden alten Strukturen und Behäbigkeiten durchbrechen und aus freieren und bewegteren Gedanken den Unterricht beginnen. Die einmal erlangte Erfahrung mit einer Klasse wird jede Unterrichtsstunde neu überwunden. Der Lehrer behält nicht eine statische Meinung bei, sondern bringt eine angemessene, zielorientierte und von seinen subjektiven Ge-

(7) Die Marskräfte wirken auf die Sprache und Rhetorikkunst. Der gute Rhetoriker sollte aber nicht dahingehend idealisiert werden, dass er die Fähigkeit besitzt, andere mit Worten zu besiegen, sie in Diskussionen zu übertönen, sondern vielmehr, indem er jene Fähigkeit einer wirklich objektiven und genauen Charakterisierung bewirken kann und die geeigneten Worte zu seinen Definitionen besitzt. Rhetorikkunst wird dann zur wahren und lichten Wortkunst, die eine bisherige mangelhafte Vorstellung durch ganz deutliche Charakterisierung und Benennung des Wesentlichen zur besseren und gehobenen Vorstellung erhebt.

(8) Allgemein bewegt sich das Bewusstsein immer innerhalb von erwartenden Bedürfnissen zu einer größeren Sympathie und versucht, den antipathischen Bedingungen zu entkommen. Eine spirituelle Disziplin will zunehmend die Fähigkeiten des Bewusstseins entwickeln, damit dieses freier wird und im Laufe von Jahren nicht mehr so sehr an Sympathien oder Antipathien fixiert bleiben muss.

wohnheiten, von seinen Sympathien und Antipathien unabhängige Gedankenbewegung in den Unterricht hinein.

Damit in der Vorbereitungsphase zum Unterricht dieses Kunststück der Aktivierung des Bewusstseins und in der Folge auch der Taten in einem größtmöglichen unabhängigen Ansatz gelingt, muss sich der Pädagoge einer Selbstanalyse wie auch guten Analyse der Möglichkeiten, die die Klasse oder seine anvertrauten Schüler mitbringen, widmen.

So wie das Licht an den Pflanzen arbeitet, so arbeiten auch die bewusst ausgewählten Worte des Pädagogen immer wieder in einer Unabhängigkeit von subjektiven Gefühlen und feststehenden Meinungen an den Schülern, und er entwickelt durch die Kunst des unabhängigen und subjektiv freien Wortes ein wirkliches neues und gehobenes Niveau in der gesamten Stunde. Für diese Kunst der Wortwahl ist deshalb ein Unabhängigsein von alten, vorgefassten Reproduktionen des subjektiven Gewohnheitspotentiales, des festgeschnürten Paketes an Meinungen und emotionalen Bewertungen wichtig. (9)

Gelingt diese Unabhängigkeit im rechten Moment des Dialoges mit den Schülern oder am besten sogar am Anfang des Unterrichtes, entwickelt sich eine erstaunliche Ruhe, die im weiteren Verlauf des Lehrens eine sehr schöne inhaltliche Gestaltung und Bearbeitung des Themas ermöglicht. So werden nicht alte Emotionen in den Unterricht hineinprojiziert, sondern gezielte und mutige Etappen zu einer befreienden und beruhigenden Neuorientierung entwickelt. Diese entwickeln sich auf eine sogenannte körperfreie Weise, das ist ein Fachausdruck, der durchaus der Spiritualität entspricht und der besagt, dass sie auf eine Art und Weise entstehen, wie wenn sie aus einem äußeren freien Raum zu dem bisherigen bestehenden Innenraum hinzugefügt werden würden. Nicht nur das Lehrmittel, sondern sogar vielmehr wie und mit welcher aktiven, von außen unabhängig heranführenden Bewusstheit und mit welchen wohlgewählten, zielorientierten Worten der Pädagoge die Unterrichtsinhalte belebt, ist für eine gute Qualität der gesamten Klassenführung von nennenswerter Bedeutung. (10)

Methodisch praktiziert der Pädagoge bei sich selbst eine Art Rückbesinnung, um nach außen hin zuerst eine freie Sicht und schließlich dann im Nachhinein eine gezielte Reaktionsweise zu kreieren. Er hält im Moment einer beispielsweisen Provokation, die ein Schüler tätigt, bewusst inne, beobachtet für einen Moment das Geschehen im Äußeren und registriert gleichzeitig auch seine Gefühle in sich. Gezielt hält er eine vorschnelle Reaktion von seiner Seite auf

(9) Bei dieser Schilderung wird ein Paradoxon beschrieben, das nicht unwesentlich ist. Bei Situationen, die den Lehrer nach außen provozieren möchten, entwickelt er als Pädagoge genau das Gegenteil und das ist die Selbstbesinnung und Selbstanalyse.

Umgekehrt ist es aber in anderen Situationen, in denen der Lehrer beispielsweise zu seiner eigenen Selbstfindung kommen möchte, wichtig, dass er wiederum als Pädagoge die rechte Analyse seiner eigenen Tätigkeiten und auch der Tätigkeiten seiner Kollegen und Schüler nach außen findet.

Um das Äußere zu führen, reagiert man deshalb mit einer Innenbetrachtung, und um das eigene Innere zu gestalten, entwickelt man eine Außenbetrachtung.

(10) Es kann sein, dass sich ein Schüler meldet und sagt, es gehe ihm zu schnell. Dieser Schüler ist dem Lehrer bekannt und dieser weiß, dass es ihm immer zu schnell geht. Nun könnte ihn der Lehrer als Antwort ebenfalls gewohnheitsmäßig zurückweisen oder tadeln. Die Kunst des rechten Aktivseins liegt aber nicht im gewohnheitsmäßigen Reagieren und vor allem nicht darin, mit Gewohnheiten auf Gewohnheiten zu antworten. Vielleicht wiederholt der Lehrer nur drei wesentliche Sätze und lässt den Schüler dadurch ganz bewusst nicht zu seiner ganzen Intervention durchkommen.

die Provokation des Schülers zurück. Indem er diese kurze Selbstbesinnung übt, gewinnt er bei sich eine erste Ruhe und kann schließlich mit freierer Maßnahme oder sogar mit einem ganz unabhängigen, gezielten Wort nach außen reagieren. Diese Selbstbesinnung führt zu einer sich weitenden Beobachtungskraft. Sie stellt nicht einen passiven Rückzug des Bewusstseins dar, sondern einen aktiven, ruhigen Loslöseschritt aus der aufsteigenden Emotion, sodass sich der Pädagoge nicht zu schnell in einer äußeren Situation oder in aufwallenden Ängsten verliert. Sein Bewusstsein ist in keinster Weise wie gelähmt, wie das manchmal auf Provokationen von Seiten der Schüler der Fall ist, und steht dadurch dem Geschehen nicht hilflos gegenüber. Es registriert sehr genau die Vorgänge und bemerkt gleichzeitig, wie sie eine Emotion bei ihm erwecken. Dennoch aber lässt sich der Pädagoge nicht in das treibende Spiel dieser von außen oder von innen hochsteigenden Emotionen verwickeln und überlegt zunächst einmal in kurzer, klarer Situationsanalyse, wie er souverän und unabhängig in die weitere Handlung gehen kann.

5. Das freie Sehen nach außen führt zu einer souveränen und freien Handlungsinitiative

Ein Pädagoge nimmt in der Regel seine Schüler von einem Außenstandpunkt wahr und es lässt sich diese Sicht wohl als eine objektive bezeichnen. Jedoch besitzt jede objektive Sicht ihre natürlichen Grenzen. Ist der Pädagoge beispielsweise nervös und fehlt es ihm an Geduld, so neigt er natürlich dazu, die Schüler nicht mehr in einer objektiven Klarheit zu sehen und weiterhin setzt er sich sogar der Gefahr aus, seine eigene Unruhe und seine Ressentiments auf die Schüler zu übertragen. Eine Situationsanalyse wie auch eine Innenanalyse sind in einer belastenden Situation immer sehr schwierig. Ein richtiges Innehalten und bewusstes Zurückhalten einer vorschnellen Reaktionsweise führt zu einem besseren Sehen und Erkennen der Außensituation. Wenn aber diese Außensituation gut wahrgenommen und erkannt wird, motiviert diese ganz automatisch eine sinnvolle und elegante Wortwahl wie auch Handlungsweise. Es besteht ein tiefer Zusammenhang zwischen dem richtigen Sehen einer Situation und dem nachfolgenden erwachenden Bedürfnis, die Situation in eine elegantere Auflösung oder in eine Verbesserung zu führen.

Viele Menschen beklagen sich, dass sie nicht recht wissen, wie sie mit schwierigen Situationen im Unterricht umgehen sollen. Die größte Schwierigkeit, die diesem mangelhaften Umgehen mit Situationen zugrunde liegt, befindet sich in der Bewusstseinsverfassung des Lehrers selbst. Der Lehrer vermag sich nämlich nicht ausreichend in eine erste freie Wahrnehmung und Erkenntnis zur Situation hineinzubegeben, und deshalb kann er im Moment einer Schwierigkeit sein Bewusstsein nicht ausreichend frei und unabhängig von sich selbst steuern. Das bewusste Innehalten mit einer nachfolgenden gezielten, kurzen Beobachtung der äußeren, tatsächlich bestehenden Umstände bringt in der Regel eine zunehmende Handlungskraft in die Geburt. Im Lichte des rechten Sehens oder, wenn man es auf andere Weise ausdrückt, im Lichte des objektiven, wirklichen Wahrnehmens, wie es bisher bezeichnet wurde, des körperfreien Wahrnehmens, liegt bereits der positive Keim von Begehrenskräften. (11) Ein rechtes Sehen führt deshalb unmittelbar zum Antrieb, die Situation auch auf rechte Weise zu meistern. Sehen und nachfolgende Handlung oder, anders ausgedrückt, ein wirklich objektives Wahrnehmen motiviert den Aktivitätsdrang zur Durchgestaltung und Meisterung der gegebenen Situation. Ein Pädagoge, der diese Disziplin des rechten Sehens und Wahrnehmens ausprägt, kann schließlich seinen Willen zur Unterrichtsgestaltung weitaus besser und sinnvoller ergreifen. (12)

6. Die konkrete Unterrichtsformung anhand von Beispielen

Der Unterricht bedarf wohl einer guten Dynamik und wenn der Lehrer diese entwickeln möchte und sich dabei an den Mars erinnert, an seine bewegte, lichtbringende und lichtorganisierende Funktion, die er von körperfreier Warte und nicht vom subjektiven Vermögen heraus vollbringt, so muss er gewissermaßen in diese freien Bewusstseinsbewegungen eintreten oder, besser gesagt, sich mit diesen auf das Inniglichste vertraut machen. An einem Beispiel kann ein Sachverhalt, wie er im Praktischen erdacht und vorbereitet werden kann, einmal eine erste Skizze erhalten:

Für die Entwicklung dieser lebendigen Unterrichtsdynamik, ganz besonders gegenüber Jugendlichen wie auch Erwachsenen, ist es außerordentlich wichtig, wenn sich der Lehrer eine fundamentale Unterscheidung von einer moralisierenden Urteilsbildung zu einer wirklich differenzierten Anschauungsentwicklung und charakterisierenden Urteilsbildung aneignet. Was ist ein moralisierendes Urteil im Gegensatz zu einer ausdifferenzierten Beschreibung, die eine Ansicht und eine gehobene Bewusstheit gegenüber einer Sache

(11) Der positive Anteil von Begehrenskräften liegt beispielsweise darin, dass ein Ideal gewünscht und gewollt wird.

(12) Der hier vorgestellte Schritt zur Selbst- und Situationsanalyse im Sinne eines kurzen Bewusstseinsinnehaltens sollte geübt werden und natürlich in der praktischen Anwendung niemals zu lange dauern. Der sich so Übende kann sich mit der Zeit freier von Sympathie- und Antipathiegefühlen oder von Reaktionen und Gegenreaktionen machen und mit geeigneten, eventuell humorvollen oder souveränen Worten reagieren.

oder Begebenheit ermöglicht? Um diese Frage zu beantworten und um diese beiden sich konträr gegenüberstehenden Pole kennenzulernen – denn mit moralisierenden Bewertungen findet sich tatsächlich ein eigener für sich stehender Pol, der im Gegensatz zur wirklichen beschreibenden Anschauungsbildung steht, und diese beiden Pole stehen sich wie Dunkelheit und Licht gegenüber – ist es vorteilhaft, sich mit den Begriffen auseinanderzusetzen und diese Begriffe so zu hinterfragen, dass sie in einem möglichst anschaulichen, bewegten und nicht zu sehr fixierten Kontext stehen.

(13) Der Pädagoge muss sich natürlich in sinnvollen Zielperspektiven üben. Kennt er die Ziele seines eigenen Unterrichts nicht, so wird es ihm natürlich auch schwer fallen, die Aktivitäten zu ergreifen und sie in eine angemessene Richtung zu führen.

Die moralisierende Haltung ist heute leider dem Menschen fast wie in das Blut gelegt und sie stellt eine Bewusstseinsverfassung dar, die sich niemals auf einer wirklichen Erkenntnis oder richtigen Wahrnehmung der Situation entwickelt. Moralisieren heißt grob gesagt, soviel wie Bewertungen zu geben, die aufgrund einer Zuordnung zu einem sogenannten guten oder bösen Tableau gehören, während sich eine wirklich differenzierte Anschauung weitgehend dieser kategorischen Einteilung von Gut und Böse entzieht und die Sachlage erhellt und herausstellt. Allgemein ist gerade das moralisierende Bewerten hier so sehr erwähnenswert, da es das Bewusstsein nicht zu einer freien Ausdehnung und weiteren Entwicklung kommen lässt, sondern dieses an den Leib und seine subjektive Wahrnehmung zurückbindet. Moralisierende Bewertungen entstehen immer aus einer Anhaftung des Bewusstseins an alte Strukturen. Sie stehen einer guten Selbstanalyse und einer wirklichen Situationsanalyse, wie sie beschrieben ist, in jeder Weise hinderlich entgegen. (13)

Gerade auf den Gebieten des Religionsunterrichtes gibt es sehr viele Formulierungen, die dem Menschen ein einseitiges moralisches Gewissen aufgrund von moralisierenden Aussagen einprägen. Die moralisierenden Urteile sind meist bei religiösen Fragen sowie im Umgang mit dem Glauben und mit Bekenntnissen besonders verführerisch tätig. Grundsätzlich aber handelt es sich mit dem Begriff „moralisierend" sicher nicht um eine Art religiöse Urteilsbildung, sondern um eine allgemeine, fast überall im Leben auffindbare Grundhaltung des menschlichen Bewusstseins, das seine eigenen Aussagen vorzeitig mit Bewertungen besetzt und dadurch in zu enge begriffliche Fixierungen bindet.

Es sagt beispielsweise der katholische Religionslehrer in seinem Unterricht, dass der Christus das Abendmahl für die ganze Menschheit als ein Zeichen der Liebe gegeben hat und nun die Kirche in seinem Auftrag dieses Ritual für alle Menschen zur Verfügung stellt. Wer deshalb, und die Betonung liegt auf dem Wort deshalb, an dem kirchlichen Sakrament der Eucharistiefeier teilnimmt, nimmt unmittelbar an dem Christus und seiner Liebe teil. Die Schlussfolgerung ist nahezu wie eine Konsequenz ausgesprochen oder auch unausgesprochen gegeben: Wer sich gegen dieses Ritual, das bereits eine lange Tradition von 2000 Jahren besitzt, stellt und wer gar aus der Glaubensgemeinschaft, das heißt aus der Kirche, austritt, der, so lehrt eventuell der katholische Priester mit direkten Worten oder auch nur mit verborgenen Assoziationen, verleugnet und verwirft die Liebe Christi. Es wird dem Menschen heute in diesem Sinne eine Art moralisches Gewissen eingeprägt, da diese Meinung nicht nur im Religionsunterricht, sondern auch vielfach im allgemeinen tätigen Leben still und doch autoritativ vertreten wird. (14) In der Folge führt diese bereits manifest gewordene Anschauung, die eine ganz typische moralisierende Bewertung, aber keine Anschauung ist, dazu, dass der Mensch sich entweder ganz von einer Glaubensgemeinschaft abwendet und allerlei Verneinungen gegen diese projiziert oder im passiven Glauben und treuen Gehorsam sich dieser hingibt. Die moralisierende Bewertung lebt wie eine große Manifestation in der christlichen katholischen Tradition. Es erfordert eine große Dynamik für einen Religionslehrer, sich von dieser frei zu machen und sich wieder zu einer wirklichen Anschauung der Möglichkeiten des Glaubens und der wahren theologischen Umstände hinzuwenden. Ein moralisierendes Urteil ist in sich, wie bereits gesagt, das feste Paket, das mit Schnüren umzogen ist und das der Willkür eines Versandes preisgegeben ist. Man will den Weg, den dieses Paket nun nimmt, nicht mehr hinterfragen und man will auch gar nicht mehr daran denken, ob dieses festgebundene Paket nicht gerade diejenigen Blockaden der Entwicklung gibt, die das Bewusstsein für undenkbare Zeiten an den physischen Leib fesseln. Jedenfalls tragen die Formulierungen, die wie fundamentalistisch oder einseitig nur eine Wahrheit festlegen, keinerlei anregende und befeuernde Dynamik in sich und sie dienen nur dazu, das Bewusstsein mit einseitigen Bewertungen, das heißt mit moralisierenden Formen zu besetzen. Selbst wenn sich jemand nicht sehr viel mit den Inhalten des Glaubens auseinandersetzt, sondern nur die Formulierungen, wie sie im Allgemeinen bestehen, entgegennimmt, kann er sich in der weiteren Auseinandersetzung lähmen und sich nur allzu leicht an einseitige Denkstrukturen binden, die gerne an den Klagetönen von Gut und Böse haften bleiben und den inneren Bezug zu den Möglichkeiten des Themas verschließen. (15)

Der Unterschied zwischen wirklicher Anschauung mit langsam wachsender Möglichkeit der Bewertung und dem schon sehr schnell getätigten und fix gewordenen moralisierenden Urteil ist tatsächlich wie ein Verhältnis zwischen Licht und Dunkelheit. Es ist günstig, wenn man sich dieser Formulierungen bewusst wird, wie sie eigentlich überall heimisch geworden sind, heimisch im Gesellschaftsleben, in den Wissenschaften und eben ganz besonders

111

in den Religionen, und auf dieser Grundlage seine inneren Denk- und Anschauungsvorstellungen prüft. Indem das Bewusstsein reger und lebendiger auf diese unterschiedlichen Dimensionen und Zusammenhänge, in denen die Aussagen stehen, aufmerksam wird, entflammen schließlich größere und lebendigere Wahrnehmungsprozesse für die wirkliche Situation. Bevor man eine Aussage tätigt, kann man sich durchaus für einen Moment im Innehalten üben, damit diese wirklich in einem anschaulichen und freien Licht für die anderen verfügbar wird.

Würde der Religionslehrer nun diesen Abendmahlritus auf ganz freilassende Weise beschreiben und würde er vor allem die Kirche nicht mit dem Wirken des Christus gleichsetzen, so würde er sich um eine erste Differenzierung und sorgfältigere Anschauungsbildung bemühen. Er könnte bereits lediglich durch diese eine Differenzierung den gedanklichen Horizont erweitern und jenen so schwer lastenden und immer mitschwingenden moralisierenden Gewissensbildungen, die allgemein im Sinne der Kirchenzugehörigkeit wirksam gemacht werden, entgegentreten. Auf eine Differenzierung kann eine nächstmögliche erfolgen und im Gesamten ein bereits anschauliches Bild erzeugen. Der Religionslehrer würde dann das Abendmahl in der Kirche beispielsweise als eine Form der Erinnerung vorstellen, die jene Dimension des Christuswirkens nur einmal im Sinne eines Rituals an das Bewusstsein des Menschen heranführen möchte. Vielleicht würde ein Theologe sich auch in das Wagnis geben können und das Ritual frei von Ansprüchen an Wahrheit und Wirksamkeit darlegen. Die Auseinandersetzung kann natürlich nicht für Kinder gegeben werden, sondern nur für Jugendliche oder Erwachsene. Sie fördert aber die Bewusstheit, wie Worte zu einer Anschauung und schließlich zu einer wirklichen Wahrnehmung der Sache einen Weg bahnen. Indem man ein differenziertes Denken von Gedanke zu Gedanke verbunden mit realen Beobachtungsvorgängen entwickelt, kann beispielsweise der Anspruch auf das sogenannte Gute, der ja gerade in der Kirche eine tatsächlich prekäre Rolle einnimmt, nicht mehr so leicht aufrecht erhalten werden und man müsste sich den Riten auf freilassendere und auch auf eine erkenntnismäßig richtigere Weise annähern. Die Bewertungen in moralisierender Mission oder mit ängstlichen Gewissensmanipulationen können sich im freien und ausdifferenzierten Denken nicht mehr so sehr verbreiten. (16)

Achtet jemand auf die Bezüge in seinem Denken und seinen begrifflichen Bewertungen, wie er beispielsweise die Gedanken im Sinne einer Autorität mit sogenannten guten oder mit bösen Bewertungen besetzt und wie er hingegen aber auch die Möglichkeit besitzt, diese von Assoziationen freier zu gestalten und sie geeignet

(16) Wenn man den Vergleich nimmt, wie wenig moralisierende Urteile einer konstruktiven Kritik zugänglich sind, erkennt man deutlich, wie gerade diese den Menschen vor einer gesunden Selbstanalyse wie auch vor einer gesunden Situationsanalyse fernhalten. Es fehlt die Fähigkeit, sich über die Worte, die jemand benützt, eine ausreichende freie Vorstellung zu bilden. Wer deshalb das Dogma der Kirche angreift und die Wirksamkeit des Sakramentes in Frage stellt, wird in der Regel mit Heftigstem konfrontiert.

zu machen, damit eine Anschauung entsteht, so löst er sich langsam von den Fixierungen eines moralisierenden Gewissens los. Das Innehalten, bevor eine Wortformulierung verwendet wird, ist durchaus sehr wertvoll, denn nach dieser Kunst der Aktivität kann das Bewusstsein freier in das Wort eingreifen. Der Pädagoge kann größte Möglichkeiten entwickeln, wenn er sich in der Dynamik eines differenzierten Denkens mit einer wirklichen Bewusstheit zu dem, was er ausspricht, übt.

Leider bestehen auf fast allen Lebensgebieten und ganz besonders natürlich auch im Erziehungswesen viel zu viele moralisierende und völlig undurchsichtige Regeln. Wenn es für ein Kind durchaus wichtig ist, diesem ohne Begründung zu sagen, dass man beispielsweise Nahrung nicht einfach in den Abfall werfen solle, denn es gehöre sich diese schlampige Geste nicht, so muss dennoch der Erwachsene als Erzieher bei sich ein lebendigeres Bild über die Zusammenhänge, wie sie wirklich sind, entwickeln. Gibt er nur aus seinem eigenen moralischen Gewissen dem Kind die Anweisung, überträgt er mit seinen Worten nicht ein wirkliches Licht, sondern seine eigene Dunkelheit.

Ein Kind mit zehn Jahren verfügt noch nicht über die Möglichkeiten des Denkens und es würde mit vielen Anweisungen und Erklärungen eine Überforderung erhalten. Der Lehrer übt sich in der Selbst- und Situationsanalyse und gibt deshalb aus seinem Verständnis jene klaren Anweisungen und klaren Bilder, die gut durchdrungen sind. Es ist aber dennoch ein großer Unterschied, ob der lehrende Erwachsene in sich freier in seiner Anschauungs- und Bewusstseinsentwicklung ist oder ob dieser selbst ein rein in den Kriterien von Gut und Böse funktionierendes Gewissen erworben hat und auf dieser Grundlage allzu leicht jene Bewertungen, die als moralisierend zu bezeichnen sind, nach außen unbewusst wiedergibt. Je mehr sich in jedem Falle ein Unterricht oder auch eine Kommunikation mit Erwachsenen in den Begriffen gegliedert und differenzierend äußert und der Lehrer darauf achtet, dass pauschalisierende oder rein aus den historischen Bedingungen kommende Wahrheitsansprüche vermieden werden, umso mehr wird er zur Gewissensentlastung und zu einer freier werdenden Interessensfindung bei Kindern, Jugendlichen und auch Erwachsenen beitragen. Es ist ganz besonders anzumerken, dass ein Religionsunterricht, der sich an Jugendliche richtet, in diesem Sinne sei ganz besonders das Beispiel mit dem Abendmahl genannt, eine wachsende freie Urteilsfähigkeit fördern möchte. Er sollte niemals mit unbewussten Manipulationen, missionarischen Versuchen, jemand auf diesen Weg zu bringen, arbeiten oder mit autoritativen Formen auf das Gewissen der jungen Menschen einwirken. Das moralisierende Element gibt eine Bindung

(17) Mit der Betrachtung des kirchlichen Ritus kann natürlich nicht der gesamte Sachverhalt, der diesem zugrunde liegt, erörtert werden. Lediglich der Unterschied, wie moralisierende Worte zu beschreibenden und ausdifferenzierenden Worten in Beziehung stehen, soll hier dargestellt werden. Ein Mensch, der noch das Licht in den Worten einigermaßen empfindet, spürt einen Schmerz, wenn ihm die pauschalisierte Wahrheit gesagt wird: „Warum ist der Christus wahr? Ja, weil er der Sohn Gottes ist und weil er auferstanden ist." Indem aber der Mensch heute diesen Schmerz, der in einer derartig pauschalisierten Aussage liegt, nicht mehr wahrnimmt, lagert sich ein Paket von blockierenden Wesenheiten im Inneren ab.

(18) In der Regel gibt ein Pädagoge seine Überzeugungen, die er im Leben gewonnen hat, an die Schüler weiter. Ist er überzeugter Anhänger einer bestimmten religiösen Gesinnung, so wird er wohl auch diese weitergeben. Hier aber soll dieses bindende Unbewusste durchbrochen werden. Es handelt sich nicht darum, die eigenen Erfahrungen weiterzugeben, sondern auf ganz natürliche und freie Weise Anschauungen und Kriterien zu entwickeln, die im weiteren Verlauf eine größere objektive Bewusstseinskraft ermöglichen. Gerade auf dem Gebiet des Glaubens wäre es wichtiger, eine objektive Bewusstseinskraft anstelle von subjektiver Überzeugtheit zu erlangen.

an das alte Erbe und dieses wird wie in Paketen nach innen in die Seele der jungen Menschen gegeben. Dort nimmt es eine nicht im Zusammenhang stehende Entwicklung an, die mit der Zeit bis zu Krankheiten des Zellgewebes führen kann. Der Theologe aber, der auf natürliche und gegliederte Weise Gedanken aufzeigt und sie in eine klare Beziehungsrichtung entwickelt, wird beispielsweise niemanden verurteilen, sondern freie Beziehungen herstellen und er wird sich ganz besonders davor hüten, jene Dogmen, die als autoritative Wahrheit gelten, in die Aussage unbewusst und unkenntlich hineinzubringen. So wird sich der Lehrer seiner gesprochenen Worte, wie sie in den Zusammenhang gebracht werden und mit welchem Inhalt sie aufgeladen sind, zunehmend durch eine Differenzierungsarbeit bewusst. (17)

Es ist aus diesem Grunde noch einmal erwähnenswert, dass sich der Pädagoge für seinen Unterricht eine sehr klare Vorstellung darüber bildet, wie eine Kraft, die durch eine moralisierende Bewertung entsteht, auf seine Kinder oder sogar auch auf die Erwachsenen wirkt. Er muss auch, wenn er bestimmte Worte ausspricht, gewissermaßen innehalten, die Worte aus der Subjektivität einmal entlassen, damit er eine objektive Bewusstseinsgrundlage für diese findet. Wie sehr geben beispielsweise in den Medien die Negativereignisse eine Sensationssteigerung für Interesse und wie mächtig wirkt die moralisierende Emotion, die nahezu immer in den Nachrichten liegt? Jedes moralisierende Werturteil erschafft jedenfalls durch seine mangelnde Differenziertheit und durch seine Unbewusstheit eine Unfreiheit, die durch ihre eigene abgeschlossene Wesensnatur im seelischen Leben sehr schwer zu überwinden ist. Das eingetroffene Paket bleibt ungeöffnet und gut verschnürt im Inneren. Es bräuchte beispielsweise nur der Vater zu seinem Sohn sagen, dass der Nachbar ein böser Mann sei, da er seine Frau verlassen hat. Und der Sohn wird sich in der folgenden Zeit seiner Entwicklung sehr schwer im Umgang mit diesem Nachbarn und eventuell auch im Umgang mit Trennungen tun, da er dieses Urteil wie ein unverdauliches Paket an dunkler Materie in sich trägt. (18)

Wer das moralisierende Urteil sehr genau anschaut, und es ist vorteilhaft, wenn es auf metaphysische Weise oder besser gesagt auf wirkliche geistige Erkenntnisweise studiert wird, der wird feststellen, dass dieses wie ein Wesen ist, das zwar als Paket im Menschen ankommt, aber das dennoch niemals ganz zur Ruhe gelangen will. Es will nicht ganz zur Erde werden, es will nicht ganz wie ein Stück Materie sein, wie ein Stein, der einfach am Wegrand ruht, sondern es ist wie ein Widerstand, eine in sich geschaffene, abschirmende und abgrenzende Macht, die sich gegen Eindringlinge von außen, das heißt gegen weitere Klärung im Sinne einer Objektivität

114

aufbäumt. Tatsächlich ist das moralisierende Urteil auch ein soge-nanntes unerlöstes Wesen, ein Gebilde, das der Mensch durch seine Unbewusstheit selbst erschaffen hat. Dieses Wesen besitzt die Ei-genart, dass es sowohl der Erde als auch dem Geiste des Menschen fremd gegenübersteht. Die Auseinandersetzung mit dem morali-sierenden Wesen führt schließlich zu befreienden Bewusstseins-verhältnissen und es kann jener notwendige Weg zu einer schöp-ferischen Wirklichkeit und zum Ergreifen einer gesunden Aktivität im Leben begonnen werden. (19)

(19) Der Vater könnte zum Sohn auch sagen: „Der Nach-bar ist aus dem Haus ausge-zogen. Sie scheinen sich viel-leicht nicht mehr so gut ver-standen zu haben." Indem die Bewertung vermieden wird, gräbt sie sich nicht so tief in das Innere hinein.

7. Die Selbstanalyse und die Situationsanalyse durch beschauliche Wahrnehmung

Wie gebärden sich die ver-schiedenen Schöpferkräfte an der Pflanzenentwicklung? Die feinen ausdifferenzierten Blü-ten in der Zeichnung zeigen zum Beispiel den Ausdruck der Mars-Wesen. Auch starke Differenzierungen, die an der Pflanzen- und Blütenbildung sichtbar sind, entstehen durch Lichteinflüsse, die dem Mars zugeordnet werden.

Je mehr eine Ausdifferenzie-rung der Einzelheiten hervor-kommt, desto leichter wird auch das strahlenförmige, ausströmende Prinzip des Lichtes sichtbar.

Der Religionslehrer, der die Unterrichtsstunde gestaltet, wird, wie bereits angeführt, in jedem Fall auf die Unterschiede hinweisen, die zwischen der Kirche als Institution und dem Christus als Myste-rium bestehen. Jugendliche haben in der Regel noch kein ausrei-chend klares Vorstellungsvermögen, mit dessen Hilfe sie die Un-terscheidung tätigen und somit den Christus in seiner Erscheinung oder seiner zumindest historischen Wirklichkeit von institutionell geprägten Leitlinien und Gedankenformen differenzieren könnten. Es ist deshalb in ganz praktischer Ausarbeitung des Unterrichts günstig, und hierzu zählt natürlich nicht nur der Religionsunter-richt, sondern auch jeder andere, wenn der Pädagoge sich über die Möglichkeiten, die das nach Begriffen geordnete und ausgestaltete,

(20) Kritik an diesen inneren Umständen kann oftmals heftigste Aggressionen erzeugen. Wird eine Mutter, die eine starke Bindung zu ihren Kindern aufgebaut hat, einer plötzlichen Kritik ausgesetzt, wird sie meistens mit größter Abwehr reagieren und sich gegen jegliche Objektivität verschließen.

differenzierende Denken geben kann, immer klarer wird. Dieses differenzierende Denken, das dem Mars entspricht, ist nicht zu verwechseln mit einem sogenannten „geschliffenen" Denken, das nämlich auch jeder, der geschickte Manipulationen im Sinne von Rhetorik und machtvoller, vielleicht sogar niederschmetternder Argumentation anbringen kann. Es ist mehr zu verstehen wie das Licht, das an einer Pflanze arbeitet. Alle, auch die kleinsten Partikel treten durch das aufflutende Licht in den Sinnesschein und sowohl die Formen wie auch die Farben wirken sensibel dem Auge entgegen. Kleine Sterne bilden sich im Lichtwirken. Wie schwer hingegen wird die Welt, wenn sich das Licht von dieser zurückzieht. Aber so lange das Licht auf die Pflanze scheint, so lange strahlt die Pflanze wieder zurück und das Auge empfängt ihre Form und Farbe. Nun kann das Bewusstsein des Betrachters sich selbst bewusst werden und bemerken, dass es in den Wahrnehmungsstrom mit Hilfe des Lichtes eingebunden ist. Der Betrachter kann sich eine Vorstellung zu der Pflanze bilden und dadurch auf die verschiedenen Feinheiten aufmerksam werden. Je nachdem, welche Begriffe und Vorstellungen er sich nun bildet, wird er auch im gleichen Maße sehend und wahrnehmend werden. (20)

Dieser Prozess, der von außen kommt und der in der inneren Bewusstseinsauseinandersetzung dem Inneren des Menschen begegnet, sollte unbedingt in das Bewusstsein rücken, denn von diesem ausgehend wird schließlich die mutige Aktion entflammen, sich mit dem Objekt, das der Betrachtung obliegt, mehr auseinanderzusetzen. Eine Bewertung ist noch gar nicht angebracht, denn zunächst will das Auge erst einmal die Wirklichkeit sehen und es will sich weiterhin das Bewusstsein einen Zusammenhang über das Gesehene aneignen. Es wird selbständig tätig und schließlich zu einem viel dynamischeren, bewegteren Wortinhalt finden. Der einzelne Mensch jedenfalls wird sich seiner Möglichkeiten bewusst und lernt auch, sein Bewusstsein selbständig zu lenken und es in Beziehung zu führen. Auf das rechte Sehen können sich schließlich Taten zum Ergreifen einer Idee beflügeln. Dieser Prozess kostet einige mutige Auseinandersetzung wie auch die Freiheit von schnellfertigen, übernommenen oder auferlegten Wertungen.

Natürlich kann ein Lehrer schon auch zu Bewertungen kommen, aber diese sollen eben nicht moralisierend und damit nicht verurteilend, ausschließend oder gar fundamentalistisch sein, sondern sie sollen im Zusammenhang und somit wieder in einer natürlichen Anschauung bleiben. Es ist vorteilhaft, wenn sich der Pädagoge bei seiner Vorbereitung immer wieder vergegenwärtigt, ob die Art und Weise, wie er seine Aussagen und Bilder zum Unterricht kreiert, eine wirklich nähere Anschauung eröffnet oder ob er diese in der

Beziehung und Objektivität wie auch Freiheit verschließt. Wenn ein Religionslehrer sagt, dass nach wissenschaftlichen Forschungen die christliche Religion die Wahre sei und alle anderen Religionen ihr unterlegen seien, so ist es schwer, dass sich jemand, der diese Meinung hört, darüber wirklich eine Anschauung bilden kann, worum es sich handelt. In Wirklichkeit hat dieser Religionslehrer selbst keine Anschauung darüber, was die christliche Religion ist oder zumindest sein könnte.

So kann man zusammenfassend sagen, dass die moralisierenden Bewertungen, die auf zu bequeme und leichtfertige Weise in den Unterricht hineinfließen, die wirkliche Selbstbeschauung und Situationsanalyse des Lehrers und des Schülers einschränken und eine Dunkelheit im Seelenleib verursachen, während die ausdifferenzierten Gedankengänge und die im Bewusstsein errungenen Anschauungen zu einer lichteren Bewegung beitragen, die das Eingreifen des schöpferischen und kreativen Potentials des individuellen Daseins in Wort und Tat fördern. (21)

(21) Eine praktische Übung für den Unterricht oder einen Vortrag erweist sich als sehr sinnvoll: Man nehme ein zum Thema passendes Bild, lässt dieses für fünf Minuten betrachten und nimmt es schließlich hinweg. Aus der Erinnerung soll nun das Publikum die einzelnen gesehenen Tatsachen wiedergeben. Mit dieser Übung wird auf ganz natürliche Weise das gewöhnliche objektive Sehen geschult.

Der Lehrer kann sich auch den Begriff der Schönheit vorstellen, der darin definiert wurde, dass sich das Bewusstsein nicht an bequemen Meinungen und pauschalen Bewertungen festhält, sondern sich immer wieder zu einer besseren Charakterisierung und deutlicheren bildhaften Darstellung orientiert. Um schön zu sein, muss der Lehrer auch einmal eine sogenannte Realitätsebene, die in der Emotion oder die in seinem subjektiven Innenleben besteht, überwinden und sich, etwa so wie das Licht von außen an Gegenstände heranleuchtet, darin bemühen, die Sache oder das Thema zu differenzieren und wieder auf neue Weise unabhängig zu denken und somit zu beleben. Er geht freier, wie von außen an die Sache heran.

Der Mars gibt dem Menschen die Fähigkeit, sich von dem Erdendasein und allem Festgewordenen rechtzeitig frei zu machen und auf der Grundlage des Bewusstseins eine nächstmögliche bessere Charakterisierung mit einem höheren und entwicklungsfreudigeren Bewusstsein herbeizuführen. Aufgrund des Bewusstwerdens erfolgen schließlich umsetzende Taten. Der Mensch lernt das Leben zu ergreifen. Ein Licht bewegt sich im Pädagogen durch diese regsamen und unabhängigkeitsfördernden Gedanken und dieses wird unweigerlich mit eleganten Worten und wachsenden Taten auf die Schüler und Mitmenschen hinüberstrahlen. (22)

(22) Das moralisierende Beurteilen wird aus diesem Grund hier in dieser ausführlichen Weise behandelt, weil es das gesunde Eingreifen von Bewusstseinskräften in jeder Weise verhindert. Wenn alle moralisierenden Urteile überwunden werden, kann sich das Bewusstsein automatisch freier vom Leibe bewegen.

Das schöne strahlige Prinzip durch die Marswesen entsteht beispielsweise auch dann, wenn es gelingt, die äußeren Belange des Lebens oder auch Emotionen, Körperreaktionen und Unruhemomente ganz in Ruhe zu lassen. Diese Kontemplation des geführten Bewusstseins ist vielmehr eine wirkliche Aktivität, da sie sich auf einer ganzen Wachheit gründet, als wenn jemand nur dem äußeren Geschäftsein und dem treibenden Strom der Sinne folgt.

Auch wenn Eisenpulver im Versuch verbrannt wird, ist dieser Prozess des Lichtfunkelns sichtbar.

Das blitzende, leuchtende Auge, das sich
förmlich aus den Lichtkräften des Kosmos konsolidiert,
prägt das Urbild der Marsphysiognomie.
Die Haut strahlt wie das unmittelbare Sternen-
glitzern nach außen.

Physiognomie zum Mars

Bei der mars-
geprägten Physi-
ognomie fallen die
wachen, funkelnden
Augen auf. Metaphy-
sisch sind kleine Licht-
fünkchen sprühend
am Gesicht be-
merkbar.

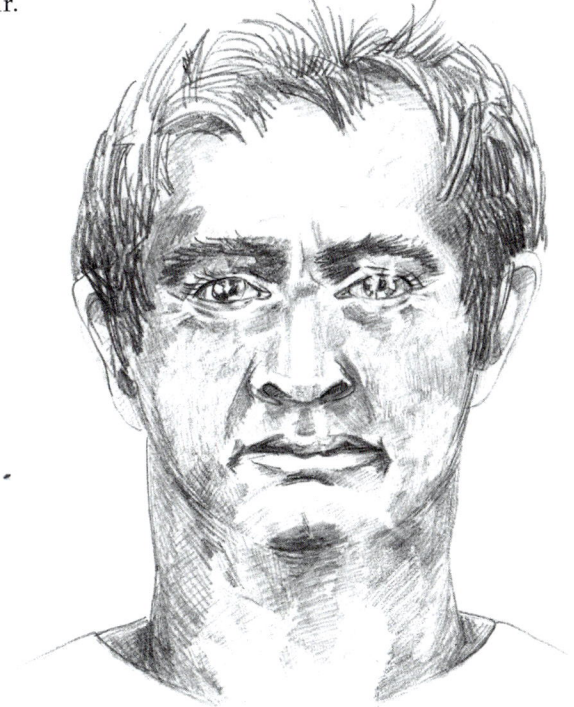

Das Wasserelement ist untrennbar mit der
merkurialen Bewegung in Verbindung. Es zerstäubt und
sammelt sich wieder, es steigt nach oben auf und fällt
wieder zurück auf die Erde. Ausgleiten und Sich-Sammeln
gehören zum Wesen des Wassers und repräsentieren
merkuriale Eigenschaften.

Der Merkur in der Pädagogik fördert die Geschicklichkeit, einen Gedanken zu integrieren

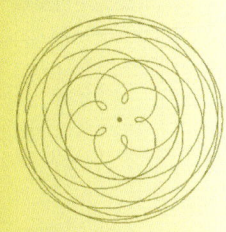

Empfindungen zum Merkur

*M*it dem Betreten der Merkursphäre hat man den erdnahen Bereich endgültig verlassen und betritt nun schon mehr einen sonnennahen Raum. Der Merkur erscheint als der auffälligste Stern überhaupt und zeigt nur noch für das mit einem Fernrohr ausgerüstete Auge dem Mond vergleichbare Phasen. Als sonnennaher Planet vollzieht er seinen Zyklus innerhalb der Erdbahn in 225 Tagen und erscheint am Himmel mit einer großen Beweglichkeit, die ihn aber nie zu weit von der Sonne wegführt. So erstrahlt er in einem Wechsel von 292 Tagen mit seinem erbauenden, Hoffnung spendenden Glanz einmal als Künder des kommenden Tages in der Morgendämmerung vor Sonnenaufgang und einmal als Begleiter des scheidenden Tages am Abend nach Sonnenuntergang.

1. Der meditative Gedanke

Bilder der Welt, die mit den Augen sichtbar sind, offenbaren sich durch ihre Formen und Farben. Sie sind jedem Menschen durch die Sinnesbeobachtung zugänglich. Die Bilder aber der geistigen Welt offenbaren sich nicht mehr durch die äußeren Sinne, sondern durch die innere Wahrnehmung der höheren, hinter der äußeren Sinneswirklichkeit liegenden Zusammenhänge und Gesetzmäßigkeiten. Diese Zusammenhänge und Bilder, die durch die Seele, aber nicht durch die Sinne erfahrbar sind, bezeichnet die Anthroposophie mit dem Begriff „Imagination". Eine sogenannte Imagination unterliegt nicht einer intellektuellen Schlussfolgerung, sondern repräsentiert eine bewusst erfahrbare Wahrheit, die tatsächlich in den tieferen Zusammenhängen des Lebens existent ist. Imaginationen oder Bilder der geistigen Wirklichkeit liegen allen Äußerlichkeiten und Erscheinungsformen des Lebens zugrunde. Jedes Fachgebiet wie Sprache, Mathematik, Chemie, Musik usw. trägt und beschreibt logische äußere Gesetzmäßigkeiten, die jedoch in ihrer Tiefe verborgene und innere Zusammenhänge beinhalten.

Der Lehrer unterrichtet im idealen Falle die irdischen Zusammenhänge und Gesetzmäßigkeiten auf logische und anschauliche

Weise, während er dennoch im Inneren seiner Seele die tieferen Bedeutungen und inneren Beziehungsverhältnisse für sich selbst erarbeitet und erkannt hat. Der Wunsch, Imaginationen, das heißt tiefere Wahrheiten ebenfalls in den Unterricht hineinfließen zu lassen, ist sicherlich jedem Lehrer eigen. Im Stillen der Tiefe seines Bewusstseins und seiner wirklichen authentischen Erfahrung, die er mit seiner Arbeit errungen hat, wirken im Unterricht diese Weisheiten auf die Kinder weiter. Dennoch aber soll eine Bemühung stattfinden, dass der Lehrer diese Wahrheiten auch auf praktischen Wegen in den Unterricht integriert. Für diese Tätigkeit ist es gut, wenn ein Pädagoge weiß, dass eine unermessliche Kraft in der Weltenschöpfung wartet, die jene Wege eröffnen möchte, wie eine errungene Wahrheit schließlich auch in die praktische Nutzbarkeit der Welt finden kann. Wenn manche Personen behaupten, dass die höheren Wahrheiten und tieferen Inhalte für die Welt nicht mehr lehrbar und nutzbar seien und sie diese somit als abgehoben in einen alten Jenseits-Standpunkt verdrängen, so verhindern sie die eigentliche wartende Kraft, die hinter jeder Weisheit nach Ausgestaltung drängt. Während dem Jupiter die Weisheit eigen ist, sucht der Merkur die rechte Integration dieser Weisheiten. Dieser großen Kraft nach realer Integration und Verwirklichung soll man sich bewusst werden. (1)

Der innere oder der geistige Anteil des Menschen tritt im Unterricht immer in Beziehung zu anderen und somit wirkt der geistige reichhaltige Schatz des Menschen auf die werdenden jungen Seelen ein. Dies geschieht zunächst im Stillen. Nun können aber die Wege beschritten werden, auf denen das Einwirken einer Weisheit auch auf praktische Weise geschieht. Eine sogenannte obere Welt oder geistige Welt tritt in Beziehung mit der irdischen Welt. Diese obere, geistige Welt oder diese sogenannte tiefere Wahrheit, die Imagination, will in der irdischen Welt im Lehren und Unterrichten zum Wachstum der jungen Seelen integriert werden. Je besser sich die Bewegungen der inneren Weisheit mit der notwendigen Unterrichtsform abstimmen, desto angenehmer und günstiger wird die sogenannte Integration des Wissens eintreten. Es kann auch anders ausgedrückt werden: Je wahrer und tiefer jemand seine Fachkunde als Pädagoge entwickelt hat und je mehr er diese auf flexible Weise in eine Kraftumsetzung ausgestalten und vermitteln kann, desto leichter fällt den Kindern das Lernen. Sie nehmen an den Weisheiten teil und beginnen, diese durch die flexible und dynamische Kraft des Lehrers in ihrem Inneren zu integrieren. Jene große Kraft, die einen Weg der Umsetzung und Praxis beinhaltet, ist faszinierend.

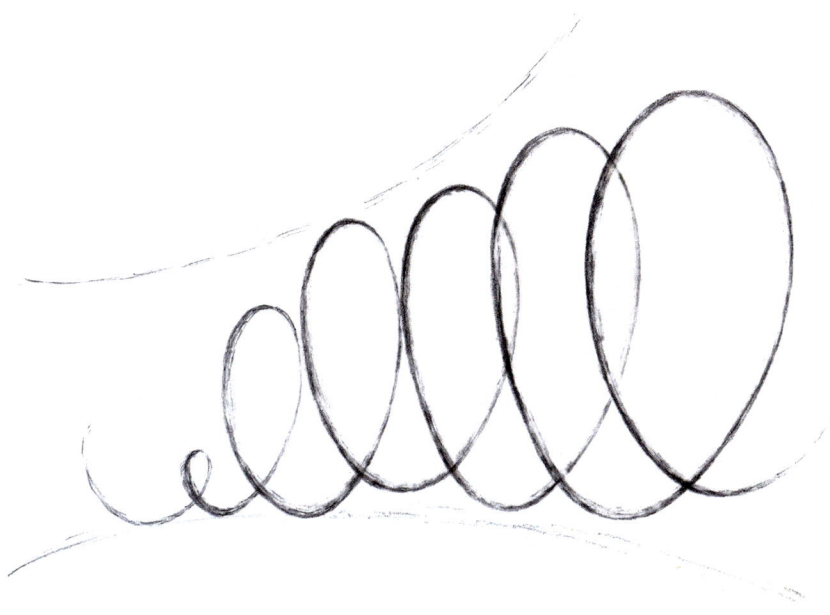

2. Die Wesen des Merkurs

Indem der Betrachter diese Spirale in Gedanken vom kleineren Anfang bis hin zum größeren Ausgang nachahmend verfolgt, bemerkt er sehr schnell, wie sich über die Schwünge ein steigernder Kraftfluss ausdehnt. Diese Mobilisierung der Kräfte durch Schleifen und durchaus auch durch rückwärts organisierte Bewegungen sollte man im Leben kennenlernen, denn sie gibt dem Gemüt eine erste Ahnung über das Fließen von den sogenannten Ätherkräften.

Wenn eine obere mit einer unteren Welt oder die Gesetze der Weisheit mit der irdischen Welt zusammentreten, so benötigt dies eine vermittelnde und organisierende Tätigkeit. Zunächst erscheinen die beiden Pole wie beispielsweise der Geist und die sichtbare Materie von einer gänzlich verschiedenen Art zu sein. Der Geist selbst ist frei, ungebunden, transzendent, nicht wirklich auf ein begrenzendes Maß festlegbar, während die Materie durch klare Formen und durch eine spezifische Substanzialität gekennzeichnet ist. Wie zwei große, weit distanzierte Pole liegen deshalb diese Welten voneinander entfernt. Die merkurialen Wesen kennzeichnen sich durch eine geschmeidige Bewegung, die nun zwischen den oberen oder transzendenten und den unteren oder manifesten Welten vermittelt. Durch die Existenz dieser realen Wesenheiten vermittelt der immerfort in kinetischer Gewandtheit mobile Merkur. Er führt das Unvereinbare in eine reale Beziehung des Zueinanders. Die merkurialen Wesen sind deshalb von fließenden, verbindenden Bewegungen getragen. Bei genauer Beobachtung setzen diese Wesen ein fast weißes, manchmal gelb anmutendes Licht frei. Sie wirken immer behelligend und farbenfroh wie ein offenbarendes Licht, das die obskuren Fetzen, die sich in einem Körper angesammelt haben, vertreibt. Ihre Bewegung ist auch wie eine Linie, die aber genau zentrierende Schleifen nach rückwärts zur Sammlung bildet.

Diese zeichnerische Darstellung des Merkur-Urbildes zeigt ein Formprinzip, das sich auch in der vom Merkur geprägten Physiognomie (siehe Seite 140/141) wiederfindet: Zwei aufsteigende Bewegungen treffen sich an einem Punkt, verbinden sich in einer Mitte. Hochaufsteigende Schläfenlinien, die nach oben hin die Stirn in runden Formen ausprägen, deuten auf den Merkur hin.

Die Wesen des Merkurs sind gewissermaßen auch witzig und sie erfreuen sich, wenn sie mit ihrer Gewandtheit dem Leben einen Vorteil zu Wachstum und Erfolg abringen können. Gewissermaßen sind sie sogar wie diebessicher ausgestattet, denn sie wollen der Schwere der Materie und der Behäbigkeit, der die Menschen ganz besonders im Erwachsenenalter unterliegen, etwas von ihrer Starrheit, Einseitigkeit und irdischen Verhaftung wegnehmen. So wie das Wasser, das beim Regen vom Himmel fällt, den Staub von den Pflanzen hinwegwäscht, so kann die bewegende Wesensnatur des Merkurs manche unnötige Last von dem Menschen hinwegnehmen und dieses Gut, das sie in ihren Bewegungen transportiert, an den Ort einer besseren Integration führen. Man kann den Merkur mit seinen Wesen am besten beschreiben, wenn man sich die zwei Pole wie den Kopf und denkenden Pol des Menschen und den rein physischen Menschen vorstellt. Immerfort wie mit Wellen, die geschmeidig sich gegenseitig ergänzen, in Gegenbewegungen sich sogar ausdrücken, verbindet der Merkur diese einzelnen Pole zueinander.

Die Bewegung schwingt in der Mitte der Blätter aus und kehrt über die Ränder der Blätter wieder zu den Stielen und schließlich auch zum Stängel zurück.

Jene Wesen sind witzig, schlau, gewandt und sie können unglaublich schnell sein. Die Intelligenz des Merkurs stellt wahrhaftig eine in sich lebendige Faszination dar, denn bevor der einzelne Schüler bemerkt, dass der Lehrer eventuell einen Schwachpunkt in seinem Wissen oder in seiner Vorbereitung aufweist, können gerade diese Wesen die nötige Zeit herbeiführen, die notwendig ist, damit manche thematische Schwäche im rechten Moment durch innere wachsende Klarheit überwunden werden kann. Die Unterrichtsrätsel, die es oftmals gibt und die jeder Lehrer kennt und die oft aus mangelnder Vorbereitung resultieren, lösen sich meistens dann auf, wenn man zum Einfacheren zurückkehren und die geschickte Pädagogik des rechten Verbundenseins einsetzen kann. Schüler bemerken fast immer, wenn ein Lehrer unsicher ist. Die Merkurwesen aber können ihn vor dieser Blöße schützen, denn wenn er entsprechend mit gezielten vereinfachenden Gesten in den Unterricht hineintreten kann, gewinnt er einen besseren Boden und die Schüler wie auch der Lehrer fühlen sich plötzlich dem Thema nahe. Die vermittelnde Tätigkeit des Merkurs sammelt sich zur Ruhe und Einfachheit und gleitet dann im rechten Moment in eine ideale Bewegung nach den geeigneten und besten Zielpunkten aus.

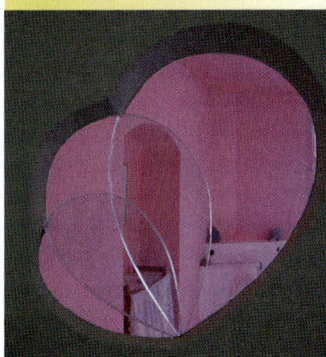

Die ausholende und wieder zurückschwingende Bewegung des Merkurs ist hier in einem Wandfenster dargestellt.

125

Der Merkur ist in seinem Wesen nicht einer, der stundenlang mit der sogenannten Auswendiglernerei beschäftigt wäre. Er kombiniert, eruiert, nützt die Kräfte, die gegeben sind, auf sinnvolle Weise. Schließlich weiß er, dass er durch seine eigene Wendigkeit mit Hilfe verschiedener Kräftewirkungen sicher zu seinem Zielpunkt kommen wird. Der Merkur ist durch seine Bewegung zielsicher tätig und kann die Weisheit mit wirklichen wahren Empfindungen in den Gemütern der Menschen integrieren.

Der Merkur, der vor allem im Blatthaften zur Entfaltung kommt, prägt weniger eine Plastizität, sondern mehr eine Art Fläche aus. Diese Fläche ist aber zwischen dem vertikalen und horizontalen Prinzip des Lebens organisiert. Ganz besonders am frühen Morgen, zu einem Zeitpunkt, in dem die Sonne noch nicht die Natur erleuchtet hat, sind die merkurialen Wesen in der Pflanzenwelt tätig. Rudolf Steiner bezeichnete die Wesen, die sehr nahe mit dem Merkur in Verbindung stehen, mit dem Wort „Undinen". Diese sind die sogenannten Elementargeister, die mehr das feuchte Element für ihre Wirkenssphäre aufsuchen.

3. Die Entwicklung des merkurialen Prinzipes im Unterricht

Es ist durchaus als eine anspruchsvolle Kunst verstehbar, wenn der Lehrer eine höhere Erkenntnis, die er in seinem Leben oder in seinen Vorbereitungen zu dem ihm obliegenden Fachgebiet errungen hat, bis zu einer praktischen Aussage in den Unterricht hineinbringen kann. Die Mitteilungsfähigkeit, die eine merkuriale Kapazität voraussetzt, erfordert in Wirklichkeit nicht eine emotionale, äußere Kraft und auch nicht unbedingt eine sehr abstrakte Redekunst. Die Geschicklichkeit, eine Weisheit zu unterrichten, ist mit der Fähigkeit gleichzusetzen, sich auf günstige und entwicklungsförderliche Weise mit anderen Menschen zu verbinden.

In praktischer Hinsicht kann diese Fähigkeit geschult werden, indem der Pädagoge darauf achtet, wie er seine Begriffe prägt und wie er diese in verschiedene flexible Zusammenhänge fügen kann. Die für den Unterricht gewählten Begriffe müssen in einen Zusammenhang mit der irdischen Welt treten und gleichzeitig sollen sie sich nicht von der tieferen Imagination, von dem Urgrund der geistigen Erfahrung zu weit entfernen. Das Ziel, eine Mitteilung mit einer imaginativen Bedeutung zu leisten, stellt deshalb eine außerordentlich große Anforderung an die Geschicklichkeit des Bewusstseins. Der Lehrer sollte sich beispielsweise bei der Vorbereitung für den Unterricht darüber klar werden, dass er nicht zu abstrakt, zu einseitig in seinen Wahrnehmungen und Gesetzen oder Idealen bleiben darf. Die Welt des Schülers ist ja in den meisten Fällen von einer ganz anderen Wahrnehmung und Empfindung geprägt und deshalb stellt sie fast immer einen eigenen Pol für sich dar. Eventuell sind die Schüler zu jung oder auch noch zu unbefangen, sodass sie den Worten, welche der Lehrer selbst für seine eigene persönliche Erfahrung wählen würde, nicht ausreichend folgen können. Aus diesem Grunde muss sich der Lehrer sehr klar darüber werden, wie er den Boden, das heißt den materiellen Bereich seiner Fachkunde, erreichen kann. Er soll seine innere Welt nicht aufgeben, und dennoch aber muss er sich den Bedingungen, die die Schüler stellen, ausreichend anpassen. Das sogenannte Obere muss durch die eigene Mitteilung und Bewegung wirklich zu einer Berührung und sogar Durchdringung mit der unteren Sphäre kommen oder anders ausgedrückt, dasjenige, was zunächst eine feinere Ebene der Erfahrung ist, sollte ohne größere Entfremdung wahrheitsgetreu und bewusst in die gewöhnliche Wirklichkeit des Menschen eintreten können. In diesem Sinne ist der Merkur der Bote, der eine himmlische Wirklichkeit bis hinein in die irdische Welt vermittelt. Sein Auftrag ist erst dann zufriedenstellend gelöst, wenn seine Botschaft ausreichend verständlich, seriös, wahrheitsgetreu und nachempfindbar bei den Schülern angekommen ist. (2) Im Allgemeinen ringt deshalb der Lehrer um die rechte Art der Mitteilungsfähigkeit, prägt seine Begriffe, vergleicht diese und sucht sich die geeigneten Beispiele, wie er jenen feineren Sachverhalt mit der irdischen Erfahrungsebene praktisch verknüpfen kann. Die Geschicklichkeit des Unterrichtes zeigt sich aber im Besonderen darin, dass er als Pädagoge nicht gegen die äußeren Widerstände des behäbigen Daseins seiner Schüler ankämpft, sondern seine Bewegungen in Form von Worten und Darstellungen im genauen Maße wählt, damit er schließlich zur Integration seiner Aussage kommt.

Der Pädagoge braucht deshalb, wie es ihm das Wesen des Merkurs abverlangt, eine gewisse positive Schlauheit, eine Intelligenz, Beweglichkeit, Gewandtheit und vor allem auch eine durchdringende, bewegte Zielstrebigkeit. So wie die Marskräfte eine sehr schöne Zielorientierung darlegen können, so muss nun im Vergleich zu diesem Planeten der Merkur Hindernisse beseitigen oder umgehen, sich geschickt um die Hindernisse winden. Er muss beweglich wie

(2) In der griechischen Mythologie ist der Merkur als der Götterbote dargestellt, der die Botschaften der Götter zu den Menschen brachte. Seine Aufgabe war es, dafür zu sorgen, dass diese Botschaften wahrheitsgetreu bei den Menschen ankamen.

Wasser in seinem Rinnsal werden, damit die Begriffe im richtigen Sinne nach außen strömen und das rechte Verstehen sich schließlich bei den Schülern sammelt. Der Lehrer darf deshalb im Unterricht nicht zu früh gegenüber Hindernissen aufgeben, sondern er muss seine Aussage so gut wie nur möglich vorbereiten und dann sogar noch im Unterricht um die rechte Mitteilung und Abstimmung der Begriffe ringen, damit er seine Aussage, die ihm wichtig erscheint, weisheitsvoll, elegant und integrierfähig zu seinen Schülern hinüberbringen kann.

Neben der sorgfältigen und sensiblen Ausrichtung der Begriffe, die der Lehrer für seine Unterrichtsvorbereitung entwickelt, sollte er auch jene Strategie nützen, die vielleicht auf den ersten Blick gesehen etwas ungewöhnlich anmutet, aber dennoch für alles Lernen und vor allem für ein integrierfähiges Lernen sehr förderlich ist: Der Pädagoge lernt seine Schüler für die Ausgestaltung und für die Perfektion seiner Aussagen geschickt mitzubenützen. Diese eigenartige Disziplin, Schüler zu benützen, damit die eigene Aussage besser zur Entfaltung kommen kann, entledigt sich aber des Selbstzwecks, denn sie trägt in sich die Absicht, die Aussage für alle anschaulich und integrierfähig zu machen. Die Schüler bemerken bei einer guten merkurialen Pädagogik in keinster Weise, wie der Lehrer sie im positiven Sinne mitbenützt und wie ihre Kräfte den Lehrer zu größeren Fähigkeiten bewegen können.

Sehr leicht lässt sich diese etwas gewagte Aussage über das Mitbenützen verstehen, wenn die Tatsache berücksichtigt wird, dass gute Fragen von Seiten der Schüler dem Pädagogen in der Unterrichtsführung behilflich sind. Gibt es keine Fragen von Seiten der Schüler, kann der Lehrer eventuell sein Thema nicht ausreichend entwickeln und die beiden Fronten zwischen der Weisheit des Lehrers und, wenn man es so bezeichnet, der Unmündigkeit des Schülers bleiben wie getrennte Säulen ohne Verbindung bestehen. Das Benützen aber kann der Pädagoge auf sehr vielseitige und geschickte Weise entwickeln.

Dieses rechte Mitbenützen der Schüler lässt sich methodisch wohl am besten erfassen, wenn die Art und Weise, wie die Begriffe gehandhabt werden, näher betrachtet wird. Grundsätzlich gebraucht der Mensch heute viele Worte und Formulierungen, die er automatisch und intuitiv für sich rezeptiert. Ein Bewusstsein über den verwendeten Begriff, wie dieser in Beziehung zum Leben und zu tieferen Inhalten steht, besitzt er aber in der Regel viel zu wenig. Gerade in der Leistungsgesellschaft der modernen Zeit werden Aufbaufolgen von Wörtern und Begriffen installiert, die in utopische intellektuelle Höhen reichen, aber die wirkliche Grundlage und somit Integrierfähigkeit des Begriffes nicht mehr gewähren. (3) Rein methodisch geht der Lehrer deshalb nicht von einem Begriff sofort zum nächsten über und erbaut mit diesen begrifflichen Folgen sein Konzept, sondern er bildet gewissermaßen eine Art rückwärtsorientierte, zum Fundament des Begriffes gerichtete Aussage. Nicht unmittelbar zielstrebig schreitet er von Punkt zu Punkt nach vorne, sondern er nimmt einen Inhalt, eine begriffliche Vorstellung und kehrt zu einer vereinfachten, mehr basisorientierten Empfindung, die im Begriffe leben kann, zurück.

Mit dieser Methode, die in der Folge an praktischen Beispielen verdeutlicht werden soll, erschafft der Pädagoge ein solideres und substanziell getragenes Wahrnehmungs- und Beziehungsfeld. Der Kopf des Schülers mit seinen intellektuellen Ausschweifungen wird förmlich besänftigt und im organischen Bauchraum kehrt eine solide Ruhe ein. Sobald der Schüler mehr ein Basisverständnis über einen Begriff erfährt, fühlt er sich im gesamten Kontext des Unterrichtes integriert und er beginnt auf natürliche Weise eine Ätherkraft, eine erbauende und lebensstärkende Substanz im Zufluss seiner werdenden Seele zu verspüren.

Der Lehrer, der diese Basis durch ein solides Grundgerüst der Begriffe herstellt und die innere Substanz der Organe seiner Schüler stärken lernt, erlebt bei sich selbst, wie ihm nun Kräfte aus dem Schülerkreis zuströmen können. Indem er langsam das Thema entfaltet, und die Betonung ist auf die langsame Entfaltung des Themas gerichtet, kann er zuletzt am Ende der Stunde die wesentlichsten Inhalte, die wirklich zu lernen und in der Prüfung auch wiederzugeben sind, leichter zusammenfassen. Indem der Lehrer nicht sofort die Zielstrebigkeit im Sinne eines leistungsorientierten Schemas in den Angriff nimmt, kann er eine solidere Bewegung der Lebenskräfte in der Klasse entfachen, die ihm schließlich im Laufe der Stunde für konkrete Aussagen und wesentliche Zusammenfassungen des Themas zu Hilfe kommt. Auf dieser Grundlage wird er das von oben kommende Thema, das beispielsweise auch eine geistige, tiefere Bedeutung besitzt, in die natürliche praktische Ordnung des Unterrichtes führen. Er wird Begriffe flexibel verwenden und sie im richtigen Sinne kennzeichnen. Der Unterricht gewinnt einerseits einen vereinfachten Formcharakter und andererseits bringt er dennoch die Themeninhalte, die ursprünglich eine imaginative oder höhere Idee besitzen, auf solide Weise in die rechte Integration. Wenn der Lehrer am Ende der Stunde eine Zusammenfassung tätigt, bemerkt er, wie die Schüler ihn mit seinen Formulierungen verstehen und wie diese weitaus aufnahmefähiger sind als zu Beginn der Ausführungen.

4. Ein praktisches Beispiel aus der deutschen Grammatik

Für den Schulunterricht erscheint es wie erwähnt sehr hilfreich, vorbereitend ein sehr klares gedankliches Ziel zu setzen und dieses mit praktischen Beispielen zu beleben. Der Lehrer achtet dabei auf die Schwierigkeit der begrifflichen Erfassbarkeit, die je nach Jahrgangsstufe unterschiedliche Formen der Erklärungen und Darlegungen erfordert. So nahe und praktisch, wie es der Begriff selbst von sich aus ermöglicht, sollte die Darstellung geschehen und am Ende der Stunde erfolgt schließlich eine zusammenfassende Konklusion. Die Bewegung besitzt gewissermaßen ausholende Gesten zum Begriff und immer wiederkehrende Rückwärtsschleifen, die in ihrer Summe aber konkret zu einem Zielpunkt vorstoßen. Will nun der Lehrer für den Unterricht die verschiedenen Fälle der deutschen Sprache erklären und will er zum Beispiel den Dativ und den Genitiv darlegen, so wird er wohl bei einem noch sehr jungen Publikum – es handelt sich um die 4. oder 5. Klasse – einige gut gewählte, verständliche Beispiele anführen müssen. Die Kinder können in diesem Alter Abstraktionen noch nicht ausreichend denken, sondern müssen Bilder und Vorstellungen erhalten, durch die sie ihrem Niveau gemäß die Verschiedenheiten in der grammatikalischen Betonung unterscheiden können. Dennoch ist es gut, wenn der Lehrer eine Vorbereitung bei sich selbst absolviert, die auch einen höheren Sinn in den Unterricht einbezieht, denn je mehr er die imaginative Bedeutung des Wesens der Fälle empfindet und erkennt, desto leichter kann er mit einiger Übung und Auseinandersetzung diese in eine integrierfähige Form des Unterrichtes transformieren.

So wird sich der Lehrer bewusst, dass das Wort „Fall" wohl für jeden und ganz besonders für die Kinder eine rein technische Abstraktion beschreibt. Welcher Bürger weiß heute noch, worum es sich bei den sogenannten vier Fällen der deutschen Sprache handelt? Was ist der grammatikalische Fall in der geistigen Welt? In dieser tatsächlich oberen Wirklichkeit, in der es keine Materie und auch keine Formen der Verhaftung, der Polaritäten gibt, sondern in der ein reiner Geistwille lebt, existiert eigentlich kein sogenannter Fall. Es gibt nicht den Fall, der wie in der Justiz unter einem Aktenzeichen registriert ist, es gibt in der geistigen Welt lediglich das freie Wirken des Gedankens, der in die verschiedensten weiten Richtungen ausgleiten möchte. Im irdischen Dasein jedoch gibt es die verschiedenen Fälle. So gibt es den juristischen Fall oder den Fall einer Eheproblematik und vieles mehr. Die grammatikalischen Fälle unterliegen einer Gesetzmäßigkeit, und sie beschreiben die verschiedenen Bezugsrichtungen, in die das Leben tendieren kann. Keiner dieser Fälle besitzt eine besondere moralische Bevorzugung, er beschreibt lediglich in seiner jeweiligen Grundform eine Art der Orientierung, die den Bezugsrichtungen zu einer Tätigkeit, umschrieben durch das Verbum, oder zu einer Sache, umschrieben durch das Subjekt oder Objekt, gegeben ist. Der Fall ist deshalb im Sinne des Irdischen wahrhaftig eine spezielle Situation, in der sich das bewegte Dasein mit der Welt versteht.

Die Kinder, die in der 5. Klasse sind, können natürlich diese gedankliche Vorstellung nicht erfassen, und der Lehrer darf sie nicht mit einer Imagination überfordern. Es stellt für jeden Erwachsenen bereits eine große Anforderung dar, die verschiedenen Dimensionen zu erfassen, in denen sich grammatikalische Fälle bewegen, und wohl kaum jemand kann die Tatsache unterscheiden, dass die geistige Welt frei von Fällen ist, während die irdische Welt die Fälle in ihrer Vielheit dringendst benötigt. Für einen guten pädagogischen Unterricht soll aber der Lehrer für die Kinder den Begriff „Fall" näher in die Gemütslage rücken und einmal fragen, was das Wort Fall bedeuten könne. Hierzu kann er das Beispiel nehmen, dass ein Baum gefällt wird und dieser nun in vier verschiedene Himmelsrichtungen stürzen kann. Es ist nicht einerlei, ob er nach Süden stürzt oder nach Norden. Beim Fällen des Baumes gelangt dieser auf die Erde und die Sicht, die er bislang versperrt hat, wird wieder freier. Dieses Bild der freien Sicht und des gefällten Baumes, der in eine der Himmelsrichtungen fällt, kann verdeutlichen, dass ein bestimmter Fall eingetreten ist. Würde der Baum aber in die verkehrte Richtung stürzen, beispielsweise in die Richtung eines Wohnhauses, so fällt er nicht wirklich zur Erde, sondern bleibt auf dem Dach liegen. Der Fall ist nicht sinngemäß eingetreten.

Kinder können dieses Bild erfassen, denn sie bekommen damit ein Gefühl, das sie bleibend in der Seele für alle weiteren Lebensstufen begleiten wird, und sie werden mit dem Begriff des Falles näher und integrierter die Sprache erleben. Der Pädagoge, der den Grundbegriff auf diese Weise näher an das Gemüt heranführen kann, geht nicht sofort in die leistungsorientierte Definition und absolviert nicht in technischer Genauigkeit die grammatikalischen Fälle. Diese zu schnell angesetzte leistungsorientierte, zielstrebige Absicht entbehrt ihrer Basis und deshalb überfordert sie die intellektuelle Kapazität der jungen Gemüter. Gewinnen aber die Schüler eine gewisse Empfindung, wie der Fall auch eine reale Dimension im Leben beinhaltet, wie am Beispiel des fallenden Baumes, der die Sicht frei gibt und zum Boden gleitet, so werden die Organe ruhiger und die nächste Stufe der Entwicklung des differenzierten Benützens der Fälle kann nun leichter erfolgen.

In der Folge kann sich beispielsweise der Lehrer aus der Haupt-imagination einen nächsten Schritt vergegenwärtigen, den er nun in den Unterricht hineinführt. Der Genitiv, der das Ursprüngliche gewissermaßen in freilassender Weise darlegt oder zum Ursprüng-lichen Bezug nimmt, ist vollkommen anders zu verstehen als der in seiner scheinbar nahen Verwandtschaft stehende Dativ, der kei-nesfalls das Ursprüngliche, sondern mehr das bereits in der irdi-schen Welt Eingebundene oder schon in Besitz-Gehaltene darlegen möchte. Wenn der Lehrer mit dem Fragewort „wessen" beginnt, so wird die Antwort „dessen" sein. Diese Worte beschreiben den ty-pischen Genitiv, den Ursprung einer Sache. Es ist, wie wenn der Baum in eine ganz freie Richtung fällt. Das Wesentliche ist tatsäch-lich bei dieser imaginativen Einschätzung, dass dieser Ursprung, von dem der Genitiv ausgeht, noch frei von Besitz und zugehöri-ger Definition ist. Der Genitiv stellt eine freie Umkreis- oder freie Ursprungssphäre dar. Der Dativ, der mit dem Fragewort „wem" beginnt, führt zu der Antwort mit dem Artikel „dem". Bereits in den Wörtern drückt sich ein Bewusstsein des Zugehörigseins oder, besser gesagt, sogar des Besitzverhältnisses aus. „Wem gehört das Haus? Es gehört dem Besitzer." Die Zugehörigkeit und gleichzei-tige Eingebundenheit innerhalb einer bestimmten persönlichen oder irdischen Sphäre geben in diesem Fall ihren deutlichen Aus-druck kund. Es ist, wie wenn sich der Baum bereits auf dem eige-nen Grundstück befindet und dort umgefallen ist.

Will man diese Fälle vom räumlichen Zusammenhang her erleben, so wird der Genitiv im freien Raume erlebt, während der Dativ im eingebundenen Raume erfasst werden kann. Das imaginative Erle-ben dieser Fälle kann deshalb für den Lehrer einen sehr guten und weit gliederbaren Horizont eröffnen. Nun muss sich aber der Lehrer mit der 4. und 5. Klasse und dem Niveau der Kinder weiterhin aus-einandersetzen und diese für ihn relativ schwierige Empfindung auf eine einfachere irdische Situation herabbringen und geeignete Beispiele suchen, die den Kindern die erste Hilfe zur Verwendbar-keit und Eingliederung der Worte ermöglicht. Die Kinder werden empfindungsmäßig langsam zur Verwendung der Wörter geführt. Wessen – dessen, wem – dem, wie können die Kinder in diesem Alter eine Erfahrung gewinnen, die sie empfindungsmäßig nahe durch-dringen können, und das Freiere, Ursprüngliche und das Zugehö-rige, Eingebundene erleben? Indem man das zugehörige und besitz-gerechte oder auch besitzorientierte Definieren einer Sache in die klare Analogie mit Personen oder durchaus auch mit einer räum-lichen Orientierung bringt, das heißt mit einer sehr nah erfassbaren und konkret auffassbaren Eingebundenheit, wird der junge Schüler wohl relativ leicht empfindungsmäßig verstehen, wann er den Dativ im Verhältnis zum Genitiv gebrauchen kann. (4)

(4) Viele Verben verlangen auch den Dativ, wie zum Bei-spiel geben, wünschen, schen-ken, schicken. „Ich gebe dir die Verantwortung." „Ich gebe dir diese Arbeit." Damit wird ausgedrückt, dass derjenige etwas bekommen hat, was er zu tun hat. Es drückt sich die irdische Verpflichtung aus, die eine Person hat.

Beim Genitiv muss das Kind wohl eine Empfindung entwickeln, die weniger mit Zugehörigkeit zu tun hat, sondern mit der Wesensnatur einer Sache. Diese Wesensnatur einer Sache ist immer freier. „Wessen Angelegenheit, Haus oder Gegenstand ist es? Es ist dessen Angelegenheit, Haus oder Gegenstand." Es ist eine Angelegenheit, die nichts mit der unmittelbaren Zugehörigkeit zu tun hat, sondern die das freie „Woher" beschreibt. Indem der Lehrer die Empfindungen auf eine Stufe herabtransformiert, die in der Erfassbarkeit des Kindes liegt, kann er schließlich einen sehr guten Unterricht leisten. „Wessen Blume ist es? Es ist die Blume, die aus der Natur hervorgegangen ist." Er wird nicht sagen: „Wem gehört die Blume?", sondern er wird fragen: „Wessen Blume ist es? Es ist die Blume, die aus der Natur hervorgegangen ist." Das Kind kann durchaus verspüren, dass ein größerer und freierer Umkreis der Blume zugrunde liegt, der aber nicht in eine persönliche und sogleich besitzergreifende Sphäre zu bringen ist. (5)

Am Ende der Stunde kann aber der Lehrer wieder zu dem ursprünglichen Begriff zurückkehren und noch einmal in einer zusammenfassenden Betrachtung die Geschichte mit dem gefällten Baum beschreiben und somit durch die Wiederholung eine Empfindung zu der Begrifflichkeit des Falles abrunden. Er ergänzt noch einmal das bisher Gesagte und bringt es wieder mehr rückwärtsorientiert auf den guten, fühlbaren Boden. Er integriert die Empfindung durch die Wiederholung und nochmalige Vereinfachung des Begriffes.

5. Weitere Beispiele, wie ein positiver Nutzwert für die eigene Aussage und Thematisierung durch andere entstehen kann

Innerhalb verschiedener Situationen der Erwachsenenbildung, beispielsweise bei Vorträgen, die jemand für ein Publikum hält, können die verschiedensten ungeeigneten und sogar provozierenden Fragen auftreten. Wird ein Referent mit diesen Provokationen konfrontiert, die in keinster Weise zu einer Sachebene beitragen, so ist er in der Regel genötigt, diese zurückzuweisen, denn er würde eventuell mit der Beantwortung von unsinnigen und unangebrachten Fragen seine eigene Themenbeziehung und seine Aussage gefährden. Die merkuriale Pädagogik sollte aber nicht mit dem Mars, dem geschickten Kämpfer, vertauscht werden und deshalb entwickelt man ganz besonders in der Erwachsenenpädagogik die positive Nutzung von ursprünglich negativen Einwänden.

(5) Interessant ist die Tatsache, dass man umgangssprachlich mehr den Dativ verwendet, wenn man unmittelbar den Besitz ausdrückt: „Ich fahre in das Haus von meinem Vater." Dagegen würde man den Genitiv verwenden, wenn man zu diesem fährt, aber der Vater bereits verstorben ist: „Ich fahre zu meines Vaters Haus." Ähnlich ist es auch, wenn man sagt: „Goethes Todestag".

Beispielsweise hält ein Referent einen Vortrag über ein bestimmtes Thema und bemerkt, wie im Publikum jemand störend und provozierend ständig mit anderen ein unabhängiges Thema bespricht. Zum Höhepunkt des unangemessenen Benehmens gibt der Störenfried schließlich während des Vortrages fremde Bücher weiter und lenkt die anderen Zuhörer von der Aufmerksamkeit ab, beeinflusst sie und gestaltet auf diese Weise den Vortrag zu seinem Nutzen und Interesse um. Ein Benehmen dieser Art kann jedem Referenten außerordentliche Schwierigkeiten bereiten. Indem sich nun der Referent nicht mit dem unangebrachten Verhalten und den störenden Benehmensformen anlegt, kann er eventuell sogar einen Nutzwert für sich zu seiner vorgenommenen Themenentwicklung gewinnen. Er fragt beispielsweise den störenden Teilnehmer, welche Bücher denn durch die Reihen gehen, interessiert sich für einen kurzen Moment für den Titel und lenkt aber dann auf ganz geschickte Weise die Aufmerksamkeit wieder zurück auf seine Inhalte: „Dieses Buch scheint interessant zu sein. So wie der Titel es aussagt, beschreibt es eine andere inhaltliche Richtung, aber im Interesse des Gesamten sollten wir nach Beendigung dieses hier vorgenommenen Vortrages gemeinsam darüber sprechen. Alle Interessierten können dann zu mir kommen und wir nehmen uns die Zeit, um Vergleiche und verschiedene Perspektiven zu betrachten. Ich bitte aber, dass wir jetzt im Thema weitermachen, denn wenn wir dieses mit allen Mühsalen und allem Schwitzen geschafft haben, wird uns vielleicht für das andere leichter um das Herz sein…"

Der merkuriale Ansatz vermittelt eine Bewegung zwischen Extremformen und er integriert Hindernisse, ohne sich mit diesen anzulegen. Ein weiteres Beispiel kann aus dem philosophischen Unterricht, der gegenüber Erwachsenen vertreten wird, hinzugefügt werden. Jemand referiert über die orientalische Philosophie und stellt ihre Vorteile und Nachteile für die westliche Kultur dar. Einer der Zuhörer bringt auf eine heftige, provokative Weise den Einwand vor, dass es doch in einer christlichen, abendländischen Kultur keine derartige Auseinandersetzung bräuchte, denn man hätte schließlich mit dem Christus eine sehr reichhaltige und gute Gabe erhalten, sodass man sich in keinster Weise mit solch langatmigen Auseinandersetzungen über den Orient, der „ohnehin noch nicht ganz christlich ist", beschäftigen müsse.

Derjenige, der nun diesen unsachlichen Einwand entgegennimmt, könnte sich allzu leicht provoziert fühlen, denn es handelt sich hier um Wertungen, die sowohl dem Redner als auch einer ganzen Kultur die Zuweisung des Minderseins geben. Von dieser abwertenden Polemik muss sich der merkurgeprägte Redner persönlich frei machen, und er wird dann auf diese Frage außerordentlich höflich reagieren, sie in seinen Dialog auf eine ganz spezifische Weise einbeziehen, sodass derjenige, der die Äußerung getätigt hat, für das eigene Referat geschickt mitbenützt wird. Der Referent antwortet deshalb nicht mit einer Zurückweisung der Frage und legt sich auch nicht mit Rechtfertigungen gegenüber diesem polemischen Einwand an. Er lässt sich auch des Weiteren nicht von dieser unsachlichen Meinungsäußerung in eine besondere Beweisführung, die die orientalische Philosophie wieder aufwerten könnte, drängen. Für ihn und seinen inneren Merkur kann auch die Polemik eine wunderbare Gelegenheit bieten, eine bessere und konkretere Gesamtaussage für den eigenen Vortrag zu formulieren. Er antwortet: „Sie sprechen hier ein ganz interessantes Thema an. Es ist außerordentlich interessant, wie Sie hier Ihre Meinung vertreten. Die orientalische Philosophie kann natürlich aus verschiedenen Blickrichtungen gesehen werden. Da Sie aber mit dieser Blickrichtung, wie Sie es geäußert haben, mit dem sehr typischen Verständnis eines christlichen Vertreters, der sich wohl als solcher bezeichnen möchte, herantreten, will ich gerade hier in diesem Vortrag aufzeigen, wie durch das Fremdländische, das für uns so schwer begreifbar ist oder vielleicht sogar als minderwertig angesehen wird, das eigene Glaubensgut und die eigenen philosophischen Schätze, die in Europa bestehen, besser verstanden werden können." Auf höflichste und freilassende Weise wird er die Einwände berücksichtigen und dabei nicht mit Gegenprojektionen arbeiten, sodass derjenige, der die Frage provozierend gestellt hat, nicht in einen Mittelpunkt treten kann, sondern dieser sogar aus dem Mittelpunkt enthoben wird und das bisherige vorgenommene Thema noch besser in die Mitte rückt.

Es ist sehr günstig, wenn ein Referent im Laufe seiner Ausführungen immer wieder integrierend auf einen solchen provozierenden Einwand höflich eingeht, die Meinung durchaus so stehen lässt, wie sie geäußert wurde, und ganz besonders für seine Ausführungen betont, dass man gerade mit dem Studium des Fremdländischen das christliche philosophische Leben mehr begreifen lernt. Er kann sogar so weit gehen, dass er als Referent von einer Erweiterung des eigenen Glaubensgutes spricht, indem man einen anderen Glaubensinhalt oder eine andere Philosophie studiert. Dem Polemiker wird er aber nicht bekunden, dass dieser mit seinem Einwand falsch liegt, sondern er wird ihn eventuell ein- bis zweimal mit Respekt erwähnen und für alle Beteiligten kurz und bündig anführen: „Wenn man ein fremdländisches Glaubensgut zu früh verwirft, und sei dieses sogar minderer Art, versäumt man tatsächlich manche Möglichkeiten im Leben. Aus diesem Grund ist diese Bemerkung, die Sie in den Vortrag hereingebracht haben, außerordentlich wertvoll gewesen, denn sie brachte eine bessere Klärung,

Richard Phillips Feynman, amerikanischer Nobelpreisträger für Physik. An den hohen Schläfenbögen der Stirn zeigt sich die merkuriale Signatur. Feynman war bekannt für seine pädagogische Fähigkeit, komplizierte Zusammenhänge Laien und Studenten verständlich darzulegen.

warum wir uns hier mit dem fremdländischen Glaubensgut ebenfalls mühsam und schwitzend auseinandersetzen ..." Der Polemiker wird auf diese Weise geschickt zur eigenen Aussage genützt. (6)

Als letztes Beispiel kann der Schüler, der in der Klasse häufig stört, ebenfalls mit der Frage betrachtet werden, ob nicht der Pädagoge auch mit diesem einen geschickten Nutzwert in seinen Unterricht einbringen kann. Durchaus ist eine gute merkurgeprägte Pädagogik fähig, einen Schüler, der dem Lehrer im wahrsten Sinne zu schaffen macht, für eine wesentliche Aussage zu benützen. Hierzu muss man sich als Pädagoge Klarheit verschaffen, warum ein Schüler stört. Ist er lernunwillig und langweilt er sich oder will er sich gegenüber dem Lehrer oder anderen Mitschülern beweisen? Überwiegt der erste Fall, so muss man den Schüler eventuell direkt ansprechen und ihm nahelegen: „Hans, dir ist wieder langweilig und du bist eben unterfordert. Hilf uns doch allen einmal, dass wir auch selbst noch besser durch die Stunde hindurchkommen und denke an uns, wie wir uns mit dem Thema plagen. Dann ist dir sicherlich nicht mehr so langweilig und du hast eine Anforderung, die größer ist als die von allen anderen." Am Ende der Stunde wird der Pädagoge diesen Schüler noch einmal fragen, ob er ausreichend die anderen durch sein Mitdenken unterstützt hat. Er wird zusammenfassend die Möglichkeiten des guten Förderns, das der stärkere Schüler leisten kann, betonen. Beim Überwiegen aber des zweiten Falles, dann wenn sich der Schüler im Wettkampf mit anderen oder mit dem Lehrer befindet, kann der Pädagoge eine klare Intervention mit einer deutlichen Wortformel hineinführen, die das moralische Gewissen des Schülers mit Moralität und ohne zu moralisieren ansprechen kann. Er blickt den Schüler an, spricht seinen Namen aus, schaut noch einmal mit klarem Blick auf ihn: „Hans, dieses Benehmen ist aber nicht schön und ich glaube, dass du dir auf diese Weise keinen Ruhm verschaffen wirst." Nachdem er diesen Satz ausgesprochen hat, lässt er den Schüler wieder in Ruhe und reagiert möglichst nicht mehr auf weitere Provokationen. Am Ende der Stunde aber kann der Lehrer noch einmal zusammenfassend auf das Thema zu sprechen kommen, wie ein Verhalten schön sein kann und wie im Gegensatz ein Verhalten tatsächlich lächerlich ist und die ganze Persönlichkeit unangenehm zeichnet. Die Wiederholung an der rechten Stelle und das bewusste Ansprechen einer wirklichen Wahrheit – und es ist wahr, dass störendes Benehmen eben nicht schön ist – können für eine Aussage im Unterricht einen außerordentlich großen Nutzwert herbeiführen. Schüler im zweiten und auch noch im dritten Lebensjahrsiebt können Aussagen dieser Art meist sehr positiv in sich aufnehmen. Der Merkur als vermittelnder Pädagoge vermittelt im rechten Moment eine bestehende und erkennbare Wahrheit.

(6) Das Wesen der Polemik bewirkt eine Verschattung des Seelenlebens, die für den Geistig-Schauenden in der Aura als graue Wolken sichtbar sind. Beleidigung bewirkt eine Verdunkelung, bis hin zu schwarzen Eintrübungen und Blockaden.

6. Das Wesen der Wiederholung und die Geschicklichkeit, vom Komplizierten zu einer Vereinfachung zurückzukehren

Ein Beispiel aus dem Turnunterricht kann einen sehr schönen Sachverhalt, der dann auf andere Unterrichtsgebiete übertragen werden kann, verdeutlichen. Ganz besonders, wenn Schüler in einem Unterrichtsgegenstand bereits fortgeschritten sind, bedürfen sie einer guten und geschickten Führung, damit sie nicht in utopische und komplizierte Höhen dirigiert werden, sondern sich immer wieder in die Vertiefung und Integration des erlernten Übungsinhaltes und Wissens geben können.

Will ein Sportlehrer seinen fortgeschrittenen Schülern beispielsweise die Standwaage, eine Übung aus dem Yoga, unterrichten und will er diese sorgfältig nach einer Imagination ausdrücken, so tut er gut daran, wenn er eine Bewegung, die dynamisch aus dem Beinbereich angesetzt ist, verdeutlichen kann. Die Bewegung aus dem Bein sollte ätherisch leicht, dynamisch und wie getragen aus sich selbst erscheinen. Der Oberkörper bleibt in der Waage frei, aber gut in einer grazilen, fortlaufenden Bewegung, die keine Formeinbüßung erhält. Die Schultern und der Nacken sind während der Ausführung frei. Indem nun der Lehrer diese Bewegung unterrichtet, darf er sich nicht sogleich zufrieden geben, wenn die Schüler aus intuitiver Anteilnahme am Unterricht diese Bewegung einigermaßen nachahmend imitieren. Er muss auf wiederholte Weise auf den Zusammenhang der Beindynamik mit dem freien Oberkörper hinweisen und schließlich einzelne Schüler durchaus einmal auffordern, die Bewegung in isolierter Weise für alle vorzuführen. Indem der Lehrer die Bewegung sehr genau bis in die feinere Empfindung seiner Schüler fördert, bemerkt er, wie er wirklich an seinem Unterrichtsziel ankommt und die Imagination in die Praxis umsetzt.

Beispielsweise sollte er die Übung nicht immer weiter perfektionieren, sondern sie auf eine einfachere Empfindungsgestik zurückführen. Wer die Übung der Waage kennt, weiß, dass sie relativ anspruchsvoll in der Gesamtform und der horizontalen Streckung gegründet ist. Lässt er für die folgende Ausführung die Arme noch nicht in die endgültige Perfektion nach vorne richten, sondern fordert er die Schüler auf, nur die halbe Stellung und somit lediglich die Beindynamik nach hinten zu mobilisieren und dies sogar mehrmals auf jede Seite, unterrichtet er durch Wiederholung mehr die Gesamtempfindung der Stellung. Er fördert den integrativen Zusammenhang. Er kehrt mit seiner Unterrichtsmethodik eine Stufe zurück, hält eine Art Kraft, die für die Empfindung zur Verfügung stehen kann, präsenter und kommt auf diese Weise durch die Wiederholung dem Ziel der Stellung näher. Erst nachdem mehrfach die Übung auf vereinfachte Weise praktiziert wurde, entwickelt der Lehrer diese Stellung in einer Form der Konklusion zum perfekteren Gesamtbild.

Das bewusste Zurückhalten einer Kraft und die gezielte Unterbrechung der normal ausgleitenden Dynamik, um ein Ziel zu erreichen, indem eine Vereinfachung oder, wie bisher angeführt, eine begriffliche Grundlegung und Vorstellungsbildung erfolgt, bewirkt ein feines Gefühl des Aufgenommenseins, des Integriertseins und auch ein Empfinden und ein besseres Verständnis. Geschickte Wiederholungen und aufmerksame Wendungen zur Vereinfachung hin, sowie die bewusst vorgenommene Zurückhaltung, damit am Anfang nicht sogleich das Ziel zu heftig ergriffen und definiert wird,

Standwaage
in Vorbereitung

138

können gerade jene Kräfte freisetzen, die sich im Ätherleib als notwendige Lebenskräfte gründen wollen und die im weiteren Verlauf des Unterrichtes schließlich eine günstige Grundlage geben, in der sich die Weisheit im Leben integriert und mit nahen, bleibenden Erinnerungen manifestiert.

Standwaage, die Endstellung

139

Der Merkurstab, der ein Symbol der Medizin ist, wurde ehemals aus dem Urbild des Merkurs im Menschen entwickelt.

Die Zweiheit des Merkurs spiegelt sich in der Stirnbildung urbildlich wider. Gleichzeitig sind im Menschen zwei große Ströme angelegt, die den Bauchraum mit den Hemisphären des Gehirns verbinden.

Physiognomie zum Merkur

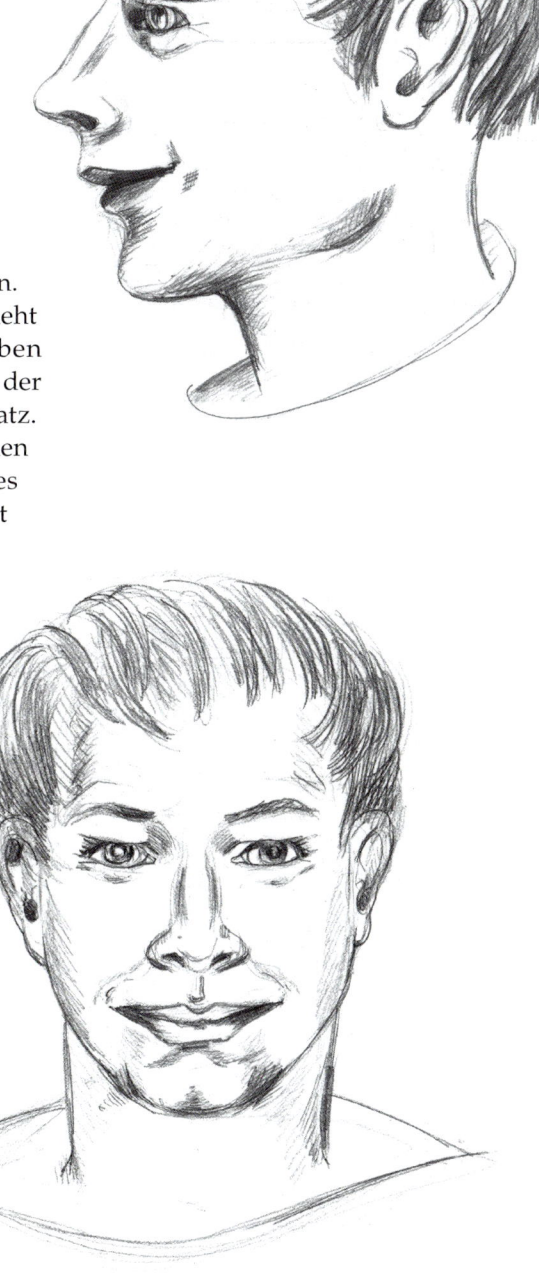

Der Merkur ist gezeichnet von der Zweiheit. Man sieht sie beispielsweise am oberen Ende der Stirn. Von den Schläfen zieht es rundend nach oben und begegnet sich in der Mitte beim Haaransatz. Die oberen Stirnpartien sind ausgeprägt, dies deutet hin auf ein gut angelegtes, praktisches Denken. (vgl. Rudolf-Steiner-Portrait, S. 220)

In diesem Foto wird sichtbar, wie durch das Licht
das Plastische des Tales und die leichten Wölbungen des
Bodens in ihren Formen hervorgehoben werden.

Der Jupiter und die Erhabenheit des Gedankens

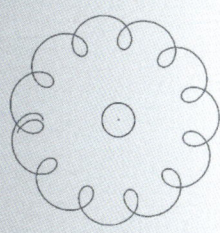

Empfindungen zum Jupiter

*D*er Jupiter ist astrophysikalisch der mit Abstand größte und mas- senreichste Planet. Seine vier großen Begleiter, die sogenannten Galilei- schen Monde, fallen schon im Fernglas oder kleinem Fernrohr als Licht- punkte ins Auge, deren Mitte das Rund des großen Planeten bildet. Der Planet selbst leuchtet am nächtlichen Himmel mit einem klaren, erhabe- nen, ruhigen Licht. In regelmäßiger, jährlicher Wiederkehr, genauer in Zyk- len von 399 Tagen, tritt er in Opposition zur Sonne und ist dann die ganze Nacht über sichtbar. Mit einem Umlauf von 11,9 Jahren ist der Jupiter viel langsamer und viel weiter entfernt von der Erde als der Planet Mars. So er- scheint auch seine Oppositionsschleife von der Erde aus viel kleiner als die des Mars. Richtet man seine Aufmerksamkeit über längere Zeit, zum Bei- spiel über einen Zeitraum von mehreren Jahren auf den Nachthimmel, so wird einem das ruhige, weißgelbe Licht des Jupiters und sein regelmäßi- ges, jährliches Wiedererscheinen einem Weltengesetz gleichen, das einen leisen Eindruck von Zuverlässigkeit und Vertrautheit vermittelt.

Mit der zwölften Schleife vollendet der Jupiter seinen knapp zwölfjährigen Umlaufzyklus.

1. Der meditative Gedanke

Ein Gedanke ist wie eine eigene Lichtquelle, die frei aus sich selbst zu leuchten vermag. Existiert der Gedanke, so wird er leuchten, existiert er aber nicht, so kann er auch kein Licht nach außen sen- den. Der Gedanke entzündet gleichzeitig ein Ideal, denn er veran- schaulicht eine höhere Wirklichkeit, die in der Weltenschöpfung zur Entfaltung kommen möchte. Ein Gedanke gehört der Welt des Seins an und diese ist uneigennützig, ungebunden, immateriell und dennoch auf reale Weise existent. So ist ein Gedanke vorhan- den, nur ist er niemals auf materielle Weise vorhanden, er lebt und strahlt auf seine ihm gemäße geistige Weise. Indem der Gedanke durch sein Existentsein auf der Ebene des Geistes vorhanden ist, wirkt er wie eine sensible Realität und Kraftquelle durch sich selbst. Der Gedanke wirkt dann am intensivsten und souveränsten, wenn er ohne menschliche emotionale Beeinflussung und Manipulation frei gedacht wird.

Das Licht des Jupiters ist klar, hellweißlich und erhaben.

143

2. Die Wesen des Jupiters

Den Gedanken als eigene Existenzeinheit zu sehen, erfordert ein wirkliches sensibles Realitätsbewusstsein für eine Ebene, die geistig ist. Die Erkenntnis jener freien Seinsebene ist nicht eine Fähigheit, die dem jungen Menschen sogleich angeboren ist, sondern die sich im Laufe eines reifer werdenden Lebens entwickelt. Das sensible Realitätsempfinden des Gedankens bedeutet hier in diesem Kontext nicht nur ein einfaches Wahrnehmen des Körpers oder eines blassen Gefühles, es bedeutet vielmehr, sich selbst im Sinne des vergänglichen oder körperlichen wie auch des emotionalen und intellektuellen Daseins wie zurückgewichen wahrzunehmen und sich dennoch einer wachen Ebene bewusst zu bleiben, die durch diese Lichtquelle wie eine große und doch ungreifbare und feinste Wirklichkeit über dem Haupte zum realen Schimmern kommen möchte. Es lässt sich auch dieses Gefühl des sensiblen Realitätsempfindens des Gedankens wie eine Ich-Kraft beschreiben, die eine sehr subtile Ordnung zwischen der irdischen Wahrnehmung und der geistigen Wirklichkeit offenkundig in ein Bewusstsein kommen lässt.

Übung zur Wesenszeichnung:

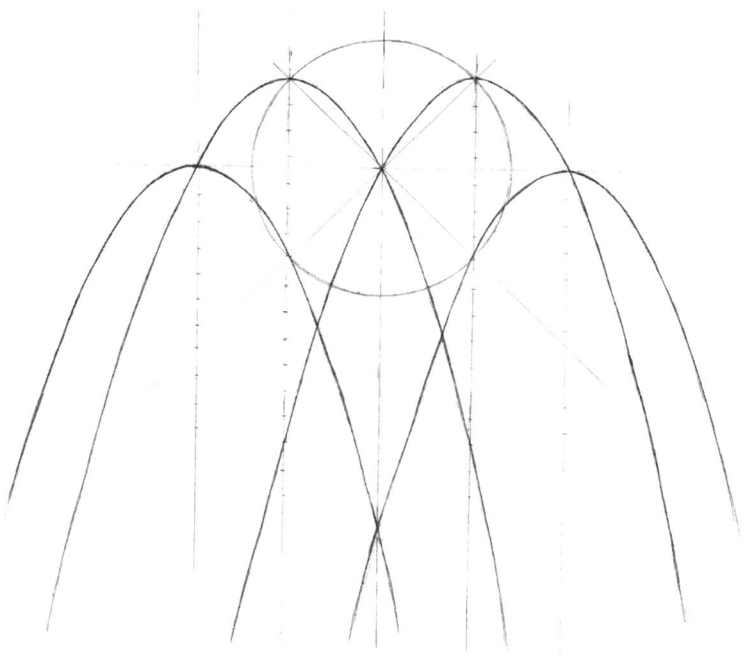

Man beginne mit einem Kreis. Aus diesem leite man vier nach unten geöffnete Parabeln gleicher Form ab, die in metrischem Verhältnis zugeordnet werden: Die beiden oberen Parabeln kreuzen mit ihren absteigenden Innenlinien den Kreismittelpunkt und mit ihrem Scheitel genau die oberen Eckpunkte eines Viertelsegmentes des Kreises. Die beiden unteren Parabeln kreuzen mit ihren inneren Linien die unteren Ecken eines Viertelsegmentes, und ihr Scheitel liegt genau auf der Höhe des Kreismittelpunktes an den äußeren Linien der oberen Parabelbögen.

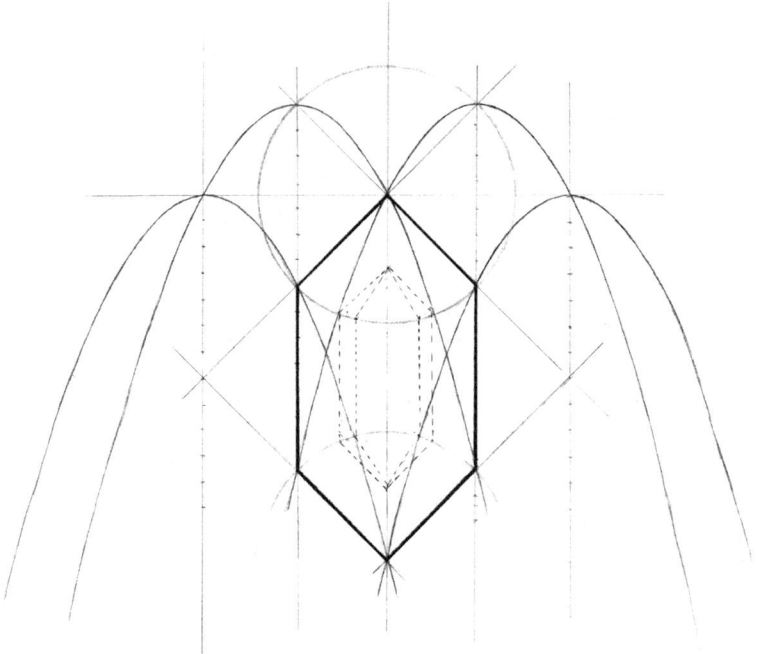

Nun kann man innerhalb der verschiedenen Schnittpunkte dieser geometrischen Bogenformation sehr leicht ein Sechseck konstruieren. Aus den Bogenformen gestaltet sich ein Sechseck.

Mit Hilfe der Linien und Schnittpunkte innerhalb dieses Sechseckes lässt sich um seinen Mittelpunkt nun weiterhin ein kleineres, noch zentrierteres Sechseck bilden.

Stellt man sich diese bisher zweidimensionale, flächige Figur räumlich vor, indem man nicht nur von einer Höhe und einer Breite ausgeht, sondern sie um die Dimension der Tiefe ausdehnt, so werden die Bogenformen plastisch und das flache Sechseck wird zu einem räumlichen Kristallkörper.

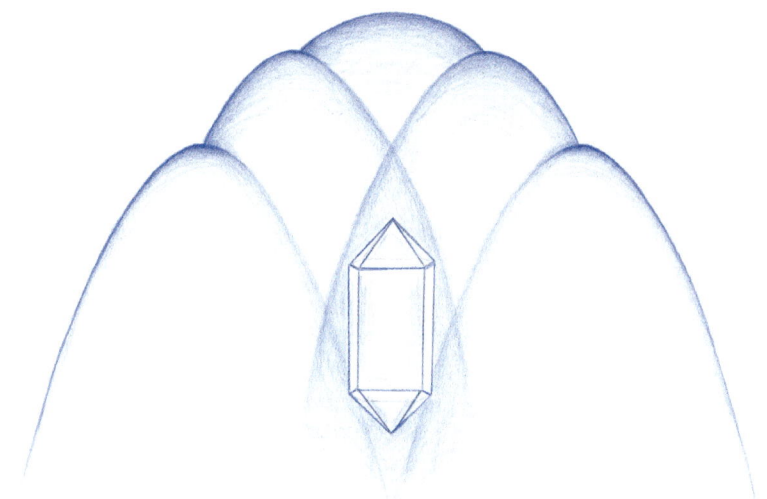

Die Jupiterwesen erscheinen wie feinste, erhabene metaphysische Geschöpfe, die im Wirken einer unmittelbaren übergeordneten Kraft tätig sind, die eine Art kosmische, sensible und lichte Klarheit geben und den Menschen aus seinem Gefesseltsein innerhalb der Körperwelt erheben. Sie sind auch wie eine Art wirkende Feuerkraft, die jedoch nicht unmittelbar aus dem ureigenen Stoff des Feuers ihre Kraft verströmt, sondern die wie ein ätherisches Feuer ist. Die Jupiterwesen wirken aus dem weiten Umkreis und berühren wie die Flügel einer großen Himmelsdimension, die absteigend von oben nach unten eine erfüllende Raumsphäre erschaffen, den Menschen.

Diese Wesen gründen auf ganz reale Weise das Realitätsempfinden für das geistige und gedankliche Existentsein und somit sind sie die reale Kraft für das Ich im Menschen. Sie bedienen sich im Sinne ihrer fortgeleiteten Feuerkraft der ätherischen Formkräfte. Ihr erhabener Charakter erfüllt mit feinster Klarheit das menschliche Innere. Es ist ein Ätherstoff, der das Gerüst des Selbst, des Ich im Menschen gründet.

Auch lassen sich diese Wesen sehr gut vorstellen, wenn sie im Sinne eines weit überspannenden Bogens gedacht werden, der auf langsame Weise auf den Menschen herniedergeht. Die Steigerung des

146

sensiblen Realitätsempfindens gegenüber dem Gedanken geschieht nämlich ganz praktisch dadurch, dass das menschliche Bewusstsein in seiner Entwicklung ein Gefühl des seelischen und geistigen Wachstums aus einer weiten und übergeordneten Sphäre verspürt. Die Entwicklung, die aus jener tatsächlich geistigen, realen Ebene entspringt, fördert die Ideale, die Gesundheit und auch die menschliche Stabilität im Leben. Jene Kraft aus den höheren Welten fließt mit Gedanken im feinsten transparenten Äther in das menschliche Innere hinein. Der Mensch spürt beim Erwachen der Jupiterwesen, wie er aus dem Gedanken jene geistigen stärkenden Einflüsse empfängt und daran in seinem inneren seelischen Vermögen zu wachsen beginnt. Ein großer Bogen der Freiheit umspannt sein Haupt und wie Flügel der Transparenz strömen die Wesen im Sinne des Gedankens in sein Inneres hinein. Diese Wesen aber bleiben immer transparent und sie äußern sich auch dann, wenn sie die menschliche Sphäre ausreichend berühren, in jener Formgestalt der Kristalle. Tatsächlich bildet der reale Gedanke, wenn er aus seinem freien und weiten geistigen Raum zum Menschen hinabsteigt, eine Kristallgestalt und diese ist eine Aufbauhülle, in der sich Licht und Materie harmonisch begegnen. Der Kristall in der irdischen Welt ist ein Sinnbild für diese noch rein gebliebene Materie. In dieser Sphäre des Jupiters, die am Menschen wirkt, erschaffen sich die Kristallgestalten und erbauen den Fortschritt und das reale Ich-Bewusstsein des Menschen.

Die Jupiterwesen bewirken gewölbte und tendenziell konvexe Formen an den Pflanzen. Beim Löwenzahn fällt die Tendenz zur Wölbung sogar direkt an der Blütenform auf. Auch an Baumkronen lässt sich ein ähnliches Formprinzip bemerken.

3. Die Formgestalt der Sprache und der Jupiter

Die Sprache formt den Menschen wie auch in gleicher Weise der Mensch die Sprache formt. Vielleicht mag es ungewöhnlich erscheinen, auf die Formgestalt der Sprache in besonderer Betonung hinzuweisen. Von der gewöhnlichen materiellen Konfiguration der Sprache ausgehend wird man sagen, dass eine gute Form in der Sprache besteht, wenn sie grammatikalisch und orthographisch richtig ist. Neben dieser Richtigkeit der Sprache kann die schöpferische Plastik der Sprache mehr dem sinngemäßen menschlichen Aufbau dienen, und es können die Inhalte, die Gedanken und ihre konstruktive Einbindung gerade jene Entwicklung fördern, die den Menschen zu einem wirklichen kulturellen und moralischen Gewinn führt.

Die Form der Sprache äußert sich wohl am besten, wenn der Satz als ein für sich stehendes Gefüge in seiner Konstruktivität, Klarheit, Inhaltlichkeit und Plastizität betrachtet wird. Eigentlich kann die Sprache keine Fläche darstellen, sie kann keine Wirklichkeit beschreiben, wenn sie nur wie „flach" ist, und des Weiteren kann sie auch keine sogenannten Auflösungsprozesse oder, noch besser gesagt, Zerstreuungen und Verflüchtigungen beinhalten. Die Sprache will etwas bilden und sie will eine Einzigartigkeit bilden. Wenn jemand einen Satz schreibt oder einen ganzen Paragraphen formuliert, so will er eine für ihn wichtige Tatsache in eine anschauliche, gegenwärtige und somit plastische Form bringen. Er erschafft jenes Wesen, das im wahrsten Sinn eine reale Gestalt vergegenwärtigt. Dieser Tatsache des plastischen Schaffens beim Schreiben und Sprechen kann sich gerade der Pädagoge bewusst werden. (1)

(1) Eine flache Sprache bringt keine wirklichen Begriffe in eine greifbare und gegenständliche Anschauung. Der Gedanke, der in der Sprache beheimatet sein sollte, kommt in einer sogenannten flachen Sprache nicht wirklich zu seinem möglichen Ausdruck.

Eine sinnwidrige Kritik, die nur aus Eiferei gewonnen wird, sentimentale Äußerungen, die eine Art Schwärmerei für eine Sache darlegen, oder die so häufige Wettstreiterei mit Worten, die sogenannte Polemik, führen nach übersinnlichen, geistigen Kriterien betrachtet niemals zu einer wirklichen Formerkraftung des Menschen und auch nicht zu einer günstigen Konstruktivität. Im Inneren der Seele wartet ein Engel, wenn man diesen Begriff aus einer geisteswissenschaftlichen Anschauung hereinzuführen vermag, der jene vom Menschen gesprochenen und gedachten Gedanken zum geistigen und moralischen Aufbau nützen kann, und dieser will daher den geeigneten förderlichen Inhalt erhalten. Solange jemand in einer Polemik gefangen ist oder nur aus emotionaler Gebundenheit gegen andere argumentiert, wendet sich dieser Engel von ihm hinweg, denn er findet keinen Stoff, keinen Inhalt, den er zum Charakteraufbau und zur Entwicklung einer gesunden Persönlichkeitsstruktur nützen könnte. Geistig gesehen verhält sich die unsolide und inhaltslose oder emotional gebundene Rede so, wie wenn eine Mutter den Kindern Sand auf dem Teller servieren würde und diese hungernd davor sitzen. Der Engel, der in der Seele arbeitet, hungert und der Mensch verarmt schließlich, wenn er sich zu viel dem polemischen und emotionalen Gerede unterwirft.

Eine Zeichnung kann die Zerstreutheit und die Art Auflöseprozess von klaren Formen und Strukturen, der in sentimentalen Äußerungen und sinnwidrigem Gerede liegt, verdeutlichen. Meist sind die Sätze wenig geformt, vielleicht sogar in einer halbfertigen Weise präsentiert und häufig werden unsinnige Sätze ausgesprochen, wie beispielsweise: „Es wäre besser, wenn die Kinder so wie früher wären." Mit dieser Äußerung spricht der Pädagoge nichts anderes als seine persönliche Wunschsehnsucht aus. Gleichzeitig aber liegt eine versteckte Bewertung vor, wenn dieser Satz salopp für sich gesehen ausgesprochen wird. Ohne ausreichende Beschreibung bringt dieser Sprecher etwas aus seinem emotionalen Gemüt hervor, das, solange es in dieser Äußerung bleibt, keine Form in das Leben bringt. Man kann die formgebende Wirkung dieser Art des Sprechens wie mit verströmenden und sich in dem Raum verlierenden Linien bezeichnen.

Diese Zeichnung zeigt, wie sich durch eine isoliert stehende Aussage von allem Anfang an kein rechtes Zentrum im Inneren der Seele heranbilden kann. Mit einer spürbaren Unruhe zerstreut sich sogar jegliche Zentriertheit und Harmonie des Gestaltbildens.

Im Gegensatz hierzu zeigt sich die konstruktive Art von Beschreibungen mit Gedankeninhalten und sinngemäßer Wortwahl wie auch klarer Ausdrucksgebung. Um eine Tatsache im Leben auf eine rechte anschauliche, mitteilungsfähige und ausstrahlende Form zu bringen, braucht es auch einen realen Gedanken. Ein Satz, der den Gedanken selbst aufweist, steht fast immer in einer klaren Metrik und besitzt für sich eine deutlich fassbare Form. Das Wesen, das mit diesem vom Gedanken geprägten Satz erzeugt wird, lässt sich jederzeit zu einem weiteren schönen Paragraphen erweitern. Eine regelrechte plastische Gestaltung lebt und erkraftet in den konstruktiven Worten. Sie sind von einer wissenden Fachkunde und ihrer sinngemäßen Anwendung geleitet. Das Wesen kann sich jederzeit zu einer weiteren verstehbaren und verwertbaren Wirklichkeit erbauen.

Die sinnwidrige Formulierung des oben angeführten Satzes müsste in eine konstruktive, gedanklich reale Form hinübergeführt werden. Diese könnte etwa wie folgend lauten: „Der Unterschied zwischen den Kindern vor 35 Jahren und den heutigen Kindern in der Schule liegt darin, dass diese beispielsweise heute weniger harte Anforderungen des Lebens bekommen, denn sie brauchen keine weiten Strecken zu Fuß in die Schule zurücklegen, sie werden gefahren und bekommen meist relativ viel Aufmerksamkeit von Seiten der Eltern. Gleichzeitig aber steigen die intellektuellen Lernanforderungen und die Entwicklung wird durch die Medien, durch die vielen Informationen und schließlich durch die allgemeinen psychischen Leistungsbedingungen viel zu intensiv zur frühen Reife gebracht. Die Kinder haben kaum die nötige Zeit zur Entfaltung ihrer wirklichen Willensgrundlage." Eine Darstellung wie diese gewinnt langsam eine plastische Form, denn sie wird anschaulich und lässt weitere konstruktive Denkansätze gewähren. Während die erste Aussage: „Es wäre besser, wenn die Kinder so wie früher wären.", eigentlich kein sinngemäßer Satz für sich selbst ist und sich dieser auch nicht in einen weiteren konstruktiven Aufbau einbinden lässt, kann aufgrund der zweiten Aussage eine rationale Pädagogik mit einem wachsenden sinnvollen Aufbau entstehen.

In Form einer Zeichnung kann schließlich die konstruktive Kritik oder, wenn man sie sogar im weiteren Sinne bezeichnet, die konstruktive Pädagogik betrachtet werden. Die Pädagogik, um noch einmal die Tatsache zu wiederholen, motiviert hier in diesem Kontext nicht nur allein die Führungsfähigkeit des Pädagogen, sondern auch seine gestaltende und formgebende Kraft für das Leben. Eine wirkliche Erziehung bringt geeignete Grundformen für das Leben hervor.

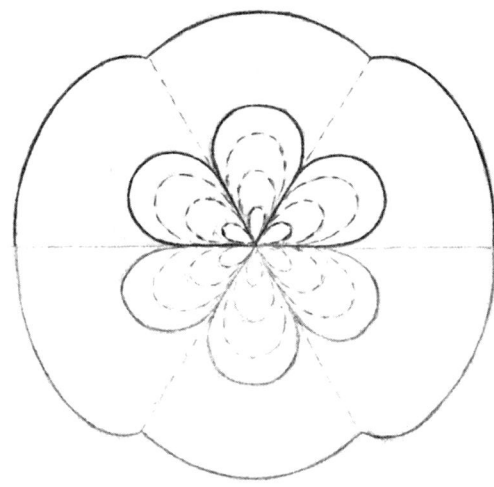

Aus einer großen übergeordneten Sicht, die mit drei Bögen gestaltet ist, entsteht schließlich eine Bewegung und Zentrierung nach innen. Dieses Wachstum, das sich im Inneren langsam entfacht, kann sich im Weiteren vergrößern und ausdehnen. Nimmt man die dreifache Bogengestaltung auch schematisch nach unten in eine Fortsetzung, entsteht im Inneren eine sechsfache Blüte. Diese sechsfache Blüte kann durchaus fast real von jenem, der hellsichtig die Dinge betrachtet, wahrgenommen werden. Jede Form der konstruktiven Pädagogik, der schaffenden Sprache und rationalen Führung fördert jene Wachstumsprozesse, welche sich in einer feinen und plastischen Formgestalt ausdrücken, die wie kristallklar ihren Anfang nimmt.

4. Die Entwicklung des Gedankens im Zusammenhang mit dem Unterricht

Von diesen ersten einleitenden, rein meditativen und im Sinne einer metaphysischen Beschreibung ausgedrückten Bildern will natürlich nun der Pädagoge zu einem praktischen und anwendbaren Zusammenhang mit dem täglichen Umgang kommen. Zunächst erscheint die Frage, warum diese Betonung des Gedankens in seiner freien Seinsexistenz oder in seiner Möglichkeit, ihn in der freien Seinsexistenz als eigene Wesenheit wahrzunehmen, so wichtig ist. Wäre das Unterrichten nicht leichter, wenn alle feinere Wahrnehmung und jene so schwer greifbare Spiritualität ausgeschlossen blieben und sich der Einzelne nur auf das sogenannte Praktische oder gar auf das rein Nützliche stützt? Die Beachtung des Gedankens wird aber umso wichtiger, wenn sich der Pädagoge über das Verhältnis seines eigenen wirklichen und gesunden Realitätsempfindens eine wachsende Klarheit verschafft. So wie das sensible und konkrete Realitätsempfinden im Sinne einer Wesenssicht, wie sie dargelegt wurde, von der subtilen Wahrnehmung gegenüber dem Gedanken abhängt, und so wie sich ein günstiges Ich darin erbaut, indem der Pädagoge zwischen einem freien, existenten Gedanken und einem noch unbewusst gebliebenen Komplex aus Gefühlen, Wünschen und intellektuellen Schlussfolgerungen unterscheiden lernt und er somit sein Bewusstsein sehr klar in seinen konkreten Bewegungen wahrnimmt, so ist es auch in der Folge vorteilhaft, wenn nun die Schritte zu einem bewussten und gezielten sogenannten Gedankenvorsatz mit weiterer Konzentration gesetzt werden. (2)

Es kann sich deshalb der auf diese Weise Übende vorstellen, dass ein wirkliches Loslassen aller Bindungen, Verkrampfungen, zwanghaften Maßnahmen, aller Erwartungen und auch aller zu fixierten Leistungsforderungen nur dann möglich ist, wenn im menschlichen Dasein tatsächlich der sogenannte „konkrete Gedanke" vorherrscht. Dieser Begriff „der konkrete Gedanke" soll hier noch mehr in praktischer Weise auf das wirkliche Vorherrschen jener Wesenheit, die durch den Gedanken selbst besteht, hinweisen. Wenn ein Bergsteiger beispielsweise sicher ein Seil zur Verfügung weiß, kann er viel freier und leichter durch eine Wand hindurchklettern, als wenn er dieses Seil bei sich vermisst. Mit der Wesensnatur des Gedankens ist es ebenso. Besitzt der Pädagoge beispielsweise einen Gedanken, der über die allgemeinen Formen des Unterrichtes hinausgeht, einen Gedanken, der die höhere Wirklichkeit der ganzen Erziehungssphäre betrifft, dann ist er gewissermaßen so sicher wie der Bergsteiger am Seil und kann entspannt wie auch auf freilassende Weise seine Formen im Unterricht tätigen. Es ist aber tatsächlich jene höhere Wirklichkeit, die durch den Gedanken erfahrbar und erlebbar ist, nicht nur im passiven Glauben anzunehmen, sondern im aktiven Wissen und mit aktiver Disziplin zu erringen. Je mehr sich jedenfalls der Pädagoge nicht nur den äußeren Erziehungsbedingungen hingibt, sondern auch den höheren Wert weisheitsvoll erringt, den Wert, der für die Seelen- und Geistdimensionen gültig ist, umso freier wird er von jeglichen äußeren Erwartungen und Zwängen werden und sein Unterricht kann in der Folge das erstaunlich lichte, feine und freie Seinsempfinden einer Realität für die Schüler fördern. Die Schüler werden sich leichter im Lernumgang einfügen und sie werden die Autorität des Lehrers nicht negativ anzweifeln.

Ein konkreter oder sogenannter wirklicher Gedanke, der in einem Sein besteht, lässt sich beispielsweise darin eruieren, indem sich der

(2) Der Gedanke gehört der Welt des Seins an. Es wäre nicht ganz richtig, wenn jemand sagen würde: „Ich habe einen Gedanken." Besser wäre es, wenn er im Sprachgebrauch auf das Wort „haben" verzichten würde und spricht: „Ich nehme wahr, wie sich ein Gedanke herauskristallisiert und wie dieser Gedanke mich im weiteren Verlaufe zu neuen Ideen beflügelt." In dieser Sprachformulierung bleibt der Gedanke frei und wird auch durchaus als reale und existierende Wesenheit angenommen. Durch die ungenaue Formulierung: „Ich habe einen Gedanken ...", bemerkt das Bewusstsein nicht mehr die wirkliche, reale Kraftexistenz dieses Gedankens.

Lehrer bewusst wird, dass die Seele und auch der Geist des Schülers ein unendliches Dasein besitzen und diese nach dem Tode weiterexistieren werden. Die Erziehung richtet sich deshalb auf der einen Seite an die irdische, praktische Lernerfahrung des Schülers, der zu einem tauglichen Lebensbürger erzogen wird, und auf der anderen Seite aber appelliert sie auch mit verborgener und doch sehr bewusst gewählter, künstlerischer Inniglichkeit an diesen unendlichen und immerfort weiterexistierenden Menschen. So kann sich der Pädagoge nun die folgende Wahrheit aneignen, dass all das, was der Mensch im irdischen Leben für sich gewinnt, für sich nimmt, beispielsweise im Sinne von Gütern und Geld, von guten Lebensverhältnissen und geschaffenen Kunstwerken, nur einen wirklichen Wert für den ganzen und bleibenden Menschen besitzt, wenn er diese mit einer Verbesserung des gesamten menschlichen sozialen und moralischen Niveaus annimmt. Sieht er den Wert der Steigerung nur in einer Verbesserung des sogenannten egoistischen Bewusstseins, erschafft er noch keine Werte für die nachtodliche Welt, das heißt, er fördert nur den sterblichen Sinn. Anhäufen und Bereichern, Erbauen und Schaffen, Erweitern und Vervielfältigen sind deshalb Möglichkeiten, die das irdische Leben darbringt und diese sollte der Mensch auf bestmögliche Weise nützen. Nützt er sie nun im Sinne der Ideale nicht nur für sich selbst, sondern um das ganze Dasein des Menschseins zu fördern und zu erhöhen, so liegt in diesen Gedanken eine innere und bestehende höhere Weisheit. Der Einzelne, der auf diese Weise diese Tatsache kennenlernt, wie die irdische Welt mit einem höheren Wert des nachtodlichen und fortbestehenden Seelendaseins zusammenhängt, sie nach bestmöglichen Informationen, die ihm Geistforscher geben, studiert, der wird im Wesen der Erziehung bald eine größere Dimension erahnen. (3)

Natürlich darf das Leben nicht zu einseitig betrachtet werden, denn es besitzt neben der Möglichkeit des Erweiterns, des Vervielfältigens und Erschaffens auch jene Grundlage des Hergebens, des bewussten Reduzierens oder allgemein des Verminderns. Dieses Hergeben sollte aber wiederum nicht, wie es häufig der Fall ist, im Sinne von moralisierenden Aufforderungen einer missverstandenen Religion oder von einer rein traditionellen Werteüberlieferung verstanden werden, sondern es sollte als ein sehr bewusster Teil des gemeinschaftlichen Lebens erlebt werden. Der Mensch kann sich tatsächlich von Hab und Gut befreien und sich um des sozialen Verständnisses willen in den Aufbau eines Gesamten hineingeben, indem er Spenden leistet, anderen Gaben gibt und auf diese Weise sein Vermögen aus dem ängstlichen Anhaften in einen freieren Umkreis bringt. Das Hergeben führt zu einer Erleichterung in der Seele, wenn es im richtigen Sinne des sozialen Lebens und des Miteinander-Verbundenseins erlebt wird. In der Seelenwelt,

(3) Den Gedanken zu „haben" würde bedeuten, dass dieser Gedanke materiell geworden ist. Leichter wäre es zu sagen: „Ich habe oder verspüre ein Gefühl." Das Gefühl selbst ist nämlich schon dem Körper näher als der Gedanke. Es ist möglich, Güter und Wertgegenstände zu haben. Diese aber in den sozialen Kontext des Lebens zu führen, erfordert eine Idee, die über das Anhäufen hinausgeht. Diesjenige, das der Mensch schließlich aus den angeschafften Gütern für andere freisetzen kann, wird er nicht mehr als „haben" bezeichnen, sondern mehr als wirklichen inneren Wert in der Seele erleben. Es gehört dem Sein an und lebt nach dem Tode fort.

die immerfort im Inneren des Menschen anwesend ist und die weiterhin nach dem Tode bleiben wird, bemerkt der Einzelne (4), dass gerade durch das Hergeben eine intensive Verbundenheit im Miteinander gefördert wird. Der Mensch fühlt sich dann nicht mehr einsam, sondern in seiner Seele wie zugehörig zu einem Ganzen.

Indem sich jemand auf diese Weise mit der seelischen und geistigen Welt auseinandersetzt und daraus eine konkrete Vorstellung bildet, übernimmt er auch zunehmend den Wert, der in diesen Welten auf stille Weise vorherrscht. Er gewinnt schließlich durch die Disziplin die Weisheit des konkreten Gedankens. Das Anhäufen und Vermehren erscheint im Bild nur sinnvoll, wenn es für ein größeres Ganzes gedacht werden kann, und das Hergeben und Reduzieren erlebt er ebenfalls als gut, wenn dieses im Sinne der Weisheit einer wahren Förderleistung zu einem Wachstum und einer Bildung anderer führt. Die jenseitige Welt, in der die Seele und der Geist beheimatet bleiben werden, möchte diese Weisheit zunehmend wie selbstverständlich und deutlich im Menschen gründen und deshalb ist es wichtig, eine konkrete Vorstellung über diese Wirklichkeit zu erwerben. (5)

Entwickelt der Pädagoge eine Vorstellung wie diese und erschafft er sich ein Bewusstsein zu einem konkreten Gedanken mit einem klaren Wert, kann er gegenüber den äußeren Bedingungen leichter loslassen und er braucht nicht mehr so viele Erwartungen und leistungszwingende Maßnahmen an seine Schüler setzen. Der Unterricht kann tatsächlich eine große Flexibilität und Freiheit gewinnen. Der Lehrer wird seinen Unterricht immer praktischer gestalten und sich dabei aber des konkreten Gedankens, dass ein errungener Wert im Sinne des Geistes wirken wird, bewusst bleiben. Es wäre falsch, wenn in den Unterricht unmittelbare metaphysische oder sogenannte esoterische Wahrheiten hineinfließen würden. Diese erringt nur der Lehrer bei sich in seiner Disziplin, bis sie zu einem konkreten Gedanken in ihm manifest geworden sind. Indem sie aber bei ihm selbst manifest werden, sind sie wie eine freie, sensible Selbstrealität gegenwärtig, die das gesamte Willensgefüge des Unterrichtes mit einer belebenden und lichten Heiterkeit auflockert. Das Äußere kann nun Äußeres werden, und der Unterricht ist zunächst einmal in seinem praktischen Vollzug eine Äußerlichkeit. Wenn der Schüler beispielsweise einen Inhalt lange nicht recht zu begreifen vermag, so muss der Lehrer nicht mit Zwängen auf ihn einwirken, denn er weiß, dass dieses äußere Verstehen umso leichter und schneller geschehen kann, wenn die Zeit hierzu reif ist und wenn die inneren Bedingungen, die wirklichen seelischen Umstände auf ein geeignetes Niveau geklettert sind. Wenn aber der Schüler nun nichts lernt und auch die Zeit schon längst überreif geworden ist,

(4) Die Formulierung „bemerkt der Einzelne" ist nahezu ironisch ausgedrückt, denn es ist die Seele in körperfreier Verfasstheit, die diese Wahrheit im Nachtodlichen erlebt.

(5) Hier in dieser Schrift kann nicht auf den umfassenden Schulungsweg, wie man Erkenntnisse aus den höheren Welten erlangt, eingegangen werden. Im Allgemeinen dient hierzu die Literatur von Rudolf Steiner oder auch die Schrift „Das Wesensgeheimnis der psychischen Erkrankungen".

dann kann der Lehrer immer noch das Vertrauen aufbringen, dass
der konkrete Gedanke, den er bei sich errungen hat und der ihn auf
unausgesprochene Weise begleitet, eine innerste moralische Instanz
der Erziehung darstellt und dieser den Schüler zumindest in einem
geeigneten Werteempfinden und Charaktergefühl anregt. (6)

5. Die Übertragung dieses Gedankens auf den Unterricht

Das Rechnen, und ganz besonders das Lernen des Rechnens in der
Grundschule, kann für viele Schüler eine wahre Tortur darstellen.
Diese sollte dem Schüler nicht unbedingt in schmerzlicher Erinnerung bleiben, sie sollte sich in eine freudige und schöne Unterrichts-
atmosphäre auflösen. Lernen die Schüler Addition und Subtraktion
und in weiterer Folge Multiplikation und Division, so werden sie,
und das kann man nun sehr leicht aus der Einführung herauslesen,
mit wirklichen großen Weltenprinzipien konfrontiert. Addieren im
Sinne von Vermehrung und Subtrahieren im Sinne von Reduzieren oder auch Hergeben sind zwei Grundrechenarten, die im Leben
nicht nur auf materielle Weise eine Beachtung finden sollen, sondern die im Herzen des Pädagogen auch in diesem geschilderten
seelisch-geistigen Sinne eine Werterealität darstellen können. In einem ähnlichen, aber nicht ganz so evidenten Zusammenhang stehen auch die Multiplikation und die Division. Hier aber sollen um
der Einfachheit willen die beiden Grundrechenarten der Addition
und Subtraktion vorgestellt werden.

Der Gedanke jedenfalls kann wie eine freie Lichtquelle leuchten
und so ist es für den Pädagogen wichtig, in all seinen Bemühungen
auf die wirkliche und wahre, konkrete Existenz dieses Gedankens
einen Wert zu legen. Die lichte Realität der Weisheit des Lehrers be-
schwert nicht sein Temperament, sondern erhebt es und lässt eine
Weite in Worten und Lehranweisungen gewähren. Der Pädagoge,
der diese Weisheit einer höheren Wirklichkeit errungen hat, wird
nun mit den Rechenarten leichter, dynamischer und freier umgehen können. Dieser freie Umgang heißt aber nicht, dass er allerlei
Fehler bei den Schülern zur Gewohnheit werden lässt, sondern es
heißt nur, dass er das Rechnen nicht mit der höchsten Wahrheit be-
legt, sondern mit einer relativen. Wer Fehler macht, muss lernen,
die Fehler zu vermeiden. Der Schüler wird sich aber freier fühlen, da der Lehrer über das Bewusstsein einer Realität verfügt,
die sich nicht nur auf das Äußere begrenzt, sondern die auf stille
und gedankliche Weise einen Wert in die Sphäre des Unterrichtes

(6) Vielleicht lernt ein Schüler
eine Fremdsprache außerordentlich schwer. Seine Noten
bleiben mangelhaft. Dennoch
aber kann sich der Pädagoge,
der die Weisheit einer höheren Welt und Wahrheit er-
rungen hat, dessen bewusst
bleiben, dass diese auf den
Schüler eingewirkt hat. Meist
entdeckt der Schüler erst viele Jahre später, welche wirklichen Werte mit einem Lehrer, der diese bis zur Authentizität bei sich verwirklicht
hat, verbunden sind und was
diese nun heute für ihn bedeuten. Ein wirklicher Wert
geht deshalb niemals verloren, selbst wenn der Schüler
die gewünschten Noten nicht
ausreichend erringen kann.

hineinträgt. Diese Sphäre kommt gewissermaßen zu der äußeren, materiellen Sphäre des Rechnens hinzu. (7)

Der Lehrer achtet aber gar nicht so sehr auf die seelische und geistige Welt, sondern auf die praktischen Bezugsrichtungen seiner getätigten Aussagen und versucht wohl am besten mit Hilfe von geeigneten Bildern die Beobachtungen zu den Grundgesetzen, wie sie im Leben tatsächlich in materieller Weise von Zunehmen und Abnehmen, von Bereichern und Vermindern, von Anhäufen und Abbauen bestehen, deutlich in den Unterricht hineinzuführen. Dieser praktische Unterricht richtet sich deshalb keinesfalls an die moralischen Gesetze, denn diese verstehen die Kinder nicht. Es wäre ein großer Fehler, wenn der Lehrer sagen würde: „Besitztum und damit Addieren und Anhäufen ist nur gut, wenn man es einmal in das soziale Leben einbringt!" Das Addieren wird völlig sachlichen Charakter bekommen, da es sich eben um Addieren handelt, um Vermehrung. Indem aber der Lehrer für sich ein Bild über den wahren Zusammenhang besitzt und weiß, wie diese Tatsache des Anhäufens auch zu Werten in der nachtodlichen Welt führen kann, gewinnen die Schüler auf ganz natürliche Weise eine moralisch günstige Richtung, und sie werden später nicht nur um des Ego willens „rechnen" und einkaufen, das heißt, sie werden nicht nur addieren um des Selbstzweckes willen, sondern sie werden auch addieren im Sinne einer Sicht zu einem Gesamten. (8)

Der Gedanke, den der Pädagoge nun in seinen Unterricht zur Vermittlung dieser beiden Rechenarten der Addition und Subtraktion hineinführt, ist deshalb nicht unbedingt innerhalb der Lehrmethode direkt ersichtlich, denn dieser bleibt Gedanke und wird in seiner stillen Seinsexistenz nur wie eine übergeordnete Lichtquelle leuchten. Damit aber der Gedanke dennoch im Umkreis lebt und den Unterricht auf stille Weise begleitet, ist es erforderlich, dass er von dem Lehrer eventuell vorbereitend gedacht wird und dieser sich bei der gesamten folgenden methodischen Unterrichtsgestaltung indirekt weiter vollziehen kann. So kann sich in der Vorbereitung beim Pädagogen eine weitere Vorstellung darüber entwickeln, wo und wie diese Weltenprinzipien von Addition und Subtraktion in der Welt überall zu finden sind. Die Addition bedeutet die Erkraftung im Sinne eines materiellen Habens, eines Wachstums der Möglichkeiten im Äußeren. Wenn jemand fünf Häuser hat und weitere fünf Häuser hinzuerwirbt, so ist damit sein materielles Vermögen auf zehn Häuser angestiegen. Zu diesem Prozess des Anhäufens und Bereicherns gehört aber auch immer derjenige des Hergebens hinzu. Wenn jemand ein Besitztum erworben hat, so kann er nicht nur auf der Ebene des reinen Genusses dieses Habens agieren, sondern er muss nun eine Methode finden, wie er mit die-

(7) Wenn kein erweiterter oder übergeordneter Gedanke hinzukommen kann, fehlt mit der Zeit die Freude am Lernen.

(8) Da diese höhere Wirklichkeit oder sensible Selbstrealität fast immer bei einem Pädagogen fehlt, können Unterrichtsformen nicht in der ganzen Entspanntheit und freilassenden Weite gewährt werden. Im Allgemeinen ist eine Rechenart ganz in der materiellen Welt angesiedelt. Fühlt der Pädagoge aber mit dem Rechnen eine größere und höhere Gesetzmäßigkeit, die eine tiefe Bedeutung im Nachtodlichen besitzt, kann er auf leichtere Weise das irdische Rechnen als gewöhnliches Rechnen lehren. Je mehr Wissen um die geistige Welt besteht, desto mehr kann das irdische Leben entspannt werden.

sen zehn Häusern wieder etwas an andere abgeben kann. Indem er zehn Häuser besitzt, kann er diese beispielsweise für eine sinnvolle Vermietung vorbereiten und Menschen mit Wohnungen versorgen. Er bleibt dann nicht nur wie eine Kröte auf diesem Besitztum sitzen, sondern führt es in den Fluss, das heißt, er ist bereit, es auch wieder zu opfern. Immerfort bewegen sich die zwei Prinzipien des Erwerbens und des Hergebens oder Opferns, des Aufbauens und des Abziehens in einem wechselseitigen Verhältnis. Der Mensch selbst lebt inmitten dieser auf- und abbauenden Prinzipien der Weltenschöpfung. Er erlebt sich im Sinne des Wachstumsprozesses in der ersten Lebenshälfte und erfährt sich schließlich mehr in den abbauenden Kräften in der zweiten Lebenshälfte. Addition und Subtraktion sind große Prinzipien, die in der Vorstellung des Menschseins in vielerlei Hinsicht bestehen. Die Rhythmik des einmal Wachsens und ein andermal wieder Verminderns sollte bis hinein in die schöpferischen Prinzipien des gesamten Daseins eruiert werden.

Indem der sich übende Pädagoge auf diese Weise eine konkrete Vorstellung kreiert, wie die Rhythmen der Weltengesetzlichkeit eines Aufbauens und eines Abbauens wirken und wie sie immerfort auch wirken müssen, wird er schließlich mit dem Gesetz der Addition und Subtraktion eine unmittelbare Beziehungssphäre für die Kinder eröffnen und dennoch im Stillen den Wert der übergeordneten Wahrheit beachten. Der konkrete Gedanke der übergeordneten Welt lässt nämlich der Phantasie, wie auf flexible und dennoch methodisch klare Weise unterrichtet werden kann, einen sehr großen Raum. Die Schüler fühlen sich dann vielmehr in die lebendige Gesetzmäßigkeit der beiden elementaren Rechenarten eingebunden. Das Rechnen bleibt gewissermaßen mit diesem Bewusstsein des Pädagogen einerseits eine ganz normale konkrete Angelegenheit des irdischen Daseins und dennoch nimmt es ungesehen jene Dimension eines größeren kosmischen Ganzen in sich hinein. Die Kinder, die das Rechnen lernen, gewinnen zunehmend innere Werte. Sie werden durch die lichte Dimension des konkreten Gedankens, der unausgesprochen den Unterricht begleitet, in ihrer Moralität gefestigt. (9)

Der Lehrer wird sicherlich in den Elementarstufen die Methode des Zählens benützen müssen, denn die Kinder sind zum abstrakten Denken nicht sogleich fähig. Indem er aber beispielsweise das Bild gebraucht, dass ein Lastwagen nicht nur vollgeladen werden kann, sondern zum gewöhnlichen Handel auch das Abladen des Lastwagens gehört, oder der Einzelne nicht nur Geld anhäufen kann, sondern genauso auch wieder reduzieren, das heißt Geld wieder ausgeben muss, und dass diese Wechselspiele im Leben überall zu finden sind und sogar das Leben nur gesund ist, wenn diese Prozesse im

(9) Es wäre nicht richtig, wenn ein Kind ein schlechtes Gewissen haben müsste, wenn es beispielsweise mehr isst als ein anderes. Man kann diesem Kind sehr leicht sagen: „Indem du mehr isst, wirst du auch mehr arbeiten müssen." Wer viel aufnimmt, wird auch irgendwann in die Notwendigkeit kommen, dasjenige, was er aufgenommen hat, in Form von Arbeit oder Fleiß wieder abzugeben. Die Ernährung kann für Kinder ein gutes Beispiel für diese Gesetzmäßigkeit geben.

Gleichgewicht stehen, dann wird er sich frei und flexibel mit den Zahlen bewegen. Die Bilder, die er gebraucht, sind aus der Weite seines Hauptgedankens, dass Addition auch ein soziales gesamtes Bewusstsein fördert und Subtraktion eine Art sinngemäße Opferleistung darstellt, abgeleitet und fügen sich nun praktisch und folgerichtig mit einfachen Anweisungen in den Unterricht hinein. (10)

6. Ein praktisches Beispiel zum Addieren und Subtrahieren

Indem der gesamte Unterrichtsrahmen durch einen unausgesprochenen Hauptgedanken und durch von diesem abgeleitete Vorstellungsinhalte entwickelt wird, spüren die Kinder unweigerlich, dass es sich nicht nur um das trockene intellektualistische Lernen von zwei Rechenarten handelt, sondern dass sie mit der Addition und Subtraktion in eine durchaus nicht ganz uninteressante Welt hineingeführt werden. Die Bilder können empfindungsvoll, anschaulich und praktisch werden, sie sollten aber nicht zu sentimental an die jungen Seelen gerichtet sein.

Es muss der Lehrer das Kunststück vollbringen und beispielsweise dem Schüler beibringen, wie viel 8 plus 6 ergibt. Vielleicht lässt er den Schüler bereitgestellte Kugeln oder andere Gegenstände zählen und veranschaulicht auf diese Weise den Weg der Addition. Er wird jedenfalls den Schüler auffordern, darauf aufmerksam zu werden, wie sich eine Größenordnung, die gewachsen ist, empfinden lässt. Wenn zu 8 Teilen 6 Teile hinzukommen, wächst das Volumen oder die Größenordnung. Ein Wachstum oder eine Art Vergrößerung entsteht und diese soll durchaus einmal im Sinne eines Bildes zu einer ersten wahrnehmenden Einschätzung kommen. Bei der Subtraktion findet eine Minderung der Größenordnungen statt. Wenn der Schüler 15 minus 6 rein intellektuell ausrechnen muss, so kann das seine Denkstruktur frühzeitig überfordern. Deshalb braucht er erst einmal eine Empfindung über die mögliche Ordnung, die sich mit der Maßnahme des Wegnehmens zeigt. Jenes Bild, wieviel etwa die Maßeinheit 15 darstellt und wie sie sich wandelt, wenn diese nun um 6 Teile reduziert wird, lässt sich sehr gut und praktisch erfassen und stellt keine Überforderung dar. (11)

Im weiteren Verlauf des Lernens jedoch dürfen die Empfindungseinschätzungen nicht nur vage bleiben, sondern sie müssen nun eine klarere Ordnung und schließlich auch eine Genauigkeit gewinnen. Man kann Zahlen vor dem Kinde nebeneinander auflegen

(10) Ohne diese Sphäre wird im Unterricht ein Zwang übrig bleiben. Der Lehrer korrigiert dann fast mit einer inneren Enge die Fehler, und der Schüler wird immer deutlicher seine Fehler erleben als das freiere Gefühl, etwas verstanden zu haben. Wenn im Unterricht nur noch die materielle Ebene von „falsch" oder „richtig" übrig bleibt, fehlen den Schülern die Möglichkeiten zum freieren Lernen und schwächere Schüler erleben mehr ein Minderwertigkeitsgefühl.

(11) Die Schüler in der Grundschule nehmen intuitiv ihre Finger zum Rechnen. Daran erleben sie auch, wie etwas hinzukommt oder weniger wird. Sie rechnen mit ihrem Körper, weil sich das Rechnen in diesem Alter noch nicht intellektuell oder, wie man sagt, „im Kopf" abspielt. Wenn man das Rechnen mit den Fingern verbietet, wie es einige Lehrer tun, nimmt man den Kindern die Möglichkeit zur Anschauung und presst sie vorzeitig in eine Intellektualität.

158

oder aufschreiben, sie mit der Praxis und Wirklichkeit vergleichen und auf diese Weise die Zahl zu ihrer konkreten Dimension und Ordnung fördern.

Mit Hilfe einer gezielten und einfach nacherlebbaren ersten Empfindungsarbeit, die auch beginnende Vorstellungen erweckt, kann das junge, noch weiche Gehirn eine sehr günstige Anforderung erhalten, die im weiteren Verlauf eine zunehmende Formgebung ausgestaltet und das Rechnen langsam bis in die konkrete Gedächtnisorientierung führt. So beginnt der Lehrer nicht mit der Einzelheit und der reinen Rechenmethode, sondern er erschafft ein integratives Bild, eine im Leben und seiner Gesetzmäßigkeit eingebundene Wirklichkeit, die er schließlich nach und nach verdeutlicht. Der Gedanke selbst, den er aber bei sich weiß und im Stillen seiner eigenen Bewusstheit im Sinne eines großen kosmisch-geistigen Weltenideales denkt, wird diese Gesetzmäßigkeit des Anhäufens, des Vermehrens wie eine natürliche Tatsache erscheinen lassen und diese wird auch von der Seele des Kindes im Stillen aufgenommen. (12)

Zusammenfassend beschäftigt sich die Vorbereitung
mit drei Gliedern:

1. Ein großer und erhabener moralischer Gedanke steht am Anfang und prägt die weitere Bewusstheit des Pädagogen. Dieser moralische Inhalt wirkt durch den konkreten Gedanken ohne Beeinflussung von außen, da er selbst eine schöpferische Entwicklungsmotivation in sich trägt.

2. In einer zweiten Studien- oder Vorbereitungsdisziplin ist es günstig, wenn der Pädagoge das Addieren und Subtrahieren tatsächlich in seiner Weltengesetzmäßigkeit ganz neutral und praktisch erfassen lernt und Beispiele in vielseitiger Hinsicht hierzu beobachtet. Er kann durch diese Beispiele die rein abstrakte Zahl in konkrete Bilder des Unterrichtes führen und auf diese Weise lebendige Empfindungen bei seinen Schülern erwecken. Das Rechnen wird nicht nur Abstraktion bleiben, sondern auch mit Wahrnehmungen und Empfindungen zu einem Weltganzen begleitet sein.

3. In einem dritten Schritt findet dann schon die weitere Konzentrierung zur genaueren Entwicklung von Vorstellungen und schließlich zu einer wirklichen Gedächtnisbildung statt. Wenn 15 minus 6 neun ergibt, so lässt sich erst einmal empfinden, dass die Neun weniger ist als die 15, und schließlich lässt sich klarer eine Stellung der Neun wahrnehmen, die sich auf ganz natürliche Weise mit ihrer Ordnung in das Gedächtnis des jungen Menschen einprägt.

(12) Die Seele des Lehrers lebt in einer Weisheit. Diese Weisheit strahlt unmittelbar auf den Schüler über. Gleichzeitig kann der Lehrer, der diese Weisheit errungen hat, sehr leicht Beispiele finden, die diese indirekt ausdrücken.

Freier und geordneter
Gedanke

Gedankenbezüge
Bilder
Verbindungen

Form
Methodik

7. Das Verhältnis eines Nicht-Gedankens zu einem Gedanken am Beispiel von Texten [13]

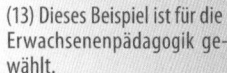

(13) Dieses Beispiel ist für die Erwachsenenpädagogik gewählt.

An einem praktischen Beispiel sollen nun einmal auf eine differenzierte Weise zwei sehr verschiedene Texte untersucht werden, damit ihre Wirkung im Sinne dessen, was der einzelne Mensch mit seiner Kommunikation oder mit einer Darstellung erzeugt, näher in ein unterscheidendes Licht der Betrachtung gelangt. Das Ziel dieser Analyse der Texte im Sinne einer Dreigliederung besteht jedoch nicht darin, die Texte auf- oder abzuwerten, sondern sie lediglich als Beispiele dafür zu nehmen, wie mit allen Darstellungen immer gedankliche Kräftewirkungen auf den drei Ebenen von Körper, Seele und Geist gegeben sind. Nicht das Werten und Kategorisieren einer bestimmten Kommunikation, Pädagogik oder Philosophie sei deshalb damit angesprochen, sondern das klare Erlernen einer betrachtenden Auseinandersetzung, die zu einer möglichst wertungsfreien Analyse führt und die schließlich praktisch jene Unterscheidung eröffnet, ob ein konkreter Gedanke im Inhalt vorhanden ist oder ob dieser fehlt.

Ein erstes Beispiel wurde dem Buch von Marshall Rosenberg „Gewaltfreie Kommunikation" entnommen. Der Absatz befindet sich

160

in dem Kapitel „Mit Empathie ein leerlaufendes Gespräch wieder beleben": *„Eine andere Möglichkeit, ein Gespräch wiederzuerwecken, besteht darin, unseren Wunsch nach mehr Verbindung offen auszusprechen und um Informationen zu bitten, die uns helfen können, diese Verbindung herzustellen. Auf einer Cocktailparty fand ich mich einmal mitten in einem üppigen Redeschwall wieder, den ich als scheintot empfand. ‚Entschuldigung‘, unterbrach ich und wandte mich an die neun anderen Leute, die um mich herumstanden, ‚ich werde ungeduldig, weil ich gerne mehr Kontakt mit euch hätte, aber unser Gespräch führt nicht zu der Art von Kontakt, die ich gerne hätte. Ich würde gerne erfahren, ob unser Gespräch eure Bedürfnisse erfüllt, und wenn das so ist, um welche Bedürfnisse es sich handelt.‘ Alle neun starrten mich an, als hätte ich eine Maus in die Bowle geworfen. Zum Glück erinnerte ich mich daran, auf ihre Gefühle und Bedürfnisse, die durch ihr Schweigen ausgedrückt wurden, einzugehen. ‚Ärgert ihr euch über die Unterbrechung, weil ihr gerne mit dem Gespräch weitergemacht hättet?‘ fragte ich ...“*

Dieses Beispiel ist deshalb interessant, weil anhand des Textes die verborgenen und nicht immer leicht sichtbaren Gedanken oder besser sogar Emotionen, wie sie im Text immer enthalten sind, herausgearbeitet werden können. Als einen zweiten Schritt lassen sich die verschiedenen Bezugsrichtungen, wie die Motive, Ziele oder Vorschläge angelegt sind, eruieren. Man kann sagen, dass der Gedanke immer das freie Licht und die wirkliche Wahrheit, die in einem Text bestehen, repräsentiert. Oftmals ist aber diese Dimension nicht sehr klar und offensichtlich, sie ist auch hier in diesem Text verborgen. Die Wahrheit, die der Gedanke ausdrückt, ist seine Realität. Diese besteht immer, denn es kann kein Text entstehen, wenn es nicht die Grundsubstanz des Denkens, welche die Gedanken in irgendeiner Weise in die Manifestation bringt, geben würde.

Eine Gedankenkomposition, die eine bestimmte Wahrheit besitzt, besteht deshalb immer in einem Text. Die Unterschiede bestehen im Wesentlichen darin, ob sich diese Komposition mit ihrer in sich eingeschlossenen Wirklichkeit und Wahrheit für die seelisch-geistige Entwicklung als tauglich erweisen kann oder ob sie sich kontraproduktiv offenbart. Für jenen, der nur die irdische Welt berücksichtigt und den Entwicklungsgedanken nur innerhalb der Bedingungen wertet, die ihm die Vorteile, Emotionen und guten Gefühle des irdischen Lebens geben, der wird wohl auch zu einem anderen Ergebnis gelangen als derjenige, der die Entwicklung im Sinne eines seelischen Wachstums und eines geistigen Fortschrittes in die Betrachtung einbezieht. Aber auch innerhalb der Bewertungen, ob jemand eine Entwicklung im seelischen und geistigen Dasein als angemessen oder unangemessen betrachtet, gibt es naturgemäß sehr große Auffassungs- und Bewertungsunterschiede.

Die Vorstellungen und Ideale über die seelisch-geistige Entwicklung können sehr große Spannweiten mit manchmal unvereinbaren Gegensätzen konstatieren. Manche Personen besitzen die Auffassung, dass eine seelisch-geistige Entwicklung immer günstig verlaufe, wenn sie dabei ein sogenanntes gutes Gefühl erfahren, und wieder andere beurteilen die positive seelisch-geistige Entwicklung nach jenen Kriterien, wie der einzelne Mensch in seiner Aura, in seinem gesamten Bewusstsein und auch in seiner Moralität erkraftet.

Diese Art Betrachtung will nicht von angenehmen oder unangenehmen Gefühlen ausgehen, sie will nicht als Zielpunkt den momentanen Erfolgsgewinn der Methode werten, sondern sie will vielmehr die Kräfte, Wesen und Kreationen, wie sie mit dieser Darstellung in die Geburt kommen, auf möglichst objektive Weise untersuchen. Diese Methode der Analyse ist durchaus möglich, wenn die seelisch-geistige Entwicklung nach sehr klaren, objektiven Kriterien beurteilt wird und wenn ein gewisses Bewusstsein für die metaphysische Dimension, wie Gedanken, Gefühle und Handlungen im Leben wirken können, entsteht. Die Betrachtung sollte aber nicht subjektiven, der Sympathie oder Antipathie unterliegenden Kriterien verfallen, sondern eine möglichst exakte und wertfreie Beschreibung geben.

In einem Text existieren wiederum drei Glieder: Die Ebene des Gedankens beschreibt zunächst eine bestimmte Ordnung, Entwicklung und verbirgt in sich ein zu erstrebendes Ideal, aber dieses Ideal, das im Texte lebt, ist meist nicht leicht zugänglich. Manchmal muss sich der Leser eine gewisse Empfindung aneignen, wie ein Begriff gebraucht wird, und er muss deshalb von der äußeren Wortbedeutung in die Tiefe des Inneren eindringen. Das Ideal des Textes ist seine Wahrheit. Weiterhin entsteht mit dem Text ein Bild, das sich ganz besonders dadurch äußert, wie die Gedanken miteinander verknüpft sind. Das gesamte Bild des Textes ist deshalb seine Art Seele. Die Form oder die Körperebene, die das letzte Glied der Betrachtung darstellt, ist durch die beiden höheren Glieder repräsentiert. Es ist dabei nicht die grammatikalische Form oder die Länge oder Kürze der Aussage gemeint. Vielmehr soll mit der Form dasjenige Ergebnis ausgedrückt werden, das sich durch die beiden höheren Kräftewirkungen, durch den Gedanken und durch die seelischen Verknüpfungen, ergeben. Die Form ist nämlich nicht von sich aus eine Wirklichkeit, sondern sie ist eine Erscheinung, die durch das Einwirken der höheren Bewegungen und Aktivitäten des Menschseins entsteht. Es kann beispielsweise eine anmutige, schöne Form entstehen oder es kann auch ihr Gegenteil auftreten. Grundsätzlich zeigt sich die Form mehr im Sinne dessen, wie der

Mensch gesundheitlich mit seinem Körper auf die Ausstrahlungen und Offenbarungen des Textes reagiert.

Das Ideal zu suchen, wie es durch den verwendeten Hauptgedanken komponiert ist, wie es das Gespräch grundlegt und den Text etabliert, stellt die schwierigste Instanz in der Betrachtung des Textes dar. Das Ideal ist nämlich die feinste Wesenheit oder bezeichnet die verborgenste, fast immer unausgesprochene Offenbarung, die nur dann eruiert werden kann, wenn sie auch mit den geistigen Welten in einem Zusammenhang gedacht wird. Ideale sind immer aus der geistigen Welt kommend und sie können auch mit der geistigen Entwicklung in einem Zusammenhang gedacht werden. In diesem Text von Marshall Rosenberg ist es nicht sofort offensichtlich, wie das Ideal in seiner verborgenen Dimension auch im Zusammenhang mit der Gewaltfreien Kommunikation gedacht ist. Auf der Suche nach dem Thema oder nach dem realen Gedanken, der sich in Wirklichkeit im Texte ausdrückt, stößt der sorgfältige Betrachter auf Schwierigkeiten. Wie ist das Zentrum der Aussage im Sinne des klaren und konkreten Gedankens? Liest jemand aber die Absätze mehrfach, ohne sie sofort als Information zu konsumieren, liest er sie mit der nötigen Aufmerksamkeit, um langsam in das Ideal der Sache vorzudringen, so wird er feststellen, dass das Bedürfnis nach Kommunikation, Austausch und Verbindung die Mitte und auch das Ideal der Aussage bildet. Der Text gibt tatsächlich auch wörtlich wieder, dass derjenige, der in die Kommunikation tritt, eine Art Bedürftigkeit äußert, die ganz seinem persönlichen Verlangen entspricht. Wo aber liegen das wirkliche Thema, der klare gedankliche Inhalt und schließlich das Ideal, das mit diesem Inhalt assoziiert wird? Er sagt: *„... ich werde ungeduldig, weil ich gerne mehr Kontakt mit euch hätte, aber unser Gespräch führt nicht zu der Art von Kontakt, die ich gerne hätte ..."* Er sagt nicht: „Ich hätte hier ein Thema, einen Inhalt oder mich interessiert gerade dasjenige, das ihr besprochen habt...", usw., sondern das Motiv, das die Aussage hervorbringt, orientiert sich lediglich an dem persönlichen Bedürfnis nach dem Kontakt. Dieses stellt die Mitte des Kommunizierens dar. Der Gedanke ist nicht an einem klaren Thema orientiert. Die Wahrheit, das Ideal des Textes liegt deshalb darin, wenn man es sorgfältig analysiert, dass der Mensch dann scheinbar kommunikationsfähiger wird, wenn er seine persönlichen Bedürfnisse äußert und diese sogar, wie das Beispiel zeigt, in die Mitte führt. Es fehlt aber der zu kommunizierende, thematische Gedanke und es fehlt ein Ideal, das wirklich über die bedürftige menschliche Sphäre hinausführt. Wenn man das Ideal im Texte sucht, dann erscheint der Mensch eigentlich reduziert auf die Bedürfnisebene und es ist das Geistleben als ein existentes Ideal ausgeschlossen. (14)

(14) Grundsätzlich soll mit dieser Aussage nicht gesagt werden, dass es verkehrt sei, seine Bedürfnisse zu äußern. Für diese Aussage, wie sie hier zum Vergleich dargestellt wird, ist es aber wichtig, zwischen Bedürfnisebene und klarer thematischer Gedankenebene zu unterscheiden. Es kann keine wirkliche Selbstrealität empfunden werden, wenn man nicht einen Sinn für diese Wirklichkeit des konkreten Gedankens und damit des tatsächlich gegebenen Inhaltes hervorbringt.

Auf der Seelenebene zeigt sich nun bei der Textanalyse eine weitere sehr interessante Tatsache, die eventuell leichter als die erstere zugänglich ist. Man fühle sich in diese Situation, wie sie konstelliert ist, hinein: Neun Personen sprechen miteinander, die zehnte Person meldet sich zu Wort. Sie meldet sich aber, wie in der ersten Analyse bereits herausgestellt wurde, mit einem besonderen Bedürfnis. Das Zentrum des Gespräches wird nicht innerhalb der Struktur, die bei allen gemeinsam besteht, angesetzt, sondern es wird auf eine Weise nun in eine Richtung geführt, mit der sich derjenige, der sich ausgeschlossen fühlt, in seine eigene Mitte stellt. Diese Mitte wird nun aber absolut deutlich, wenn man die weiteren letzten Sätze nimmt: *„Alle neun starrten mich an, als hätte ich eine Maus in die Bowle geworfen. Zum Glück erinnerte ich mich daran, auf ihre Gefühle und Bedürfnisse, die durch ihr Schweigen ausgedrückt wurden, einzugehen. ‚Ärgert ihr euch über die Unterbrechung, weil ihr gerne mit dem Gespräch weitergemacht hättet?' fragte ich…"* Es wird durch den, der sich auf diese Weise in das Gespräch einbindet, nun eine eigenartige Neukonstruierung der Aufmerksamkeit entwickelt. Sicherlich sei diese Neukonstruierung beabsichtigt, denn es soll die Gewaltfreie Kommunikation darauf hinweisen, wie auf methodische Weise ein leerlaufendes Gespräch wiederbelebt werden kann. Tatsächlich ist die Aktion demjenigen, der auf diese Weise das Gespräch umlenkt, gut gelungen. Betrachtet aber jemand die Kreation – und diese wäre wichtig zu betrachten, denn sie ist das Produkt, das aus dem Seelenleben entsteht –, der wird feststellen, dass sich nun eine ganz eigenartige, emotional verschließende und zu den rein persönlichen Gefühlen zurückgerichtete Bindungsstruktur offenbart. Nicht eine schöne, weite, den Menschen empfangende und belebende kreative Beziehungsordnung entfaltet sich, die den Raum eröffnen würde, sondern es verschließt sich der Raum und derjenige, der redet, nimmt eine unmittelbare emotional gebundene Mittelstellung ein. Die Tatsachenbeschreibung offenbart auch sehr deutlich, wie sich die Beteiligten des Gespräches fühlen. Sie ärgern sich und starren völlig überrascht auf den, der das Gespräch auf diese Weise unterbrochen hat. Die entstehende Kreation ist im wahrsten Sinne aber nicht der Seelenwelt sympathisch zugeordnet, sondern außerordentlich antipathisch und trennend. Eine Wesensnatur entsteht, die wie ein mächtiger, greller und abschirmender Balken sich vor dem Kopfe auftürmt und dieser Balken bewirkt auch auf der Ebene des seelischen Lebens eine Spaltung. Derjenige, der auf diese Weise ein Gespräch unterbricht und sich selbst damit in die bedürftige Mitte rückt, die anderen nicht wirklich wahrnimmt und auch nicht an einem Thema anknüpft, kann unter Umständen einen solchen Balken mit hellgreller und abschirmender Ausstrahlung errichten.

Wie verhält sich nun auf den Körper und auf die äußere Erscheinung bezogen die gesamte formgebende weitere Strukturierung und wie wirkt diese auf die menschliche Gesundheit? Indem sich jemand in dieser oder ähnlicher Weise verhält, indem er sein unmittelbares Bedürfnis in emotionaler Weise in die Mitte stellt und durchaus auch urteilt, wie es in diesem Text zum Ausdruck kommt, zerstört er die Formstrukturen, die bei anderen bisher bestanden haben. Obwohl es eventuell ein Ziel ist, ein bisher nichtssagendes Gespräch zu beleben, und obwohl der Autor im Nachhinein Ratschläge gibt, wie man ein Gespräch in der Folge auf konkrete Weise beleben kann, so muss man dennoch davon ausgehen, dass die persönliche und emotionale Mittelstellung, die jemand auf diese Weise in der Kommunikation einnimmt, einen nicht gerade schönen Charakter demonstriert. Jene Formen, die sich im vielleicht belanglosen und nichtssagenden Gespräch ergeben haben, sind sicherlich nicht immer wünschenswert. Indem aber nun ohne Thema und ohne Empathiefähigkeit das Gespräch unterbrochen wird, entsteht ein Chaos. Empathie darf nicht, wie das Marshall Rosenberg verwechselt, im Sinne der Gefühlsansteckung oder nur im Sinne dessen verstanden werden, dass man den eigenen Gefühlen einen Ausdruck gibt, sondern dieses Wort muss wirklich einmal so genommen werden, wie es auch in anspruchsvollen Definitionen existiert, und das wäre, dass man sich auf das Thema eines anderen oder auf eine andere Wirklichkeit einstellen kann und diese im objektiven gedanklichen Realitätssinn erlebt, das heißt, dass man zunächst in der fremden und außenstehenden Wirklichkeit anknüpfen kann. Empathiefähigkeit würde nämlich weitaus mehr Kapazität erfordern und diese besteht vor allem darin, die persönliche Bedürfnisebene im geordneten und rechten Sinne zu übersteigen und ihr nicht einen übermäßigen gewichtigen und emotional gebundenen Ausdruck zu verleihen. Es würden neue Ätherkräfte entstehen, wenn die Empathie in diesem anspruchsvollen Sinne und auch frei von den zunächst rein emotional gebundenen Bedürfnissen durch ein Thema zur Erkraftung kommen würde, und es würde sich das Gefühlsleben auf neuen Ebenen mit dem Leib verbinden, wenn man diese Anforderungen in einer anspruchsvolleren und klareren, durch den Gedanken getragenen Bewusstheit entwickeln würde.

Die Formen, die entstehen, ob sie nun aus den Gedanken zu seelischen Verbindungen führen oder ob sie aus den persönlichen Bedürfnissen ohne klare Ideale eine rein persönliche und emotionale Mitte darstellen, sind sehr unterschiedlich. Je weiter die entstehenden Formen zur Analyse kommen, desto mehr wird deutlich, dass gerade durch die Anwendung dieser und ähnlicher Methoden sich keine klare, lichte Formkraft entwickelt, und

Bei Erich Fromm zeigt sich eine sehr deutliche empfindsame Physiognomie, die im Bereich der Augen eine venusähnliche Verbreiterung besitzt. Der Gesamtausdruck seiner Augen offenbart, wie er nicht nur in sich selbst oder bei sich selbst haftet, sondern wie er in einer gedanklichen Wirklichkeit die Außenwelt wahrnimmt. Er lebte deshalb zu seinen Mitmenschen in einer freieren Bezugsrichtung, die er mit Hilfe der gedanklichen Wirklichkeit erhalten konnte.

gerade wenn sich Personen über längere Zeit auf diese Weise auseinandersetzen, erzeugen sie eventuell bei sich sehr gute Gefühle, bewegen sich aber dennoch auf Dauer zu eigenartigen emotionalen Bindungen zurück und weisen jede Form der seelischen und geistigen Erkraftung, die von einer größeren Dimension hereintreten möchte, zurück. Im Moment wirken meistens die Erfolgsergebnisse für das Persönliche und eventuell auch sogar für die Umgebung sehr begeisternd, wie dies auch von den Teilnehmern der Gewaltfreien Kommunikation bestätigt wird. Aus einer Sicht, die hier speziell die seelisch-geistige Entwicklung betrifft, und aus dieser Sicht heraus wird es gesagt und nicht aus Gründen des Bewertens und Urteilens, kehren die Personen zu stark in ihre Bindungsstrukturen zurück und tragen sehr wesentlich zu einer verkehrten emotionalen Ich-Erkraftung bei, indem sie die möglichen und kommenden Geiststrukturen ausschließen. Die sensible Realität des Gedankens, die ein Ich im reifen Sinne zum Bewusstsein führt, bleibt ausgeschlossen. (15)

Ein anderes Beispiel, das vergleichsweise zu diesem Texte genommen werden soll, wurde aus dem Buch von Erich Fromm „Haben oder Sein" entnommen. Im Kapitel „Autorität ausüben" heißt es: „Ein weiteres Beispiel für den Unterschied der Existenzweisen des Habens oder Seins ist das Ausüben von Autorität. Der springende Punkt ist, ob man Autorität hat oder eine Autorität ist. Fast jeder übt in irgendeiner Phase seines Lebens Autorität aus. Wer Kinder erzieht, muss, ob er will oder nicht, Autorität ausüben, um das Kind vor Gefahren zu bewahren und ihm zumindest ein Minimum an Verhaltensratschlägen für bestimmte Situationen zu geben. In einer patriarchalischen Gesellschaft sind für die meisten Männer auch Frauen Objekte der Autoritätsausübung. In einer bürokratischen, hierarchisch organisierten Gesellschaft wie der unseren üben die meisten Mitglieder Autorität aus, mit Ausnahme der untersten Gesellschaftsschicht, die nur Objekt der Autorität ist. Um zu verstehen, was Autorität in den beiden Existenzweisen bedeutet, müssen wir uns vor Augen halten, dass dieser Begriff sehr weit ist und zwei völlig verschiedene Bedeutungen hat: ‚rationale' und ‚irrationale' Autorität. Rationale Autorität fördert das Wachstum des Menschen, der sich ihr anvertraut, und beruht auf Kompetenz. Irrationale Autorität stützt sich auf Macht und dient zur Ausbeutung der ihr Unterworfenen."

Wie offenbart sich der Geist, das Ideal oder der zentrale Gedanke in diesem Text von Erich Fromm? Hier lässt sich der Gedanke leichter finden, da der Gedanke mit dem Motiv, das zur Aussage kommen soll, auf konkrete Weise verbunden ist. Es ist das Ziel, eine Beschreibung über eine Tatsache abzugeben, die weiterhin Bilder und Betrachtungen geben kann. Jene Unterscheidung, wie die Begriffe „haben" oder „sein" auf verschiedenen Ebenen des Daseins, in die-

166

sem Fall auf der Ebene der Autorität, anzuwenden sind, lässt sich deutlich erkennen. Er schreibt: *„Der springende Punkt ist, ob man eine Autorität hat oder eine Autorität ist."* Der Gedanke, wie er sich bereits in diesem zweiten Satz manifestiert, lässt eine sehr klare Wirklichkeit auf einer sowohl philosophischen als auch psychologischen wie auch menschengemäßen Ebene erkennen. Die Unterscheidung, die damit angesprochen wird, trägt einen konkreten Gedanken und appelliert auch an ein Ideal im Menschen. Indem diese Thematik des Seins einer Autorität oder des Habens einer Autorität mit wenigen Sätzen verglichen wird, kann der Leser kaum an der moralischen Wertigkeit, die dieser Vergleich auf freie Weise in sich trägt, vorbeiblicken. Autorität erscheint für das Interesse im Sinne des Seins erstrebenswert. Auf der seelischen Ebene, die, wie bereits gesagt, die bildhafte Ebene oder auch die Ebene der verschiedenen Bezüge darstellt, kann dieser Gedanke sehr leicht weiterentwickelt werden. Der Autor tut sich auch, wie man sieht, leicht, weitere Begriffe wie rationale und irrationale Autorität zu den bisherigen Unterscheidungen hinzuzufügen. Die Bezüge, die das Bild schließlich für das Empfindungsleben näherrücken, sind real fassbar und geordnet. Sie lassen eine Empfindung über den Sinn von einer Notwendigkeit der Autorität und ihrer verschiedenen Ausprägungen aufkommen. Gleichzeitig bleibt das ganze Empfinden frei von Emotionen. Der Unterschied dieser Betrachtung zu der ersten von Marshall Rosenberg offenbart im deutlichen Ausdruck die Unterscheidung von gebundenen zu freilassenden Gefühlen. Obwohl Erich Fromm die Gesellschaft in Sinne von „bürokratisch hierarchisch" kritisiert, erscheinen diese Beobachtungen vielmehr wertungsfrei und können auch nicht leicht auf das persönliche Innenleben bezogen werden. Die objektive Wirklichkeit tritt deutlicher in diesem Text hervor.

Auf der physischen Ebene lässt sich hier ebenfalls erkennen, dass mit dem Text dem Einzelnen eine klare Formstruktur vermittelt wird. Der Leser kann sich nun ein erweitertes Bewusstsein bilden, wie Autorität im Leben erscheinen kann und wie diese durch Haben und Sein ihren Ausdruck erfährt. Die Formerkraftung bringt deshalb ein schönes Wesen in die Geburt und kann sich auf den Menschen mit geordneten Kräften verströmen.

Während es beim ersten Beispiel schon einmal sehr schwierig erscheint, das Ideal und den wirklich zugrunde liegenden Gedanken zu eruieren, der im Text offenbar werden soll, da dieser nämlich gar nicht richtig vorhanden ist, können bei dem zweiten Text ein Ideal und eine gedankliche Wirklichkeit, eine seelische Ordnung und eine nachfolgende physische Form des Gesagten deutlich erkannt werden. (16) Bei dem ersteren Beispiel gibt es tatsächlich keinen zentralen Gedanken, der wirklich einem Ideal entspricht.

(16) Natürlich sind Gedanken immer in einem Text enthalten, aber sie treten nicht deutlich hervor, sondern werden durch die mehr emotionale oder willentliche Ebene übertönt.

167

Die Schilderung ist nur eine Art Versuch, vielleicht sogar besser gesagt, eine Versuchung, etwas darzustellen, das in sich den Mangel erfährt, dass das gedachte und zugrunde liegende Ideal nicht wirklich mit der geistigen Welt und auch mit den seelischen Welten, das heißt auch nicht mit den kosmischen Realitätsprinzipien, in einem Zusammenhang gedacht wurde. Aus diesem Grunde ist in der Folge dieses ersten Textes deutlich, dass sich keine klare, aus dem Gedanken entstehende Gefühlsstruktur und schließlich zuletzt auch keine Formbildung im Sinne des physischen geordneten und vor allem freien Lebensumgangs entwickeln können. Es kann innerhalb der Pädagogik nur ein Fortschritt entstehen, wenn klare Gedanken, die eine Wahrheit und Existenz auch in der geistigen Welt besitzen, seelische Empfindungen, die sich auf geordnete und verbindende Weise unter Menschen zeigen, und Formstrukturen, die ein Inkarniertsein von den höheren Kräften, das heißt von den Gedanken und den Gefühlen, äußern, zur Darstellung gelangen.

Im Besonderen kann die gedankliche Wirklichkeit mit ihrer lichten Erscheinung in eine zunehmend wachsende Geburt finden, wenn man sie als eine schöpferische Dimension im Sinne einer wirklich bestehenden sensiblen Realität erfahren lernt. Im weiteren Verlauf lassen sich die Empfindungen, die in der Seele weben und leben, mit Interesse in ihrer kreativen Natur wahrnehmen und sie können entweder einen verbindenden oder einen trennenden, einen sympathischen oder antipathischen Charakter tragen. Die verschiedenen Formen, die schließlich als letztes Glied durch diese Gliederung langsam in ein Erleben geführt werden, geben durchaus einen Aufschluss, ob die Art des pädagogischen Schaffens mehr die gesundheitsfördernden oder die emotional bindenden Kräfte anspricht.

Bei der Betrachtung des Textes von Erich Fromm könnte nun jemand einwenden, dass ja mit diesem Text noch nichts Seelisches und auch noch keine geistige Wahrheit ausgedrückt ist, und man könnte meinen, dass bei dem ersteren Text von Marshall Rosenberg dies vielleicht mehr der Fall sein könnte, weil sich ja der Autor um die Wiederbelebung eines Gespräches bemüht und eine Methodik hereinführt, indem er die anderen Gesprächspartner aus ihrem gewohnten Ablauf herausreißt und er schließlich sein Kontaktbedürfnis einbringt. Wie auch immer jemand zu einem Urteil über die Dinge gelangt, hier in dieser Beschreibung soll der Gedanke als Realität im Sinne des möglichen Ideales aufgezeigt werden. Der wesentliche Unterschied zeigt sich deshalb hier in dieser Betrachtung, bei der auch die höhere Wirklichkeit des Menschen einbezogen wird, darin, dass man anhand von Erich Fromm im weiteren Verlauf eine wirkliche pädagogische Arbeit im Sinne von Haben oder Sein denken und weiterentwickeln kann, die eine freilassende, leichte und vom Persönlichen unabhängige Atmosphäre ermöglicht, während man im Sinne der so sehr in die Mitte gestellten Bedürfnisse und auch der verborgenen Anspruchshaltung, die derjenige, der das Gespräch unterbricht, mit seinem Ich konstatiert, nicht leicht eine wirkliche Thematik mit zufriedenstellenden, lichten Gedanken und auch mit verbindenden sympathischen Gefühlen entwickeln kann. Es fehlt nach dieser Analyse, wie sie hier getätigt wird, in diesem Text jenes Glied, das vom Geiste zur Seele fließt, es fehlt das Ideal des Gedankens in Übereinstimmung mit der seelisch-geistigen Entwicklung.

Die beiden Texte wurden aus diesem Grunde verglichen, um zu analysieren, wie eine Wesenheit, eine Kreation und eine Form mit den verschiedenen Aussagen erzeugt werden können. Die Spiritualität, um die es sich hier in dieser Schrift handelt und die in die Pädagogik auf möglichst konkrete, freilassende und doch existente Weise hineinfinden soll, benötigt den praktischen Umgang mit dem Existentsein des Gedankens und des Ideales, wie diese in ihrer Positionierung gedacht werden, und im weiteren Verlauf die ausreichende Logik in den Gefühlen. Schließlich können als Letztes jene Formen erzeugt werden, die in Übereinstimmung mit diesen oberen oder höheren Wesensanteilen des Gedanken- und Empfindungslebens des Menschen stehen.

Weiterhin könnte nun jemand die Kritik anbringen, dass ja die Bemühungen innerhalb der Gewaltfreien Kommunikation bereits ein größerer Fortschritt sind als all jenes intellektuelle Philosophieren und lebensfremde Intellektualisieren. Das Ziel dieser Ausführungen ist es nicht, zu einer trockenen und intellektuellen Strukturierung des Lebens zurückzukehren, sondern das Leben seelenvoller und durch die geistige Dimension freier zu machen. Ein Vergleich wie dieser soll in jedem Fall sachlich, nach bestem Gewissen und Einschätzungen aufzeigend, aber wertungsfrei und neutral bleiben.

In dieser Zeichnung sind vier verschiedene Ansätze ineinandergefügt. Natürlich muss sich jener, der zeichnet, auf einen dieser Ansätze einigen.

Eine Zeichnung, die die Jupiterphysiognomie
gut hervorbringen möchte, beginnt am besten mit
verschiedenen Bogengestaltungen.
Aus der Summe von metrischen Bögen entsteht
schließlich das „betonte Haupt" des Jupiters.

Physiognomie zum Jupiter

Der Jupiter
zeigt sich vor
allem an der Stirn.
Der Schwung von
den Brauen zur Na-
senwurzel hinunter ist
charakteristisch. Beim
Portrait von Sivananda
(S. 221) ist der stark vor-
herrschende Jupiter vor
allem an der Stirnbil-
dung zu beobachten. Das
bogenausbildende Prin-
zip, das ein Merkmal
des Jupiters ist, kann
beispielsweise auch an
den Haaren zum Aus-
druck kommen. Sie
liegen meistens in
einem Schwung,
aber glatt, ohne
Locken.

Klare Wintertage zeigen, wie auf der einen Seite der
Boden der Erde ruhig wird und wie andererseits im Kosmos
ein kristallklares, sensibles Licht leuchten kann.
Die Winterzeit ist eine kontemplative Zeit.

Die Phantasie und die Pädagogik des Mondes

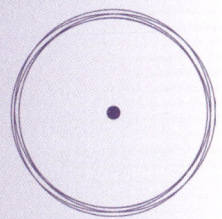

Von der Erde aus gesehen, zieht der Mond eine kreisähnliche Bahn.

Empfindungen zum Mond

*D*er Mond steht der Erde als Himmelskörper am nächsten. Er bewegt sich in einem noch relativ erdnahen Umfeld, man kann ihn als den vertrauten Begleiter der Erde empfinden. Neben der Sonne ist er der einzige Himmelskörper, der für das bloße Auge als ausgedehntes Objekt erscheint. Er spiegelt mit seinem von der Sonne reflektierten, eher kühlen Licht oft auch atmosphärische Verhältnisse der Erde in Verfärbungen wider, dies vor allem in den horizontnahen Positionen des Auf- und Unterganges. Sein Antlitz ist mit den Mondphasen in einem Zyklus in 29 Tagen einem ewigen Wechsel unterworfen, der Vielheit und rhythmische Veränderung zum Ausdruck bringt. Der Mond schafft mit diesen rhythmischen Phasen aber auch eine erste Ordnung und Ruhe, die sich zum Beispiel in der Zeiteinteilung nach Wochen und Monaten zeigt.*

1. Der meditative Gedanke

Das menschliche Haupt ist vergleichbar mit dem Boden der Erde. Dieses Haupt kann mehr von unruhigen Impulsen getrieben oder auch von einer natürlichen, kontemplativen Ruhe umwoben sein. Wenn das Haupt ruhig ist, wird auch der Körper ruhiger und entspannt. Eine kontemplative Sphäre ist auch eine entspannte Sphäre. Der Boden der Erde ist im Winter wie kontemplativ, da er eine Ruhe ausstrahlt. Im Geheimen seiner inneren Sphäre findet ein stilles, ungesehenes Wachsen statt. Es findet statt, während der ganze Boden im kontemplativen Schimmer der Winterkälte ruht.

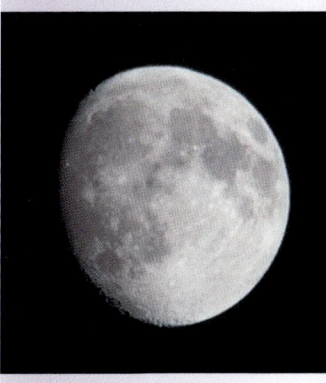

Jene Wachstumskräfte, die sich dann im Sommer aus dem Boden entfalten, sind nur die Ergebnisse, die aus der Wintersphäre, aus der stillen Kontemplation der ruhigen Erde entspringen. Eigentlich beschreiben sie schon das Ende des Wachsens oder das sichtbar gewordene Ergebnis eines vorhergegangenen tieferen Prozesses. Dieses Sprießen und Sprossen im Sommer äußert sich wie eine Willensregsamkeit der Erde. Es ist die Sphäre des Begehrens der Lebenskräfte sichtbar. Die Zweige und Blätter treiben aus, der grüne Gürtel der Erde verdichtet sich und der Boden gewinnt ein belebtes Antlitz. Diese Sphäre des sommerlichen Begehrens der Lebenskräfte steht im Gegensatz zur kontemplativen Sphäre der Ruhe im Winter.

Das eigentliche und wirkliche Wachsen aber findet bereits im Winter statt. Nur waltet es im Stillen, ohne Regsamkeit und sichtbare Bewegung. Das Grünen und Blühen zeigt bereits den Tod oder das Ende des Wachsens. Die Lebenskräfte erschöpfen sich, indem sie sich im aufwärtssteigenden Treiben nach außen verkünden. (1)

Im Menschen entsteht eine Kontemplation, sobald seine Willenskräfte in ihm zur Ruhe gelangen, wie dies in der Nacht geschieht, dann, wenn der Mond aufgeht. Die Schlafenszeit ist eigentlich die Phase seines Wachsens, während die Tagwachenszeit nur die Äußerungen dessen bringt, was sich in der Nacht an Wachstumskräften gesammelt und vorbereitet hat.

Die kontemplativen Phasen können aber von dem Menschen auch durch eine gezielte meditative Disziplin hergestellt werden. Je besser es dem Menschen gelingt, seine Begehrens- und Willenskräfte für Augenblicke zu drosseln, desto weniger steigen die Willens- und Emotionskräfte bis hinauf in das Haupt. Das Haupt wird dann freier, entspannter und der Mensch begibt sich, wenn er die Fähigkeit besitzt, wach zu bleiben und sein eigenes Bewusstsein zu beobachten und zu lenken, in eine besondere kreative Sphäre. Die kontemplative Sphäre kann in der Folge sehr positive Begehrens- oder Wachstumsprozesse vorbereiten. Je besser eine Schlaf- und Nachtphase ist, desto gesünder kann der Einzelne in den Tag hineingehen. Im gleichen Sinn bewirkt eine bewusst eingeschaltete kontemplative Phase während des Tages eine günstigere weitere Aktivitätsentwicklung. Ein Begehren, das für einen Moment sinnvoll zurückgehalten wird, kann schließlich zu einem glücklicheren Antrieb für die Zukunft beitragen. Es wird dann das Haupt wie der winterliche Boden der Erde, in sich selbst ruhend, kräftig und die Kreativität vorbereitend.

(1) Diese Umkehrung der Prinzipien, dass das Wachsen eigentlich im Winter stattfindet und das Sterben oder Vergehen im Sommer, entspricht einer rein geistigen Betrachtung der Verhältnisse. Äußerlich gesehen wachsen die Pflanzen bei der sommerlichen Wärme, während sie im Winter unter der Erde völlig still ruhen.

174

Diese Übung kann positive
Phantasiekräfte anregen.

Mit Hilfe einer Übung, wie aus einer linearen Bewegung zwei Bewegungen werden und wie wieder aus diesen zwei Bewegungen schließlich vier erkraften, kann sich der Betrachter eine lebendige Phantasie aneignen. Er erschafft in gedanklicher Vorstellung die fast nahezu wie unbegrenzt wirkende Wachstumskraft, die eine Pflanze von Natur aus in sich trägt. Erst das Licht der Sonne beginnt, dieses Wachstum zu formen und schließlich auch in genau bemessenem Maße zu begrenzen.

2. Die Wesen des Mondes

Jene Wesen, die dem Mond entsprechen, führen eine Art Fruchtbarkeit in die Erde. Sie werden wach, wenn ein Wassertropfen von oben nach unten in die Erde fällt. Die Mondenwesen nehmen ihn dankbar auf und bilden ihren Leib mit diesem. Im Äußeren der Sinnesbeobachtung verliert sich dieser Wassertropfen innerhalb der Erdensphäre, wie es sich beispielsweise durch Versickerung oder durch Zerstäubung zeigt. Das Wasser ist ein bewegtes, auf- und abgleitendes Element. Durch die Mondenwesen schließt sich das Wasser in den Erdboden ein. Die feucht gewordene Erde wird schwerer, behäbiger und sammelt sich zum Keimen. Jene Wesen, die dem Mond entsprechen, behäbig und wie ein runder Bauch, bringen eine Fruchtbarkeit in die irdische Welt und suchen zuerst unterhalb der festen Oberfläche die unmittelbarste Verbindung mit dem Boden. Sie helfen den Pflanzen, die Wurzeln auszubilden. Diese Wurzeln tragen eine Fülle an Substanz und urbildlicher Kraft in sich, aus der schließlich das weitere Wachstum nach oben entspringen kann.

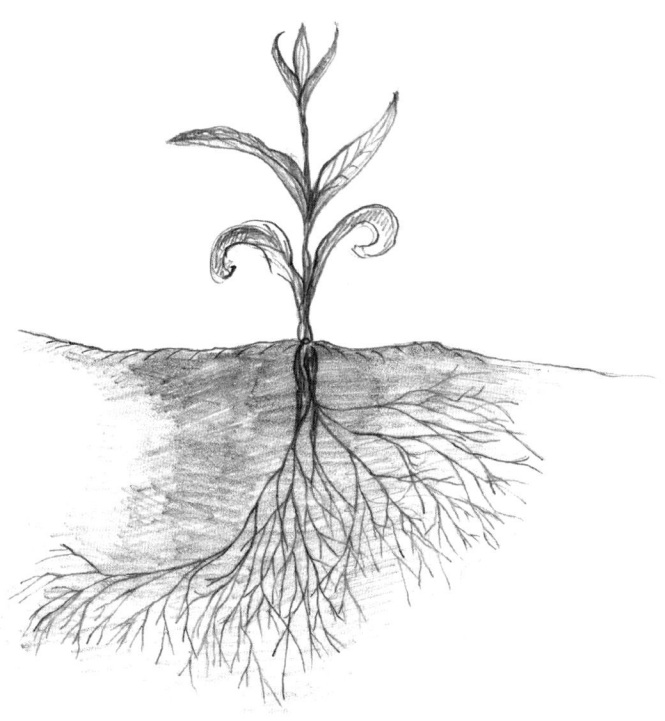

Die Mondenkräfte wirken vor allem an der Wurzelbildung der Pflanzen.

Die Bewegungen, welche die Mondenwesen vollbringen, sind sehr eigenartig, denn sie erschaffen aus der Einzelheit die Vielheit und sie führen gerade durch das Wachstum, das sie mit beständig ausströmender Kraft fördern, eine wirkliche lebendige Sphäre in die Natur. Die Wurzel aber ist ein Ausdruck der Kräfte des Mondes und diese bildet den Anfang jenes Lebendigseins oder, anders ausgedrückt, sie bildet mehr die kontemplative Sphäre. Je kräftiger und gesünder die Wurzeln in der Erde ruhen, desto mächtiger können sich in der Folge die Wachstumsprozesse bei geeigneten Bedingungen nach oben entfalten. Die Kraft aber, die unter der Erde ruht, bleibt gewissermaßen kontemplativ, sie bleibt ungesehen, und die Mondenstrahlen dringen bis unter die Oberfläche der Erde zu ihr hinab.

176

Während die Sonne in Unmittelbarkeit die Erdoberfläche erhellt, so kann man sagen, dass in einem Gegensatz der Mond mit seinem wesenhaften und förmlich magischen Einsatz weniger an der Erdoberfläche interessiert ist, sondern an den erdentiefen Strukturen. Lässt man in einer klaren Nacht das Mondenlicht auf sich wirken, bemerkt man, wie es auch in die Tiefe des Leibes diffus und formlos hineindringt. Es lädt die Erde oder auch den Körper mit Begehrenskräften auf.

Der Mensch kann, wie es in der Anthroposophie unterschieden wird, nach drei Gliedern unterteilt werden: nach einem oberen Menschen mit dem Kopfbereich, einem Stoffwechselsystem, das den unteren Menschen konsolidiert, und einer Mitte mit Anteilen von beiden, den oberen und den unteren Hälften. Im Sinne einer Zuordnung zur Pflanze muss man entweder die Pflanze oder den Menschen umkehren. Die Wurzel ist dann im Kopf und der Blütenpol im Stoffwechsel. Die Blätter umschließen die menschliche Mitte. Eine gesunde wurzelhafte Grundlage lässt sich in der menschlichen Anatomie nach dieser Umkehrung wiederentdecken, wenn man das Nervensystem und ganz besonders das Gehirn in eine nähere Betrachtung rückt. Eine wirkliche wachsende und fruchtbare Bewusstseinskraft mit klaren und bewegten Gedanken entsteht dann, wenn das Gehirn des Menschen nicht zu sehr überladen wird, sondern in einer beschaulichen Ruhe mit entspannten Bedingungen regenerieren kann. Solange Unruhezustände das Gemüt peinigen, kann diese natürliche, geordnete und beschauliche Gedankenkraft des Menschen nicht günstig zur Entfaltung kommen. Die Wurzelgrundlage, die im menschlichen Gehirn ruht, muss gewissermaßen wie unter der Erde seine Heimat beziehen. Sie muss immer wieder einmal kontemplativ werden, damit aus dieser beschaulichen Tiefe schließlich die geordnete Phantasie und Lebendigkeit der Gedankenkraft wachsen kann.

Die Mondenwesen wirken wie die Farbe Violett. Sie wirken nicht gerade sehr strukturfördernd, sondern füllig. Sie lieben das Prinzip der Wiederholung und führen durch die Kraft ihres ureigenen Antriebes aus dem Bisherigen ein ähnliches Nächstes herbei. Der Mond fördert die Fruchtbarkeit nicht nur im Sinne des pflanzlichen Wachstums, er fördert auch das Wachsen im Sinne der Phantasiekräfte, der produktiven Erfinderkräfte und lebendigen Fülle des Lebens.

Eine typische Mondenpflanze ist beispielsweise die Thuja oder auch auf der Wiese der Frauenmantel. Bei diesen Pflanzen sieht man, wie sie sich lebendig vermehren möchten. Die Mondenwesen nützen das Element des Wassers und dehnen sich in alle Richtungen, horizontal, nach oben und meistens auch in Form von Kreisen wie auch spiralförmigen Bewegungen aus. Will sich jemand darin üben, die Wirkungen des Mondes zu empfinden, so ist es günstig, wenn er den Mond am nächtlichen Himmel beobachtet und sich ein Bewusstsein darüber aneignet, wie die reflektierenden Strahlen auf die Erde wirken und diese durchdringen. Bei dieser Beobachtung kann die Vorstellung reifen, wie sich die Erde selbst auflädt, damit sich aus dieser schließlich, dann, wenn die wärmenden Tage kommen, das Wachstum entfaltet. Eine Kraft webt und lebt wie eine Art Begehren in diesen Wesen. (2)

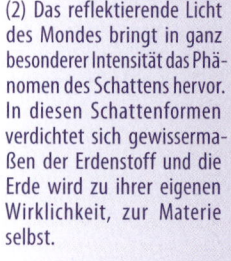

(2) Das reflektierende Licht des Mondes bringt in ganz besonderer Intensität das Phänomen des Schattens hervor. In diesen Schattenformen verdichtet sich gewissermaßen der Erdenstoff und die Erde wird zu ihrer eigenen Wirklichkeit, zur Materie selbst.

Für die direkten Wachstumsprozesse kann sich der so Übende vorstellen, dass aus einem Zweig zwei werden und schließlich aus zwei Zweigen durch Teilung wieder vier und aus vier wiederum acht. Das Wachstum aber findet nicht in linearer Weise statt, sondern im Gesamten in spiralförmigen und sich rundenden Bewegungen, die den ganzen Raum horizontal und vertikal einnehmen.

3. Das Substantiv im Verhältnis zum Verb

Ein Substantiv, ein Hauptwort, beschreibt einen Vorstellungsinhalt, der in sich selbst eine Erfahrung, eine Wahrheit oder ein vorangegangenes Tätigsein beinhaltet. So wie das menschliche Haupt eigentlich das Ergebnis von verschiedenen Kräftewirkungen ist, so ist auch jeder gewordene Gegenstand aus einem Tätigsein oder aus verschiedenen bildenden und schaffenden Kräften entstanden. Leider aber werden die Hauptwörter heute durch ein oberflächliches Umgehen mit der Sprache und auch mit den verschiedenen Beziehungen im Leben nicht mehr ganz zum Gegenstand einer Sache und sie werden auch zu sehr in eine materialistische Verwendung gebracht. Grundsätzlich wäre aber jeder Gegenstand wie eine Wurzel, die eine bestimmte Ordnung und eine substanzielle, zur Materie gewordene Wirklichkeit beschreibt. Wie häufig verbinden Menschen mit einem Gegenstand nicht mehr wirklich dasjenige, was in diesem ursprünglich angelegt und eingewurzelt wurde. Wer heute beispielsweise an das Wort „Entspannung" denkt, meint eventuell einen Zustand des Gutgehens, des Sich-Fallenlassens in der Freizeit. Er meint damit sogar mehr ein sogenanntes Ausspannen im Sinne von „Wellness und Relax". Weniger wird er wohl an die Kunst des Entspanntseins denken, die darin wurzelt, dass der Mensch fähig ist, sein Denken frei zu bewegen, sein Fühlen natürlich, besonnen und beschaulich zu erleben und seinen Willen integriert und zielsicher zu tätigen. Ein Substantiv ist deshalb zahlreichen Entfremdungen und Nivellierungen ausgesetzt und kann in diesem Sinne nicht mehr eine ausreichende, das Leben stabilisierende und verankernde Grundlage für den Menschen geben. (3)

(3) Man kann die einzelnen Wortarten, wie Substantive, Verben usw. nicht pauschal den einzelnen Planeten zuordnen. Vielmehr hängt die Wirksamkeit des Planeten von der Art und Weise ab, wie der Pädagoge das einzelne Wort gebraucht.

Jedes Substantiv, das durch das menschliche Bewusstsein oder durch die menschliche Entwicklung in unterschiedliche Dimensionen ausgeprägt werden kann, trägt die genaue Wirkungskraft in sich, die diesem durch das mögliche Bewusstsein beigemessen wird. Das Verb geht dem Substantiv voraus und dieses ist mehr die bewegte geistige Kraft, die sich schließlich in der Wurzel des

(4) Eine Sprache, die zu wenige Substantive besitzt, kann sich nicht so gut im Leben im Sinne der Konkretisierung ausdrücken. Fehlen aber die bewegten Verben und die charakterisierenden Adjektive, so wird eine Sprache in der Regel intellektualistisch hart und zu sehr materiell.

(5) So wie ein Same zum Boden fällt, gleich wie das Verbum, dort Wurzeln schlägt und sich daraus eine Pflanze im Wachstum vervielfältigt, so kann auch gleichermaßen das Hauptwort und seine rechte Verwurzelung einen Bewusstseinswachstumsprozess mit einer schöpferischen Phantasie und reichhaltigen Vielheit entstehen lassen. Die Phantasie, die durch ein Hauptwort verwurzelt ist, entfremdet sich dann nicht mehr in Phantasterei, Ausschweifung oder Emotionalität. Sie wird zur wachsenden Kraft des Lebens, die das Menschsein zu neuen Horizonten, zu Vielseitigkeit und Lebendigkeit führt.

Die Erde ist im Winter am intensivsten dem Vollmondlicht ausgesetzt. Der Vollmond beschreibt im Winter einen hohen, weiten Bogen über dem Horizont, während die Sonne kurz und flacher über ihn zieht.

Hauptwortes aufspeichert. Es ist leicht zu erkennen, wie dem „Gebäude" das Verb „bauen" vorausgeht. Bei vielen anderen Hauptwörtern ist es schwieriger, denn nicht immer erscheint auf sichtbare Weise das Verb im Substantiv. (4)

Jene stabilisierende und tragende Wirkungskraft, die im Substantiv lebt, kann wohl am besten zu den Mitmenschen ausstrahlen, wenn keine zu großen Entfremdungen seinen eigentlichen inneren Sinn verzerren. Sobald das Substantiv mit Inhalt und Bedeutung an die richtige Stelle des Lebens gerückt wird, können sich in der Folge die Kräfte der Phantasie und des Wachstums entfalten. Es bildet tatsächlich das Substantiv die Wurzel im Boden oder in der Erde, und so bildet jedes Hauptwort einen materiellen Ankergrund für die Sprache. In der folgenden Betrachtung sollte ein Bewusstsein entstehen, dass die Verben die bewegten Kräfte des Lebens sind, gewissermaßen die bildenden Kräfte, und die Substantive diejenigen Worte darstellen, die das Leben und seinen Geist in der Erde verankern. Die Aufmerksamkeit wird deshalb auf die sorgfältige Verwendung, Beobachtung und Wahrnehmung zu den Substantiven gelenkt. Indem diese Tätigkeit mit einer größeren Wahrnehmungsintention auf die Glieder der Sprache erfolgt, entwickelt sich eine Art günstigere Wurzelbildung mit einer wachsenden kontemplativen Sphäre. (5)

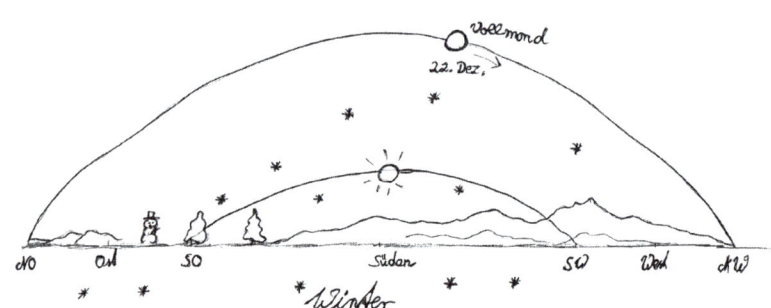

Mit Hilfe der Pädagogik, die aus den Seelenempfindungen des Mondes abgeleitet ist, wird gewissermaßen der Sommer für einen kurzen Moment zum Winter. Die Himmelskörper Sonne und Mond offenbaren sich innerhalb der Jahreszeiten auf sehr unterschiedliche Weise. Im Winter steht die Sonne tief im Süden und besitzt einen kleinen Kreislauf, während der Mond höher und erhabener seine Bahn zieht. Bei der mondgeprägten Pädagogik wird in einem vergleichbaren, allegorischen Sinn mit Hilfe des Substantives dieser Mond wie im Winter zu einer großen erhabenen Bewegung gebracht. Das Substantiv erscheint mit seinem materiellen und kräftigen Charakter wie groß am Firmament stehend.

4. Die Vorbereitung für den Unterricht und die Entwicklung eines Substantives, aus dem schließlich eine aufsteigende, lebendige Phantasie entstehen kann

Für den Unterricht erscheint es mit manchen wohlgewählten Gesten sinnvoll, die Ketten der natürlichen Intellektualität und des Wissens durch bestimmte, sehr klar dargelegte und wiederholt eruierte Substantive zu unterbrechen. Eine ähnliche Maßnahme wurde bereits in der merkurialen Pädagogik skizziert. Bei dem merkurialen pädagogischen Ansatz kehrt der Pädagoge zu einer Vereinfachung und noch einmal besseren Grundlegung eines Begriffes, das heißt zu einem genaueren Charakterisieren des wesentlichen Wortes, zurück. Hier in dieser Darstellung, die mehr die kontemplative Seite des Begriffes oder Substantives betont, wird eine besondere Aufmerksamkeit geschult, die in der Folge von verschiedenen Betrachtungen eine größere Gesamtsphäre für die Entwicklung der Phantasie ermöglicht.

Indem sich beispielsweise der Lehrer vergegenwärtigt, dass viele Worte emotional-intuitiv und ohne genaueres inhaltliches Vorstellen gebraucht werden, kann er gerade dahingehend mit einem Bewusstsein wirken, dass die Schüler oder die Zuhörer eine sehr gute und exakte Wahrnehmung zu den gegenständlichen und wirklichen Tatsachen finden. Es lässt sich auch der Begriff ähnlich wie in der merkurialen Pädagogik mehr bis zu seiner urbildlichen Bedeutung zurückverfolgen. Die Unterrichtsform, die auf diese Weise entwickelt wird, kann im weitesten Sinn dahingehend verstanden werden, dass der Lehrer eine Art besondere Kontemplationssphäre eröffnet, die das besagte Wort, um welches es sich handelt, richtiggehend zur Ruhe oder fast bis zur sensiblen unmittelbaren Greifbarkeit führt. Er verwurzelt es. (6) Er darf hierzu keine intellektuellen Überladungen, vorschnellen Interpretationen oder emotionalen Reaktionen, die in Form von Assoziationen dem Wort sogleich beigefügt werden, dulden. Die Pädagogik, die er anwendet, ist tatsächlich mit außerordentlicher Gelassenheit und Ruhe zu vollbringen. Aus der Ruhe kann schließlich ein Bild aus sich selbst heraus erwachen. Der Lehrer muss gewissermaßen für Momente die Geschwindigkeit des Unterrichtes drosseln, allen Leistungsdruck beiseite lassen und die Geschäftigkeit des emotionalen oder intellektuellen Interpretierens zur ganzen Relativität werden lassen. Nur das Gegenständliche zählt für einen Moment und dieses soll in die Wahrnehmung rücken. Im Gegenständlichen lebt ein verborgenes Bild oder vorhergegangenes Tätigsein und dieses will sich mit seiner

(6) Eine kontemplative Sphäre muss der Lehrer nicht durch das Anzünden einer Kerze fördern. Diese Maßnahme würde jeglichen Sinn verfehlen. Vielmehr muss er die Substantive ganz auf den Boden der realen Greifbarkeit bringen. Gelingt ihm dieses, erschafft er eine ruhige Sphäre, die dem kontemplativen Betrachten offen ist.

Wirklichkeit in seiner möglichen Phantasie aussprechen. Das Substantiv soll aber zuerst ganz auf den Boden kommen, es soll ganz in die Mitte des Empfindens und Wahrnehmens wie eine Art Kontemplationsobjekt rücken.

Für die Durchführung dieser Disziplin braucht der Lehrer eine besondere Beharrungsfähigkeit und er muss durchaus auch die geduldige Ausdauer seiner Zuhörer oder Schüler beanspruchen. Jedoch sollte die pädagogische Maßnahme nicht in nervösen Strapazen enden, sondern sie sollte lediglich eine spannende, aber doch beruhigende Kontemplationssphäre eröffnen. Gewissermaßen erschafft er den Gegenstand zur Anschauung und nimmt von diesem alle Überladungen, Vorurteile und alles Befangensein hinweg. Er bemüht sich mehr, das Substanzielle des Wortes, das eigentliche mögliche Urbild dieses Wortes in die Mitte zu rücken. Er lenkt dadurch die Aufmerksamkeit auf eine unmittelbare Konkretheit und erschafft mit diesem Bewusstsein eine vorbildliche Ruhe. (7)

(7) Viele Personen sprechen immer von dem Präsentsein, dem Gegenwärtigsein. Indem ein Lehrer ein Substantiv richtig in die Betrachtung und urbildliche Ordnung führen lernt, wird er bemerken, wie jene bewusste Gegenwärtigkeit im Sinne eines wachen Spannungsmomentes bei seinen Zuhörern entsteht.

Nachdem dieser erste Schritt des bewussten Erwachens einer interessierten Ruhe geschaffen wurde, einer Ruhe, die sich anhand des dargelegten und in die Mitte gerückten Gegenstandes ergibt, kann der Lehrer schließlich dazu übergehen, die Phantasie seiner Schüler möglichst frei, konkret und weit anzuregen. So wie ein Same, der in der Erde keimt, bald mit einer Pflanze durch die Oberfläche schlägt und Stängel und Blätter hervorbringt, so bringt auch der kontemplative Rahmen des Unterrichtes eine vielseitige, anregende Phantasie hervor. In einer praktischen Weise kann diese nun jene natürliche Anregung erfahren, die sowohl den Kindern im zweiten Lebensjahrsiebt, den Jugendlichen und auch den Erwachsenen einen natürlichen Aufbau spendet. Die Anregung der Phantasie geschieht auf konkrete und sehr einfache Weise. Sie ist nicht zu verwechseln mit phantastischen Traumreisen, die heute auch gerne im Unterricht zur Entspannung angeleitet werden. Die Phantasie selbst ist eine beflügelnde Kraft, die sich durch ihre eigene Fülle und Lebendigkeit eine Berechtigung im Leben verschafft.

5. Die methodische Umsetzung einer auf Kontemplation aufgebauten Pädagogik

Der Pädagoge geht in die Klasse und nimmt sich vor, dass er aufgrund eines sorgfältig ausgewählten Gegenstandes die vorstellende Phantasie der Kinder zu einem günstigen Aufbau führt. Hierzu muss er sich bewusst werden, dass der erste gewählte Wortinhalt wie eine Wurzelgrundlage gelten soll, auf dem sich alle weitere Phantasie erbauen kann.

Er wählt beispielsweise das Wort „Haus", schreibt sogar dieses Wort an die Tafel und unterstreicht es. Es handelt sich um Schüler einer ersten, zweiten oder auch späteren Klasse. Nachdem er es ohne Interpretation angeschrieben und erwähnt hat, wiederholt er dieses Wort „ein Haus" und wendet sich fast wie fragend und unsicher an die Schüler der Klasse: „Ein Haus", und artikuliert es mit Handgesten. Die Kinder werden den Lehrer im Moment anblicken und gar nicht so leicht enträtseln können, warum er dieses Wort, das jeder kennt, so langatmig hinstellt. Gerade aber in dieser bewussten methodischen Anwendung, das normale leistungsorientierte Tempo des Unterrichtes zu drosseln und etwas Zeit vergehen zu lassen, damit jedes der Kinder eine für sich zugängliche Vorstellung des Hauses bilden kann, erscheint für die Entwicklung einer Betrachtungssphäre wertvoll. Das Wort „Haus" gelangt in die Empfindsamkeit und auch auf den Boden der realen Wahrnehmung. Vielleicht mögen sich manche Kinder einen Palast vorstellen und wieder andere ein kleines idyllisches Häuschen. Je nachdem, wie und in welcher Wahrnehmungsumgebung die Kinder aufgewachsen sind und mit Wohlstand verwöhnt oder entwöhnt wurden, stellen sie sich in der Regel das Haus vor. Es kann in dieser Zeit, die bewusst etwas ausgedehnt wird, jedenfalls eine wahrnehmende Vorstellung bei den Kindern erwachen. Die Kinder erhalten den Faktor der Zeit.

Langsam kann aus dieser beharrlichen und betrachtenden Wahrnehmung die weitere naive Frage entstehen: „Habt ihr schon einmal ein Haus gesehen?". Wieder blicken die Kinder mit großen Augen und antworten: „Sicherlich!" und wundern sich insgeheim, warum der Lehrer solch eine eigenartige Frage stellt. Wieder vergehen Augenblicke, die sich immer mehr mit Neugierde aufladen. Indem der Pädagoge dieses Substantiv, zu dem es unterschiedliche Vorstellungen gibt, ausreichend betont und Momente des neugierigen Abwartens entwickelt, entsteht eine Atmosphäre, bei der sich die Kinder ein Haus nach ihrer Phantasie bildlich vergegenwärtigen. Schließlich kommt die nächste Frage: „Was ist ein Haus?".

Noch immer drosselt der Lehrer die Geschwindigkeit des schnellen Definierens und selbst dann, wenn ein Schüler sagt: „Ein Haus ist etwas zum Wohnen, wo es Fenster, Türen und ein Dach darüber gibt.", wird der Lehrer nicht sogleich sagen: „Richtig", sondern er wird höchstens die Antwort des Schülers wiederholen und sie wieder wie fragend im Raume belassen. Noch keine der Antworten ist bisher ausgesprochen. Das Haus als Gegenstand erhält eine Art kontemplative Mitte. Der Gegenstand bleibt in einer freien Phantasie.

Nachdem ein bis drei Minuten für diese Vorbereitung entwickelt wurden, geht der Lehrer natürlich auf nächste Schritte über und lässt die Schüler ihre Phantasie mit Hilfe einiger weniger zurückhaltender, weiterer Fragen entfalten. „Haben Tiere auch ein Haus?... Die Schnecke?... Hat der Hund ebenfalls mit seiner Hütte ein Haus?" Die Phantasie der Kinder kann nun langsam zur Entfaltung kommen. „Wo überall gibt es Häuser und wie zeigen sich diese in ihrer verschiedenen Vielfalt?... Das Fabrikgebäude ist eine andere Form des Hauses als das Wohnhaus und das Hotel ist wieder anders als das Schulhaus." Von dem ursprünglichen Substantiv des Hauses kann der Schüler schließlich seine Phantasie entfalten und eine Empfindung in vielseitiger Weise kreieren. Ein Haus wird lichter durch die Fenster, und schließlich kann das Haus eine Geborgenheit geben, in der sich der Einzelne aufgenommen und wohl fühlt. Ein Haus ist jedenfalls ein Ort, in dem sich ein lebendiges menschliches oder vielleicht im erweiterten Sinn sogar ein tierisches Geschöpf behütet fühlt. Im Haus fühlt sich der Mensch wohnend und aufgenommen. (8)

Die Entfaltung der Phantasie soll durch ein regsames Teilnehmen der Kinder entstehen und es ist günstig, wenn der Pädagoge möglichst wenige Bewertungen in die Aussagen hineinführt und das ganze Mitbeteiligtsein der Kinder immer wieder zurücklenkt auf den ursprünglichen Begriff. Sagt ein Knabe: „Für mich ist auch ein Berg wie ein Haus", so kann der Lehrer ihn natürlich schon fragen, ob er auch dort im Winter bleiben möchte, denn er wird wohl doch etwas frieren müssen und das schöne Dach und den warmen Ofen vermissen. „Ein Haus", so führt der Lehrer zurück, „ist in der Regel von menschlicher Hand errichtet und bietet das rechte und angemessene Wohnen. Das Haus ist deshalb kein Berg." Der Pädagoge führt immer wieder die Phantasie von der zu weiten Ausschweifung zurück zum eigentlichen realen Ursprung.

(8) Ethymologisch entsteht das Wort „Haus" aus dem Empfinden des Behütetseins, des Aufgenommen- und des Geborgenseins. Ein Haus gibt dem Menschen eine rechte kulturelle Umhüllung. Das Wort „hausen" gibt es eigentlich nicht, sondern man muss von dem Verb „Aufnehmen" ausgehen. Es ist günstig, wenn sich der Pädagoge in seiner Unterrichtsvorbereitung dieses Zusammenhanges bewusst ist.

6. Die Mondenpädagogik in der Erwachsenenbildung

Die Form der Kontemplation, die mit einem Substantiv verbunden ist, kann ganz besonders auch der Rhetoriker und Referent eines Vortrages für sich nutzen. Dieser betritt den Raum und steht nun vor einem größeren Publikum, für das er eine entsprechende Fachrede vorbereitet hat. Er könnte nun sofort mit seinen Themeninhalten beginnen und damit unmittelbar nach einigen Begrüßungsworten die Sache zielstrebig charakterisieren und definieren. Wenn er aber einen kontemplativen Charakter am Anfang seines Vortrages herbeiführen möchte, nimmt er nach einer kurzen Begrüßung eventuell eine Kreide in die Hand und schreibt in aller Klarheit und Ruhe das Thema seines Vortrages mit entscheidenden Begriffen, die dann wesentlich zu eruieren sind, an die Tafel. Nachdem er dieses ruhige, um es nicht zu übertrieben auszudrücken, Ritual vollbracht hat, kann er sogar die Stimmung der kontemplativen Aufmerksamkeit weitergehend fördern, indem er auf das Thema hinweist und es noch einmal mit der Beifügung wiederholt: „Das ist ein geheimnisvolles Thema." Mit dieser anfänglichen, bewusst gewählten Wahrnehmung zu einigen gezielt angeschriebenen Worten fördert er den Faktor der Zeit, der schließlich die Phantasie wie auch die Neugierde zu einem gewissen Eigeninteresse anregt.

Es kann mit dieser Art bewussten Wahl der Themenworte, die zielsicher eine wesentliche Aussage in sich kreieren, eine Sphäre ohne thematische Aussage eröffnet werden, die im Nachhinein die Phantasie beflügelt. Will der Rhetoriker die Spannung weiterhin erzeugen, lässt er das Thema wirken und sagt hinzu: „Wenn ich hier von einem Geheimnis spreche, meine ich tatsächlich ein Geheimnis..." Diese hier dargestellte Pädagogik will aber nicht zum Träumen verleiten, sondern sie will das Gegenständliche näher und mit Spannung in die Gegenwart rücken und sie will deshalb eine geeignete Betrachtungssphäre für die Phantasie eröffnen. Bevor nun die weiteren Charakterisierungen erfolgen, kann sich der Vortragende auch der Methodik bedienen, in kurzen und klaren Formen seinen Gegenstand in jene Richtung zu beschreiben, die nicht gemeint sein wird. Es sagt beispielsweise der Arzt als Vortragender: „Wenn wir heute das Thema der Gesundheit behandeln, so wollen wir aber nicht über Krankheiten, sondern wir wollen wirklich über die Gesundheit sprechen, soweit wir überhaupt noch wissen, was das ist."

Die Realität eines Gegenstandes rückt nahezu wie urbildlich und greifbar in die Mitte. „Die Gesundheit... Spricht jemand überhaupt über die wirkliche Gesundheit?" Für die anfängliche Darstellung des Themas müssen manche intellektuelle Überladungen mit zu vielen Bildern und Vorstellungen zurückgehalten werden. Fast wie naiv spricht sich der Redner zu dem Gegenstand seiner Sache aus. Natürlich darf der Vortragende nicht bei dieser naiven oder vereinfachten Maßnahme stehenbleiben, sondern er wird weiterhin seine fachliche Schilderung entfalten und inhaltliche Darlegungen referieren, die eventuell aber dann im Schlussteil des Vortrages sehr nahe und konkret eine Art gesteigerte Wiederholung zu der anfänglichen Betrachtungssphäre, die wie geheimnisvoll in den Raum gebracht wurde, geben.

Eine mögliche sinnvolle Betrachtung, die ein Thema mit seiner Vielseitigkeit in das Zentrum rückt, entsteht durchaus auch dann, wenn der Vortragende seinen Begriff an die Tafel schreibt und sich dann mit ausgewählten Fragen an das Publikum richtet. Spricht der Arzt über die Gesundheit in physischer und psychischer Hinsicht, so weiß er, dass in einem Publikum sicherlich sehr unterschiedliche Assoziationen mit positiven und negativen Bewertungen vorhanden sind. Mit Hilfe der Frage, was die Zuhörer bisher unter dem Begriff der Gesundheit in physischer und psychischer Hinsicht verstehen, kann schließlich aus aller Vielseitigkeit der Vorstellungsinhalte der Vortragende zu seinem Kerninhalt mit den wesentlichsten Aussagen zurückkehren. Er beginnt methodisch seinen Gegenstand der Betrachtung auf den Boden zu bringen. Er verwurzelt ihn an einer für ihn angemessenen Stelle. Bevor die Ausführungen in das Detail und in die Tiefe der Fachkunde kommen, wird der Gegenstand der Betrachtung zum wirklich anschaulichen Gegenstand. Ein Gespräch, das sich innerhalb eines Vortrages entwickelt, gewinnt durch die Konkretisierung des Substantives und seine klare Einordnung eine natürliche und offenere Betrachtung. Eine tolerante Vielseitigkeit und gleichzeitige Konkretisierung zum Wesentlichen können im Sinne dieser pädagogischen Kunst zur Verbindung gelangen.

Das Thema über die psychische und physische Gesundheit, das immer vielseitig ist, so vielseitig, dass es sicherlich nicht an einem Abend zu bewältigen ist, sollte auch im einzelnen Zuhörer eine Phantasie anregen. Je besser und klarer der Gegenstand der Betrachtung in die Mitte rückt, und die Gesundheit als solche kann ein Gegenstand der Betrachtung sein, desto leichter fällt es dem Zuhörer, von diesem ausgehend weitere Ideen und Vorstellungen zu entwickeln. Das Thema „psychische und physische Gesundheit" kann schließlich nicht allein mit zwei Sätzen eine vollendete Definition erhalten. Eine rege Phantasie zur Konkretisierung der Möglichkeiten ist in jeder Weise nötig. Diese Entwicklung des

Gegenständlichen zur richtigen Betrachtung ist wirklich wie das Wachsen eines Baumes, der sich klar verwurzelt und ein breit gefächertes Laubwerk mit verschiedensten Zweigen hervorbringt. Die Phantasie, die in diesem möglichen freien Rahmen entsteht, kann das Bewusstsein anregen und zugleich das Gehirn als physischen Organisationsapparat beruhigen. Der Kopf des Menschen sollte nicht „rauchen", wie dies umgangssprachlich ausgedrückt wird, sondern er soll eine Wurzelgrundlage mit Hilfe des substanziellen Betrachtungsobjektes bilden, und von diesem und seiner realen Boden- und Seinsnähe ausgehend sollte sich das weitere aufstrebende Blattwerk der Phantasie entfalten.

7. Ein Beispiel aus dem Physik- und Mathematikunterricht

Der Physiklehrer weiß, dass die räumliche Wirklichkeit sowohl abstrakt als auch praktisch und real wahrgenommen werden kann. Da die Problematik besteht, dass die Schüler beispielsweise den Begriff „Raum" nur noch in der Abstraktion kennen und sich selbst gar nicht mehr im räumlichen Dasein des Lebens wahrnehmen, muss der Lehrer förmlich eine empfindsame und kontemplative Sphäre eröffnen, die den Raum wieder als ganz praktische Wirklichkeit hereinführt. Er tritt beispielsweise vor die Klasse und bittet die Schüler, sich für einen Moment von den Stühlen zu erheben. Mit einer Gestikulation der Arme, die er weit öffnend ausgleiten lässt, unterstreicht er den Begriff und sagt: „Der Raum." Schließlich ergänzt er seinen ersten Begriff mit einer weiteren ausschweifenden Handgeste und auch mit einer Führung des Kopfes in diverse Richtungen und sagt: „Der große, universale Raum." Er erklärt aber vorerst nicht sehr viel hinzu, sondern bleibt in dieser kurzen wahrnehmenden Empfindung. Dann geht er zur Tafel und schreibt den Begriff „Raum" ausreichend groß an. Jeder einzelne Zuhörer wird sich natürlich fragen, warum der Physiklehrer ein so großes Geheimnis aus solch einem einfachen Begriff macht. Schließlich sagt der Lehrer: „Jeder kennt den Raum und dennoch kennt ihn niemand."

Ein Physiklehrer kann sich weitaus besser in seinem schwierigen Fachgebiet ausdrücken, wenn er das Gegenständliche, das er unterrichtet, in die ausreichend klare Anschauung führen kann. Fast immer lernen die Studenten die verschiedensten Formeln und Berechnungsmethoden und fühlen sich aber dennoch der Wirklichkeit ihres Gegenstandes fremd gegenüber. Durch die Eingebundenheit

(9) Die Übung mit der weiten Handgeste befindet sich in dem Buch „Die Seelendimension des Yoga". Der Körper als eigener irdischer Raum kann sich im Verhältnis zu einem großen Individualraum fühlen. Heute weiß man nicht mehr, dass das Wort „Raum" aus dem Bewusstsein des Werdens einer physischen Wirklichkeit entspricht. Der Ethymologie lässt sich heute nur noch entnehmen, dass das Wort Raum aus „öffnen" entsteht. Grundsätzlich kann dieses Öffnen dahingehend verstanden werden, dass der Einzelne sich wieder eines Universalraumes oder eines größeren Außens bewusst wird und damit seinen eigenen Raum im Inneren wahrnimmt.

im Körper besteht beispielsweise im einzelnen, individuellen Bewusstsein kaum mehr eine ausreichende Wahrnehmung für einen großen, bestehenden Universalraum. Indem aber der Einzelne den großen Universalraum nicht wahrnimmt, nimmt er schließlich in der irdischen Welt nicht mehr ausreichend an den räumlichen Empfindungen seines Daseins teil. Dieser Mangel an räumlichen Empfindungen führt im Allgemeinen zu einem viel stärkeren Auffluten von Ängsten. Der Einzelne fühlt sich gar nicht mehr konkret im Räumlichen, das heißt im physischen Dasein des Lebens aufgenommen. In langsamer Weise kann ein guter Pädagoge diese Empfindungen wieder mit geeigneten Worten und einigen Gesten in die wahrnehmende Wirklichkeit führen. (9)

Indem der Lehrer nur die Gegenständlichkeit zur konkreten Betrachtung eröffnet, sie mit einigen wenigen kurzen Wiederholungen unterstreicht, kann er in weiterer Ausführung zur physikalisch-mathematischen Unterrichtsführung übergehen. Er benötigt nun für die folgenden abstrakten Darstellungen nicht zu viele Interpretationen, denn er kann die Zweidimensionalität und die Dreidimensionalität auf sehr anschauliche Weise unterrichten. Die Phantasie, die auch auf dieser Grundlage, die mit dem Begriff „Raum" empfindungsmäßig geschaffen wird, zur Entfaltung kommt, kann er weiterhin anregen, indem er die Schüler auffordert, allgemein über das räumliche Empfinden nachzusinnen, wie es an verschiedenen Orten, in Häusern und beispielsweise auch in der Schule ist. Er belebt den gesamten mathematisch-physikalischen Unterricht mit einer interessanten Wahrnehmungs- und Wirklichkeitsebene. Das Gegenständliche, um welches es sich handelt, wird zur konkreten Realität selbst. Schüler, die diesen Unterricht kennenlernen, finden auf natürliche Weise zu einer praktischen Anteilnahme und gleichzeitig können sie ein freieres Begehren im Sinne der Phantasie und Ideenentwicklung erleben.

Der Frauenmantel oder Silbermantel
offenbart eine typische Mondsignatur.
Er ist wie ein spiralförmiges Gefäß
für die Aufnahme eines Wassertropfens
nach oben offen.

Der Mond ist rezeptiv. Er strahlt nicht wie die Sonne nach außen.

Das Urbild des Mondes zeigt
einen verträumten und nach innen
gerichteten Ausdruck, ähnlich dem
typischen „Mondgesicht".

Physiognomie
zum Mond

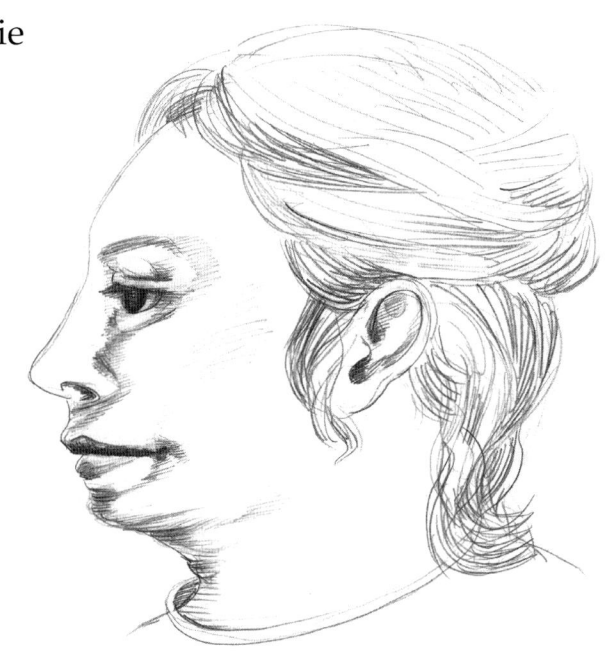

Die Monden-physiogno-mie hat eine Tendenz zum Verschwom-menen, Diffu-sen, Träumeri-schen. Es zeigt sich beim Mond auch ein zentri-petaler Prozess, ein unbewuss-ter Keimpro-zess.

Austrocknen und verdörren, sich verdichten
und bis zur Materie zentrieren sind die Zeichen
des Saturns.

Der Saturn in der Pädagogik und die Willenserkraftung im Schüler durch das Aufmerksamwerden auf das Phänomen

In fast dreißig Jahren vollzieht der ferne Saturn seinen Umlauf.

Empfindungen zum Saturn

E benso wie der Planet Jupiter erscheint der Planet Saturn in regelmäßiger, jährlicher Wiederkehr am nächtlichen Himmel der Erde. Sein fahlgelbes, eher blasses Licht und sein Umlaufszyklus von 29,5 Jahren vermitteln aber eine noch größere Entferntheit. Auch der Anblick im Fernrohr bestärkt diesen Eindruck: Der herrliche Saturn mit seinen schönen, ästhetischen Ringstrukturen zeigt sich wie eine ferne, edle Grenzmarke am Rande des gesamten, bisher beschriebenen Planetensystems, die einer Ganzheit einen gewissen Abschluss gibt. Überschreitet man diese Grenzmarke, so betritt man noch einmal einen neuen Raum, der sich aber den Empfindungen des Betrachters nicht mehr so leicht eröffnet wie der bisherige Planetenraum und auch nicht nur mit einem „Noch-weiter-weg" charakterisiert werden kann. Mit dem Überschreiten der Saturnsphäre hat man den letzten, der seit dem Altertum bekannten Planeten erreicht und betritt nun einen Bereich, der in einer wieder neu zu ergründenden Beziehung zur Gesamtheit des Planetensystems steht.

1. Der meditative Gedanke

Es ist heute erwähnenswert, dass es eine tatsächliche geistige Welt gibt. Diese geistige Welt nimmt man in der materialistisch orientierten Zeit nicht mehr wahr und deshalb erscheint sie für das gewöhnliche Gemütsleben lediglich wie eine Idee. Die geistige Welt aber haucht die irdische Erscheinung aus. Die Materie ist, und das ist mittlerweile in Vergessenheit geraten, ein Ergebnis eines geistigen Prozesses.

Eine profunde geistige Schulung, die hier in ersten Zügen der Pädagogik zugrunde gelegt wird, ist weniger nach außen hin leistungsorientiert. Sie ist nicht so leicht nach den gewöhnlichen Kriterien definierbar, welche die Welt im Sinne von Pflicht und Leistung, von Anforderung und Disziplin aufstellt. Eine geistige Schulung sucht die Prinzipien der höheren Welt, nach bestmöglichen Erkenntnissen zu denken und diese mit der irdischen Welt zu verbinden. Interessant ist es nun, wie jene Erscheinung, die in der irdischen Welt als Leistung bekannt ist, in der geistigen Welt aussieht (1). Natürlich kann man nicht sagen, dass eine Sache wie die Materie oder eine menschliche Errungenschaft, die im Irdischen sichtbar ist, genauso in der geistigen Welt erscheinen müsste, denn die geistige Welt ist wirklich nach ganz anderen Ordnungen und Prinzipien gegliedert. In der geistigen Welt existieren keine materiellen Bilder und auch keine sinnlich spürbaren Dimensionen. In diesen höheren Welten existiert deshalb die Erscheinung der Leistung, wie sie sich hier in der irdischen Welt mit ihren negativen, erdrückenden Einflüssen verströmt, nicht, sondern es waltet und strahlt dort eine Art Gegenbild, eine Art ganz andere, aber doch zusammengehörige Wirklichkeit. Dieses Gegenbild kann als unermessliche Freude bezeichnet werden. Während alles Leistungsverhalten den Menschen allzu oft einengt, erdrückt und ihm vielfach Depressionen, Verzweiflungen und Versagensängste auferlegt, bewegt sich in den oberen Welten diese undefinierbare und nicht festlegbare Freudesubstanz und will mit ihrem feinsinnigen Feuer bis in den menschlichen Willen vordringen und sich dort manifestieren.

In dem menschlichen Inneren besteht deshalb das Bedürfnis, nach Wahrheiten durch die eigene Willensbemühung zu forschen und zu suchen. Die Suche nach einer tieferen Wirklichkeit in allen Erscheinungen des Lebens entspricht einem natürlichen Entwicklungsbedürfnis. Die Seele erfreut sich, wenn sie jene Freiheit zugesprochen bekommt, eine Erscheinung, eine Tatsache oder eine Sache erforschen zu dürfen. Sie fühlt sich aber gleichzeitig erdrückt, wenn ihr ein äußeres System, eine Observanz, eine Macht der Verpflichtung oder ein Zwang von außen auferlegt wird und sie deshalb im passiven Lernverhalten nicht zu ihrer Entfaltung kommen kann. Jede Erscheinung besitzt wahre Grundgesetze, denn sie ist ein Ergebnis eines geistigen Prozesses. Und da der Mensch mit der Anlage des Geistes ausgestattet ist, will er durch seinen eigenen Willen die Welt erforschen und die Materie bis hinein in ihre Tiefe entdecken. Geistige Gesetze leben in der sinnlichen Weltenschöpfung, und nun atmen und pulsieren im Willen des Menschen die tiefsten Sehnsüchte, die sinnliche Welt zu erforschen und geistgemäße Erkenntnisse in dieser zu finden. Die Freude in der geistigen Welt ist deshalb mit jenem Entwicklungsbedürfnis des menschlichen Gemütes verbunden. In jedem Menschen pulsiert das Bedürfnis, einen Blick nicht nur auf die äußere Materie, sondern auch auf die innere verborgene Wirklichkeit der Materie zu tätigen.

(1) Es ist der Begriff der Leistung durchaus mit dem Begriff der Entwicklung gemeinsam zu denken. Eine Entwicklung ohne Leistung ist nicht vorstellbar, während aber eine Leistung ohne Entwicklung vorstellbar ist. Je besser die Entwicklung im Sinne einer ganzheitlichen Förderung bei einem Menschen stattfindet, desto günstiger und erbauender sind seine Leistungen in der Arbeit und im sozialen Leben zu werten.

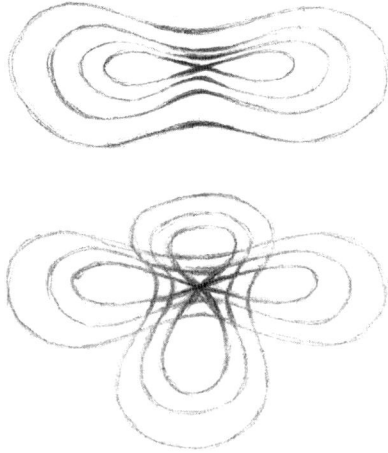

Eine einzelne Lemniskate drückt noch nicht so deutlich einen Konzentrationspunkt aus, die Bewegung scheint dabei immer entlang der Schleifen weiterzulaufen. Wird eine zweite Lemniskate darübergelegt, so entsteht mehr der Eindruck von Zentrierung.

Für eine Übung, mit der eine Zentrierung und nachfolgende Aufrichtekraft nachempfunden werden kann, ist es günstig, einen Punkt, auf den die Zentrierung ausgerichtet ist, zu wählen. Dieser kann beispielsweise ausgehend von Cassinischen Kurven durch zwei Lemniskaten, die im 90°-Winkel übereinandergelegt sind, erreicht werden. Im Mittelpunkt, dort wo die Schleifen sich kreuzen, liegt die Zentrierung.

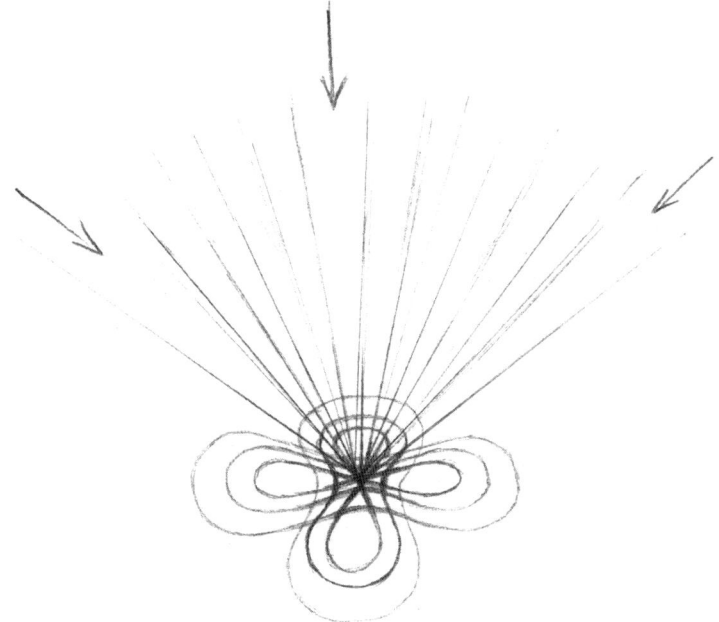

In einem nächsten Schritt erfolgt ein lineares kosmisches Einstrahlen von Lichtkräften, die unmittelbar den Mittelpunkt der Lemniskaten aufsuchen.

Aus diesen einstrahlenden Kräften entwickelt sich schließlich eine vertikale zentrale Achse, die nach oben in das Unendliche hinausgleitet.

Die Empfindung, die aus der Zeichnung erfolgt, ist diejenige, dass aus den einstrahlenden Kräften eine Sammlung erfolgt, die eine nach oben aufsteigende, zentrierende Achse hervorbringt. Die Zentrierung führt zur vertikalen Linie.

Siehe hierzu auch Seite 207 (Konzentration und Aufrichtevermögen).

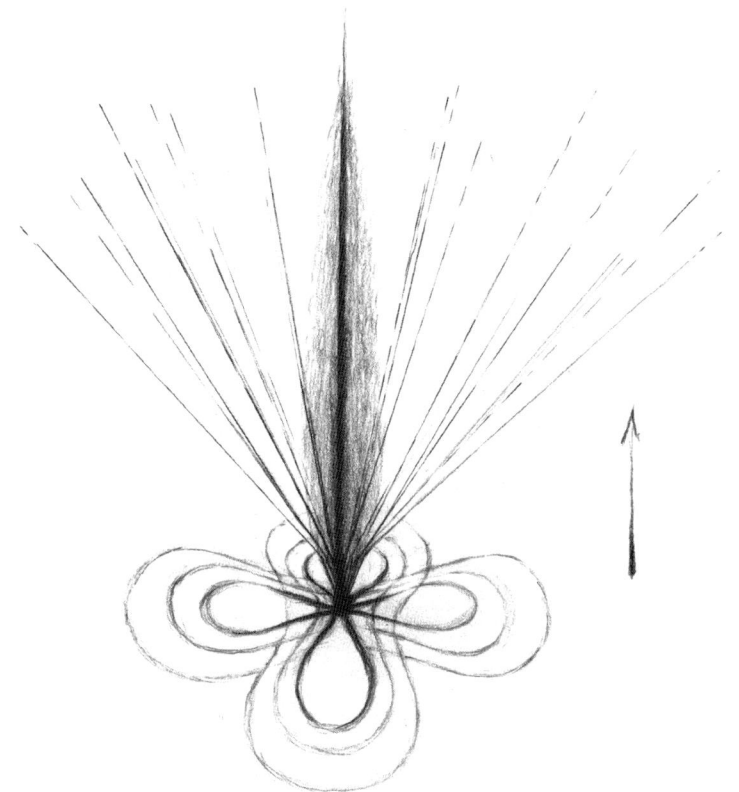

2. Die Wesen des Saturns

Im Allgemeinen ist der Saturn der Planet, welcher Strenge, Selbstdisziplin, präzise Verantwortung, Asketismus und eine Tendenz zur Zurückgezogenheit in das menschliche Innere fördert. Er ist auch der Planet, der das sich sammelnde, konzentrierende Umgehen mit dem Leben beschreibt. Die Eigenschaften können natürlich, wenn sie angemessen für die Entwicklung sind, einen positiven Charakter beschreiben und auf der anderen Seite, wenn sie zu einseitig werden, eine zu große Ernsthaftigkeit, Selbstbeschränkung, Nüchternheit und Bitterkeit darlegen.

Um die Wesen des Saturns zu verstehen, ist es günstig, sich eine schwarze Fläche vorzustellen. Diese schwarze Fläche kann kein

196

Licht reflektieren, sondern nimmt dieses ganz in sich hinein. Das Schwarze nimmt mit dieser Eigenschaft dem äußeren Dasein das natürliche, heitere Sinneserleben. Nicht umsonst wird Schwarz als die Farbe der Trauer genommen. Wohin gleitet aber das Licht, nachdem es von der schwarzen Fläche absorbiert wurde? Dort im Inneren, hinter der Peripherie erzeugt es eine wärmende Zentrierung und lässt ein neues aufsteigendes Leben entstehen. Würden die äußeren Gegenstände das Licht nur reflektieren und es nicht nach innen absorbieren, so würde der Prozess der Entstehung von Leben und Ätherkräften nicht eintreten können. Jene Wesen, die dem Saturn zugeneigt sind, sind sehr wenig reflektionsbegeistert. Sie nehmen das Licht hinweg, lieben zunächst einmal den dunkleren, sich in der Wärme sammelnden Raum und tragen die kosmische Sphäre in ihre eigene Tiefe. Die Erscheinung des Schwarzen darf deshalb im Zusammenhang mit den Geistern des Saturns gesehen werden.

Die schwarz erscheinenden Wesen, die dem Saturn entsprechen, sind weder gut noch böse, denn sie erfüllen eine große Mission in der Weltenschöpfung. Sie streben aus einem unendlich großen Umkreis mit feinster, transzendenter Schöpferkraft in die Erdenschöpfung herein, suchen sich einen Punkt, der für ihre Konzentrationsbildung wichtig erscheint, sie gleiten in die Tiefe und bilden schließlich eine Konsolidierung im menschlichen Körper. Sie sind zu einer außerordentlich intensiven und feinfühligen Bewegtheit motiviert, die den tiefsten Punkt des menschlichen Inneren erreichen möchte. Die Wesen des Saturns geben sich nicht zufrieden, wenn sie an der Oberfläche einer Sache bleiben müssen, und sie scheuen es, in das äußere Leben einzutreten. So wie diese kosmische Wirkung den Wesen eigen ist, so verhalten sich auch die Menschen, die sehr stark saturngeprägt sind. Der menschliche Verstand dringt manchmal außerordentlich weit in die Tiefe eines Themas ein und eruiert das Geheimnis in einer unstillbaren Sehnsucht nach den höchsten Weisheiten, die in diesem zu finden sind. Ist das saturngeprägte Temperament von der menschlichen Anlage sehr materiell orientiert, wird dieses tendenziell mehr die mechanischen Gesetzmäßigkeiten des Daseins erforschen. Jener Mensch aber, der sich geistig nach höheren Weisheiten weiterentwickeln möchte, wird nicht nur die äußeren Gesetze nach ihren präzisen, mechanischen Zusammenhängen studieren, sondern er wird auf das ursprüngliche Gesetz, auf die über die äußere Wirklichkeit hinausgehende Wahrheit aufmerksam werden. Diese Suche nach dem innersten Zentrum einer Wirklichkeit liegt in dem Bedürfnis der vom Kosmos hereinstrahlenden und hereinwirkenden Wesenheiten saturnischer Natur. Je mehr Saturnkräfte der Mensch in sich trägt, desto mehr möchte er sich auf dem jeweiligen Gebiet in die Tiefe der Wirklichkeit hineinarbeiten.

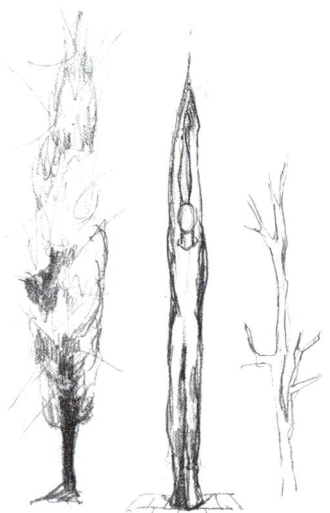

Eine besondere Eigenschaft dieser Wesen liegt auch in ihrem souveränen Unabhängigsein. Sie kümmern sich sehr wenig um Emotionen und haben in der Regel auch sehr wenig Angst vor menschlichen Rufschädigungen. Das allgemein bestehende Leistungsprinzip in der Gesellschaft interessiert sie meistens nicht sehr viel. Sie suchen vielmehr den Kern einer Sache und wollen mit ganzer Freude aus diesem Kern heraus das Leben meistern und verstehen. Eine große Autorität mit einer souveränen Konzentration liegt in der Wesensnatur der saturnischen Wärme- und Lichteinflüsse. (2)

(2) Eine typische saturngeprägte Pflanze ist die Zypresse. Sie empfängt Licht und Wärme aus dem kosmischen Umkreis und bildet daraus ein dunkles Holz. Gleichzeitig strebt die Zypresse sehr charakteristisch und steil in die vertikale Linie. Dieses aufstrebende Prinzip signalisiert einen Konzentrationsvorgang von geistigen Kräften. Aus diesem Grunde neigt derjenige, der sehr gut und konzentriert denkt, zu einer langen Körperlinie.

3. Der Saturn und die Sprachgestaltung

Es gibt in der Sprache die definierende und die charakterisierende Beschreibung. Je nach Maß, Vorstellungskraft und Bewusstsein zu einem Objekt, das es zu beschreiben gilt, können diese verschiedene Wissenshorizonte eröffnen. Ganz anders aber als die Definition oder die Charakterisierung fühlen sich die Fragestellungen an, die auf exakte Weise zu einem Objekt entwickelt werden. Jede Frage eröffnet auf freie oder auf eine frei werdende Weise eine neue Blickrichtung. Während die Definition sogleich in die Antwort oder in die Erfassbarkeit der Sache führt und eine Art punktuelle Zentrierung aus einem großen Ganzen entwickelt, eröffnet die gut entwickelte Fragestellung die weite Umkreiserfahrung, das ist jene Erfahrung, die von einem Punkt in ein noch nicht festgelegtes, größeres Umfassungsvermögen führt. Fragen sind deshalb wie eine große Bewegung, die in die Umkreisweite eines Themas führen können.

Es lässt sich beispielsweise der Unterschied sehr gut erfühlen und erleben, wie die Definition oder die Charakterisierung zu einer Zentrierung auf das Punktuelle führt. Wenn man sagt, dass an dem Berg Nanga Parbat eine große Schicksalsbewegung von vielen Leiden und Todesopfern stattgefunden hat und dieser Berg deshalb, wie es in den Medien dargestellt wird, zum Schicksalsberg der deutschen Nation geworden sei, so handelt es sich bei dieser Beschreibung um eine Art Festlegung, um eine Definition des erfahrbaren vergangenen Geschehens. Stellt nun der Betrachter die Frage: „Sind an dem Berg im Himalaya, an dem Berg, der Nanga Parbat genannt wird, nicht schon viele Menschen um das Leben gekommen, und kann man ihn deshalb als einen für die deutsche Nation existierenden Schicksalsberg bezeichnen?" Und weiterhin: „Was kann das Wort „Schicksalsberg" im bildhaften Sinne für das menschliche Bewusstsein bedeuten?"

Indem diese Fragen in einer sinnvollen Anordnung – und es könnten durchaus sogar noch mehrere Fragen in die gesamte Logik eingebunden werden – von einem Betrachter zur Sachlage entwickelt werden, verliert sich zunächst einmal die erste definierende Beschreibung oder zumindest öffnen sich die bisherigen Festlegungen und Gedankengänge zu einer größeren Weite. Wie ein neuer Horizont tauchen Empfindungen auf, die infolge ihrer fragenden Bewusstheit ein großes oder sich zumindest vergrößerndes Umfassungsvermögen eröffnen. Die auf die Fragestellung sich entwickelnde weitere Definierung oder Präzisierung einer Antwort kann schließlich einen tieferen Inhalt und eine wirklichere Wahrheit erfahren. (3)

(3) Die Frage muss nicht nur eine Form der lästigen Neugierde bringen, sie kann zur entschiedenen Erweiterung der Möglichkeiten eines Themas beitragen.

Ein Phänomen kann in diesem Sinne gerade durch die Möglichkeit, rechte und logische Fragen sowohl zu dem festgelegten Inhalt als auch zu den benützten Begriffen erfahren. Indem jener große Horizont mit einer präzisen Fragestellung eröffnet wird, entsteht eine erste Annäherung zu einem Bewusstsein, das im weitesten Sinne ein kosmisches Sich-Öffnen oder ein noch einmal neues Hinausgleiten in die größte Umkreissphäre, die der Kosmos bietet, darstellt. Die Fragestellung kann deshalb jene sorgfältige Entwicklung und Logik in der Pädagogik erfahren, dass sie in der Folge einer Gedankenentwicklung zu einer größeren Genauigkeit und besseren Beschreibung des Phänomens führt. Der Saturn kann sich in ersten Andeutungen mit seinen Möglichkeiten einer präzisierenden und dennoch sich öffnenden und freien Wirklichkeitsbestimmung in der Kommunikation verwirklichen. (4)

(4) Was ist eine Frage? Was ist ein Phänomen? Sind diese beiden Begriffe nicht nahe miteinander verknüpft?

Richtige Fragestellungen in Beziehung zum Phänomen können zu einer sehr guten pädagogischen Kunst führen.

4. Die Vorbereitung für die Unterrichtsgestaltung

Eine erste pädagogische Orientierung kann ein Lehrer gewinnen, wenn er sich auf ganz gezielte und konkrete Weise zu jeder neuen Unterrichtsstunde vornimmt, dass er sich mit seinen Schülern zwar auf eine gewisse Weise verbunden fühlt, aber diese Verbindung nicht wie eine Art emotionale Selbstverständlichkeit aufrechterhält. Die Nüchternheit, die er mit jedem Male, wenn er in die Klasse hineintritt, aufbringen sollte, kann ihm als Lehrer eine große Autorität mit einer sehr sicheren und gut geformten wie auch aufrichtigen Ausstrahlung verschaffen. Diese Grundhaltung, ganz besonders am Anfang der Unterrichtsstunde, erlaubt einen nahezu automatisch einsetzenden Konzentrationsbildeprozess. Die Schüler wie auch der Lehrer bedürfen immer wieder des Gefühls, dass sie im Leben zwar miteinander verbunden sind, aber dass dennoch jeder Einzelne für sich alleine seine Entscheidungen treffen muss und den Lebenskampf auch in einer gewissen Unabhängigkeit bewältigt. Wenn der Mensch einmal zur Todespforte schreitet, so ist es gut, wenn er weiß, dass er mit den anderen auf wirkliche und schöne Weise verbunden ist und gleichzeitig aber in die geistigen Welten mit seinem Ich alleine hineintreten muss. Diese klare, emotionale Nüchternheit kann eine günstige Interessens- und Konzentrationslage am Anfang der Stunde fördern.

Nachdem der Lehrer diese klare Haltung am Anfang für sich selbst und seine innere Ausrichtung bezogen und emotionale Besetzungen von sich gewiesen hat, kann er, wie in den anderen Kapiteln bereits beschrieben, eine natürliche Führung eröffnen, die einen geeigneten Lernraum und ein nicht von emotionaler Abhängigkeit geprägtes Umgehen ermöglicht. Der Lehrer ist dann bei sich selbst in einer relativ ernsten Bewusstheit und nimmt seine Schüler mit einem freien, distanzierten, realitätsnahen Blick wahr.

Ein nächster Schritt in der Entwicklung jener autoritätsvollen und souveränen Pädagogik liegt darin, dass der Lehrer die Aufmerksamkeit und das Interesse auf konzentrierte Weise auf die Objekte des Lernens lenkt. Er bewirkt im weiteren Verlauf eine außerordentlich gute Konzentrationsfähigkeit bei seinen Schülern, wenn das Objekt der Betrachtung, das in die Mitte des Lernens rücken soll, nicht zu sehr mit äußeren lernfordernden Druckbelastungen fixiert wird. Um die Vorbereitung für den Unterricht methodisch herbeizuführen, ist es deshalb günstig, wenn jene Unterscheidung von den Kräften, die zu stark der Materie unterliegen oder zu weit in das Emotionale abschweifen, zu jenen Kräften, die in Wirklichkeit eine Aufmerksamkeit und deutliche Konzentration bringen, vollbracht wird.

Die Konzentrationsfähigkeit des Schülers wird in der Regel schwächer, wenn er zu sehr den Emotionen oder den materiellen Forderungen unterliegt. Sie wird aber im Gegensatz stärker, wenn das Objekt der Aufmerksamkeit etwas geheimnisvoller und damit auch leicht, beschwingt und zentriert dem Bewusstsein entgegengeht. Hierzu kann sich der Lehrer den Unterschied zwischen einem sogenannten Phänomen im Vergleich zu der direkten sinnlich sichtbaren Materie vorstellen. Ein Phänomen ist, wie das Wort beschreibt, eine typische Erscheinung, die aber nicht immer sofort und ohne Interpretation gesehen werden kann, während die Materie, so wie sie im Allgemeinen verstanden wird, eine bestehende Existenzeinheit darstellt, die das Auge eigentlich sofort identifiziert. Phänomenal ist beispielsweise die Struktur des Kristalls, während der Kristall selbst sogleich für das Auge in seiner materiellen Wirklichkeit sichtbar ist. (5)

Es ist deshalb in der Unterrichtsvorbereitung darauf zu achten, dass die Aufmerksamkeit der Schüler in klarer Weise auf verschiedene interessante und wesenhaft erscheinende Phänomene gelenkt wird. Dieses Lenken der Aufmerksamkeit ist ein Kunststück, das der Pädagoge unbedingt in seiner Unterrichtsvorbereitung schulen und schließlich wahrnehmen lernen sollte. Je besser es dem Pädagogen gelingt, die Aufmerksamkeit in eine Faszination, Attraktion und schließlich Konzentration zu führen, desto leichter können sich schließlich dann die einzelnen Objekte, die kennengelernt werden sollen, aussprechen. Innerhalb der Biologie beispielsweise sollte der Schüler verschiedene Pflanzen kennenlernen, aber er sollte sie natürlich nicht im Lerndruck des passiven Auswendiglernens, wie man sagt des „Büffelns" studieren, sondern er sollte sie anhand bestimmter Phänomene in ihrer einzigartigen Charakteristik zunehmend sehen und wahrnehmen. Wie gestaltet sich beispielsweise das Blatt in seinem nach oben gerichteten Wachstum? Das Aufmerksamwerden auf das Phänomen, dass sich ein Blatt entgegen der Schwere aufrichtet und sich mit seiner breiten Fläche dem Licht öffnet, kann das Auge etwas weiter über die materielle Sphäre erheben. Der Lehrer weiß, dass Ätherkräfte in den Pflanzen dieses Aufrichtevermögen motivieren. Er wird aber auf geeignete Weise das Phänomen, wie sich das Blatt gebärdet, zur Anschauung führen. Diese Interpretation oder konkrete Anleitung für die Sinnesbeobachtung weist bereits indirekt auf die sich organisierende Ätherkraft hin. Das Phänomen wird phänomenal, denn indirekt empfindet die Seele bei dieser Sinnesbetrachtung, wie Lichtkräfte am Blatte arbeiten.

(5) Phänomene sind ebenfalls der Sinnesbeobachtung zugänglich. Die Bedeutung dieser Unterscheidungsbildung liegt darin, dass die Phänomene, wie sie hier verstanden werden, zunächst erst einmal in die Aufmerksamkeit geführt werden müssen. Phänomene werden wahrlich phänomenal, wenn es dem Lehrer gelingt, diese richtig herauszustellen.

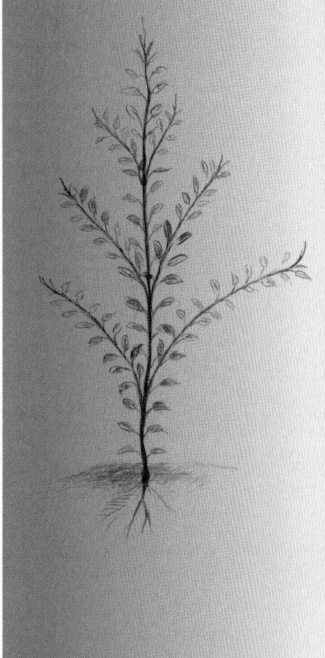

Der Pädagoge kann für sich selbst weiterhin die Unterscheidung zwischen Sensationen, die er dem Schüler anbieten möchte, und wirklichen einzigartigen Phänomenen schulen. Die wirklichen Phänomene geben ein Interesse und fesseln vielmehr die Aufmerksamkeit auf positive Weise. Das Wesen der Sensation gibt über seine emotionale Gebundenheit nur eine passive Attraktion. Das Fernsehen bedient sich beispielsweise gezielt der sensationellen Übermittelung und will die Zuschauer in den Sog der Anteilnahme binden. Gelingt es aber dem Lehrer, wirkliche Phänomene mit ihrer Einzigartigkeit in das Licht der Betrachtung und der Aufmerksamkeit zu rücken, so entsteht auf diese Weise eine konzentrierte Bewusstseinsbildung, die den eigenen Willen des Schülers auf günstige und gesundheitsfördernde Weise stabilisiert. Der Schüler lernt, seine Sinne nach außen aktiv zu betätigen, während das Fernsehen die Sinne des jungen Menschen förmlich in sich verschlingt. Eine Pädagogik, die das Phänomen auf rechte und deutliche Weise in die Mitte stellen lernt, fördert immer eine günstige Willensgrundlage bei den jungen Menschen. (6)

5. Die praktische Unterrichtsgestaltung

Eine Saturnpädagogik kann Spannkraft und Begeisterung durch die zu erforschende Wahrheit und Wirklichkeit in den Unterricht hineinbringen. Nicht das Lernen im Sinne der passiv auferlegten Pflichten, sondern das ganze mögliche Ergreifen des Willens und die Hinwendung zu einer Sache oder zu einem Phänomen werden zu einer lebendigen Kunst und Herausforderung. Die beste Fachkunde erprobt sich wohl dann auch für den Lehrer, wenn er nicht nur bei äußeren Sentimentalitäten, Sensationen, Emotionen oder auf der anderen Seite bei intellektuellen Leistungsformen stehenbleibt, sondern wenn er die Wesensnatur, das heißt das Phänomen einer Sache wirklich in eine sehr deutliche Beschreibung, Darstellung oder bildhafte Betrachtung führen lernt. Die Vorbereitung für den Unterricht ist deshalb bereits für einen Pädagogen eine Frage, die sein Fach in den Kernpunkten berühren will. Sie entwickelt sich aus dem gewollten Bewusstsein des wirklichen Forschens nach den Wesensgeheimnissen. Je mehr der Lehrer sich in seine tiefere Fachkunde und damit in die Wirklichkeit, die hinter dem äußeren Sinnesschein liegt, hineinbegibt, desto leichter wird es ihm schließlich auch im Unterricht gelingen, diese in eine geeignete Aufmerksamkeit und somit in die Belebung der Interessenslage hineinzuführen.

Der Pädagoge unterrichtet beispielsweise in der deutschen Sprache den Nominativ. Dieser beginnt mit den Interrogativen „Wer oder Was?" und endet schließlich mit einer klaren Definition des Subjektes. Der Nominativ beschreibt immer ein zum Subjekt gewordenes Phänomen. Es kann der Nominativ eine Person beschreiben oder auch eine Sache. Jede materielle sichtbare Form innerhalb der irdischen Daseinsbedingungen kann zum Nominativ erhoben und damit als Subjekt der Aufmerksamkeit zugänglich werden.

Der Lehrer kann den Schülern den Nominativ auf verschiedene Weise nahebringen. Günstig ist es, wenn er sich mit den inneren empfindungsvollen Verhältnissen, die den grammatikalischen Fällen zugrunde liegen, bereits ausreichend auseinandergesetzt hat. Er kann die Frage „Wer oder welcher Schüler geht nach vorne und schreibt die Tätigkeitswörter an die Tafel?" stellen und sich damit mit seiner Aufmerksamkeit an die Schulklasse richten. Der Lehrer sollte aber ganz deutlich wissen, wie und mit welchem Inhalt er das Wort „Wer" erfüllt. Er kann unmittelbar auf sehr materielle Weise die Schüler ansprechen und dieses Fragewort mit einer gewissen zwingenden Aufforderung aufladen. Je mehr die Frage die materielle, leistungsorientierte Wirklichkeit der Schüler aufsucht, desto weniger erreicht sie wirklich das Gemüt der jungen Menschen. Weicht aber in dem Fragewort „Wer" die äußere Wirklichkeit zurück, desto mehr kann die eigentliche Sache, um die es sich im Sinne des Lerninhaltes handelt, zu seiner wirklichen Anschauung kommen. „Wer oder welcher Schüler geht nach vorne und schreibt drei Tätigkeitswörter an die Tafel?" Überwiegt das „Wer" in freilassender Weise gegenüber dem Schüler oder rückt vielmehr die äußere, leistungsorientierte Aufforderung in den Mittelpunkt?

Den Prozess, der diesen feinsinnigen Unterschieden zugrunde liegt, kann man wohl als Konzentration bezeichnen. Je nachdem, wie die Aufmerksamkeit für eine Person als Person erfolgt, kann dieses Fragewort „Wer" entwickelt werden. Es lässt sich nämlich eine Sache darstellen und die Aufmerksamkeit kann dabei nur auf die äußere materielle Handlung oder auf die rein äußere Person gerichtet bleiben. Oder es kann die gleiche Sache angesprochen werden und dabei die gegenüber der Person ausgesprochene materielle Forderung zurückweichen. Mit diesem feinen Zurückweichen des rein äußerlichen Apparates öffnet sich leichter ein freies und größeres Ziel für das Bewusstsein, und die Person ordnet sich natürlich und ohne Zwänge in das Unterrichtsgeschehen ein.

Der Nominativ beschreibt den Namen, und der Name selbst kann nur das Wesen einer Erscheinung annähernd wiedergeben, aber er kann nicht die direkte Erscheinung in materieller Form repräsentieren. Die Materie darf durchaus bereits bei der Frage „Wer geht nach vorne und schreibt drei Tätigkeitswörter an die Tafel?" von der Person unterschieden werden. Die Person ist das feinere Phänomen. Die Person des Schülers erscheint wie ein Phänomen, während die rein körperliche Natur nur noch als ein letztes Ergebnis einer Wirklichkeit erscheint. Bei dem Fragewort „Wer?", das der Lehrer an die Klasse richtet, sollte er sich durchaus bewusst werden, dass er immer das Feinere und nicht nur das Gröbere, das heißt nicht nur den Körper, meint. Er meint tatsächlich die Person und deren Körper ist ja nur ein ergänzender physischer Ausdruck. Nun kann sich der Lehrer, wenn er den Nominativ unterrichtet, durchaus im Klaren sein, dass das Phänomen oder die Person oder der Name einer Sache, die schließlich als Subjekt im Sinne der Aufmerksamkeit in die Mitte rückt, etwas sehr Bedeutungsvolles und Einzigartiges ist.

Indem sich der Lehrer auf diese Weise vorbereitet, lernt er bereits den Nominativ in seinem wesenhaften und urbildlichen Sinne kennen. Er beschreibt den Namen, der eine Erscheinung darlegt und er beschreibt damit immer etwas Freies, etwas Geistiges, Phänomenales, eine Erscheinung. Die Person selbst ist ja ein Phänomen, während der Körper der Person schon mehr die äußere Materie darstellt. Alles, das einen Namen trägt, scheint wohl bereits in der Welt in einer sinnlichen Erforschbarkeit zu liegen und lässt sich in definitive Erklärungen eingliedern. Der Name aber bleibt frei und trägt eine Art übergeordnete Ideenkraft, Wesenhaftigkeit oder persönliche Einzigartigkeit in die irdische Welt hinein.

Das Unterrichten des Nominatives, des ersten Falles, kann der Lehrer aus diesem Hintergrund methodisch leichter und der Empfindung naheliegender herbeiführen. Er stellt die Frage an die Schüler: „Wer geht nach vorne und schreibt drei Tätigkeitswörter an die Tafel?" und will mit ganzer Empfindung damit bereits den Nominativ unterrichten. Eventuell antworten die Schüler, sie hätten Angst, nach vorne zu treten, denn es könnte ihnen vielleicht vorne in der Klasse nicht gut ergehen und sie schließlich sogar eine schlechte Note bekommen. Dann wird der Lehrer noch einmal die Frage mit einer richtigen Betonung stellen „WER wird nach vorne treten und die drei Wörter schreiben?", und weiterhin wird er sogleich sagen: „Also jetzt komm Hans, geh nach vorne und schreib die drei Wörter hin!" Nachdem nun der Hans die drei Wörter an die Tafel geschrieben hat, behält der Pädagoge noch einmal die Aufmerksamkeit auf die Sachlage und fragt auf ganz einfache Weise die übrige Klasse: „Wer ist denn nun an die Tafel nach vorne gegangen?" Und die Klasse wird antworten, es sei der Hans. Schließlich fragt der Lehrer: „Woher wisst ihr, dass es der Hans ist? – Wer ist es? Ist es derjenige, der ganz lang und dünn ist und der einen schmalen Kopf besitzt?" „Ja, es ist derjenige, der lang und dünn ist und den man Hans nennt." Mit dem „Wer" erscheint tatsächlich, und das sollte sich der Pädagoge bewusst machen, nicht nur allein die materielle körperliche Wirklichkeit. Es erscheint das Phänomen einer Person. Der Hans ist lang und dünn und wird deshalb als Hans erkannt.

Die Kennzeichnung eines Phänomenes kann auf diese Weise empfindungsreichhaltig und lebendig mit der Lenkung der Aufmerksamkeit auf das Subjekt einer Sache erfolgen. „Wer hat an die Tafel geschrieben?" „Der Hans hat an die Tafel geschrieben." „Wer ist aber der Hans?" Durchaus darf die Frage etwas wirken. Nicht die körperliche Erscheinung tritt allein in den Vordergrund, sondern auch die tätig gewordene Person. Die Person erscheint nur über den Körper repräsentativ, aber sie erscheint im Sinne des wirklichen Erscheinungsbildes eines Einzigartigen und auch eines Tätigen. Der Nominativ beschreibt die individuelle Person oder die Einzigartigkeit einer Sache. Sie erscheint wie eine in der Materie angekommene Wirklichkeit, die aber doch einem größeren Seinsurgrund eines Ganzen angehört.

Das Lernen des Nominatives dürfte für den Schüler keine zu große Schwierigkeit darstellen, da er mit dem Fragewort „Wer" auch die Artikel „der, die, das – der Franz, die Claudia oder das Haus" leicht bestimmen lernt. Er wird sehr schnell begreifen können, dass mit dem Fragewort ein konkretes Subjekt gemeint ist. Wie aber der Lehrer dieses Subjekt hereinführt und wie er die Frage stellt, repräsentiert durchaus eine ganz bemerkenswerte und wichtige Dimension des Lehrens. Je mehr er das Phänomen gegenüber der Materie betonen lernt, desto besser kann er schließlich den Nominativ im Sinne einer sich öffnenden geistigen Wirklichkeit wahren. Der Nominativ kann dem einzelnen Schüler ein leises Empfinden geben, dass hinter jedem materiellen Erscheinungswesen ein feineres, einzigartiges geistiges Bewusstsein oder eine Art Signatur steht. Aus diesem Grunde ist für die Konzentrationsbildung, die dem saturnischen Prinzip entspricht, diese Unterscheidung außerordentlich wertvoll. Nicht die alleinige Materie, die dem Sinnesschein zugänglich ist, sondern die leichtere, feinere Wesensnatur oder Phänomenalität ist ebenfalls bedeutungsvoll. (7)

(7) Die vom Saturn geprägte Pädagogik sollte immer im geringen Maße über die äußere, zu definierende und fixierende Materie hinausgehen und die Leistung nicht zu sehr im Äußeren festlegen.

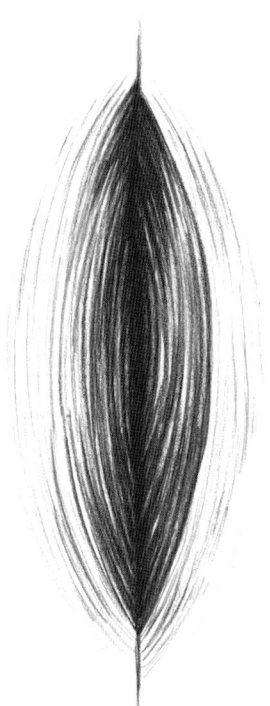

Das Samenkorn ist ein Ausdruck für einen konsolidierten Konzentrationsprozess. In einem Korn haben sich die kosmischen Lichtkräfte akkumuliert und wenn der Umkreis wieder auf dieses zu wirken beginnt, wie beispielsweise durch Wärme, Licht und Wasser, ist es fähig, in die Ausdehnung überzugehen.

6. Die Grundlegung des Willens für die spätere Gesundheit

Der Nominativ erweist sich gerade für das konzentrierte, klare Subjekt beziehungsweise auch für das ganz klar in das Interessensfeld rückende Objekt als sehr tauglich. Wenn der Lehrer die Aufmerksamkeit auf gezielte Weise auf ein Phänomen lenkt, so erscheint mit der Zeit dieses Phänomen durch die bewusste Arbeit und Forschung immer mehr im Lichte des Interesses. Die Kinder entwickeln einen natürlichen Bezug zu diesem Wort oder zu dieser Sache und gliedern ganz natürlich die verschiedenen Inhalte, wie sie gelehrt und wie sie zur Anschauung gebracht werden, in sich hinein. Die Konzentration, von der hier die Rede ist, zeigt sich im Unterricht mehr in der Art und Weise, wie der Lehrer für sich selbst eine empfindsame und genau bemessene Formung des Inhaltes vollzieht. Er betont die Worte „Wer" und „der", sodass er das Subjekt nicht zu sehr in die materielle Fixierung definiert, sondern eine Art phänomenale Anschauung eröffnet. „Wer spendet im Sommer einen kühlenden Schatten? Es ist der Baum, der einen kühlenden Schatten spendet." Je besser das Phänomen des Baumes mit dem Spenden des Schattens in die bildhafte und damit phänomenale Wirklichkeit rückt, desto mehr kann sich der junge Schüler

mit einer Begebenheit auseinandersetzen, die einerseits der Sinneswelt entspricht und andererseits in einem logischen Zusammenhang steht. Die Aussage: „Wer? Es ist der Baum." wäre sicher, wenn
sie nur materiell im Sinne eines Ratespieles erfolgen würde, auf
die materielle Antwort zielgerichtet. Indem aber das Bild mit dem
Spenden des Schattens zur Betonung rückt, erscheint ein wesen-
haftes Phänomen des Baumes. Der Nominativ wird auf diese Weise
aus seiner starken materiellen Bindung enthoben.

Diesen Prozess darf man durchaus als einen Konzentrationsbildeprozess bezeichnen, denn allem Sichtbaren oder Definierbaren,
und ein Körper oder ein Baum entspricht immer einer definitiven
Wirklichkeit, liegt eine phänomenale Bedeutung zugrunde. Die Unterrichtsform mit dieser Betonung führt zu einer Konzentrations-
erkraftung und bewirkt bei den Schülern ein regelrechtes inneres
Aufrichten. Wie eine längsgerichtete, zielstrebige, zum Himmel gerichtete Kraft erscheint plötzlich der Schüler, der sich nicht nur mit
der Materie stofflich „herumschlagen" muss, sondern der auch das
etwas weitere und nicht immer gleich sichtbare Phänomen der Sache kennenlernt. Im Stoffwechsel des Schülers erzeugt sich Wärme.

Je mehr die Konzentration auf eine interessante Tatsache, auf ein
Erscheinungsbild oder auf eine Wirklichkeit gelenkt wird, je mehr
sie mit Empfindung und Wahrheit erfüllt wird, desto mehr beginnt
im einzelnen Schüler das Wärmewesen zu erkraften. Dieses wirkt
immer der Schwerkraft entgegen. Während der Intellekt, ganz besonders wenn er überbelastet wird, eine außerordentlich stark ver-
ausgabende Wirkung auf das Nervensystem erzeugt, fördert im
Gegensatz die wirkliche konzentrierte Interessenskraft die Umsetzung der wärmebildenden Kräfte im Menschen. Das Aufrichten,
das nur aus den Kräften der Wärme wie auch den nachfolgenden
Kräften des Lichtes entsteht, ist förmlich wie ein Gleichnis für diesen Konzentrationsbildeprozess. Jene Wesen, die dem Saturn zugehörig sind, sind große Kräfte feinster Art, die aus dem Umkreis in
die Schöpfung hereintreten und im Inneren des Menschen ein Zentrum anlegen. Man könnte sie auch im Sinne von Geistvertikalität
bezeichnen, da sie grundsätzlich als Uranlage das Aufrichtevermögen des Menschen in seinem Bestreben nach dem Fortschrittlichen
und Wahren fördern wollen.

So ist gerade das Phänomen des Saturnes oder besser gesagt seine
Signatur durch die Erscheinung des sehr charakteristischen Profi-
les des Menschen erkennbar. Wer als Person ein sehr deutliches Profil offenbart, kann unter Umständen von jenen Wesen des Saturnes
sehr stark geprägt sein. Auch dasjenige Bild des Menschen, das mit
dem Begriff der Einzigartigkeit bezeichnet wird, die sogenannte

einzigartige Persönlichkeit, seine ganz persönliche Erscheinung gibt der Saturn. Er bildet das Knochensystem und vor allem auch die Fingerknöchel aus. Der urbildhafte und einzigartige Mensch kann ohne den Saturn und seine Wesen nicht existieren.

Der Saturn ist deshalb so deutlich mit den wärmehaften Wesen verbunden, weil er aus dem weitesten Umkreis auf die Erde ausstrahlt und, da er am weitesten entfernt ist, am tiefsten die Materie durchdringen kann. Er ist auch der am stärksten transformierende Planet und jener, der sich mit einer ersten Wahrheit nicht gleich zufrieden gibt. Er lebt in den Phänomenen und entzieht sich rechtzeitig den Zugriffen der irdischen Einflüsse. Die Wärme in einem persönlichen Leben entsteht dann, wenn der Mensch nicht ganz in der Materie und im äußeren Definieren und Abstrahieren erkaltet.

So kann sich jene Erscheinung der Leistung, die in einer Schule stattfinden muss, in zweierlei Weise vollziehen. Sie kann auf materielle Weise mehr eingefordert und streng dem Schüler auferlegt werden oder sie kann durch die Herausarbeitung des wesentlichen Phänomenes eine leichte und beschwingte wie auch wahre Tiefe gewinnen und so dem jungen Gemüt zugänglich werden. So wie der Saturn von außen feine Strahlkräfte der Wärme auf die Erde transportiert, so kann auch der Lehrer im Unterricht Phänomene wesenhaft und bedeutungsvoll, interessant und geheimnisvoll beschreiben und die Gemüter seiner jungen Schüler auf diese Weise tiefer ansprechen. Er fördert mit dem sich entzündenden Wachwerden ihre innere Willensgrundlage.

Der Saturneinfluss trocknet aus, zieht zusammen, zentriert die Stofflichkeit bis zum Erstarren in der Dürre. Der Saturn wirkt stark aus dem Wärmeelement.

7. Das rechte Urteil

Diese Seelenübung wurde bereits von mir in anderen Ausführungen dargestellt. Hier in dieser Darstellung soll sie noch einmal mit einem spezielleren zusätzlichen Inhalt zur Ergänzung geführt werden. Die Übung zur rechten Urteilsbildung ist eine Grundübung, die mit Konzentration (8) bezeichnet wird, denn sie bewegt sich sehr nahe in jener feinen Ebene, die dem Gedanken und dem Gedankenbildevermögen entspricht. Die rechte Urteilsbildung will durch Ausdauer, Einfühlungsvermögen, Weite und Interesse zu den tiefsten Wahrheiten, die in der größtmöglichen Erreichbarkeit des menschlichen Vermögens stehen, vordringen. Ein Urteil ist niemals mit einem oberflächlichen Bewusstsein oder mit dilettantischen, kleinlichen Vergleichen definierbar, denn es kann nur seine wahre Form und Erhabenheit darstellen, wenn es vom Menschen durch eine aufrichtige und disziplinierte Weise errungen wurde. Die Ausdauer in der Entwicklung des rechten Urteils wie auch das unermüdliche Sehnen nach einem vollkommeneren Ideal im Menschsein bilden für diese Übung eine der wichtigsten Grundvoraussetzungen. Würde sich der Mensch mit Epigonie oder schnellfertigen Gefühlsintuitionen oder gar mit medialen Übermittelungen (9) im Sinne einer Wahrheitssuche zufrieden geben, so würde er der Disziplin der rechten Urteilsbildung, die immer eine Erkraftung der ganzen menschlichen Persönlichkeitsstrukturen darstellt, entgegenwirken.

Die Seelenübung des rechten Urteils unterscheidet sich auch von der Konzentration darin, dass sie mehr Wert auf die Beobachtung eines sichtbaren oder greifbaren Inhaltes, das heißt, eines konkreten Phänomenes in der Welt legt und hierzu im weiteren Verlauf geeignete Kriterien oder zusätzliche, angemessene fachliche Kompetenzen in die Gedankenführung hineinbringt. Sie fügt den sichtbaren oder wahrnehmbaren Verhältnissen des Lebens, den Phänomenen, die sie untersucht, eine neue Dimension des Geistlebens hinzu und dient daher zur Entwicklung einer intensiveren Beziehungsebene auf eigenständiger und individueller Basis zu anderen Menschen. Durch dieses Hinzukommen wirklicher Kompetenzen und geeigneter Inhalte führt sie auf feine, wärmebildende und souveräne Weise tiefer in das Wesen oder in die Wesenszusammenhänge der Weltenerscheinungen hinein. Sie sucht nicht nur das innere Wesen aus den äußeren Phänomenen herauszulesen, sondern sie beschäftigt sich mit der thematischen und fachlichen Auseinandersetzung wie auch mit einer intensiven personalen Erkenntnisforschung durch gedachte und entwickelte Kriterien, bis die profunde Wahrheit innerhalb der äußeren,

(8) Siehe auch: „Die Konzentration" Seite 126 in „Ein Neuer Yogawille und seine therapeutische Anwendung bei Ängsten und Depressionen" von Heinz Grill.

(9) Die mediale Übermittelung oder das in esoterischen Kreisen oftmals benannte Channeling beruht nicht auf einem entwickelten und geformten eigenständigen Denken, sondern entsteht durch eine besondere Offenheit und Durchlässigkeit des Gemütes. Da sich das Selbst nicht zentriert und im eigenständigen Denkprozess wiederfindet, sondern sich aufgibt, dient es nicht zur wirklichen reifen Urteilsbildung im Menschsein.

vielschichtigen und interessanten Phänomene in eine tragende Offenbarung kommt.

Wählt der Übende die personale Beobachtung als seinen Inhalt, das heißt einen Menschen, der ihn interessiert, oder auch eine Gruppe von Menschen, die er ergründen möchte (10), so muss er sich für die Urteilsbildung am denkbar weitesten von sich selbst loslösen, um zu einer objektiven Anschauung und einer daraus entstehenden Erkenntnis zu gelangen. Gefühle der Sympathie oder Antipathie dürfen ihn nicht aus der möglichen schöpferischen Mitte eines klaren und ernsten Gedankensinnes verführen. Erst nachdem er sich ganz von sich selbst und seinen persönlichen Vorurteilen, das heißt auch von Sympathien und Antipathien, gelöst hat, kann er sich selbst wieder in Beziehung zu den beobachteten und zu beurteilenden Personen erleben. Diese Bemühung, sich ganz von sich und allen Gefühlsintuitionen, Vorurteilen, schnell in das Bewusstsein sich hereinspiegelnden Eingebungen, Assoziationen und leichtfertigen emotionalen Täuschungen loszulösen und sich auf der einen Seite ganz in die Tiefe des Phänomenes hineinzugeben und auf der anderen Seite mit einem klaren Gedankeninhalt fachlicher Art zu konzentrieren und auch diesen nach besten Wahrheitssinnen zu verfolgen, stellt eine ausgesprochen intensive Disziplin zur Gedankenerkraftung dar. Diese Erkraftung des Gedankens fordert in letzter Konsequenz den Willen zur allergrößten Leistung heraus, denn es ist der Wille, der gewissermaßen wie das aufgerichtete und mutige Rückgrat dem Kopfe die Wachheit und Disziplin zur tätigen schöpferischen Umsetzung ermöglicht. Diese Willenserkraftung erfordert eine Selbstüberwindung und der Übende kann sie darin verstehen, dass sich alle Vorurteile oder vorbelasteten Gefühlsintuitionen im eigenen selbstverhafteten Egowesen (11) befinden und diese so lange den freien Gedanken in seiner wirklichen Wahrheit verhindern, bis neue und bessere Kriterien zur wirklichen Anwendung gekommen sind. Die Ausdauer, die zur richtigen Urteilsbildung führt, erfordert neben der gedanklichen Regsamkeit deshalb jene große Kraft im Willen, die zum Durchhalten bis zur denkbar größten Wahrheit trainiert wird. Der Übende ist fast immer genötigt, sich als Erstes durch eine kaum überschaubare und schwer durchdringbare Verdichtung von Irrtümern, die sowohl im Äußeren als auch in seinem Inneren bestehen können, hindurchzuarbeiten, bis er die richtigen Kriterien gefunden und sein Objekt ausreichend kennengelernt hat und das Wesen und die Wesensbedeutung eines Phänomenes erahnen und schließlich im befreienden und wärmenden Ruhigwerden der aktiven Seele einen wahren Zusammenhang erkennen kann.

Eine richtige Erkenntnis ist immer das Ergebnis einer langen Suche nach einer Wahrheit. Vielfach hilft dem Menschen auf diesem Weg

(10) Der einzelne Schüler, der Kollege oder die Schulklasse können sehr gut ein Ziel zur richtigen Urteilsbildung bieten.

(11) Dieses Egowesen wird in Sanskrit *ahaṃkāra* benannt.

210

das Leiden und das Verstricktsein in zunächst unerklärbaren Widersprüchlichkeiten. Die Wege aber, wie eine Erkenntnis über eine lang anhaltende Suche nach Wahrheit und durch das Interesse, die Wirklichkeit nach höheren, übersinnlichen Kriterien zu verstehen, vorbereitet wird, bleiben bei den meisten Menschen in einer unbewussten Tiefe eingehüllt. Durch einen Zufall, so als ob ein Gedanke vom Himmel fallen oder als ob jemand dem Menschen schnell eine Botschaft entgegenbringen würde, die sogleich sein ganzes Urteil bildet, gewinnt der Übende keine tragfähige Erkenntnis. Jede wahre Urteilsbildung benötigt geeignete entwickelte Kriterien und Kompetenzen, die Aufnahme der Beziehung zu einem Phänomen und zu den Urgründen des Phänomenes und sie benötigt auch den Faktor der Zeit, der in Sanskrit *kāla* genannt wird.

Die Entwicklung einer Erkenntnis oder eines wirklichen Erkennens des tieferen Wesens, das hinter den Phänomenen liegt, unterliegt trotz der Vielfalt und Unterschiedlichkeit ihrer offenbarenden Ebene einer genauen Gesetzmäßigkeit. Häufig vergessen die Schüler bei dieser Übung die schöpferische Entwicklung der rechten Kriterien zur Urteilsbildung. Nicht nur ein tieferes Schauen, sondern ein geeigneter Gedankenaufbau führt zum Ziel der Übung. Diese Gesetzmäßigkeit, die eine sehr edle und schöpferische ist, soll hier noch mehr als in früheren Darstellungen in einigen wenigen und einfachen Zügen eine Skizze erhalten und von diesem Rahmen soll die Übung im Sinne der Entwicklung der Kriterien und Kompetenzen eine größtmögliche Motivation bekommen. Die rechte Urteilsbildung über ein objektives Phänomen in der Weltenschöpfung schenkt dem Menschen, der sich darin übt, schließlich einen Zugang zu seinem eigenen Innenleben.

Allzu leicht erlegen sich aus mangelnder Kenntnis der geistigen Welten manche Personen die Forderung auf, niemandem auf dem spirituellen Weg mit einem ganzen, kräftigen, wohlerwogenen wie auch konstruktiv gebildeten Urteil zu nahezutreten. Was ist aber ein wirkliches Urteil? Ein wirkliches Urteil ist wie eine schön aufgebaute, geometrische Figur mit einer angenehmen Ausstrahlung von Farbe und Anziehung und diese ist daher wie eine formbildende Kraft, die sich nicht in einer Form einschließt und abschirmt, sondern es ist wie eine unmittelbare Bewegung des Geistes selbst, der eine Form gebiert und dennoch in seiner Transzendenz lebendig, weit und offen verweilt. (12)

Beide Formen, die schnelle und leichtfertige Verurteilung einer Tatsache, ganz besonders die moralisierende Bewertung, die so unbedacht ausgesprochen wird, wie auch die Unterlassung einer konkreten Urteilsbildung, wie sie beispielsweise in einer Form der Pseudotoleranz

(12) Die Urteilsbildung als schöpferische Tätigkeit bringt eine Form in das Leben. Je schöner diese Form sich im Sinne der metaphysischen Gestalt ausprägt, desto angemessener ist in der Regel auch das Urteil. Ein Urteil, wenn es durch eigenständige Erkenntnis einmal errungen wurde, hilft sowohl dem persönlichen als auch dem gemeinschaftlichen Leben weiter.

mit mangelndem Wertempfinden und in allerlei Nivellierungsabsichten besteht, kommen der gedankenaktiven Bewegung, die eine richtige und tiefe Urteilsbildung voraussetzt, in keinster Weise näher. In der Aufforderung: „Urteile nicht!" liegt häufig eine moralisierende und verurteilende Bewertung, oder die Mahnung: „Verurteilt den Schuldigen nicht, denn nach spirituellen Lehren sollte man niemanden auf diesen Wegen verurteilen!", kann gerade dazu führen, dass die Phänomene, die im Leben eintreten und sich durch Menschen ausdrücken, nicht ausreichend in die Aufmerksamkeit und nähere Betrachtung rücken. Dem Menschen mangeln dann die wirklichen Kräfte, die er für den Willen zu guten Taten für die Zukunft bräuchte. Es hat wohl sicherlich der kirchliche Standpunkt dazu beigetragen, dass der Mensch eine gewisse Scheu vor einer wirklichen und wahren Urteilsbildung, die immer mit schöpferischen Kriterien einhergeht, in sich trägt und sich allzu leicht in Selbstentschuldigungen und Nivellierungen gegenüber den guten wie auch negativen Erscheinungen der Weltenschöpfung bewegt.

Ein Urteil, das durch fachliche und menschliche Auseinandersetzung getätigt wurde, ausgesprochen oder nur im Stillen erwogen, bereichert das menschliche Sein und es stellt in diesem Sinne ein sogenanntes *sat*, eine Wirklichkeit, dar. Ein wahres und so geschaffenes Urteil reinigt jede Situation des menschlichen Zusammenseins und führt sowohl für denjenigen, der einen Irrtum ausgesprochen hat, als auch für denjenigen, der den Irrtum anhören oder tragen musste, zu einem inneren Erkraften seines Willens und seiner Individualität.

Bilden sich beispielsweise die Lehrer in einer Schule keine wirklichen und wahren Urteile über ihre Lehren, über ihr gegenseitiges Wirken und über ihre Schüler, so können sie nicht zum Aufbau und einer guten Formgestaltung der gesamten Einrichtung beitragen. Ein rein passiver Gehorsam zu den Worten des Direktors und ein passives Nachahmen des Lehrplanes ist nicht empfehlenswert. Diese Aussage muss relativ gewertet werden, denn ein Lehrer am Anfang seiner Karriere muss sicherlich den Worten seines Vorgesetzten einen ganzen Glauben schenken können.

Eine Urteilsbildung ist nicht zu verwechseln mit mancher gesunder Gemütsreaktion. Der Zorn beispielsweise, an der richtigen Stelle einmal ausgebrochen oder besser gesagt bewusst zugelassen, kämpft um die Erkraftung eines Wahrheitsgefühles und fördert jene Wesen, die das Ich des Menschen erbauen können, während der Hass auf einer Verneinung des Ich beruht und deshalb niemals zu einer wirklichen inneren Liebe und wahren Beurteilung der menschlichen Umstände führt.

Für die praktische Realisierung der Seelenübung kann das folgende Beispiel dienen: Es besucht ein Lehrer einen Vortrag, der über ein hochinteressantes metaphysisches Thema gehalten wird. Während des Zuhörens aus dem Publikum bemerkt dieser Lehrer, dass das Thema wesentliche und schwerwiegende Irrtümer aufweist. Er könnte nun augenblicklich den Saal verlassen und bei sich selbst sagen: „Indem ich diesem Vortrag zuhöre, unterstütze ich negativ besetzte Vorstellungen und Irrtümer und deshalb will ich mich nicht länger diesem Vortrag hingeben." Er kann aber auch, sofern er ein Wissen über die spirituellen Inhalte besitzt, dem Redner dieses entgegenhalten und auf diese Weise zu einer Position und Kontraposition beitragen. Diese üblichen Formen des Umgehens mit Urteilsbildungen sind in der Regel in der Welt wohl überall zu finden. Sie sind aber noch nicht ausreichend tauglich für eine wirkliche, umfassende und tiefgehende Konstruktivität.

Für eine konkretere und intensivere Betrachtung des Wesensurgrundes eines rechten Urteils darf hier noch einmal der Begriff der Form dienen. Es kann sogar von einer unmittelbaren Formenkunde in der Gedanken- und Urteilsbildung gesprochen werden. Diese geistige Formenkunde ist darin zu verstehen, dass jeder Gedanke, der vom Menschen bewusst oder unbewusst gebildet oder übernommen wird, in eine bisherige Form einmündet und diese wiederum in ihrem metaphysischen Ausdruck begleitet. Alle Gedanken, die der Mensch denkend hervorbringt und weitergibt, werden einmal in einer Art Formstruktur sichtbar werden. Wenn der Lehrer aus diesem oben genannten Grunde den Vortragssaal verlässt und bei sich selbst sagt: „Mir ist die Zeit zu müßig, Unsinnigkeiten anzuhören.", so nimmt er gewissermaßen dem verbleibenden Redner und den Zuhörern die Möglichkeit, aus der bisherigen Form, die besteht, auf eine nächstmögliche Form zumindest aufmerksam zu werden, und meistens projiziert er infolge des unabgeschlossenen und mangelhaft entwickelten Urteils seine unbewussten Emotionen auf die Veranstaltung zurück. In den meisten Fällen wird sich die Form, in der sich die verlassene Veranstaltung weiterbewegt, in sich abschließen und verhärten. Es fehlt durch mangelnde Urteilsbildung die Möglichkeit der Formerkraftung eines nächstmöglichen Bewusstseins. Derjenige, der den Saal verlässt, trägt nämlich mit seinem Verhalten weiterhin für das Gelingen oder Misslingen des Themas unbewusst bei. In der Regel wird er für das Misslingen beitragen. Kräfte, die Formen erzeugen, fließen trotz des Unbeteiligtseins eines Zuhörers weiterhin in die Veranstaltung hinein.

Obwohl dieses Beispiel nicht immer eine allgemeine Gültigkeit haben muss und es sicherlich die verschiedensten Situationen gibt, bei denen ein Zuhörer einmal einen Vortrag aufgrund der Unverträglichkeit und Unzumutbarkeit der Entgleisungen von Wahrheit und Moralität verlassen muss, so soll dennoch an diesem gewählten Beispiel deutlich gemacht werden, welche Wirkung durch eine nicht ausreichend weiterentwickelte Urteilsbildung und Auseinandersetzung mit dem Thema für die Mitmenschen entstehen kann. Es fehlt der Veranstaltung durch den Rückzug der Person oder durch die mangelnde Auseinandersetzung, denn auf diese Auseinandersetzung und Gedankenbildung kommt es ganz entschieden an, die Möglichkeit zur gesunden und transzendierenden Formbildung.

Derjenige, der aber eine Gegenpositionierung entwickelt, kann eventuell die bisherige, in sich selbst verschlossene Form der Wahrheit zu einem ersten unsicheren Schwanken führen und ein eventuell in der Wahrheitsdefinition fixiertes Thema zu einem offeneren Standpunkt bewegen. Je nachdem, wie geschickt Position und Gegenposition aufgebaut werden, entwickeln sich die nächsten erweiterten Formen für die hereinfließenden Gedanken. Bleiben die einzelnen Positionierungen wie Meinungen nebeneinander, diskutieren die einzelnen Partner im gegenseitigen Miteinander und gelangen sie beispielsweise zu dem Urteil, dass eine Wahrheit eben verschiedene Richtungen aufzeigen kann oder – um es nicht zu provokativ auszudrücken, aber dem Zeitgeist doch aus dem Munde zu reden – dass doch alle Dinge im Leben wahr sind und jeder Mensch doch für sich seine Wahrheit nehmen könne, so wird man wohl auf diese Weise einer wirklichen günstigen und schönen Formung, in denen sich die Gedanken manifestieren, ausweichen. Im Sinne der Urteilsbildung handelt es sich um alles andere als um reine Meinungsbildung und Aufrechterhaltung der sogenannten persönlichen Meinung. Eine Wahrheit kann niemals eine nur individuelle Wahrheit sein und sie kann auch nicht nach Belieben einen rein äußeren Positionscharakter besitzen. Die Formen, die durch Position und Gegenposition entstehen, offenbaren für das metaphysische Auge meistens sehr unruhige Gebilde, die eine Art Raumforderung für sich beanspruchen und keinen sehr schönen und stabilisierenden Charakter beinhalten. Es erscheint deshalb für die rechte Urteilsbildung eine weitere tiefere Disziplinierung der Gedankenführung, des schöpferischen Aufbaues von geeigneten fachlichen Inhalten und der Objektivierung der Bewusstseinsbedingungen notwendig.

Derjenige, der eine geistdurchdrungene Pädagogik anstrebt, wird sich mit dem Thema wie auch mit dem Redner zutiefst auseinandersetzen und sich fragend in die Situation des Geschehens hineinbegeben. Wie kommt der Redner zu diesen Fehlurteilen? Welche Motive und Prinzipien lenken und führen ihn? Warum denkt und fühlt er gerade in dieser Weise? Welche Rolle nimmt das Publikum ein? Ist der Irrtum, den er ausspricht, schwerwiegend oder sind es wesentliche andere Prinzipien, die in einem eventuell folgenden Gespräch angesprochen werden könnten? Der Pädagoge und Geistschüler muss mit seiner Urteilsbildung ein hohes Interesse für die wirkliche und zugrunde liegende Wahrheit entwickeln und bewusstseinsorientierte Wege begehen lernen, wie er schließlich die wesentlichsten zugrunde liegenden Bewegungen der Gedanken erschaut. Indem er sich sowohl mit den Personen als auch mit den Themen auseinandersetzt, lernt er durch eine klare Konzentrationsbildung und gedankliche Forschung die Wirklichkeit des Phänomenes kennen. Er verlässt sich in dieser Disziplin gewissermaßen in all seinen Emotionen selbst und lebt sich mit intensivsten Gedanken in die Situation des anderen hinein. Ein Thema kann nicht in eine öffentliche Darstellung kommen, wenn dieses nicht durch einen Menschen gedacht und referiert wird. Aus diesem Grunde muss sich derjenige, der sich im rechten Urteil übt, immer wieder klar darüber werden, dass er sich auch mit den Umständen, in denen sich ein Mensch befindet, zutiefst auseinandersetzen muss. Er muss deshalb den Redner in seiner Persönlichkeit ergründen und kennenlernen. Eine Wahrheit zu erkennen, heißt, den Menschen zu erforschen, der diese Wahrheit ausgesprochen hat. Die rechte Urteilsbildung führt auf objektive Weise in die Tiefe des Menschseins hinein. (13)

Der schwierigste Schritt in der Urteilsbildung ist die Entwicklung der rechten Kriterien zur Beurteilung einer Situation. Hier gibt es sogenannte physische Kriterien. Diese sind auf einen Redner bezogen, auf die Rhetorikkunst, die Überzeugungskraft seines Auftretens, das erlernte äußere Wissen, die vorgewiesene langjährige Erfahrung in einem Thema, vielleicht auch das Aussehen und im weiteren Sinne sogar die dargelegten Bildmaterialen und angeführten Beispiele. Diese physische Ebene ist heute in der Regel am leichtesten erfassbar, denn auf dieser gibt es mittlerweile wohl viele Vergleiche und damit viele Unterschiede innerhalb der Kriterien.

Wie lässt sich aber einem spirituellen Vortrag und dem Redner, der diesen hält, mit einem konstruktiven und bereichernden Urteil begegnen? Für die Spiritualität genügen die äußeren Materialen und Rhetorikkünste nicht. Deshalb bedarf es der Entwicklung von seelischen Kriterien. (14) Diese bestehen nicht nur in modernen psychologischen Details und in der geschickten Anwendung einer psychologischen Methode. Die Seelenwelt trägt in sich die Kriterien der Weite und der Ordnung. Wenn die Empfindungen tatsächlich in die Tiefe des Menschen auf ehrliche und natürliche Weise hineingleiten können, so darf durchaus diese Eigenschaft als eine seelische bezeichnet werden. Seelenempfindungen sind aber immer zu unterscheiden von emotionalen Wirkungen. Es können Personen zu Tränen gerührt sein, da sie nur auf geschickte Weise psychologische und oberflächliche Impressionen erhalten, die keinen wirklichen Wert für die Ordnung wie auch Erkraftung der Seele besitzen. Derjenige, der sich deshalb ein rechtes Urteil über die seelische Dimension eines Vortrages aneignen möchte, muss die Seelenwelt studieren und kennenlernen.

Schwieriger noch als die seelische Dimension eines Vortrages lässt sich die geistige Dimension erkennen. Hierzu bedarf es des erfahrungsreichen Studiums der menschlichen Entwicklung und der Möglichkeiten des sogenannten schöpferischen Daseins. Wie und in welchem Zusammenhang bildet der Redner die Gedanken? Wie platziert er sie und wie sind sie in seiner persönlichen Authentizität erschaffen? Für die Beurteilung der geistigen Dimension bedarf es deshalb der Kenntnisnahme der geistigen Weltengesetze und des Weiteren der Entwicklung eines Bewusstseins für die Authentizität des Bewusstseinslebens des Menschen.

Diese daraus entstehende Formgebung, die mit der rechten Urteilsbildung gegeben wird, kann niemals zu einer abgeschlossenen oder raumfordernden Positionierung führen. Die Formen, die durch wahre Kriterien und durch eine entsprechende zurückhaltende, aber doch klare Konfrontation mit dem Thema entstehen, bleiben immer sanft, erstrahlend, wie weit und offen. Es ist die Schöpferkraft des Gedankenlebens selbst, getragen durch die Ausdauer und Besonnenheit des Willens, welche die entstehenden Gebilde schön und für das Leben integrierfähig erhalten. Wenn ein Lehrer auf eine Veranstaltung geht und er diese Disziplin der rechten Urteilsbildung entwickelt hat, muss er nicht immer in die hitzigen Diskussionen und Positionierungen der Meinungen einsteigen. Er kann durchaus auch im Stillen verbleiben oder er kann auf sanfte Weise mit pädagogischem Einfühlungsvermögen und ohne andere zu verletzen eine Darlegung und Erweiterung des Themas im sinnvollen Maße geben. In jedem Falle wird aber der schöpferische Akt der Auseinandersetzung zur Urteilsbildung für die Veranstaltung wirksam werden. Ein rechtes Urteil ist ein Sein in sich und erschafft schöne und moralisch gute Formen für das Leben.

Die richtige Urteilsbildung kann den Eigenschaften des Saturns zugeordnet werden. Dieser Planet will das Leben transzendieren und Formen geben, die in sich selbst dem größtmöglichen Gesetz der menschlichen Entwicklung entsprechen. Aus diesem Grunde schenkt der Saturn dem Menschen das gesunde Knochengerüst,

das weder zu weich noch zu hart, weder zu knöchern noch zu aufgelöst erscheinen darf. Jene Kraft, die als Urbildekraft und innerste
Willenskraft im Menschen angelegt ist und die tiefste persönliche
Substanz des Menschseins darstellt, wird durch die richtige Urteilsbildung gefördert.

Das Licht zentriert sich wär-
mehaft unter den Olivenbäu-
men.

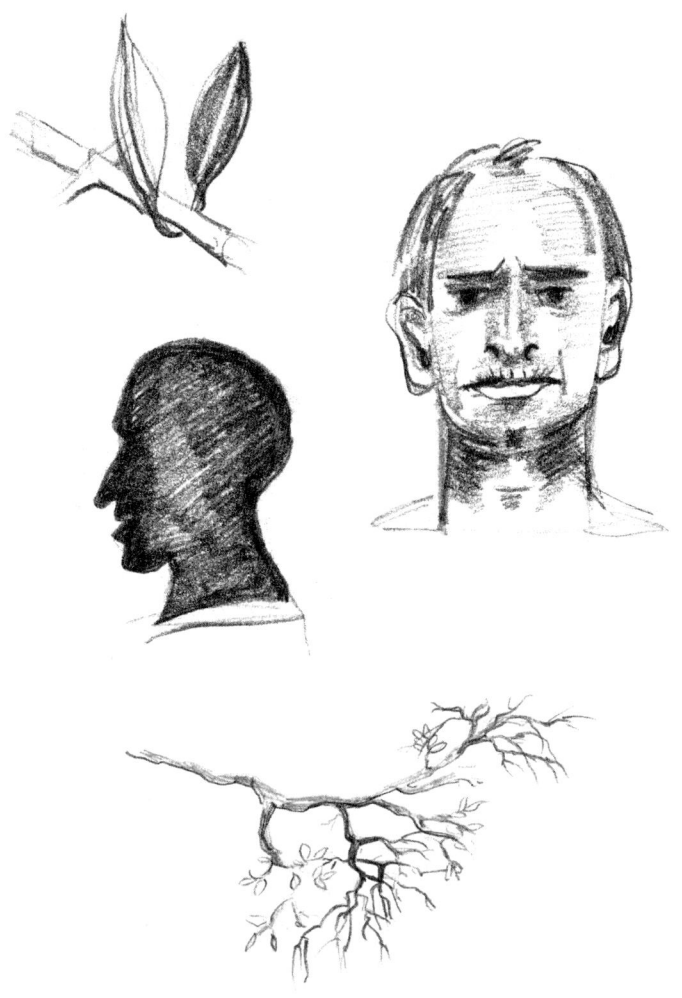

Die Saturnwesen zeichnen das Alter und in den Pflanzen zeigen sie sich an den altwerdenden, dürren und harten Ästen.

Die Zentrumsbildung bis in die Tiefe der Materie
liegt urbildlich im Wesen des Saturns.

Physiognomie zum Saturn

Der Saturn
nimmt das Licht
nach innen und
konzentriert es. Es
besteht ein sammeln-
der und konzentrierter
Umgang mit der Welt,
wie ein zentripetales
Prinzip. Das Profil des
Saturn-Gesichtes ist
markant, es bleibt
in Erinnerung.

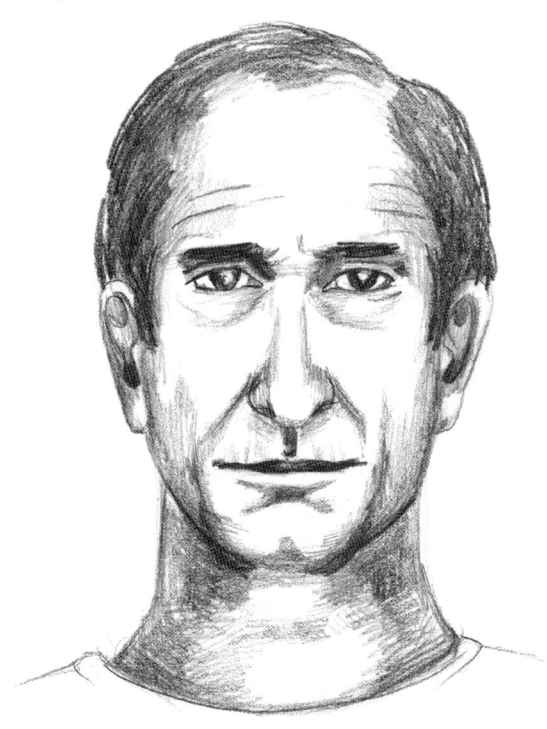

Zu der Physiognomie von Rudolf Steiner

In der gesamten Statur von Rudolf Steiner offenbart sich die Aufrichtekraft des Kopfes, der wie ein Gedanke in ausgestalteter Form selbst erscheint. Überdurchschnittlich stark sind die Stirn und ganz besonders die merkurialen Seitenpartien ausgeprägt. Neben der Jupiter- und Marsbetonung ist diese merkuriale Betonung von so auffälliger und eindrucksvoller Ausprägung, dass sie die Hauptcharakteristik für die physiognomische Ausstrahlung einnimmt.

Die Lehre von Rudolf Steiner offenbart auf einzigartige und hochgradig dynamische Weise die Gedankenwirklichkeit im Zusammenhang mit den verschiedensten Fachgebieten und sozialen Fragen der Zeit. So leuchtet aus seinen Texten tatsächlich die Lichtkraft des Gedankens selbst hervor.

Zu der Physiognomie von Sivananda

Ganz anders als die grazile und sehr stark differenzierte Physiognomie von Rudolf Steiner erstrahlt das Antlitz von dem indischen Lehrer und Gelehrten Sivananda. Der Jupiter mit seinen Bogengestaltungen gibt dem Gesicht sowohl einen plastischen als auch einen sehr runden Ausdruck. Auch ist ein Einschlag des Mondes, der ebenfalls zu Rundungen neigt und die untere Gesichtshälfte prägt, nicht übersehbar.

Die Lehre von Sivananda kann infolge dieser starken Ausstrahlungen gar nicht anders wirken, als unmittelbar das religiöse Selbstbewusstsein des Menschen anzusprechen. Sivananda ist ein Lehrer gewesen, der mit seinen Worten und Gedanken unmittelbar auf die aktive Wahrheitswirklichkeit des gelebten religiösen Tätigseins hinweist. Wie plastisch erscheint der Ausdruck seiner Worte, die er nicht nur in der Theorie, sondern im ganzen Umfang des Willens zu einer Unmittelbarkeit und Kraft demonstrierte.

Zu der Physiognomie von Heinz Grill

Vielleicht mag es eigenartig erscheinen, eine Physiognomie von mir selbst darzulegen. Da sich aber auf der Suche nach einer geeigneten Physiognomie, bei der die mittleren Partien von der Stirn ausgehend betont sind, keine zufriedenstellenden Charakteristika finden ließen, drängte sich das persönliche Beispiel auf. Die Gründe hierfür sollen aber sachlich und nicht persönlich bleiben.

Ganz besonders sind die Seitenpartien der Venussphäre ausgeprägt und gleichzeitig offenbart sich eine starke Betonung des harmonischen Proportioniertseins, das der Sonne entspricht. Eine starke Radiation nach außen ist ebenfalls dem sonnenhaften Wirkungsfeld eigen. Aus diesem Grunde ist die Lehre mehr an die Empfindungen und an die Mitte des Menschen gerichtet. Weniger die reine Gedankenrealität, sondern die rhythmische Natur des Menschen wird durch die getätigten Worte von mir in der Seele angesprochen.

Zu der Physiognomie von Sri Aurobindo

Die Physiognomie von Sri Aurobindo wirkt sehr ausgeglichen und dies vor allem in den oberen Partien. Außerordentlich auffällig erscheint bei dieser großen indischen Persönlichkeit ein relativ starker Einschlag des Mondes, der sich jedoch nicht in dem Ausdruck der Beleibung und auch der Formung darbietet, die dem Ernährungsnaturell und dem gemütlicheren Temperament eigen wären. Die astrale Einflusskraft des Mondes organisiert sich über die ganze Physiognomie und fördert eine hohe, fast übermenschliche Intelligenz, die sich schließlich in seinem Lebenswerk durch ein geniales reflektierendes, sehr offenes und weit gefasstes Denken ausdrückt. Die Sprache von Aurobindo ist daher mit Begriffen reichhaltig und schwingt nahezu wie eine kosmische Welle um die philosophischen Fragen, die gemäß der indischen Geistesart mehr auf intuitive Weise beantwortet werden. Die Kunst zu hohen und höchsten Reflektionen lebt daher in seinen vielseitigen Werken.

Der gute Schüler erfreut
das Herz des Pädagogen.
Der schwache Schüler fördert die
Kapazität des Lehrers und macht
ihn erst zum Pädagogen.

Heinz Grill

Unterrichtsbeispiele von Günther Pauli

Vermittlung von wahren, seelischen Empfindungen zu einem Thema an einem Beispiel aus der Chemie: die Elemente Kalium und Brom

Der sich in den Noten ausdrückende äußere Erfolg der Unterrichtsstunde und das angelernte Wissen werden heute nicht nur vom Lehrer, sondern auch von den Eltern als sehr wichtig bewertet, da angenommen wird, dass der Notenstand eine Aussage über das Wissen und über das Auffassungsvermögen des Schülers gibt. Weniger schaut man heute darauf, ob der Schüler zu den Inhalten auch eine Beziehung aufbauen konnte, ob ihm zum Beispiel die Dinge beginnen, zu interessieren und er mit dem Unterricht auch eine Beziehung zum Leben herstellen kann. Da die Noten ausschlaggebend für den späteren Beruf und damit für das Geldverdienen sind, wird auf das Erreichen von guten Noten so ziemlich ausschließlich alle Energie verwendet. Der Lehrer kann aber ein Ideal für seinen Beruf entwickeln, das ganz besonders auch die seelische Entwicklung der Schüler fördern möchte. Dazu muss er die seelischen Zusammenhänge studieren und kann eine Anschauung bekommen, wann die Schüler erschöpfen und nervös werden und wann sie eine Aufmerksamkeit entfalten. Dieser Zusammenhang wird auf Seite 92 folgendermaßen ausgedrückt: *„Der innere Willens- und Empfindungsorganismus, der durch die Venus motiviert ist, verspürt, ob eine Aussage wesentlich, unwesentlich oder ob sie falsch ist. Es erschafft mit jeder pädagogischen Aktion, mit jeder Kommunikation, Mitteilung oder Tätigkeit der einzelne Mensch eine geistige und auch seelische Wirklichkeit. Er kreiert sogenannte Wesen im Gedanken oder auf die Empfindung bezogen, erschafft er Kreationen, die wie Farben wirken, und des Weiteren wirkt er auch auf die Formen des irdischen Lebens ein."* In mehr therapeutischen Ausführungen beschreibt Heinz Grill, dass die ganze Luftsphäre, die den Menschen umgibt, in eine positive Veränderung kommen kann, wenn wahre seelische und freilassende Gedanken und Gefühle in diese eintreten (siehe das Buch „Das Wesensgeheimnis der psychischen Erkrankungen", Seite 224). Daraus ergibt sich die Bedeutung, wenn sich der Lehrer im Unterricht um die Darstellung wahrer, seelischer Empfindungen und Gefühle zu einem Thema bemüht und diese schließlich an seine Schüler in freilassender Weise weitervermitteln kann.

Ein Beispiel aus dem Chemieunterricht soll zeigen, wie zu den chemischen Elementen eine Empfindung vermittelt werden kann, die

Das Ziel des Unterrichts sind häufig gute Noten, aber nicht ein wirkliches Durchdringen des Themas.

„Der Empfindungsorganismus des Menschen verspürt, ob eine Aussage wahr ist."

Darstellungen wahrer Empfindungen zu einem Thema im Unterricht erschaffen eine positive Sphäre für das Lernen.

auf einer seelischen Wahrheit beruht und dem Schüler ohne große nervliche Anspannungen Raum für ein weiteres Interesse eröffnet.

Üblicherweise werden heute in den Schulen die verschiedenen chemischen Elemente anhand des sogenannten Periodensystems gelernt. In diesem Periodensystem werden die Elemente nach bestimmten Gesetzmäßigkeiten und Charakteristiken aneinandergereiht. Es wird dem Schüler dann vermittelt, dass die Eigenschaften der Elemente aus einem theoretisch gedachten Aufbau der Materie, nämlich der atomaren Struktur, hervorkommen und daraus ergibt sich das Bild beim Schüler, dass man die Elemente aufgrund des Atomaufbaues sequenzartig aneinanderreihen kann und daraus verschiedene Eigenschaften und chemische Reaktionen ableitbar sind. Der Schüler gelangt durch diese Art des Unterrichtens aber noch nicht zu wirklichen wesenhaften Unterschieden zwischen den Elementen und kann zu diesen auch keine wirkliche Empfindung aufbauen. Ein Beispiel für eine theoretische Darstellung eines Elementes:

Heute werden im Unterricht chemische Elemente anhand des Periodensystems dargestellt.

Brom: Einordnung in das Periodensystem der Elemente und Eigenschaften	Atombau
Ordnungszahl: 35	35 Protonen 35 Elektronen
4. Periode	4 besetzte Elektronenschalen
VII. Hauptgruppe	7 Außenelektronen
Elektronenkonfiguration im Grundzustand	Ar $4s^2 3d^{10} 4p^5$
Elektronegativität	2,8
1. Ionisierungsenergie in eV	11,814
häufigste Oxidationszahlen	5, 3, 1, -1
Atommasse des Elementes in u	79,90
Atomradius in 10^{-10} m	1,14
Ionenradius in 10^{-10} m	1,95
Aggregatzustand im Normalzustand	flüssig

Es wird dann im Unterricht eine Darstellung aufgebaut, die man bezüglich zweier Beispielelemente, Kalium und Brom, etwa folgendermaßen wiedergeben kann: Brom und Kalium unterscheiden sich bezüglich ihrer physikalischen und chemischen Eigenschaften durch den verschiedenen Aufbau ihrer Atome, hauptsächlich aber

226

wegen der sogenannten „chemisch relevanten Außen- oder Valenzelektronen". Das Kaliumatom besitzt ein einzelnes Valenzelektron, welches eine niedrige „Ionisierungsenergie" hat, also leicht abgelöst werden kann. Die Valenzelektronen können im Atomverband leicht ein sogenanntes „Gas quasifreier Elektronen" bilden, welches für die elektrische Leitfähigkeit verantwortlich ist und das Kalium als Metall auszeichnet. In den meisten chemischen Reaktionen gibt das Kaliumatom sein Valenzelektron an ein anderes Atom ab und wirkt daher „reduzierend". Das Bromatom hingegen besitzt sieben Valenzelektronen, die allesamt stärker an das Atom gebunden sind. Daher ist das Brom ein „Nichtmetall" und nimmt in den meisten chemischen Reaktionen ein achtes Elektron auf. Es wirkt deshalb „oxidierend". Diese Darstellung ist eine noch vereinfachte Variante der im gymnasialen Mittel- oder Oberstufenunterricht verwendeten Theorien. Der Schüler muss sich mühevoll die Angaben über ein Element einprägen und chemische Reaktionen in Gleichungen lernen. Das Element selbst hat er meist nicht wirklich kennengelernt und kann sich auch kaum etwas darunter vorstellen. Er kann somit keine Beziehung und kein Interesse dafür entwickeln und muss auf der Ebene des abstrakten Auswendiglernens bleiben. Warum bestimmte Reaktionen auftreten, die er dann in Gleichungen aufstellen muss, kann er nur mehr oder weniger theoretisch oder auswendig angelernt darlegen.

Ein ganz anderer Eindruck kann bei dem Schüler entstehen, wenn man zum Beispiel bei den Eigenschaften der Elemente Bezug zu den stofflichen Grundlagen des Lebens nimmt, dem Sauerstoff (oder allgemein der Luft) und dem Wasser, also nicht so sehr in einem theoretischen Modell den Ausgangspunkt nimmt, sondern an einer praktischen, konkreten Erfahrung anknüpft. Nehmen wir als zwei Beispiele wieder die zwei sehr unterschiedlichen Elemente heraus: das Kalium und das Brom. Das Kalium zählt zu den Alkalimetallen (*al-qalya:* aus der Pflanzenasche gewonnen) und das Brom (*Bromos:* Gestank) zu den Halogenen. Warum aber werden sie in diese zwei Gruppen eingeteilt und wie äußern sich diese Elemente? Zunächst sind es Elemente, die rein in der Elementenform nicht in der Natur vorkommen, sondern künstlich hergestellt werden und sogar auf besondere Weise gelagert werden müssen, damit sie sich als solche erhalten.

Die heute übliche Darstellung im Chemieunterricht bewegt sich hauptsächlich auf einer theoretischen Ebene.

Das Kalium mit seinem metallischen Glanz bewahrt man am besten in Glasampullen auf, da es sogar unter Paraffinöl von dem restlichen Sauerstoff noch ergriffen und an der Oberfläche in Peroxide umgewandelt wird.

Über der tiefschwarzen Flüssigkeit des Broms erfüllen die intensiv roten Dämpfe den verfügbaren Raum. Die weiße Schraubkappe besteht aus einem Fluorkunststoff, denn nur dieser Kunststoff widersteht den aggressiven Dämpfen.

Wie verhalten sich Brom und Kalium zu den Lebensstoffen Luft und Wasser?

Die einführende Frage lautet: „Wie verhalten sich denn beide Stoffe mit den Lebenssubstanzen Luft und Wasser?" Günstig ist es, wenn er beide Stoffe vor die Klasse stellt und sie zunächst betrachten lässt. Der Lehrer kann zunächst fragen, was auffällt, wie die Elemente im Gefäß liegen und schließlich fragen, warum man sie so lagern muss. Er kann nochmals darauf hinweisen, dass das Kalium unter Paraffinöl oder sogar in zugeschmolzenen Glasampullen aufbewahrt werden muss, da es an der Luft sehr schnell seinen metallischen Glanz verliert und sich sogar von selbst entzündet, während man für das Brom einen Schraubverschluss aus chemisch hoch widerstandsfähigem Kunststoff benötigt, damit es diesen

Was beobachtet man schon an ihrer Aufbewahrung?

nicht zerfrisst und die ätzenden, scharf und unangenehm riechenden Bromdämpfe aus der Flasche austreten. Nun wird die Gegensätzlichkeit der Stoffe sichtbar. Das Kalium darf nicht von der Umgebung ergriffen werden, das heißt, es darf keine Luft oder kein Wasser herankommen, da es sonst unter Feuererscheinungen in ein Oxid oder eine Base übergehen und zerstört werden würde. Es muss sich fast bildhaft gesprochen unter dem Öl oder in der Glasampulle verbergen. Die Stoffe der Umgebung, welche die Grundlage für das Leben bilden, dürfen das Element nicht ergreifen, da

Das Kalium muss sich vor dem Luftraum „verstecken".

sie es auflösen würden. Deshalb wird es in Öl oder Ampullen luftdicht verschlossen gehalten. Ähnlich, aber in einer etwas abweichenden Weise verhält es sich mit seinen „chemischen Verwandten", dem Lithium, Natrium, Rubidium und dem Cäsium.

228

Anders ist es bei dem Brom, wie auch bei seinen „Verwandten" Chlor und Jod. Das Brom ist eine tiefschwarze schwere Flüssigkeit, die einen rötlichen Dampf über sich bildet. So liegt das Brom in dem Gefäß, hat aber den Raum über sich mit einem tiefroten Dampf ausgefüllt. Das zeigt schon, dass das Brom den umliegenden Raum von sich aus ergreift, denn sonst würde es einfach unten lagern und über sich die Luft haben. Dies ist eine bemerkenswerte Erscheinung der sogenannten Halogene, dass sie die Umgebung in Dampf- oder Gasform sofort ergreifen würden, ohne mit dem Sauerstoff der Luft in eine Beziehung zu treten und den Raum in aggressiver Weise sogar vergiften würden, wenn man sie nicht sorgfältig einschließt. Sie zeigen von sich aus eine stark aktive, lufteinnehmende Tendenz, die bei den anderen Elementen nicht auftritt. Deshalb wurde zum Beispiel im ersten Weltkrieg das Chlorgas als Giftgas eingesetzt.

Brom liegt schwer in seinem Gefäß und ergreift aber von sich aus den Luftraum mit seinem rötlichen Dampf.

Diese Betrachtung beschreibt ein wichtiges Wesensmerkmal von zwei unterschiedlichen Elementen und der Schüler kann diese Aussage mit Aufmerksamkeit aufnehmen und eventuell ein weiteres Interesse entwickeln. Im erweiterten Sinne kann der Lehrer sogar darlegen, dass die Halogene (Salzbildner) eine gesonderte Stellung unter den Elementen einnehmen, sie bilden eine eigene, sauerstofffreie Chemie, während die anderen Elemente in der Natur darauf angewiesen sind, vom Sauerstoff der Luft und dem Wasser ergriffen zu werden, damit sie über Oxide und Säuren- beziehungsweise Basenbildung aktiv werden und in die chemischen Prozesse hineinfinden. Die Halogene stehen in einer Art Konkurrenz zum Sauerstoff: das Fluor, das Stärkste der Halogene, verdrängt sogar den Sauerstoff aus allen seinen Verbindungen. Der Lehrer kann dies auch in einer kurzen, prägnanten Formulierung ausdrücken: Die Halogene ergreifen die Umgebung, während die übrigen Elemente mehr oder weniger von der Umgebung ergriffen werden. Man betont bei dieser Formulierung auch mehr eine Lebendigkeit der Vorgänge als einen toten Mechanismus.

Die Halogene ergreifen den Raum, während andere Elemente vom Raum oder der Luftsphäre ergriffen werden.

Der wesenhafte Unterschied zwischen den Elementen tritt bei der sequenzartigen Aufreihung der Elemente im Periodensystem und deren theoretischen Interpretation überhaupt nicht hervor, sodass die übliche Darstellung im Schulunterricht wohl eine Einseitigkeit im Sinne eines abstrakten Darstellens aufweist, die den Schüler wohl mehr in die Nervosität und Erschöpfung führt. Diese Einseitigkeit kann man zum Beispiel im Unterricht auf die oben dargestellte Weise ausgleichen und dadurch dem Schüler mehr zu einer wahren Empfindung zur dargestellten Sache verhelfen.

Von welchem zentralen Gedanken geht nun die hier versuchte Art der Unterrichtsführung aus? Rückgreifend oder wiederholend kann hier noch einmal eine Aussage aus Kapitel 1, Seite 76, zitiert werden: *„So wie der physische Raum sich dahingehend weiten kann, dass man seine Begrenzungslinien nach außen ausdehnt, so kann sich im gleichen Maße ein seelischer Raum weiten, wenn man die Seele als tatsächlich existierende Wirklichkeit nicht zu sehr an den Körper bindet, sondern diese von ihm befreit."* Und in Kapitel 4, Seite 83: *„Innerhalb der pädagogischen Bemühungen kann sich der Lehrer das Empfindungsleben seiner Schüler räumlich vorstellen und ihre Erlebenswelt dahingehend fördern, dass er auf die Art und Weise, wie Verbindungen entstehen, die eine Weite darstellen, Wert legt. Allgemein führen alle Verbindungen, die auf richtige und gehobene Weise hergestellt werden, zu einer günstigen Gemütslage, die weitend und daher lebenskräftigend ist, während alle zu sehr in der Isolation stattfindenden Unterrichtsformen wahrlich räumliche Trennungen erzeugen. Insbesondere intellektuelle Belastungen ... erzeugen Empfindungsverluste und verursachen unnötige nervöse Unruhen oder gar Widerstände."*

Im Zusammenhang stehende Unterrichtsinhalte schaffen eine seelische Weite.

Oder mit anderen Worten: Wenn man im Unterrichten eines Themas nicht nur von theoretischen, abstrakten Grundlagen ausgeht, sondern mehr von einem konkreten, in einer erfahrbaren Wahrheit stehenden Bezugspunkt, so wird sich das Wesen der Sache mehr aussprechen. Dies zeigt sich daran, dass der Schüler oder Zuhörer nervlich mehr zu Ruhe kommt und auch mehr die Wärme und Substanz einer wahren Empfindung und des Interesses aufbauen kann. Dies wird sich sogar, obwohl man das aus dem gewöhnlichen Unterricht heraus vielleicht gar nicht glaubt, „lebensfördernd" oder im Gesamten aufbauend für die Schüler oder Zuhörer auswirken.

An dieser Stelle möchte ich den oben genannten allgemeinen Gedanken noch einmal durch eine auf das Beispiel bezogene Frage ergänzen: Wodurch unterscheiden sich die beiden geschilderten Ansätze, der Ansatz im theoretischen Modell mit der folgenden theoretischen Ableitung der Eigenschaften und der Ansatzpunkt in einer konkreten Erfahrung mit der sich anschließenden bildhaften, ja fast wesenhaft „menschlichen" Darstellung? Im ersten Fall türmt man eine Anzahl komplizierter Begriffe auf, deren Inhalt sich letztlich jeder menschlichen Erfahrung entzieht und legt diesen Begriffen doch eine Art von grundsätzlicher oder absoluter Wahrheit bei. Man sagt: „Aufgrund dieser tieferliegenden realen Bedingungen müssen die Eigenschaften der Stoffe doch so und so sein." Im zweiten Fall wählt man eine Darstellung, die dem Menschen in seiner Wirklichkeit nähersteht, ihm vertrauter ist; man erhält hier ein Bild, das sich zum Beispiel auch schon fast auf die Charakterisierung vom Menschen übertragen lässt. Hierbei muss man aber beachten, dass dieses Vorgehen nicht etwa ein „anthropomorpher" pädagogischer oder psychologischer Trick ist, sondern auf der tieferen Wahrheit beruht, dass der Mensch mit den verschiedensten Erscheinungen der Welt tatsächlich in einer Beziehung steht. So sind zum Beispiel nach den Aussagen verschiedener Geistlehrer die chemischen Elemente Produkte ehemaliger lebendiger kosmischer Prozesse, die, ähnlich wie Pflanze und Tier, in der Entwicklung des Menschen aus der ursprünglichen Gesamtheit ausgesondert oder abgesondert wurden und damit doch noch in anderer Weise mit dem Menschen verbunden sind, als dass sie nur ein Bestandteil seiner rein äußerlich gedachten physischen Umgebung sind. Diesen Gedanken braucht der Lehrer oder Dozent aber im Unterricht nicht aussprechen, der Gedanke kann, im Stillen erwogen, den gesamten Unterricht begleiten und er wird dennoch eine Art von Führung in die gesamte Darstellung bringen.

Wodurch unterscheiden sich die beiden geschilderten Ansätze, der Ansatz im theoretischen Modell und der Ansatzpunkt in einer konkreten Erfahrung mit der sich anschließenden bildhaften Darstellung?

Bei dieser Art des mehr „phänomenologischen" Unterrichtens sollte man auch die Aufmerksamkeit darauf richten, wie der Mensch durch die Naturwissenschaften der letzten 300 Jahre erzogen wurde. Er wurde so erzogen, dass er seiner unmittelbaren Wahrnehmung weniger vertraut oder diese für weniger wahr oder „wirklich" hält als etwa eine Beschreibung in theoretischen Modellen oder als die durch komplizierte Apparaturen gewonnenen Erkenntnisse. Der Schüler wie auch vielleicht der Lehrer selbst mögen zunächst denken: „Ja, diese roten Dämpfe des Broms oder die Undurchdringlichkeit der Schwärze seiner Flüssigkeit, das sind ja nur Randerscheinungen, die nicht so wichtig sind, die „eigentliche Wahrheit oder Wirklichkeit" liegt in dem Atom oder Molekül und seinen (theoretischen) Eigenschaften und daher muss ich mich mit der Theorie herumplagen und brauche das Phänomen oder meine unmittelbaren Eindrücke nicht so sehr beachten."

Die naturwissenschaftliche Sichtweise der Neuzeit prägt heute noch unsere Anschauungen und Denkweise.

Das hier gegebene Beispiel soll aber auch nicht so missverstanden werden, dass jede Art von theoretischen Vorstellungen abgelehnt wird. Vielmehr kann es so verstanden werden, dass die wesenhafte, auf das Seelenleben der Zuhörer gerichtete oder phänomenologische Darstellung, eine Art Basis bildet, die dann im weiterlaufenden Unterricht durch das Arbeiten mit verschiedenen theoretischen Modellvorstellungen ergänzt werden kann. Es wäre aber günstig, wenn sich der Lehrer für den Aufbau dieser Basis wirklich Zeit nimmt und vermeidet, dass die später hinzukommenden theoretischen Modelle zu einer Art von „höherer Wahrheit" werden.

Ein Beispiel aus dem Chemieunterricht, wie ein am Anfang stehender Gedanke den Erkenntnisprozess gestaltet

Welchen Gedanken und welche Vorstellung möchte der Lehrer jeweils vermitteln?

Im Kapitel „Der Gedanke muss im Verhältnis zum menschlichen Willen seine Führungsinstanz einnehmen" wird ausgeführt, dass der Lehrer den allergrößten Wert auf die wirkliche und wahre, konkrete Existenz eines Gedankens legen sollte. Er sollte mit Klarheit wissen, welche Vorstellungen, Inhalte und tiefen Gefühle er mit seinen Unterrichtsbeispielen erschaffen möchte. Ist sich der Lehrer dieser Gedanken und auch seiner Erfahrungen und seinem Wissen gegenüber bewusst, so wird der Gedanke umso mehr seine Wirkung im Unterricht entfalten. Das heißt, dass der Lehrer in keinem Fall bloß Vermittler von Lehrbuchinhalten ist, sondern die zugrunde liegenden Gedanken gut kennen sollte und entscheiden muss, welche Gedanken er vermitteln möchte.

Das folgende Beispiel aus der Chemie zeigt, dass einer Darstellung immer ein Gedanke zugrunde liegen muss. Werden zum Beispiel bestimmte Aussagen über chemische Elemente getroffen oder im Lehrbuch festgehalten, so muss sich der Lehrer klar sein, auf welcher Gedankengrundlage diese Erkenntnisse gebildet wurden. Er selbst wird dann den Gedanken vermitteln oder still bei sich erwägen, den er als wahr erkannt hat. Von Bedeutung ist es, dass der Gedanke eine Wirklichkeit verkörpert. Jede Aussage wird eine bestimmte Wirkung beziehungsweise bei den Schülern auch eine bestimmte Lebenseinstellung oder ein Empfinden zur Welt erzeugen. Wie unterschiedlich diese Empfindungen infolge der Grundgedanken sein können, soll an einem Beispiel deutlich werden.

Wodurch wird die Erkenntnis aus einer Forschung bestimmt?

Der Lehrer kann seinen Unterricht mit einer kurzen geschichtlichen Einführung beginnen und die sehr interessante Frage stellen, warum die Menschen verschiedener Zeit- und Kulturepochen trotz gleicher Beobachtung der Phänomene zu ganz unterschiedlichen Erkenntnissen kommen können. Warum sind die Ergebnisse der Betrachtungen auch in ihrer kulturellen Auswirkung oft so verschieden, obwohl doch die äußeren Beobachtungen der Naturvorgänge immer die gleichen sind? Nach einer gemeinsamen Überlegung kann der Lehrer vorwegnehmen, falls es nicht zur Sprache kommt, dass es die unterschiedlichen Gedankenansätze, also die schon zu Beginn bestehenden Grundgedanken und Vorstellungen sind, die schließlich zu den unterschiedlichen Erkenntnissen führen. Als Beispiel kann er anführen, dass es für die Pionierstat des Christoph Kolumbus beispielsweise entscheidend wichtig war, dass er von dem für seine Zeit neuen Gedanken der Kugelgestalt der Erde ausging und nicht von einer ebenen Fläche. Wäre er von der Fläche ausgegangen, hätte er unbedingt nach Osten fahren müssen, um Indien zu erreichen, und er hätte Indien auf diesem Weg auch erreicht, wie es schon anderen vor ihm gelungen ist. Die Idee der Kugelform der Erde aber ermöglichte ihm, eine völlig neue Passage in Richtung Westen anzugehen. Es ist also nicht der wissenschaftliche Versuch oder die Beobachtung der Natur alleine, die zur Erkenntnis führt, sondern es ist immer der anfängliche Gedanke ausschlaggebend, mit dem wir an die Natur herantreten. Gleichzeitig sehen wir auch an diesem Beispiel des Kolumbus, wie unsere Erkenntnisse zugleich auch unser Verhältnis zu unserer Umgebung oder allgemein zur Welt mitbestimmen. Unterschiedliche Erkenntnisse führen zu ganz verschiedenen Empfindungen, Handlungsweisen und in der Folge auch zu unterschiedlichen Kulturentwicklungen. In den höheren Schulklassen kann diese Erkenntnis sehr gut herausgearbeitet werden und sie wird einen Eindruck hinterlassen, da man sich in der Regel nicht bewusst ist, dass alle Erkenntnisse durch Gedanken gewonnen sind. Meist nimmt man sie als Wahrheiten auf und hinterfragt nicht ihren Hintergrund. Es kann diese klare Vermittlung auch die Klasse mehr freilassen und wird nicht zwingend eine Erkenntnis als wahr darstellen. Die Schüler können sich eine eigenständige Anschauung bilden, welche Gedanken in der Sache leben und wie sie wirken.

Zu Praxis übergehend kann das folgende Experiment vorgeführt werden: Kochsalz (Natriumchlorid) existiert im Normalzustand in kristalliner Form. In dieser Form kann es aus Bergwerken geborgen und zum Kochen verwendet werden. Als Salz ist es für den Menschen lebensnotwendig. Wenn wir dieses Salz in Wasser auflösen, verliert es seine Kristallform. In gelöster Form finden wir es in der Natur beispielsweise in den Weltmeeren (3 % Verdünnung) oder im menschlichen Körper (0,9 %).

Nimmt man nun in einem ersten Versuch etwas Kochsalz und erhitzt es in einem Tiegel bis zum Schmelzen (Schmelzpunkt bei 801 °C) und steckt in die Schmelze zwei Metallstifte oder Kohlestifte, so wird durch die Schmelze ein elektrischer Strom fließen, sobald man an die Stifte eine elektrische Gleichspannung legt. An dem einen Stift beobachtet man das Erscheinen von silbrig glänzendem Natrium und an dem anderen stellt man die Bildung eines scharf riechenden Gases, von Chlor, fest. Lässt man den Strom lange genug fließen, so wird man feststellen, dass die Kochsalzschmelze mehr und mehr verschwindet, je mehr Natrium und Chlor entsteht. Man findet dann heraus, dass die entstandenen Stoffe Natrium und Chlor in der Natur so gar nicht vorkommen. Ebenso stellt man fest,

Der Gedanke des Christoph Kolumbus bei seiner Entdeckungsfahrt war die Kugelgestalt der Erde.

Eine Erkenntnis ohne einen schon am Anfang stehenden Gedanken ist nicht möglich.

Das Kochsalz in Beziehung zu Natrium und Chlor.

dass es zwei an der normalen Luft unbeständige, beziehungsweise giftige Stoffe sind, die im Falle des Natriums zwar einen elektrischen Strom zulassen, im Falle des gasförmigen Chlors aber nicht mehr zulassen, aber in jedem Fall durch Elektrizität nicht mehr verändert werden.

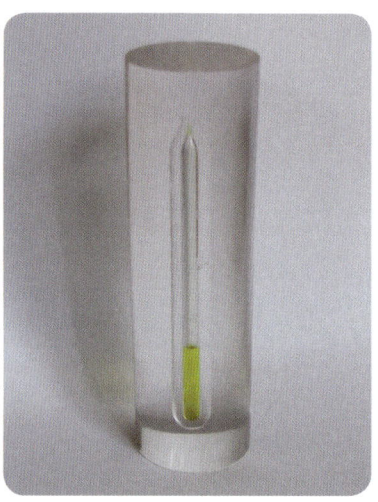

Durch siebenfachen Luftdruck verflüssigtes gelbgrünes Chlor

Metallisches Natrium in einer Glasampulle

Natrium und Chlor als Elemente, Kochsalz als „zusammengesetzter" Stoff?

Lässt man in einem zweiten Versuch die beiden Stoffe Natrium und Chlor miteinander reagieren, indem man das Natrium in das Chlorgas bringt, so erfolgt eine erneute Veränderung unter Flammen- und Wärmeerscheinung und es zeigt sich als Ergebnis dieser Veränderung nach dem Abklingen der Reaktion wieder das bekannte kristalline Kochsalz. Dieses in kleineren Mengen ungiftige, ja sogar bekömmliche Kochsalz kann nun in einem dritten Versuch sehr leicht und gefahrlos zum Beispiel in Wasser gelöst werden, im Gegensatz zu Natrium und Chlor, hier bilden sich unter zum Teil heftigen Reaktionen eine Lauge beziehungsweise Säuren und man erhält eine mehr oder weniger konzentrierte Kochsalzlösung. Eine solche oder ähnliche Lösung liegt auch in den Weltmeeren (ca. 3% Konzentration, 30 mg auf 1 g Lösung) vor.

Steinsalz oder Halit
Es ist das auch als Speisesalz bekannte gewöhnliche Kochsalz.

Die Auflösung von kristallinem Kochsalz in Wasser

Gezehnteltes Kochsalz

Gezehnteltes Kochsalz: Für die Herstellung eines sogenannten homöopathischen Heilmittels wird das Kochsalz in einer genauen Abfolge von Schritten zerrieben und mit Milchzucker „verdünnt".

Verdünnt man diese Kochsalzlösung weiter, so kann man beobachten, dass derartige Lösungen (Konzentration 0,9 %, das entspricht etwa 9 mg Natriumchlorid in 1 g Lösung) in den Körperflüssigkeiten vieler Lebewesen vorkommen, so zum Beispiel als sogenannte physiologische Kochsalzlösung im menschlichen Blut.

3. Versuch

Zerreibt man nun in einem vierten Versuch zum Beispiel 1 g des festen Kochsalzes mit 9 g Milchzucker, so enthält 1 g des Gemisches 1/10 g Kochsalz. Führt man diese Zehntelung noch fünfmal durch, so enthält 1 g des dann vorliegenden Gemisches 1/1 000 000 g oder 0.001 mg Kochsalz. Das heißt, das Kochsalz liegt im Vergleich zu den Körperflüssigkeiten nochmal 9000-fach verdünnt vor. Führt man mit diesem in Milchzucker verdünnten Kochsalz noch sechsmal diese Zehntelung in Milchzucker durch, so enthält 1 g des dann vorliegenden Gemisches nunmehr 10^{-12} g oder 0.001 ng Kochsalz. Diese Verdünnung entspricht einer gleichmäßigen Verteilung von 1 g Kochsalz auf ein Volumen von 461 000 m³, das Volumen entspräche einer Kugel mit einem Durchmesser von ca. 96 m. In einer solchen Zusammensetzung oder Verdünnung kommt Kochsalz in der äußeren Natur nicht mehr vor.

Wie zeigt sich das Kochsalz in immer stärkerer Verdünnung?

Nun wird der Lehrer mit der Klasse einen möglichen Gedanken suchen, der das Wesen des Salzes erklärt und das Ergebnis zusammenfassend darstellen. Ein möglicher erster Ansatz wäre zum Beispiel: Das Kochsalz oder Natriumchlorid ist aus den Elementen Chlor und Natrium zusammengesetzt. Daher kann das Kochsalz in der Schmelze oder auch in der wässrigen Lösung durch den elektrischen Strom in diese beiden Elemente zerlegt und aus diesen durch eine chemische Reaktion auch wieder gebildet werden. Chlor und Natrium selber können nicht mehr durch den elektrischen Strom oder durch andere chemische Methoden zerlegt werden, sie können auch nicht aus anderen Stoffen oder Elementen gebildet werden. Sie, beziehungsweise ihre Atome, bilden die elementaren Grundbausteine aus denen der Kristall des Kochsalzes aufgebaut ist. Gibt man das Kochsalz in Wasser, so löst sich seine Kristallstruktur auf, die einzelnen Teilchen der Elemente Chlor und Natrium werden nun im Wasser in veränderter Form freigesetzt, die veränderte Form zeigt sich in der elektrischen Ladung ihrer Teilchen, worauf auch die elektrische Leitfähigkeit von Kochsalz in der Schmelze und in der Lösung hinweist. Kochsalz kommt in großer Menge auf der Erde vor, daher tritt es in physiologischer Lösung auch als Regulator für den Teilchen- oder Stoffaustausch in den lebenden Organismen auf. Verdünnt man eine Kochsalzlösung immer weiter oder vermengt man das Kochsalz mit einem anderen Stoff, sodass sein Anteil progressiv immer weniger wird, so wird es immer mehr in seinen Eigenschaften zurücktreten und schließlich nicht mehr auffindbar sein, weil die Verdünnung so gut wie keine Teilchen des verdünnten Kochsalzes mehr enthält. Man hat es dann eben nur noch mit dem Lösungsmittel (zum Beispiel Wasser) oder allgemein dem zweiten Stoff zu tun. In den sogenannten homöopathischen Heilmitteln gibt es deshalb bei genügend hoher Verdünnung auch keinen nachweisbaren Wirkstoff mehr.

Wie kann man das Wesen des Kochsalzes beschreiben?

Nun kann weiter die Leitidee beziehungsweise der Grundgedanke, der dieser Erkenntnis zugrunde liegt, ausformuliert werden: „Die Materie ist nicht einheitlich, sondern zusammengesetzt. Es gibt Grundbausteine (Elemente beziehungsweise deren Atome), aus denen sich die verschiedensten Stoffe aufbauen, bildhaft etwa so, wie sich eine Mauer aus Ziegelsteinen aufbaut und die Ziegelsteine durch Zerlegung aus dieser wieder hervorgeholt werden können. So wie diese Mauer im Grunde nur eine geordnete Ansammlung von Ziegelsteinen ist, so ist in unserem Beispiel das Kochsalz nur eine geordnete Ansammlung von Natrium- und Chlorteilchen. Aus den unterschiedlichen Kombinationen der Grundbausteine ergeben sich die Vielzahl und die Verschiedenheiten der materiellen Stoffe. Besonders komplexe Kombinationen der Grundbausteine ermöglichen es, dass die Materie schließlich Erscheinungen hervorbringt, die man als Leben bezeichnet. Die Grundlage allen Seins bildet also die Materie mit ihren Bausteinen oder kleinsten Teilchen." Es sei erwähnt, dass Gedanken dieser Art den Hintergrund der heute üblichen Schulbildung kennzeichnen und auch deren Entwicklung bestimmten. Man darf sich also hier nicht täuschen lassen und etwa glauben, dass die oben geschilderte Interpretation sich zwangsläufig aus den Beobachtungen ergibt und keines Leitgedankens bedurfte, nur weil man vielleicht diese Art der Erklärung „in der Schule so gelernt hat". Der Lehrer kann auch die Schüler fragen, welche Empfindung diese Anschauung hervorruft.

Nun führt er einen anderen möglichen Grundgedanken herein: „Das Leben steht als geistig-seelischer Prozess vor allem irdischen Werden. Erst als Folge der geistig-seelischen Schöpfungsprozesse sondert sich Materie mehr und mehr ab und es findet eine Verdichtung vom Unwägbaren über das Feinstoffliche bis hin zum Grobstofflichen statt. Die Formen der Materie, die heute auftreten, ergeben sich in ihrer Vielheit einerseits aus den unterschiedlichsten Wesensarten, aus denen sie hervorgegangen sind und andererseits aus der Verschiedenheit, wie sie vom Leben ergriffen werden. Vereinfachend kann gesagt werden, je verdichteter die Materie ist, desto schwerer ist es für das Leben, sie durchzugestalten. So zeigen zum Beispiel die vier Naturreiche Mineral-Pflanze-Tier-Mensch, wie die Materie der Erde stufenweise und in unterschiedlicher Form von geistigen Lebensprozessen erfasst wird. Das Auftreten der verschiedenen Materieformen ist also eine Folge der lebendigen, geistigen Kräfte, die an ihr arbeiten und auf sie einwirken."

Für das Experiment wird dies bedeuten: Verdünnt man das Kochsalz in rhythmischer Weise in sehr hohem Grade zum Beispiel mit Wasser, so wird durch die vielfältige Schichtenbildung des im Schütteln oder Rühren bewegten Wassers das gelöste Salz immer mehr aufgelockert. Das in oder hinter ihm stehende ursprüngliche lebendige Wesen kann sich nun in der Lösung immer besser verankern und dieses kann dann als Heilmittel unmittelbar auf die Lebenskräfte des lebendigen Organismus wirken. Lebendiges Weben

Der Grundgedanke wäre hier der Aufbau der Materie nach einzelnen Teilchen. Eine bestimmte Teilchenstruktur ergibt einen bestimmten Stoff, diese Struktur bildet die Grundlage allen Seins.

Im heute üblichen naturwissenschaftlichen Unterricht wird der kompliziertere Stoff aus einfacheren stofflichen Einheiten „zusammengesetzt" gedacht.

Der Grundgedanke hier wäre: Ein geistig-seelischer Prozess bringt die Materie hervor. Die verschiedenen Formen der Materie sind eine Folge der lebendigen Kräfte, die an ihr arbeiten.

wirkt dann unmittelbar aufeinander ein. Auch in der physiologischen Verdünnung von 0,9 % kann die Materie der wässrigen Kochsalzlösung noch sehr gut vom Leben ergriffen und in den lebendigen Organismus hineinorganisiert werden. In einer Konzentration von ca. 3 % tritt die wässrige Kochsalzlösung dann zumindest noch als Teil des planetenumspannenden Organismus der Erde auf und bietet vielen Lebewesen in den Weltmeeren einen Lebensraum. In noch höheren Konzentrationen wird die Materie der Salzlösung immer schlechter von der Dynamik des Lebens ergriffen, sodass die Lebensprozesse sich mehr und mehr von der Salzlösung entfernen. In der Kristallisation oder „Mineralisierung" fällt die Materie weitgehend aus der Lebensdynamik heraus, das Leben zieht sich fast gänzlich von ihr zurück, sie erscheint als Kristall, als Mineral.

Alle Sterbeprozesse in der irdischen Sphäre führen die Materie bis hin zum Mineralischen, so bleiben beispielsweise schließlich Salze und Mineralien am Ende eines Verwesungsprozesses des pflanzlichen, tierischen oder menschlichen Körpers zurück. Erhitzt man das kristalline Kochsalz bis zur Schmelze und leitet dann einen elektrischen Strom durch die Schmelze, so erfährt die Materie des Salzes durch die Elektrizität eine nochmalige Zersetzung, einen nochmaligen Tod, der in der natürlichen Sphäre der Erde nicht mehr auftritt. Die Materie erscheint nun in dem „untermineralischen Zustand" von Natrium und Chlor und erweist sich als absolut lebensfeindlich, denn für sich isoliert stellen Natrium und Chlor die toten Endpunkte ehemaliger lebendiger Prozesse des Kosmos dar, die einmal die geistige Grundlage der heutigen Existenzmöglichkeit dieser Stoffe bildeten. Erst wenn beide Stoffe wieder zusammentreten, so kann die mit ihnen verbundene Materie wieder (unter den Begleiterscheinungen von Wärme und Licht) in einer einfachsten Form von Dynamik ergriffen werden, Natrium und Chlor verschwinden, existieren in ihrer bisherigen Form nicht mehr und das kristalline Kochsalz als natürlichere Stufe der Materie erscheint wieder. Tritt Wasser hinzu oder wird der Kochsalzkristall auf andere Art und Weise zerstört und in einer zweiten Substanz aufgelöst, so existiert er ebenfalls nicht mehr, seine Materie erscheint nun wieder in einem mehr und mehr vom Leben durchdrungenen oder dem Leben zugänglichen Zustand.

Am Ende der Stunde beziehungsweise der Stunden kann der Lehrer zusammenfassen: Grundsätzlich dürfte eine reine Beobachtung ohne leitende Gedanken gar nicht möglich sein, beziehungsweise eine Beobachtung ohne leitende Gedanken niemals zu einer Erkenntnis führen. Es gibt keine Erkenntnis, die sozusagen rein aus der Außenwelt zum Menschen spricht, immer sind schon gebildete Gedanken an der Erkenntnis beteiligt, ja eigentlich ihre wesentliche

238

Voraussetzung. Zweitens bestimmen die schon am Anfang bestehenden Gedanken die Art der Erkenntnis, die Art der Interpretation der Beobachtungen oder das zusammenfassende Bild, das sich aus den Beobachtungen ergibt.

Es wird sich bei den Schülern die Frage aufdrängen, welche der beiden Erkenntnisprozesse nun der richtige oder wahre ist. Der Lehrer kann erwähnen, dass sich die verschiedenen Ansätze nicht unbedingt gegenseitig ausschließen müssen. Der allgemein heute üblich gewordene Ansatz mit dem Ausgangsgedanken der kleinsten Teilchen als materielle Grundbausteine und Erklärung für alles Sein führt beispielsweise zu sehr guten Ergebnissen in der chemischen Analyse und ihrer Umsetzung in der Technik, während das Erklärungsmodell, welches das Leben selbst an den Anfang aller Formen des Seins setzt, wiederum gute Ergebnisse hervorbringt, wenn es um die Fragen von dem Zusammenwirken von Lebenskräften und körperlich-stofflichen Verhältnissen geht, wie sie sich beispielsweise in der Biologie, Medizin oder Naturheilkunde stellen.

Die Darstellung der Gravitation
als Phänomen im Unterricht

Wie kann die Gravitation als
Phänomen erfasst werden?

Wenn ein Lehrer eine Pädagogik entwickeln möchte, die den Schüler in seiner gesamten Entwicklung als Mensch fördert, so kann er sich zum Beispiel darum bemühen, das Wesen einer Sache möglichst gut zu erfassen und dieses Wesen auch dem Schüler nahezubringen. Diese Möglichkeit soll hier am Beispiel des Themas „Schwerkraft" oder „Gravitation" skizziert werden:

Die naturwissenschaftliche Sichtweise über die Gravitation wurde 1686 von Isaac Newton begründet. Kurze Zeit zuvor hatte Johannes Kepler beschrieben, dass sich die Planeten auf elliptischen Bahnen bewegen und Galileo Galilei hatte herausgefunden, dass fallende Körper sich gleichmäßig beschleunigen. Isaac Newton erkannte, dass ein Körper nicht nur einfach fiel, sondern von einer unsichtbaren Kraft angezogen würde. Er fragte sich, ob diese unsichtbare Kraft dieselbe ist, die die Planeten auf ihren Bahnen hält. Newton schlussfolgerte, dass so, wie die Schwerkraft der Erde den Körper anzieht, so würde diese auch den Mond anziehen und die Masse der Sonne würde die anderen Planeten anziehen, sodass sie nicht durch das All davontreiben. Später vervollständigte Newton die Aussage, dass die Masse der Körper und die Intensität der „unsichtbaren Kraft", der Gravitation, die Bewegung der Körper bestimmen würde. Es bestünde so etwas wie ein Gleichgewicht zwischen Fliehkraft und Schwerkraft, das sich in einem genauen Verhältnis zwischen der Entfernung der Körper und den Umlaufgeschwindigkeiten ausdrückt. Würde also der Mond zu nah an der Erde sein, so würde er in die Erde fallen, weil ihm die Schwerkraft zu stark anzieht, würde er zu weit weg von der Erde sein, würde er ins All treiben. Newton erklärte, dass diese universelle Kraft, die Gravitation, die Materie zusammenhält und aus der Materie selbst entsteht.

Die Gravitation als Kraft, die
aus der Materie hervorkommt
und die Materie zusammen-
hält (Newton).

Diese heute übliche Sichtweise kann der Lehrer beschreiben. Erweiternd kann er die Zeit, in der Newton lebte, darstellen. Im 17. Jahrhundert kamen allmählich die Naturwissenschaften auf und der Mensch verlor dafür den Zusammenhang mit dem geistigen Leben. Die Schüler können durch eine gute Darstellung dieser Rahmenbedingungen verstehen, dass eine bestimmte Zeit auch bestimmte Sichtweisen und Wissenschaftler hervorbringt, sie können verstehen, wie der Mensch in dieser Zeit zum Beispiel mehr und mehr auf die Materie ausgerichtet war und diese zerlegte und untersuchte und alles aus ihr erklären wollte und wie es diese Anschauungen in einer Zeit davor, wie etwa im Mittelalter oder der Antike, nicht gegeben hat. Dabei sollte natürlich keine Wertung über die Menschen oder Kulturen abgegeben werden, etwa in der Weise: Die Menschen in früheren Zeiten waren kulturell noch nicht so hochstehend, vor allem sollte der Lehrer derartige allgemeine Urteile vermeiden, die nur aus äußeren technischen oder materiellen Möglichkeiten abgeleitet sind, denn der Siegeszug des naturwissenschaftlichen Denkens, wie es heute in den Schulen gelehrt wird, begründet sich vor allem mit der Umsetzbarkeit und „Machbarkeit" in der Technik und nicht mit der Bezugnahme auf eine „absolute Wahrheit". Wertvoll ist die Darstellung eines geschichtlichen Abrisses zum Beispiel dann, wenn deutlich wird, welche großen Aufgaben die Menschheit in den einzelnen Geschichtsepochen hatte und auch welche Aufgaben es heute sind. In diesem Rahmen kann auch die Vorstellung Newtons über die Schwerkraft beleuchtet werden.

Eine aus einer größeren Überschau entwickelte Abhandlung über die Art und Weise, wie sich der Mensch in verschiedenen Zeitabschnitten fühlend und denkend mit der Welt in Beziehung gebracht hat, findet man zum Beispiel in dem Buch von Rudolf Steiner „Der Entstehungsmoment der Naturwissenschaft in der Weltgeschichte und ihre seitherige Entwicklung". Die naturwissenschaftliche Anschauung über die Gravitation kann durch diese kulturelle Bezugnahme in einen größeren Entwicklungszusammenhang gebracht werden und muss nicht mehr als „absolute Wahrheit" gesehen werden. Es wird ein Sachverhalt so freilassend beschrieben, dass bei dem Zuhörer nicht mehr der „moralische Druck" entsteht, den Sachverhalt oder seine Darstellung als „ewig gültig" annehmen zu müssen. Die Schüler können sich dann freier dem Wesen einer Sache, in diesem Fall dem Wesen der Gravitation, annähern und offener die Tatsachen beobachten.

Nun kann der Lehrer bewusst einen Gegenstand fallen lassen und fragen: „Warum fallen alle Dinge nach unten? Warum wirkt die Schwerkraft? Wie entsteht sie? Ist sie automatisch für alle Ewigkeiten da?" Auf die Frage, warum Dinge nach unten fallen, antwortet heute die Naturwissenschaft, dass die Schwerkraft dafür verantwortlich sei, diese aus der Materie selbst entstehen würde, aber warum gibt es sie, wie entsteht sie? Wie kommt es, dass zunächst fein verteilte Materie sich zu einem „Schwerezentrum" zusammenballt? In einer höheren Klasse oder in der Erwachsenenbildung kann der Lehrer diese Frage zum Beispiel anhand der mit den heutigen Vorstellungen über die Entstehung des Sonnensystems verbundenen Probleme weiter ausbauen, in dem er diese Vorstellungen und die aus ihnen hervorgehenden Fragen darstellt: „Die von der Materie oder Masse hervorgerufene Gravitation lässt die im Weltraum fein verteilte Materie sich zu Planetenkörpern zusammenballen und

Die Zeitepoche der Entstehung der Naturwissenschaft umfasst etwa die letzten 600 Jahre der gesamten Menschheitsgeschichte.

Die naturwissenschaftliche Sichtweise ist eine mögliche, aber nicht zwingende Sichtweise. Ihr Erfolg ist vor allem durch die Umsetzung in der Technik begründet.

241

bestimmt dann auch deren Abstände und Bewegungen. Hat das entstandene Sonnensystem einen einigermaßen stabilen Zustand erreicht, so kann man die Bewegung der Planeten als Ausdruck eines Gleichgewichts zwischen Anziehungskraft oder Gravitation und Zentrifugalkraft sehen: Die Massen und Abstände der Planeten erfordern eine bestimmte Umlaufgeschwindigkeit oder Bewegung, damit die beiden Kräfte sich die Waage halten und die Bahnen der Planeten stabil bleiben (Kant-Laplace'sches Modell)."

In einem ersten Tafelbild kann dieses Gleichgewicht zum Beispiel an einem „Zweikörpermodell" erläutert werden:

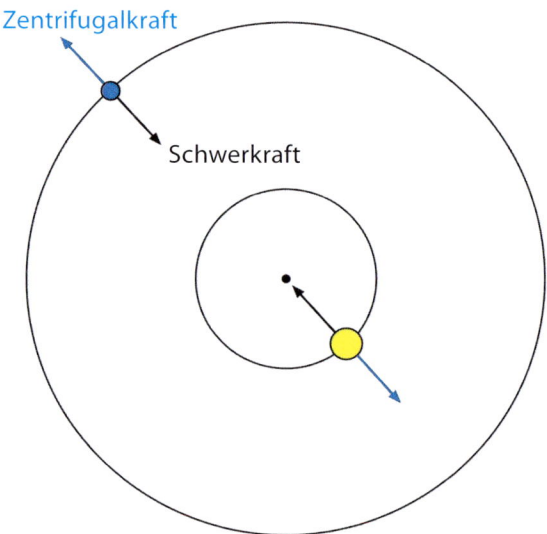

**Gleichgewicht der physischen Kräfte als Ursache
für eine stabile Planetenbahn:
Schwerkraft und Zentrifugalkraft halten sich die Waage.**

Er kann dann weiter darauf hinweisen, dass diese Darstellung schon deswegen eine gewisse Problematik zeigt, weil nicht erklärt wird, wie anfänglich die Verdichtung der fein verteilten Materie an bestimmten Stellen beginnt und woher eine anfängliche Drehbewegung der gesamten Materiewolke kommt. Selbst wenn man annimmt, dass das Schwerezentrum, der gesamte Drehimpuls der Materie und die Materie selbst von einem explodierten Vorläuferstern stammen, so bleibt die Frage, woher hat dieser seine Drehung und seine Materie, wie konnte er ein Zentrum bilden und man kann die Beantwortung der Frage „ad infinitum" immer weiter in

Warum wirkt die Schwerkraft, wie entsteht sie ?

Die letzte Erklärung über Herkunft von Energie, Materie und Bewegung wird heute durch verschiedene theoretische „Urknall-Modelle" gegeben.

die Vergangenheit zurückschieben, bis man zu dem punktförmigen Ereignis eines wie auch immer gearteten „Urknalls" kommt. Auf diese Weise kann dem Schüler oder Zuhörer deutlich werden, dass eine in einem bestimmten Zeitabschnitt oder bestimmten kulturellen Rahmen entstandene Theorie oder ein Denkmodell nicht unbedingt eine „absolute Wahrheit" oder die „Wirklichkeit selbst" darstellt.

Später kann der Lehrer fragen: „Warum wächst ein Baum, eine Pflanze aber nach oben, warum kann sich ein Mensch aufrichten? Kann man das nur so erklären, dass man zum Beispiel sagt, es würde ‚Zelle auf Zelle getürmt werden' bis so ein Gebilde wie ein Baum entsteht? Woher wissen die Zellen, in welche Richtung sie sich ‚türmen' müssen?" Der Lehrer sollte hier vielleicht auch deutlich machen, dass die meisten Pflanzen sich tatsächlich nach der radialen Richtung zur Erdoberfläche, also nach der Schwerkraft und nicht etwa nach dem Sonnenstand ausrichten.

Die Zypresse zeigt besonders deutlich die radiale, der Schwerkraft entgegengesetzte Wuchsrichtung. Die Umkreiswirkungen des Kosmos erwecken in der Erde eine Aufrichtekraft, die in den Pflanzen ihren ersten Ausdruck findet.

Wie wirken die Kräfte, welche die Schwerkraft überwinden?

Stehen sie in einem Zusammenhang mit der Schwerkraft selbst?

Es wird dann deutlich, dass es Kräfte gibt, die nach unten wirken, aber dass es auch Kräfte gibt, die nach oben streben und die sogenannte Schwerkraft überwinden und es eröffnet sich vielleicht die Frage: Haben die beiden miteinander etwas zu tun? Die gestellten Fragen können an der Tafel stehen und ein zweites Tafelbild kann erste antwortgebende Vorstellungen verdeutlichen. Man kann zum

Beispiel erst einen isolierten Punkt als angenommenes Zentrum auf die Tafel setzen und ihn dann durch einen Umkreis wirklich zum Zentrum erheben:

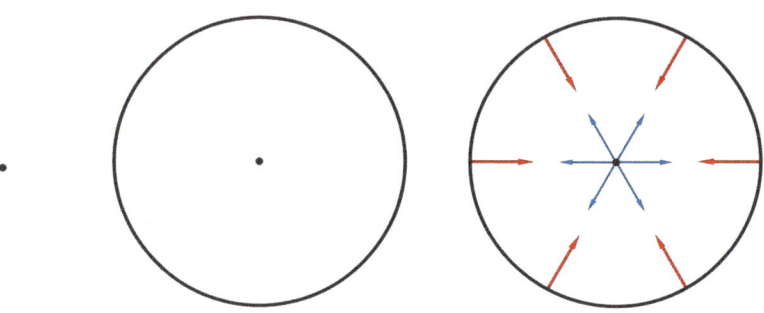

Punkt und Umkreis; Zentralkräfte und Sphärenkräfte.

Die Schüler werden sehen, dass es einen Kreis mit einem Mittelpunkt gibt und ahnen, dass es einen Mittelpunkt ohne einen Umkreis nicht geben kann, und schlussfolgern, dass es eine Schwerkraft oder aus der Mitte herauswirkende Kraft ohne einen Umkreis nicht geben kann. Die Schwerkraft wird also nicht vom Punkt oder dem Massenzentrum selbst hervorgebracht, sondern entsteht im Zusammenhang mit seinem Umkreis. Der Lehrer kann sagen, wenn diese Vermutungen ausgesprochen werden, dass der Umkreis nun gehörig groß gedacht werden muss, bis an die Grenze des Planetensystems und dass es der Kosmos ist, der zentrierend auf die Erde wirkt, das heißt ein Zentrum entstehen lässt und gleichzeitig die Aufrechte schafft.

Heinz Grill stellte zu dieser Umkreiswirkung Folgendes dar: *„Der letzte der sogenannten klassischen Planeten, Saturn, ist es, der aus der umliegenden Sphäre mit einer zentripetalen, zentrumschaffenden Kraft auf die Erde wirkt und gleichzeitig die Pflanzen aufrecht wachsen lässt. Diese Kraft ist im Menschen auch angelegt, aber er muss sich mit seiner Entwicklung um diese Kraft bemühen, da er sonst der äußeren Schwerkraft unterliegt und dies nicht nur physisch im gebeugten Gang, sondern in der gesamten Ausrichtung seines Wesens. ... Aus den einstrahlenden Kräften erfolgt eine Sammlung, die eine nach oben aufsteigende zentrierende Achse hervorbringt.“* Mit diesem weiteren Gedanken wird neben dem historischen Rahmen auch ein tieferer geistiger Bezug in das Thema hereingeführt, der zum Beispiel auf den inneren Zusammenhang zwischen dem Menschen und dem Phänomen, hier der Schwer-

Die Schwerkraft kann ohne einen Umkreis nicht entstehen.

244

kraft, hinweist. Auf diese Weise wird den Schülern oder Zuhörern das Wesen der Sache auf einer weiteren Ebene herangeführt. Diese Ebene bezieht sich auf eine tiefere geistige Wahrheit, die sich mit der Seele des Zuhörenden viel leichter und dauerhafter verbindet als etwa nur eine formal-intellektuelle Erklärung. Sie nimmt auf die Pädagogik Bezug, Kapitel 4, Seite 200, durch die ein Begriff in seinem ursprünglichen einzigartigen Phänomen mehr und mehr ins Bewusstsein rücken kann. Die Vorstellung, dass ein Zusammenhang zwischen einem Mittelpunkt, in dem Fall der Erde als Gravitationszentrum und einem Umkreis, dem Planetensystem, besteht und eine Gravitation praktisch hervorgebracht wird, belebt in dem Schüler das eigenständige Denken, denn er kann diese Vorstellung in sich weiterbewegen und sich forschend betätigen und muss nicht fertige Aussagen lernen. Die Seele wünscht sich ein selbständiges Forschen und der Schüler benötigt Anregungen, die er tatsächlich in sich weiterdenken kann.

In der geistigen Welt besteht ein tieferer Zusammenhang zwischen Schwerkraft, Mensch und Kosmos.

Elektrizität und Materie

Die Elektrizität spielt im sogenannten modernen Gesellschafts- und Wirtschaftsleben eine so grundlegende Rolle, dass man ohne Übertreibung sagen kann: Ohne die Entwicklung der Wechselstromtechnik wäre die „Industrie- und Informationskultur" in ihrer gegenwärtigen Form nicht möglich. Aber trotz ihrer so grundlegenden Bedeutung kann sich der Mensch über das Wesen der Elektrizität noch schwerer eine Anschauung verschaffen als über andere physikalische Phänomene. Dies hat einen tieferen Grund und es wäre für einen Lehrer, der die Elektrizität im Unterricht behandelt, günstig, diesen Unterschied zu anderen physikalischen Erscheinungen im Bewusstsein zu haben. Rudolf Steiner drückt diesen Unterschied in seinen geisteswissenschaftlichen Forschungen folgendermaßen aus: *„Es ist notwendig, dass man die Verwandtschaft fühle zwischen all dem, was aus dem menschlichen Willen kommt und demjenigen, was einem äußerlich so entgegentritt, dass es von einem getrennt ist und nur durch die Erscheinungen des Lichtes, des Tones und der Wärme sich ankündigt. Alles das, was durch die elektrischen Apparate geht, kündigt sich an mit Licht, Wärme und so weiter. Aber das, was als Elektrizität fließt, das ist durch sich selbst nicht wahrnehmbar. ... Nur wenn man aufsteigt zur Intuition, die im Willen ihre Grundlage hat, kommt man in die Region auch für die Außenwelt hinein, in welcher die Elektrizität lebt und webt."* (Rudolf Steiner, Erster Naturwissenschaftlicher Kurs, 1920, GA 320)

Betrachtet man ein Stück Metall, sei es ein Kupferdraht oder eine Metallschraube oder ein anderer metallener Gegenstand, so kann man mit seiner unbewaffneten Sinneswahrnehmung nicht erkennen, ob der Gegenstand von einem elektrischen Strom durchflossen ist oder nicht. Nur durch die Wahrnehmung weiterer Umstände, etwa einer angeschlossenen Batterie oder durch Einfügen eines Messgerätes, welches die elektrischen Kräfte in eine Art von Anzeige umsetzt, kann man auf das Vorhandensein eines elektrischen Stromes schließen. Für den elektrischen Strom selbst besitzt der Mensch keine Sinneswahrnehmung.

Was ist aber die Grundlage dafür, dass der Mensch gewisse Naturerscheinungen, so zum Beispiel das Licht oder den Schall, unmittelbar wahrnehmen kann? Man sagt, er hat entsprechende Sinnesorgane für diese Phänomene. Das bedeutet aber nach Aussage geistiger Lehrer, wie etwa Rudolf Steiner, dass die unmittelbar wahrgenommene Erscheinung zwei Seiten oder Ebenen hat: einmal die äußerlich physische, auf die der Mensch auch physisch oder körperlich reagiert und einmal ein eigentliches oder seelisches

Das Wesen der Elektrizität zu erfassen, bereitet dem Menschen Schwierigkeiten.

Den elektrischen Strom selbst können wir nicht wahrnehmen, nur durch seine Äußerungen wie Licht und Wärme oder Schall.

Wesen, das der Mensch in der Folge dann auch seelisch, das heißt durch Aktivität seines Äther- oder Astralleibes wahrnimmt. So beschreibt Rudolf Steiner im oben genannten Buch die Wahrnehmung des Tones folgendermaßen: *„Nehmen Sie Ton wahr, dann zerlegen Sie sich gewissermaßen in eine menschliche Zweiheit. Sie schwimmen in dem ja auch äußerlich nachweisbaren Wellenelement, Sie gewahren: Da drinnen ist noch etwas anders als das bloß Materielle. Sie sind genötigt, innerlich sich regsam zu machen, um den Ton aufzufassen. Mit ihrem Leibe, mit ihrem gewöhnlichen Leibe, ..., gewahren Sie die Schwingungen* (etwa eine Abfolge der Verdichtungen und Verdünnungen der Luft). *Sie ziehen zusammen in sich Ihren Äther- und Astralleib, der nur einen Teil Ihres Raumes dann ausfüllt, und erleben das, was Sie erleben sollen in dem Tone, in dem innerlich konzentrierten Ätherischen und Astralischen Ihres Wesens."* Und: *„Komme ich zu den Erscheinungen der Elektrizität und des Magnetismus, dann habe ich außer mir nicht nur die objektive – sogenannte – Materialität, sondern ich habe außer mir dasselbe* (Wesenhafte), *was sonst in mir im Seelischen, Geistigen als Schall und Ton lebt. ... Man wird sich vorstellen müssen immer mehr und mehr: Schall-, Ton- und Lichterscheinungen, die sind verwandt unserem bewussten Vorstellungselemente; Elektrizitäts- und magnetische Erscheinungen, sie sind verwandt unserem unterbewussten Willenselemente, und die Wärme liegt* (wie das Gefühl) *dazwischen."*

Warum können wir die Elektrizität nicht unmittelbar wahrnehmen, wie zum Beispiel das Licht oder den Ton?

Das gesamte Wesen der Elektrizität liegt also, anders als bei Wärme, Licht und Schall, zunächst „außerhalb" des Menschen oder des von ihm seelisch erfahrbaren Bereiches oder anders formuliert, ein erster zentraler Gedanke zur Annäherung an das Wesen der Elektrizität ist, dass der Mensch die Phänomene des Lichtes, Schalls und der Wärme unmittelbar seelisch erleben kann, während ein solches Erleben bei der Elektrizität zunächst nicht möglich ist. Diese Unterscheidung in der Erfahrbarkeit der äußeren Phänomene entspricht der Erfahrung der Gliederung des Menschen selbst in Denken, Fühlen und Wollen, wobei das Willensleben so wie die Elektrizität seinem Wesen nach für das gewöhnliche Bewusstsein im Verborgenen bleibt. Diese Entsprechung ist aber nicht etwa nur ein bildlicher Vergleich, sondern sollte als ein tieferer Bezug verstanden werden.

Die Elektrizität ist wie der menschliche Wille verborgen und hat zu ihm einen tiefen Bezug.

Diesen ersten Gedanken berücksichtigend, möchte ich zu einer vertieften Betrachtung der Elektrizität kommen, die das eigentliche Phänomen mehr und mehr herausarbeitet und auch dem Lehrer im naturwissenschaftlichen Unterricht eine Hilfe ist, den verschiedenen Naturerscheinungen nicht nur quantitativ, sondern auch vom Wesen her mehr gerecht zu werden.

Blickt man auf die verschiedenen Anwendungen der Elektrizität und des mit ihr eng verwandten Magnetismus in der Technik, so fällt zunächst auf, dass bei der Erzeugung und technischen Umsetzung immer die Erde eine Rolle spielt, sei es direkt, indem sie als „Masse" oder „Erde" in den Stromkreis mit einbezogen ist oder zumindest indirekt, indem aus der Materie einer im Magnetfeld bewegten Kupferwicklung oder aus der Substantialität einer Batterie oder eines Akkumulators Elektrizität freigesetzt wird. Auch der Magnetismus findet sich zunächst als natürliche Erscheinung im Magnetfeld der Erde und im magnetischen Gestein und wurde von diesem oder mit Hilfe des elektrischen Stromes auf magnetisierbare technische Materialien wie etwa Stahl übertragen. So deutet sich auch bei dem Hervorbringen des Phänomenes als solchem ein wesentlicher Unterschied zwischen der Entstehung der Wärme und des Lichtes etwa bei der Verbrennung von Holz, Öl oder Kohle und dem Freisetzen der Elektrizität an: Während der chemische Prozess in der Substanz einer Batterie vielleicht noch mit dem chemischen Prozess einer Verbrennung vergleichbar ist, so handelt es sich bei der sogenannten elektromagnetischen Induktion im Kupferdraht eines Generators doch um etwas grundsätzlich anderes als etwa um eine Freisetzung durch Verbrennung.

Rudolf Steiner beschreibt den Zusammenhang zwischen Erde und Elektrizität in seinen Vorträgen folgendermaßen (Rudolf Steiner, Mensch und Welt, 1923, GA 351): *„Wenn daher im Norden die Mondenkräfte vorzugsweise tätig sind, die Sonne sich ausschaltet, dann kommt noch etwas anderes; dann wird die Luft darüber so, dass etwas, was hier immer in der Erde drinnen ist, herausgeht. Die Erde ist ganz voll von Magnetismus und Elektrizität ... das können Sie daraus sehen: ... Wenn Sie hier einen Telegraphenapparat haben ... und einen in Basel ... kann man nur telegraphieren, wenn ein Draht geht ... aber Sie müssen wieder zurück verbinden, es muss ein geschlossener Strom sein ... Das Merkwürdige ist, man braucht diesen zweiten* (Rück-)*Draht nicht, wenn man von dem Apparat in die Erde einen Draht hineinleitet und da eine Kupferplatte hineinlegt, und dort auch wiederum eine Platte hineinlegt ... dann ist eine Verbindung da. Warum? Weil die Erde selber Elektrizität hat und von der einen Platte zur anderen die Elektrizität geleitet wird. Die Erde ersetzt sich selber den Draht durch ihren eigenen Stoff. ... Wo die Sonnenwirkung schwach ist* (in der Polarregion, in großen Höhen und im Winter), *da geht die Elektrizität hinauf, in die Luft hinein und man sieht sie, wie sie oberhalb der Erde ist ... Das Nordlicht ist die elektrische Kraft der Erde, die unter dem Einfluss der Mondenkräfte ausströmt."*

Ich bin mir natürlich im Klaren, dass diese Darstellung bezüglich des Nordlichtes völlig konträr zur schulwissenschaftlichen Auffassung ist, nach der das Nordlicht als Folge des sogenannten „Sonnenwindes", eines von der Sonne ausgehenden Stromes elektrisch geladener Partikel, erscheint, welcher vom Magnetfeld der Erde ein-

Die Elektrizität steht in einem tiefen Zusammenhang mit der Erde und dem Magnetismus.

Die Erde ist „voll" von Magnetismus und Elektrizität.

Es gibt verschiedene Vorstellungen über die Entstehung des Nordlichtes.

248

gefangen und zu den Polen gelenkt wird. Auch Rudolf Steiner war sich über diese Gegensätzlichkeit im Klaren, die Darstellung ist also nicht, wie man meinen könnte, eine Folge mangelnder späterer Erkenntnisse.

Aus der Darstellung ergibt sich als weiterer möglicher Gedanke, dass alle Art der technischen Erzeugung der Elektrizität, sei es eine statische Aufladung, eine elektrochemische Erzeugung oder eine Form von elektromagnetischer Induktion eine Freisetzung der in der Erde oder Materie schon vorhandenen, aber verborgenen Elektrizität ist. Dem Menschen ist diese Freisetzung erst sehr spät in seiner kulturellen Entwicklung gelungen. So könnte zum Beispiel auch die Erscheinung des Gewitters eine natürliche Form der Freisetzung irdischer Elektrizität in mittlerer Höhe sein, die über den Blitzschlag wieder ihren Rückweg in die Erde finden muss.

Die Elektrizität scheint die Eigenschaft zu haben, sich in der Erde oder Materie zu verbergen und es bedarf einiger Mühe und Umstände, wie die technische Entwicklung zeigt, sie daraus freizusetzen. Mit den folgenden Beispielen möchte ich die Elektrizität mehr und mehr aus der Verborgenheit in der Materie hervorlocken, um damit auch einen tieferen Einblick in die Materie als „flüssige" oder „erstarrte" Elektrizität zu gewinnen. In verschiedenen Stufen soll das, was als „elektrischer Strom" durch den Metalldraht strömt, durch Wechselwirkung mit etwas anderem dazu gebracht werden, etwas von seiner inneren Wesenheit zu zeigen. Man muss sich aber darüber klar bleiben, dass es sich, wie oben beschrieben, immer um ein „indirektes Wahrnehmen" handelt: man erkennt die Elektrizität sinnlich nur an den im Licht-, Ton- oder Wärmehaften hervorgerufenen Erscheinungen. Baut man einen sogenannten elektrischen Stromkreis auf, so kann man, wie oben schon erwähnt, nicht unmittelbar erkennen, ob seine Teile von elektrischem Strom durchflossen sind oder nicht. Man kann auch nicht unmittelbar erkennen, wie groß oder wie stark dieser Strom etwa ist. Lässt man im Stromkreis aber den Strom durch eine besonders dünne Stelle aus sehr harter Materie mit einem sehr hohen Schmelzpunkt gehen, zum Beispiel durch einen sehr dünnen Draht aus Wolframmetall, so muss sich die Elektrizität durch dieses „Nadelöhr" hindurchzwängen und beginnt sich durch Wärme und Licht kundzutun: Das Stückchen Draht wird heiß und kommt schließlich bis zur Weißglut. Eine solche „Engstelle" stellt der Wolframdraht einer gewöhnlichen Glühbirne dar. Lässt man den Stromkreis an einer Stelle offen, die zum Beispiel in Form von stabförmigen oder hörnerartigen Elektroden ausgestaltet ist, so fließt zunächst kein Strom, aber man kann an der offenen Stelle, allerdings wieder nur mit einer geeigneten Messapparatur, eine Kraftwirkung nachweisen

Die Elektrizität verbirgt sich in der Erde oder Materie.

Mit verschiedenen „technischen Tricks" holt der Mensch die Elektrizität aus der Materie heraus.

Einfacher Stromkreis mit elektrischer Glühbirne; der Wolframdraht im Inneren des Glaskolbens wird durch den elektrischen Strom über 2000 Grad heiß.

Der Strom muss sich in der „Engstelle" zeigen.

Wieder wird der Strom durch große Kräfte herausgezwungen.

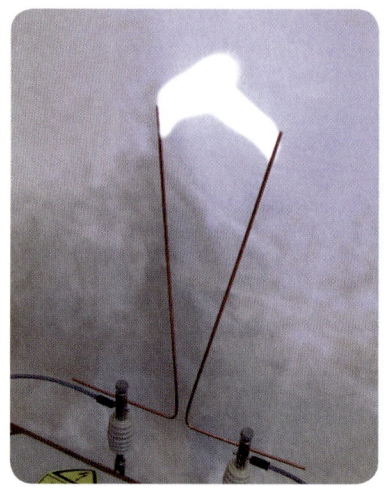

Hochspannungslichtbogen bei einer elektrischen Spannung von 20 000 Volt an den Elektroden einer sogenannten „Jakobsleiter"

Büschelentladung an der Elektrode eines sogenannten Teslatransformators; die Elektrode ist das „offene" oder obere Ende der Sekundärspule, das untere Ende ist leitend mit der Erde verbunden, also „geerdet".

(der Techniker spricht von elektrischer Spannung oder von einem elektrischen Feld). Erhöht man diese Kraft mehr und mehr, so wird die Elektrizität schließlich durch die große Kraftwirkung zum Verlassen des Elektrodenmetalles gezwungen, sie dringt in die Luft ein und überbrückt die offene Stelle, den Stromkreis schließend: Ein sogenannter elektrischer Lichtbogen entsteht, die Elektrizität zeigt sich wiederum durch Hitze und Licht und nun auch durch ein zischendes oder brummendes Geräusch. Auch wenn es zu keinem direkten Schließen eines Stromkreises durch die Luft oder ein Gas kommt, kann die Elektrizität zum Entweichen in eine gasförmige Umgebung gebracht werden. Große elektrische Kräfte (elektrische Spannungen) bringen sie dazu, in blassleuchtenden Funken oder Büscheln die Verborgenheit in der festen Materie des Metalls zu verlassen. Die aus der Erde oder Materie freigesetzte Elektrizität zeigt sich wie eine Art künstliches Nordlicht im Kleinen.

Besteht schließlich die offene Stelle im möglichen Stromkreis aus einer Glasröhre aus der die Luft fast bis zum vollständigen Vakuum entfernt wurde, so wird bei genügend großen elektrischen Kräften die Elektrizität veranlasst, in diesen fast freien Raum zu treten. Sie zeigt sich dann als grünliches Leuchten an den Glaswänden der Röhre. Dass es sich hierbei nicht um gewöhnliches Licht handelt, erkennt man daran, dass die Erscheinung auf magnetische Kräfte reagiert, wie man es sonst nur von ferromagnetischen Substanzen (Eisen, Kobalt, Nickel) her kennt: Bringt man einen Magneten in die Nähe der Röhre, so ändern die magnetischen Kräfte sehr stark die Formen des grünlichen Leuchtens, was bei gewöhnlichem Licht überhaupt nicht der Fall ist.

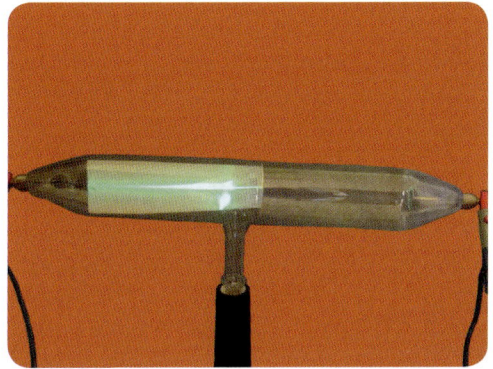

Das grünliche Leuchten der elektrischen Entladung in einer evakuierten Glasröhre; die Kathode befindet sich am rechten Ende, die Anode am linken Ende der Glasröhre, in der Mitte befindet sich eine spaltförmige Blende.

Die Elektrizität muss in das Vakuum oder den freien Raum treten und zeigt sich als grünliches Licht.

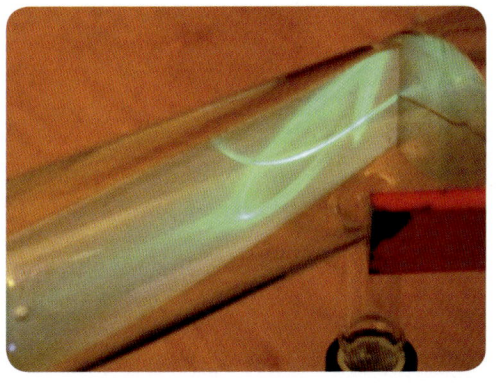

Durch das Kraftfeld eines Stabmagneten wird die Elektrizität in der evakuierten Glasröhre auf gekrümmte Bahnen abgelenkt (vgl. mit vorherigem Bild!).

Die Elektrizität reagiert auf Magnetismus, sie ist also kein gewöhnliches Licht.

Hier zeigt sich die starke Verwandtschaft der Elektrizität zum Magnetismus und zur Materie überhaupt. Man kann übrigens die Wechselwirkung der Elektrizität mit einem Magnetfeld schon an einem stromdurchflossenen Draht beobachten, gewöhnlich aber erst bei größeren Stromstärken. In sehr feinen mechanischen Anordnungen benutzt man diese Eigenschaft zum Messen der Stärke elektrischer Ströme (Drehspulamperemeter).

An dieser Stelle möchte ich eine weitere Eigenschaft der Elektrizität hereinführen, die man im gewöhnlichen Schulunterricht oft schon

251

am Anfang des Themas im Rahmen der sogenannten Elektrostatik bespricht: Die Elektrizität erscheint in zwei Formen oder „Polaritäten", die man zunächst dadurch erhält, dass man verschiedene Materialien, zum Beispiel Glas und Bernstein, mit Lappen aus bestimmten Materialien, etwa Kunststoffen oder einem Tierfell reibt. Überträgt man die Elektrizität der beiden Materialien nacheinander auf eine isoliert aufgestellte Metallkugel, so verstärkt sich die Elektrizität nicht etwa, sondern hebt sich gegenseitig auf. Das Auftreten „zweier verschiedener Elektrizitäten" führte dann zu der Vorstellung, dass die Freisetzung von Elektrizität „Trennung von verschiedenen Ladungen" bedeutet und man bezeichnete die Ladung des Glases willkürlich mit „positiv" (+) und die des Bernsteins mit „negativ" (–). Ebenso erscheinen die Enden der offenen Stelle eines möglichen Stromkreises als „entgegengesetzt geladen" und man bezeichnet diese dann als „Pluspol" und „Minuspol" oder auch als Anode und Kathode. Die in der fast gasleeren Glasröhre strömende Elektrizität erscheint nun im fast leeren Raum wie offengelegt und zeigt sich als eine Art von Ausstrahlung vom negativen Pol oder von der Kathode her. Ebenso kann man verfolgen, dass von dem positiven Pol oder der Anode her ebenfalls Ströme oder Strahlungen ausgehen. Die ersteren Ausstrahlungen werden Kathodenstrahlen oder „β-Strahlen" genannt, die letzteren „Kanalstrahlen". Zu diesen gehören auch die sogenannten „α-Strahlen". Beide Elektrizitätsarten lassen sich auch durch ihre entgegengesetzt gerichtete Ablenkung im Kraftfeld des Magneten unterscheiden. Man kann nun in den Weg der Kathodenstrahlen ein metallenes Hindernis bringen und beobachten, dass ein Schattenwurf wie bei Licht entsteht. Ebenso kann man in einem etwas aufwendigeren Versuch zeigen, dass diese Strahlen zum Beispiel dünne Aluminiumfolien mühelos durchdringen.

So zeigt die Elektrizität einerseits im magnetischen Verhalten und in der Möglichkeit, sie auf isoliert aufgestellten Metallkörpern „anzusammeln" eine Nähe zur festen oder auch flüssigen Materie. Andererseits legt ihr strahlenartiger Charakter bei der Durchdringung von Folien nahe, dass es sich doch nicht um Materie im gewöhnlichen Sinne handeln kann. Dies gibt die Berechtigung, die Elektrizität wirklich als etwas Eigenständiges zu behandeln und sie nicht etwa, wie das gewöhnlicherweise auf mehr theoretischem Wege geschieht, entweder den Schwingungs- oder Wellenphänomenen oder aber dem „Atom- und Elementarteilchenbereich" zuzuordnen.

Lenkt man die Kathodenstrahlen, welche durch besonders hohe elektrische Kräfte freigesetzt wurden, auf eine Art Hindernis, zum Beispiel auf einen Kupfermetallblock, so werden sie in eine andere Strahlenart verwandelt, die nach ihrem Entdecker „Röntgenstrahlen" genannt werden. Diese werden durch ein Magnetfeld nicht mehr abgelenkt, gleichen diesbezüglich dem gewöhnlichen Licht, durchdringen aber die nicht zu dichte gewöhnliche Materie und können selbst wiederum elektrisierend (ionisierend) wirken oder Elektrizität freisetzen.

Die unmittelbare Nähe des Elektrischen zur Materie findet sich schließlich in den Stoffen, welche, ohne dass sie einer äußeren Freisetzung von Elektrizität ausgesetzt sind, Strahlungen aussenden, die den Kathodenstrahlen und Kanalstrahlen in der Glasröhre und auch den Röntgenstrahlen gleichen. Es sind die als „radioaktiv" bezeichneten Substanzen wie etwa Uransalze oder radiumhaltige Stoffe oder auch die in den sogenannten Kernreaktoren entstehenden „künstlichen" Elemente wie etwa Plutonium. Die Strahlungen können mit Hilfe eines Magnetfeldes getrennt und ihre Geschwindigkeit mit Hilfe geeigneter Berechnungen ermittelt werden: Die Geschwindigkeit der α-Strahlen beträgt bei einem Radiumpräparat 1/9 der Geschwindigkeit der β-Strahlen. Während diese Strahlungen bei einem solchen Präparat mit großer Vehemenz heraustreten, vergeht das Radium als Element. Es verwandelt sich in ein anderes Element, in Helium. Hier sind wir nun in einer so tiefen Region des Phänomenes angelangt, dass die Elektrizität schließlich mit einer Metamorphose der Materie selbst verbunden ist.

Die Nähe der Elektrizität zur Erde oder Materie zeigt sich am Beispiel von radioaktiven Elementen.

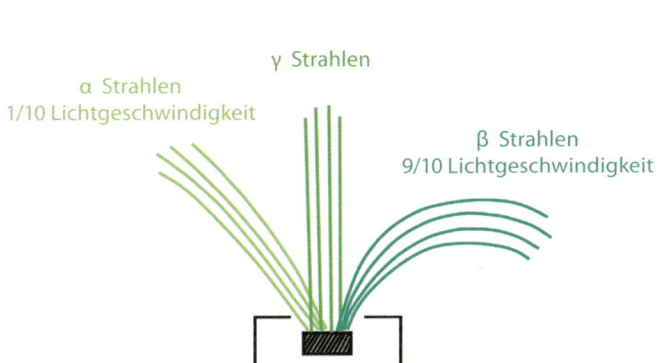

γ Strahlen

α Strahlen
1/10 Lichtgeschwindigkeit

β Strahlen
9/10 Lichtgeschwindigkeit

Schematisch: ein radiumhaltiges Präparat in einem Trog aus Blei mit Fenster, α-, β- und γ-Strahlung; durch ein Magnetfeld erfahren die α- und β-Strahlen eine Ablenkung, während die γ-Strahlen unbeeinflusst bleiben.

Mit diesem letzten Beispiel erschließt sich als dritter Gedanke, dass die Elektrizität nicht nur aus der Erde oder Materie hervorkommt, sondern dass sie unmittelbar mit ihr verbunden ist, beziehungsweise Materie „flüssige oder erstarrte Elektrizität" selbst ist. Die Umwandlung der Materie zeigt sich in der strahlenartigen Freisetzung von Elektrizität.

Abschließend möchte ich darlegen, warum ich bewusst auf die im Schulunterricht und wissenschaftlichen Betrieb übliche theoretische Darstellung der Elektrizität und der davon abgegrenzten Darstellung der sogenannten Elementarteilchen verzichtet habe und stattdessen mehr dem das Phänomen selbst herausstellenden Weg Rudolf Steiners gefolgt bin, der sein Vorgehen folgenderweise auf den Menschen bezugnehmend beschreibt: *„Nun habe ich Ihnen heute Erscheinungen vorgeführt, welche alle verlaufen in einem Gebiet, das man nennen könnte das elektrische Gebiet. Diese Erscheinungen, sie haben alle ein Gemeinsames, nämlich das Gemeinsame, dass sie sich zu uns selber ganz anders verhalten als zum Beispiel die Schall-, Licht- und selbst die Wärmeerscheinungen. In Licht, Schall und Wärme schwimmen wir gewissermaßen so darinnen, wie wir das in den vorhergehenden Betrachtungen beschrieben haben* (also auch dem Wesen nach, in seelischer Hinsicht). *Das können wir von den elektrischen Erscheinungen nicht so ohne weiteres sagen. Denn Elektrizität ... nehmen wir selbst dann, wenn die Elektrizität gezwungen wird, sich uns zu enthüllen, nur durch eine Lichterscheinung* (oder auch durch Schall und Wärme, also nur mittelbar) *wahr."* (Rudolf Steiner, Erster Naturwissenschaftlicher Kurs, 1920, GA 320)

Die theoretischen und nicht unmittelbar an den Phänomenen bleibenden Modellvorstellungen zu den hier beschriebenen Inhalten sind, wie ihr Name schon sagt, eben Modellvorstellungen, die in bestimmten Grenzen eine quantitative Erfassung der Vorgänge ermöglichen. Aber sie erfassen nicht unbedingt die wesenhafte Seite der Sache und dürfen daher auch nicht „als die Wahrheit oder Wirklichkeit selbst" genommen werden. Dies gilt auch für die modernen Theorien, wie etwa die Quantenelektrodynamik und andere. Im Übrigen fehlen gerade im heutigen naturwissenschaftlichen Unterricht eine konkrete Vorstellung und Bezugnahme zu den behandelten Inhalten, die sich in entsprechend ausgeformten Gedanken und folgenden Empfindungen ausdrücken. Stattdessen plagt sich der Schüler oder Interessierte doch mehr mit oft sehr intellektuell einseitigen Theorien herum.

Im Kapitel „Der Gedanke muss im Verhältnis zum menschlichen Willen seine Führungsinstanz einnehmen" wird der Unterschied zwischen dem intellektuellen Denken und dem Bewusstseinssinn, der zu einem Gedanken möglich ist, beschrieben: *„Die heute allgemein übliche Intellektualität besitzt keine plastizierende und organisierende Rückwirkung auf den Menschen, während eine wirkliche klare gedankliche Bewusstheit eine entwicklungsfreudige und gestaltbildende Wirkung freisetzt. Die Einschätzung des Denkens, das im Verhältnis zu einem Gedanken stehen muss, wird heute wohl darin missverstanden, dass das höhere Wesensglied, dasjenige des Geistes, zu sehr mit anderen*

Im Bezug zum Menschen und seinen Seelenkräften wird die Elektrizität mehr als Phänomen oder dem Wesen nach dargestellt.

Kräfteströmungen, die mehr aus den Körperbedingungen des Menschen kommen, aus seinen leibeigenen Gefühlen oder auch aus seinen Motiven und Antrieben, verwechselt wird. ... Der am Anfang stehende Gedanke, der aus einer bestimmten Wahrnehmung geboren ist und der in einer möglichen Anschauung eine konkrete, klar geformte und in einem logischen, integralen Zusammenhang stehende Wirklichkeit darstellt, wird noch viel zu wenig berücksichtigt oder er wird aus Missverständnis sogar ausgeschlossen." Mit einer im „logischen, integralen Zusammenhang stehenden Wirklichkeit" ist die Bezugnahme auf den Menschen und seine Stellung in der physischen, seelischen wie geistigen Welt gemeint. Aus diesen Gründen, die ihre Erwähnung in ähnlicher Form auch in den anderen Beiträgen fanden, habe ich auf Erläuterungen durch theoretische Modelle verzichtet, denn dieser Beitrag möchte, wie die anderen auch, eine wieder auf den Menschen und seine Stellung in der Welt bezugnehmende Form der Gestaltung eines Themas entwickeln, die der Lehrer oder Vortragende in seinem Unterricht aufgreifen kann und die dem Lernenden eine Basis gibt, auf der er sich dann auch leichter und freier mit den verschiedenen Berechnungen, Theorien und intellektuellen Darstellungen befassen kann. Bezüglich dieser sei auch auf die umfangreiche Fachliteratur verwiesen, aus der heraus der Lehrer seine grundlegenden Betrachtungen nach Auswahl ergänzen kann.

Eine gute Darstellung einer Theorie ohne zu viel „intellektuellen Ballast" ist nach meiner Ansicht das Buch „QED: Die seltsame Theorie des Lichts und der Materie" des amerikanischen Nobelpreisträgers Richard Phillips Feynman.

Entsteht durch einen im Zusammenhang stehenden Gedanken bei einem Schüler eine lebendige Vorstellung über ein Phänomen, so kann sich eine später hinzukommende Theorie oder Modellvorstellung dem Gesamtbild besser zuordnen.

Vom Formalismus zum Erleben eines lebendigen Prozesses: die quadratische Ergänzung

Pädagogik stellt die Fähigkeit dar, das Unverbundene und Zerteilte miteinander zu verbinden.

Heinz Grill

Im Unterricht der 8. beziehungsweise der 9. Klassenstufe des Gymnasiums oder der Realschule wird als ein größeres Kapitel das Lösen quadratischer Gleichungen eingeführt. Mit Hilfe der sogenannten „quadratischen Ergänzung" erhält der Schüler gewöhnlicherweise einen Formalismus, durch den er quadratische Gleichungen lösen kann und der dann schließlich in die allgemeine Lösungsformel

$$x_{1,2} = \frac{-b \pm \sqrt{b^2 - 4ac}}{2a}$$

zum Lösen quadratischer Gleichungen mündet.

Der Schüler wendet normalerweise die allgemeine vorgegebene Lösungsformel für quadratische Gleichungen eher mechanisch an.

Ein Beispiel zur üblichen Handhabung der quadratischen Ergänzung im Unterricht: Wir wollen die Gleichung

lösen:
$$x^2 + 4x - 25 = 0$$

$$x^2 + 4x - 25 = 0 \mid +25;$$
$$x^2 + 4x = 25 \mid +4;$$
$$x^2 + 4x + 4 = 29;$$
$$(x + 2)^2 = 29; \mid \pm\sqrt{};$$
$$x + 2 = \pm\sqrt{29} \mid -2;$$

Man erhält somit formal

$$x_1 = \sqrt{29} - 2, \; x_2 = -\sqrt{29} - 2$$

als Lösung.

In etwa dieser Weise wendet der Schüler die quadratische Ergänzung an. Eventuell wird ihm vom Lehrer dann noch der formale Weg zur allgemeinen Lösungsformel gezeigt, den viele Schüler aber nicht mehr überschauen, beziehungsweise wieder vergessen. Was bleibt, ist die allgemeine Lösungsformel, sinnigerweise oft mit „Mitternachtsformel" bezeichnet. Der Name kommt daher, dass der Schüler mindestens bis zum Abitur, wenn er um Mitternacht aus dem Schlaf gerissen wird, sofort diese Formel aufsagen können muss.

Das Lösen der quadratischen Gleichungen kann auch als geometrischer Prozess erlebt werden.

Hier in diesem Beitrag möchte ich einen Vorschlag für den Unterricht machen, wie man dieses Lösen quadratischer Gleichungen von der Geometrie her mehr als ein lebendiges Auseinander-Hervorgehen von Formen einführen oder ergänzen kann: Gehen wir zunächst von der (einfachen) Aufgabenstellung aus: Wir möchten für ein Quadrat mit dem Flächeninhalt 25 Flächeneinheiten die Seitenlänge x bestimmen, also

$$x^2 = 25$$

lösen.

Der Schüler wird wohl relativ leicht auf die Lösung kommen, dass die Seitenlänge des Quadrates 5 Längeneinheiten betragen muss:

$$x = \sqrt{25} = 5;$$

Schwieriger wird es aber, wenn man die Aufgabe stellt: „Bestimme die Seitenlängen eines Rechteckes mit dem Flächeninhalt 25 Flächeneinheiten, dessen Länge um 4 Längeneinheiten größer ist als seine Breite." Man kann nun mit der Lösung der leichten Aufgabe von oben beginnen und auf geometrischem Wege das gesuchte Rechteck aus dem Quadrat mit dem Flächeninhalt 25 Flächeneinheiten entwickeln:

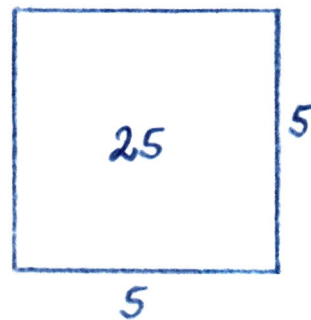

Quadrat mit Flächeninhalt 25 und Seitenlänge 5;

$$5^2 = 25$$

Der Schüler kann nun probieren: Geht man von dem Quadrat aus und verlängert die eine Seite um 2 Einheiten und verkürzt die andere Seite um 2 Einheiten, so erhält man das Produkt 3 · 7 = 21, der Wert ist also zu klein. Nimmt man nun 4 · 8 = 32, so wird der Wert zu groß. Nimmt man jetzt 3.5 · 7.5 = 26.25, so liegt man schon besser. Durch weiteres Ausprobieren wird er merken, dass die Lösungen für die Rechteckseiten keine „glatten Zahlen" sein können. Wie kann nun aus dem Quadrat ohne Herumprobiererei das gesuchte Rechteck entstehen? Jetzt kommt der Lehrer dem Schüler zu Hilfe und verrät ihm ein kleines Geheimnis: „Du musst die Differenz zwischen den Rechteckseiten, also 4, halbieren, diesen Wert als die Seite eines weiteren Quadrates nehmen und mit diesem neuen Quadrat das alte ,ergänzen'."

Der Schüler bemerkt, dass er etwas Zusätzliches zum Lösen benötigt.

257

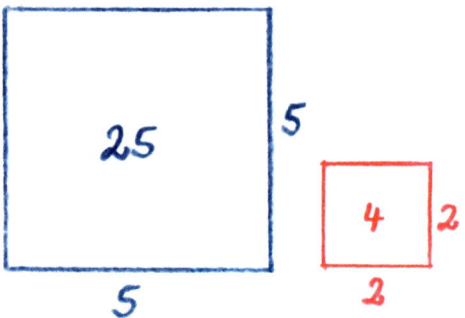

Das alte Quadrat wird durch ein weiteres Quadrat der Seitenlänge 2 ergänzt.

Der Lehrer kann dann weiter die Hilfestellung geben: „Ordne nun beide Quadrate so an, dass jeweils eine Quadratseite die Kathete eines rechtwinkligen Dreieckes bildet. Die Hypotenuse des entstehenden Dreieckes bildet die Seite eines neuen, dritten Quadrates.“

Das Ergänzen erfolgt nun geometrisch.

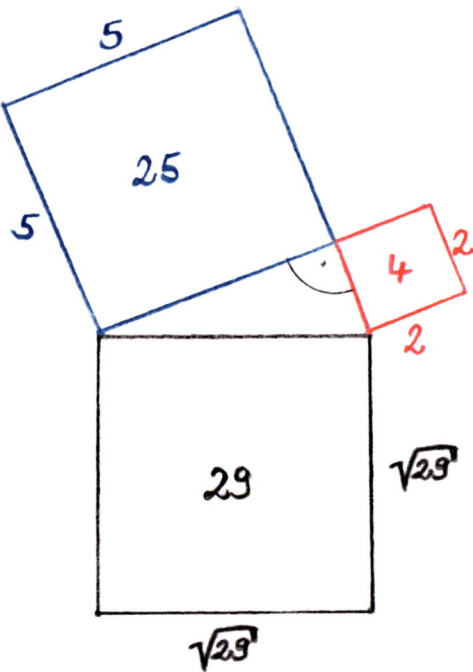

Über die Geometrie des rechtwinkligen Dreieckes findet man ein weiteres Quadrat, dessen Fläche der Flächensumme der beiden anderen Quadrate entspricht;

$$5^2 + 2^2 = 29$$

Schließlich führt der Lehrer den Schüler weiter: „Ziehe nun von einer Quadratseite des neuen Quadrates 2 Einheiten ab und zähle zu einer anderen 2 Einheiten dazu. Du erhältst damit Breite und Länge des gesuchten Rechteckes."

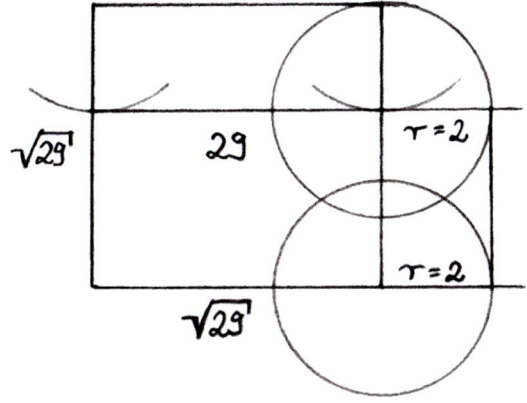

Konstruktion des Rechteckes mit dem Flächeninhalt 25 aus dem Quadrat mit dem Flächeninhalt 29;

$$\left(\sqrt{29} - 2\right) \cdot \left(\sqrt{29} + 2\right) = 25$$

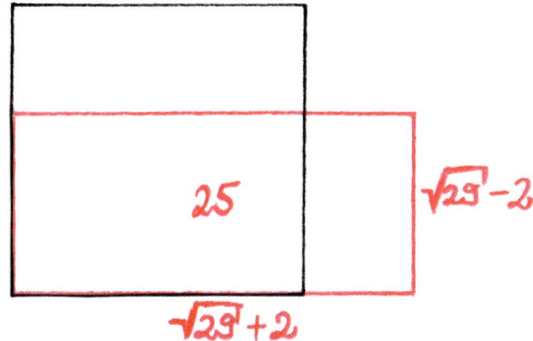

Rechteck mit der Länge, $\sqrt{29} + 2$, der Breite $\sqrt{29} - 2$ und dem Flächeninhalt 25 Flächeneinheiten

Die Allgebra muss mit der Geometrie aufgehen. Wenn die verschiedenen Denkmöglichkeiten zusammenfinden, entsteht eine Zufriedenheit.

Jetzt erkennt der Schüler, dass er tatsächlich von einer Quadratseite 2 Einheiten abziehen und zur anderen 2 Einheiten dazuzählen darf, aber er darf dies nicht mit den Seiten des ursprünglichen Quadrates machen, sondern mit den Seiten des „quadratisch ergänzten", also des mit einem Quadrat ergänzten neuen Quadrates, wenn er die richtige Lösung haben will. Er sieht, dass er das alte Quadrat und seine „Ergänzung" nach der Gesetzmäßigkeit des rechtwinkligen Dreieckes, dem sogenannten „Satz des Pythagoras" in Beziehung bringen muss, damit das „richtige" Quadrat entsteht.

Er findet die Lösung $x = \sqrt{29} - 2 \approx 3.4$ und $x + 4 = \sqrt{29} + 2 \approx 7.4$, wie er sich durch Abmessen im Rahmen der Zeichen- und Messgenauigkeit sogar bestätigen kann. Der Schüler erlebt das Entstehen der Lösung als einen lebendigen Prozess, bei dem nach den Gesetzen der Geometrie die Formen auseinander hervorgehen, um schließlich in die gewünschte Lösung einzumünden. Das Vermitteln von Formeln, die nicht mehr wirklich nachvollzogen werden und als fertige Definitionen gelernt werden müssen, kann im Schüler kein weiteres Interesse wecken, und er kann sich nicht als ein Mensch wahrnehmen, der sich eigenständig die Formeln und die durch sie dargestellten Zusammenhänge erschließen kann, sondern er wird sich mehr in der Rolle erleben, dass er gewisse Zusammenhänge hinnehmen und lernen muss. Vollzieht der Schüler aber mit seinem eigenen Denken Zusammenhänge nach, so kann er sich mehr in seiner wachen Persönlichkeit wahrnehmen und baut ein Selbstvertrauen auf, da er nun weiß, dass er die Formel immer wieder selbst aus ihrem Zusammenhang herstellen kann, beziehungsweise sie selbst durchdringen kann. Er bleibt nicht mehr eine Art „Festplatte", die abgespeichertes Wissen wiedergibt.

Ein weiterer Aspekt ist, dass der Mensch das Bedürfnis hat, nicht bei alten, gewohnheitsmäßigen Dingen stehenzubleiben, sondern das Bewusstsein ein Thema, einen Zusammenhang immer wieder neu anschauen und erleben will. Feste, starre Definitionen, die so vermittelt werden, dass der Schüler sie als etwas mehr Totes, Abgeschlossenes erlebt, belasten wohl mehr den Schüler, da er sie als solches in seinem Inneren herumträgt. Er kann sie nicht weiterbewegen. Das Bedürfnis, sich von alten Verhältnissen zu lösen und immer wieder neu eine Sache zu denken und zu empfinden, würde nach Heinz Grill der Pädagogik des Mars entsprechen, die in „Der Mars und die Entwicklung geeigneter Denkvorstellungen für eine gesunde Aktivität des Bewusstseins" beschrieben wird. Diese Pädagogik zeichnet sich dadurch aus, dass der Lehrer an alten, früheren Unterrichtsformen, die sich gern in das Bewusstsein eingraben und ihm eine neue Sicht verwehren, nicht festhält, sondern mit neuen Gedanken auf ein Thema zugeht. Hat der Lehrer zum Beispiel innerlich das Gefühl, dass er die Mathematik längst durchdrungen hat und er sie nur noch beibringen müsse, so leben die Inhalte nicht mehr lebendig in ihm und führen ein festes, fertiges Dasein in ihm. Der Schüler muss die Inhalte dann ebenfalls so erleben und kann nur schwer ein Thema weiterbewegen.

Wir haben hier also auf geometrischem Wege die quadratische Gleichung

$$x^2 + 4x - 25 = 0$$

gelöst, indem wir sie abweichend von dem sonst üblichen Weg in die Form

$$x \cdot (x + 4) = 25$$

gebracht und eine geometrische Entsprechung gesucht haben.

Ihre formalen Lösungen waren

$$x_1 = \sqrt{29} - 2, \ x_2 = -\sqrt{29} - 2;$$

Die Gleichung entspricht geometrisch der Aufgabenstellung, ein Rechteck mit dem Flächeninhalt 25 Flächeneinheiten zu bestimmen, dessen Länge um 4 Längeneinheiten größer ist als seine Breite. Die erste Lösung x_1 entspricht der Rechteckbreite, die zweite Lösung x_2 entspricht dem negativen Wert der Rechtecklänge.

Als ein weiteres Beispiel noch einmal eine quadratische Gleichung und ihre geometrische Lösung:

$$x^2 + 6x - 49 = 0$$

beziehungsweise

$$x \cdot (x + 6) = 49$$

mit den formalen Lösungen

$$x_1 = \sqrt{58} - 3, \ x_2 = -\sqrt{58} - 3;$$

Das Lösen der Gleichung $x^2 + 6x - 49 = 0$ als ein anderes Beispiel einer quadratischen Gleichung

Als geometrische Bilder kann man hierzu wählen:

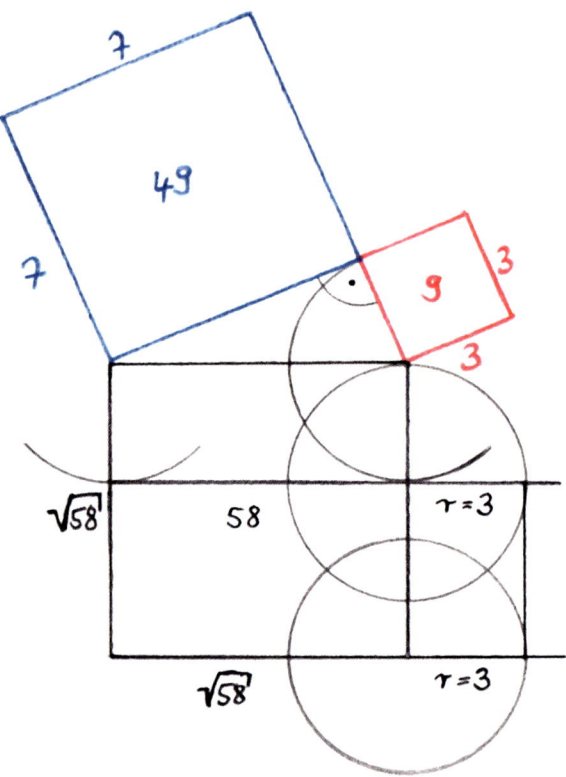

Konstruktion eines Rechteckes mit dem Flächeninhalt 49 Flächeneinheiten,
dessen Länge 6 Einheiten mehr beträgt als seine Breite als geometrisches Bild
der Lösung der Gleichung:

$$x^2 + 6x - 49 = 0$$

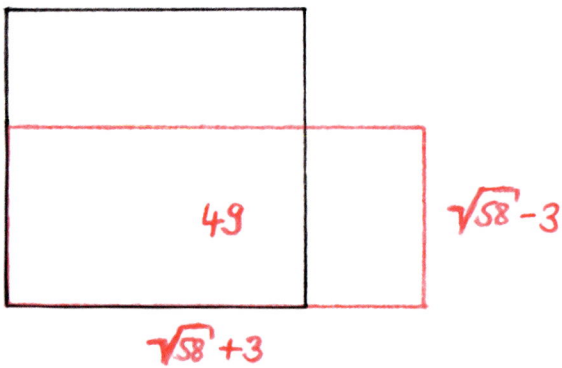

Das fertige Rechteck mit dem Flächeninhalt 49 Flächeneinheiten
und der Länge $\sqrt{58} + 3$ und der Breite $\sqrt{58} - 3$.

Die Vermittlung von geometrischen Begriffen am Beispiel des Flächeninhaltes

Der Lehrer möchte einen geometrischen Begriff und die dazugehörige mathematische Formel so vermitteln, dass der Gedanke, der in der Sache lebt, klar hervortritt und der Schüler eine lebendige Empfindung dazu bekommt. Der Gedanke soll so im Schüler leben, dass er immer in der Lage ist, die mathematische Formel beziehungsweise den Zusammenhang selbst wieder herzustellen, ohne sie nur auswendig zu lernen und nur mechanisch wiederzugeben. Der Schüler gewinnt dadurch Vertrauen in das eigene Denken und stärkt seine Persönlichkeit, da er bemerkt, dass er selbst schöpferisch tätig sein kann und dass der Mensch nicht etwas ist, was nur „funktioniert", wenn er die auswendig gelernten Formeln weiß und er besonders in der Schule ohne die „abgespeicherte" Formel ein gewisses Nichts sei.

Wie kann ein Begriff so vermittelt werden, dass der Schüler ihn ganz erfasst und selbst die Zusammenhänge dazu wieder herstellen kann?

Die lebendige Vermittlung eines Themas aus der Mathematik soll hier am Beispiel des Flächeninhaltes und des Umfanges dargestellt werden. Diese werden im Schulunterricht in der 4. und 5. Klasse behandelt. Es werden die zwei Begriffe des Flächeninhaltes und des Umfanges in der 4. Klasse heute so eingeführt, dass der Schüler anfangs vermittelt bekommt, dass man die Kästchen einer Fläche auszählen muss, um den Flächeninhalt zu bestimmen und die Seitenlinien messen und addieren muss, um den Umfang zu bestimmen. Der Schüler hat die Methode sehr schnell heraus, wendet sie an und glaubt, dass er die Inhalte verstanden hat. In der Mittelstufe bemerkt man aber meist, dass der Schüler keine ausreichenden Vorstellungen zu den Begriffen Strecke, Umfang und Fläche gebildet hat, er die Einheiten durcheinanderbringt und nicht weiter weiß, wenn er zum Beispiel den Flächeninhalt eines Vieleckes bestimmen soll. Die Begriffe sind meist nicht wirklich durchdrungen. Wie kann eine Vermittlung zu den Begriffen stattfinden, dass sie so im Schüler leben, dass er den Zusammenhang immer wieder neu herstellen und sogar selbstständig erweitern kann und dass die Begriffe lebendig im Schüler weiterwirken?

Lernt der Schüler die Begriffe „mechanisch" ohne ausgebildete Vorstellung, so wird er sie später oft wieder durcheinanderbringen.

Interessant ist eine pädagogische Aussage von Rudolf Steiner, der sich zur Unterrichtsweise aus spiritueller Sicht so geäußert hat, dass der Lehrer alle Begriffe dem Schüler so vermitteln sollte, dass sie im Schüler lebendig weiterwirken und sich verändern. Gerade auf dieses Verändern hat er Wert gelegt, sie sollen nicht als feste und fertige Begriffe im Menschen „abgelegt" werden und er holt sie dann in allen Altersstufen in der einmal abgelegten Form wieder hervor, so wie er sie als Schüler aufgenommen hat (ähnlich wie bei einem Computer), sondern sie sollen so leben, dass der Schüler und spätere Erwachsene immer wieder neu damit umgehen und sie erweitern kann.

Der Grundschullehrer hat eine große Verantwortung, wenn er den Schülern den Begriff des Flächeninhaltes und des Umfanges erstmals beibringen soll, denn so werden diese Begriffe weiter im Schüler leben und sie werden sein weiteres Fortkommen in Mathematik mitbestimmen. Begreift er sie nicht und leben die Begriffe nicht richtig im Schüler, wird er zukünftig auch sehr schwer in der Lage sein, schwierigere Aufgaben dazu zu lösen. Die Wirkung wird aus geistiger Sicht so beschrieben, dass nicht ausreichend gebildete beziehungsweise gar keine gebildeten Vorstellungen dazu führen, dass der erwachsene Mensch später keine Beziehung mehr zu den Dingen aufnehmen kann und immer nur in bruchstückhaften Ausschnitten seiner Wahrnehmung bleiben muss.

Wie wirken unzureichend gebildete Vorstellungen aus der Schulzeit im Menschen weiter?

Im Schulunterricht ist der Einführung der Begriffe „Fläche und Umfang" in der 2. und 3. Klasse das Messen verschiedener Strecken mit dem Lineal und das Lernen der Längenmaße vorausgegangen. Zuerst erscheint es sinnvoll, wenn der Lehrer das Wort „Fläche" näher betrachtet, denn er darf nicht davon ausgehen, dass die jungen Schüler schon wirklich wissen, was eine Fläche ausmacht. Die Fläche ist eine Erscheinung im Raum. Die Erde hat eine bestimmte Fläche, die vom Menschen bebaut werden kann, auf der es auch Wald, Wiesen, Felder, Seen, Meere, Wüsten und Eis gibt. Diese Fläche ist begrenzt, man kann sie zum Beispiel nicht unendlich bebauen. Eine Fläche kann man auch besonders erleben, wenn man von oben daraufschaut. Die Schüler können sich vorstellen, sie würden von einem Berg aus einen Ort sehen und wahrnehmen, welche große oder kleine Fläche er einnimmt. Wenn der Lehrer das Wort „Fläche" ausspricht beziehungsweise es unterrichtet, ist es für die Lebendigkeit des Begriffes wichtig, dass er selbst in sich die Vorstellung einer Fläche aufbaut. Damit kann die Klasse den Begriff leichter aufnehmen, als wenn der Lehrer das Wort belanglos ausspricht. Die Schüler können Beispiele einer Fläche nennen und es soll dabei erwähnt oder beschrieben werden, wie weit sich etwas ausdehnt: die Eisfläche, die Waldfläche, die Parkfläche, die Wohnfläche, die Tischfläche und weitere Beispiele. Gerade beim Eislaufen erleben die Schlittschuhläufer die weite Fläche, wenn das Eislaufen auf einem größeren natürlichen Gewässer möglich ist. Für diese einführenden Betrachtungen darf sich der Lehrer Zeit lassen, er sollte nicht unter Zeitdruck kommen, denn je besser die Klasse die Fläche versteht, umso leichter werden sie dann mit dem Flächeninhalt zurechtkommen. Er kann die Eindrücke aus den verschiedenen Beispielen zu

Wie kann die Fläche im Unterschied zur Strecke oder zum Volumen erlebt werden?

dem Wort „Fläche" durchaus zunächst „kontemplativ" wirken lassen, indem er die Schüler innehalten und die entstandenen Empfindungen ruhig wahrnehmen lässt. Das Wort oder der Begriff findet im Schüler erst einmal Boden, bevor es mit abstrakteren Erläuterungen weiter ausgebaut wird. Dieses eher kontemplative Erleben eines Begriffes wird von Heinz Grill dem Wesen des Mondes zugeordnet.

Nun kann der Lehrer die Frage stellen, wodurch eine Fläche bestimmt wird, wodurch sie begrenzt wird. Dabei kann er sogar an der Tafel ein Tuch erst der Länge nach, dann der Breite nach bewusst aufspannen, denn eine Fläche spannt sich auf oder wird durch Länge und Breite ausgespannt. Die Schüler werden schnell bemerken, dass die Fläche durch zwei Seiten, nämlich einer Länge und einer Breite bestimmt wird. Dazu kann der Lehrer folgendes Bild an die Tafel zeichnen:

Schmale und breite Fläche mit gleicher Länge; wird ein Schüler nach der Größe einer Fläche gefragt, zum Beispiel eines Feldes, so nennt er oft nur eine Längenangabe, etwa „100 m".

Der Lehrer wird hervorheben, dass man also zwei Seiten oder zwei „Maße" benötigt, die sich in zwei Richtungen ausdehnen. Wichtig ist, dass die Klasse bemerkt, dass es nicht möglich ist, dass man sagt, eine Fläche ist 5 cm lang, denn, wie das obige Beispiel zeigt, ist eine Fläche durch die Angabe nur einer Länge nicht hinreichend beschrieben. Das werden nun sicher alle ordentlich feststellen und wohl kaum mehr wird dann ein Schüler in der Mittelstufe sagen, dass die Fläche 3 m lang ist, wie es oft geschieht.

Langsam kann der Lehrer die Maßeinheit einführen, indem er eine Länge und Breite von 1 mm zeichnet und dies zu einer Fläche schließt. Er teilt mit, dass man sich in eine Fläche Kästchen denkt, um ihre Größe festzustellen. Kann man denn mit diesem kleinen

Kästchen von je 1 mm lang und breit eine Fläche bestimmen? Die Kinder werden schmunzeln und der Lehrer kann sagen, dass dies für Mäuse bestimmt wäre, aber nicht für Menschen. In ihrem Heft können die Schüler eine vorgegebene Fläche zeichnen und sich überlegen, welches Kästchenmaß sinnvoll wäre und man wird auf das Zentimeterquadrat kommen. Den Begriff „Zentimeter hoch zwei" (cm^2) in der 4. Klasse einzuführen, wäre wohl zu früh, dies kann in der 5. Klasse gelernt werden. Durchaus kann der Lehrer kurz erwähnen, dass die Erwachsenen das Maß der Fläche „cm^2" nennen. Er wird weiter mitteilen, dass es wichtig ist, dass die Menschen sich auf ein einheitliches Maß einigen, was auch dem Menschen angepasst ist, wie dieses „Zentimeterquadrat". Nun kann für diese Tage, in denen der Inhalt besprochen wird, ein Quadrat mit je 1 cm und eines mit je 1 m Seitenlänge an der Tafel beziehungsweise auf einem großen Papier aufgemalt werden. Die Schüler merken daran, dass man Flächen im Heft zum Beispiel nicht mit dem großen Maß, dem „Meterquadrat" messen kann, dafür aber Flächen draußen in der Natur.

Schließlich wird der Begriff „Umfang" eingeführt. An die Tafel kann zum Beispiel ein Feld gezeichnet werden, welches in Wirklichkeit 10 m lang und 7 m breit sein soll. Der Lehrer kann die Fläche schraffieren. Die Klasse wird gefragt, wie der Bauer das Feld oder die Weide umgrenzen kann, damit seine Tiere nicht ausreißen. Nun zeichnet er einen Zaun herum, wobei er das Tor vernachlässigt. Er zeichnet dies wieder bewusst und spricht die Worte: „Nun umgrenze ich die Fläche." Er zieht eine Seite nach der anderen nach, ohne abzusetzen. „Ist das auch die Fläche, die ich jetzt gezeichnet habe oder ist dies etwas anderes?", fragt der Lehrer. Es wird besprochen, dass diese Linien in Form eines Zaunes die Fläche umgrenzen oder umfangen. Dies wird Umfang genannt. Der Umfang braucht die Fläche, denn was soll er sonst umfangen? Die Kinder sollen deutlich merken, dass der Umfang zwar aus Längen besteht, aber etwas anderes ist, als eine einzelne Strecke wie ein Weg oder eine Straße. An der Tafel kann eine Kreisfläche ohne Umrandung gemalt sein und daneben dieselbe Fläche mit der deutlichen Linie herum.

Die Fläche wird durch die Länge und durch die Breite bestimmt.

266

Kreisfläche ohne Umrandung und mit Umrandung: Das Bild soll dem Schüler helfen, den Unterschied zwischen Fläche und Umfang wahrzunehmen.

Ein schönes Beispiel aus der früheren Zeit kann erzählt werden, als der Verkäufer dem Kunden, der eine Hose kaufen wollte, noch mit dem Maßband den Bauchumfang gemessen hat und um ihn herum das Band zog. Dieser Umfang war dann für den Hosenbund ausschlaggebend.

Was unterscheidet den Umfang vom Flächeninhalt und was unterscheidet den Umfang wieder von einer gewöhnlichen Strecke?

Nun möchte ich beschreiben, wie die bisher aufgebauten Begriffe Fläche und Umfang in der 5. Klasse weitergeführt werden können: In dieser Klasse muss nun die Formel für den Flächeninhalt Länge mal Breite gelernt werden. Leider haben im normalen Schulbetrieb die Schüler im folgenden Schuljahr nun einen anderen Lehrer, der nicht in allen Einzelheiten weiß, wie der Begriff des Flächeninhaltes und des Umfanges vom Vorgänger eingeführt wurde. Hier wäre es günstig, wenn der neue Lehrer sich mit seinem Vorgänger der 4. Klasse absprechen könnte. Idealerweise kann der Lehrer dann noch einmal an die 4. Klasse erinnern und die Fläche mit dem Umfang wieder neu darstellen. Er kann nun auf dem Wissen der Schüler aufbauen, die sagen können, dass man für die Fläche die Länge und die Breite benötigt und man sich Quadrate geeigneter Größe hindenkt, um die Fläche zu messen.

Jetzt kann er die Formel $A = a \cdot b$ so einführen, dass die Schüler sie immer wieder neu herstellen können und es nicht tragisch ist, wenn sie diese einmal vergessen, denn sie wissen ja nun gut, wie sie sich ableitet. An der Tafel ist ein Rechteck, mit einer angegebenen Länge und Breite. Die Frage lautet: „Wie kann man den Inhalt der Fläche bestimmen? Wie kann man sogar eine sehr große Fläche bestimmen, in die ich nicht einzelne Quadrate legen kann wie im Heft?" Wir wissen, dass wir die Länge und die Breite benötigen. „Sollen wir diese addieren, subtrahieren, dividieren oder multiplizieren?", fragt nun der Lehrer. Hier ist es wichtig, dass die Schüler bewusst jede Rechenoperation mitdenken, denn das verhindert, dass die Schüler, wie das heute meist der Fall ist, einfach alle Rechenzeichen durchraten. Die Klasse wird merken, dass

267

beim Addieren von Länge und Breite eine Strecke herauskommt und diese nichts über die Größe der Fläche aussagt. Beim Subtrahieren werden sie schnell eine unsinnige Aussage bemerken, es kommt nur eine kleinere Strecke heraus oder die Schüler werden sagen: „Es geht nicht!", weil man von einer kleineren Strecke eine größere abziehen müsste. Dividieren die Schüler Länge und Breite durcheinander, so werden sie ebenfalls bemerken, dass man hiermit nicht die Fläche erhält, denn schon das Vertauschen von Länge und Breite führt bei der gleichen Fläche zu unterschiedlichen Ergebnissen. Das Dividieren kann der Lehrer aber in einer anderen Weise in die Weiterführung aufnehmen, indem er die Rechteckfläche in „Breitenstreifen" oder in „Längenstreifen" aufteilt. Er kann zählen, wie viel Mal, und er betont dieses „Mal", diese enthalten sind und er wird zum Beispiel sagen: „Hier haben wir sechsmal die Breitenstreifen oder achtmal die Längenstreifen und in beiden Fällen ergeben sie zusammen immer die gleiche Fläche."

In welchem Verhältnis stehen Länge und Breite in einer Fläche?

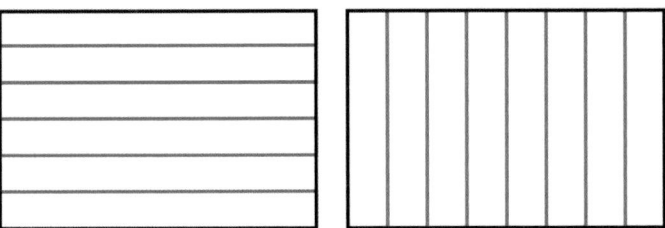

Rechteckfläche, zerlegt in Breitenstreifen oder Längenstreifen; der Schüler kann leichter den Zusammenhang zwischen Fläche und den Größen Länge und Breite erkennen.

Dieses Auszählen ist den Schülern bekannt, denn sie wissen, wie man zum Beispiel schnell die Stückchen einer Tafel Schokolade zählen kann, ohne jedes Stückchen einzeln auszuzählen. Nun liegt das Gesetz schon fast in der Luft, denn man muss die Länge und die Breite multiplizieren, man rechnet „Länge mal Breite". Die Formel $A = a \cdot b$ wird nun an die Tafel geschrieben und der Lehrer sagt, dass man sich für den Buchstaben a die Länge und für b die Breite denkt. Da die Formel für alle Rechteckflächen, die es gibt, gilt, das heißt, da man mit ihr die Größen aller Rechteckflächen ausrechnen kann, ist es sinnvoll die Buchstaben für die jeweiligen Maße zu nehmen und der Mensch setzt für sie sein entsprechendes Maß ein. Dies sollte unbedingt verstanden werden, damit später in der 6. Klasse das Rechnen mit Termen, also das Rechnen mit Buchstaben verstanden wird.

Wie kann der Schüler die Formel $A = a \cdot b$ selbst finden?

268

Sehr leicht, aber bewusst, kann nun die Formel für den Umfang eingeführt werden. Wieder wird man an das Feld mit dem Zaun erinnern und anzeichnen. Die Schüler wissen, dass der Umfang eine Fläche umgrenzt und aus den umliegenden Seiten besteht. Wieder soll deutlich werden, welche Rechenoperation gilt. Dazu ist es hilfreich, wenn der Lehrer sagt, dass der Bauer, der einen Zaun um das Feld zieht, ihn der Länge nach zieht, dann befestigt an der Ecke, ihn weiter in der Breite zieht, befestigt und so weiter. Hier müssen also die Seiten addiert werden. Das Addieren muss aber wirklich selbst begriffen werden und sollte nicht zu schnell vorgegeben werden. Schließlich steht die Formel an der Tafel: $U = a + a + b + b$ beziehungsweise $U = 2 \cdot a + 2 \cdot b$ („zweimal die Länge plus zweimal die Breite"). Natürlich schließen sich zunächst einfache, später dann schwierigere Übungen an die Einführungen an. Die Übungen sollten ausgiebig sein.

Das Herleiten der Formel für den Umfang kann durch die Vorstellung der Begrenzung einer Fläche gewonnen werden.

Abschließend ist zu bemerken, dass der Lehrer sich erhoffen darf, dass diese Vermittlung später in der Mittelstufe hilfreich ist, wenn man von Flächen zu Körpern übergeht. Körper werden aus Flächen gebaut, sogenannte Körpernetze, und durch das Falten in die Höhe, also in eine dritte Größe oder Dimension, außer Länge und Breite, gebracht. Die Oberfläche, die dann zu den Körpern berechnet wird, setzt sich nun wieder aus den verschiedenen Flächeninhalten zusammen. Die Oberfläche hat aber eine neue Aussage. Sie kann nicht nur als Summe von Flächeninhalten gesehen werden, sondern sie umfasst einen Raum beziehungsweise einen Körper. Sie ist verwandt mit dem Umfang, welcher eine Fläche umfasst und deshalb nicht nur eine einfache Strecke ist.

Das Verstehen von Körpern erfolgt durch die erlebte Hinzunahme einer weiteren Dimension.

Die Beziehung des Tieres
zum Menschen

Ein Beispiel aus dem Naturkundeunterricht der 5. Klasse

Zunächst ist es sinnvoll, sich einmal die Situation der Lehrer heute vorzustellen und sich zu fragen, mit welchen Gedanken und Motiven sie in die Schule gehen. Der Lehrer kann dies auch als Selbstbesinnung bei sich praktizieren. Man wird wohl meist auf ein Ergebnis kommen, welches doch sehr von dem Zeit- und Leistungsdruck und der Erschöpfung gezeichnet ist, manchmal auch von der gewohnten, routinierten Methode. Der Lehrer unterrichtet viele Fächer, hat mehrere Klassen und neben einem angefüllten Tag muss er oft auch unvorhergesehene Dinge bewältigen, wie zusätzliche Vertretungen und Konfliktgespräche. Nun kommen die verschiedenen Buchverlage den Lehrern scheinbar mit einem verlockenden Angebot entgegen, indem sie vorgefertigte Kopien anbieten, die zu jedem Thema und in jeder Stunde eingesetzt werden können. Heute ist es üblich, diese Kopien einzusetzen und schon ein Grundschüler der 4. Klasse bekommt durchschnittlich am Tag vier bis fünf Kopien. Die Vorbereitung des Lehrers ist durch die genannten Faktoren oft soweit reduziert, dass er mehr oder weniger überlegt, welche Kopien und welche Lehrmittel er in welcher Stunde einsetzt und wann er die Leistungen abfragt. Der Schüler merkt im Inneren sofort, wie ein Lehrer geprägt ist, ob er mehr seine Stunden „abhandelt" und nicht gern unterrichtet, oder ob er seine Arbeit und sein Fach liebt und ob er an sich selbst noch arbeitet. Es ist die innere Ausrichtung des Lehrers von Bedeutung, die bestimmt, ob er tatsächlich ein Lehrer, eine Autorität, die die Schüler schätzen und achten, sein kann. Was ist nun genauer mit der „inneren Ausrichtung" gemeint, die auch mit der Liebe zum Fach in Zusammenhang steht?

Mit welchen Gedanken betritt der Lehrer die Klasse?

Angenommen der Lehrer geht in die Schule und hat einen Gedanken für seine Stunde gebildet und möchte diesen darstellen und für die Klasse anschaulich machen. Diese Stunde verläuft sicherlich in einer guten Atmosphäre, in der die Klasse einen Zugang zum Thema gewinnt. Ist der Lehrer nun mehr oder weniger von den Gedanken geleitet, wie er möglichst bald die Stunden „herumbekommt" und möglichst ohne Stress arbeiten kann, so wird er vielleicht durch seine Strenge eine Ruhe in der Klasse herstellen, aber die Klasse kann eine Beziehung zum Thema und zu ihm als Lehrer schwer finden. Eine Selbstbesinnung des Lehrers über seine Motive und Gedanken ist deshalb sehr wertvoll, da er durch eine Erkenntnis aus einem eingefahrenen Ablauf heraustreten kann und ihm ein Neuanfang, begleitet von neuen Gedanken, möglich ist.

Versetzen wir uns einmal in den Schüler, wie für ihn das Lernen ist, wenn er zu einem Thema eine Kopie ausfüllen und lernen muss. Als Beispiel kann das Thema der Säugetiere genommen werden, welches in der 5. Klasse unterrichtet wird. Die Schüler lernen mehrere Tiere kennen, wie das Dromedar, die Fledermaus, die Kuh und den Delfin. Ausnahmslos bekommen die Schüler zu den einzelnen Tieren vorgefertigte Arbeitsblätter, auf denen ein Abbild des Tieres ist, die Körperteile beschriftet werden und die Zeilen mit Merkmalen zum Körperbau, Fortpflanzung, Nahrung und so weiter, ausgefüllt werden müssen. Nehmen wir den Delfin als Beispiel. Hier muss der Schüler zum Beispiel das Wort „stromlinienförmiger Körperbau" lernen. Da sogar viele ausländische Kinder in der Klasse sind, können diese meist nicht richtig das Wort aussprechen und wissen nicht, was es bedeutet. Sie lernen es für die Arbeit, damit sie keine schlechte Note bekommen. Erlebt man die Schüler, so bemerkt man, dass sie wie unter einem leisen Druck stehen, die Begriffe zu lernen und richtig zuzuordnen, denn da sie oft nicht wissen, was sie bedeuten und keine Vorstellung über das Tier bilden konnten, bleibt ihnen nichts anderes übrig, als die Begriffe auswendig zu lernen. Haben sie in der Arbeit alles richtig eingesetzt, bekommen sie eine gute Note und man meint, der Schüler habe das Thema gelernt. Die auswendig gelernten Begriffe werden aber schnell wieder vergessen und eine wirkliche Beziehung zum Thema ist nicht entstanden. Es ist auch selten ein Interesse erwacht. Es ähnelt dieses Lernen einem Schematismus, indem der Intellekt bestimmten Sachverhalten schnell Begriffe zuordnet und sie wiedergeben kann, ohne dass für den Sachverhalt ein tieferes Verständnis oder eine lebendige Vorstellung entwickelt wurde. So aber hat das Thema für den Schüler meist keine weitere Bedeutung erlangt, was sich in Desinteresse und Langeweile widerspiegelt.

Wie kann der Lehrer einen Gedanken aufbauen, der den Delfin als ein interessantes Tier dem Schüler nahebringt und das Lernen als einen lebendigen Prozess gestaltet? Zum Beispiel kann sich der Lehrer als einen grundlegenden Gedanken zu der Tierwelt bilden, dass die Tiere eine Fähigkeit spezialisiert haben, die der Mensch mehr in seiner Gesamtheit integriert aufweist. Das Tier ist durch die Spezialisierung stark einseitig entwickelt. Rudolf Steiner beschreibt den tiefen Zusammenhang zwischen Tier und Mensch in „Die Erneuerung der pädagogisch-didaktischen Kunst" im 8. Vortrag (Zoologie- und Botanikunterricht von 9 bis 12 Jahre): *„Sie werden überall sehen: Bei der einen Tiergattung ist das eine Glied der Organisation mehr ausgebildet, bei der anderen Tiergattung ein anderes Glied*

Im heutigen Unterricht füllen Kinder oft kopierte Arbeitsblätter mit Begriffen aus, ohne dass ihnen die Begriffe wirklich vermittelt wurden.

Später werden die „gelernten" Begriffe abgefragt, aber ein weiterer Bezug des Schülers zum Thema ist nicht entstanden.

Das Tier entwickelt eine Einseitigkeit, im Menschen entsteht eine Ganzheit.

271

der Organisation mehr ausgebildet. ... Bei den Tieren sind immer die Organsysteme an die Außenwelt angepasst, beim Menschen sind nicht die Organsysteme an die Außenwelt angepasst, sondern eins ans andere. Der Mensch ist eine abgeschlossene Totalität, eine abgeschlossene Ganzheit ..."

Das Pferd kann schnell rennen, der Affe geschickt klettern, die Ameise baut klug ihre Burgen und der Adler kann alles auch aus großer Ferne sehen. Der Mensch kann körperlich sehr viel, wenn er gesund ist. Er kann rennen, laufen, bergsteigen, schwimmen, klettern und so weiter. Er kann viele handwerkliche Tätigkeiten vollbringen wie schneidern, stricken, bauen, töpfern, gärtnern ... und vor allem kann er gedanklich wirken und seine Ideen umsetzen. Er kann viele einzelne Dinge nicht so perfekt wie dies manche Tiere können. Er kann oft nicht so gut hören oder sehen oder sich so geschickt bewegen wie die Tiere. Dafür hat er viele Fähigkeiten in sich als Gesamtheit in einem harmonischen Ausmaß entwickelt und steht als Mensch deshalb auf einer anderen Stufe als die Tiere, indem er sich aufrichten kann und über eine Sprache und ein Ich verfügt. Wenn der Lehrer die Tiere behandelt und mit dem Menschen beginnt, können die Schüler die Beziehung von Mensch und Tier sehen und bekommen ein Gefühl dafür, wie Mensch und Tier auf der Welt eine verborgene Beziehung bilden. Eventuell entsteht sogar ein leises Empfinden, wie sich die Tierwelt hingeopfert hat, damit sich der Mensch entwickeln konnte.

Die Schüler können nun die Tiere im Zusammenhang mit den Menschen betrachten und bemerken nun bei dem Delfin, wie gewandt und schnell er sich in den warmen Meeren bewegt, wie sein Körper eben auf Beine und Arme verzichtet hat und so gestaltet ist, dass er durch das Wasser gleiten kann und mit den Flossen sein Gleichgewicht hält und die Richtung steuert. Er ist so ein Meister im Schwimmen, dass er sogar Sprünge in der Luft vollführt. Eine Nähe hat das Tier zu Menschen, denn es sucht den Menschen auf den Meeren auf, umspielt seine Schiffe und rettet ihn in der Not. Leider ist diese Zuneigung durch das Jagen verloren gegangen, da der Mensch die Delfine als Beute sieht. Diese gebliebene Nähe zum Menschen könnte sich dadurch ausdrücken, dass der Delfin nicht ganz Fisch geworden ist, sondern seine Jungen wie die Menschen säugt.

Was unterscheidet das Tier vom Menschen?

Wie kann man sich eine tiefere Beziehung zwischen Mensch und Tier vorstellen?

Was kann der Delfin besonders gut?

272

Seine Körperform ermöglicht dem Delfin das perfekte Schwimmen.

Die Schüler werden die Lust am Schwimmen und Tauchen bei sich kennen. Gern schwimmen sie mit Taucherflossen wie Delfine unter Wasser und meistens lieben sie gerade diese Tiere. Es mag vielleicht kindlich oder zu wenig dem Unterrichtsstoff angemessen erscheinen, wenn der Lehrer auf diese Weise den Delfin betrachtet. Er wird aber sicherlich eine lebendige Stunde erleben und die Schüler werden sich in den ausdrucksschönen Beschreibungen über das Tier belebter und wacher fühlen und sie werden die geforderten Leistungen müheloser wiedergeben können, da sie eine Beziehung zum Thema herstellen konnten. Man kann von der Klasse Leistungen verlangen, indem sie zum Beispiel künstlerische schöne Bilder malen oder eine Beschreibung über den Delfin vorlesen. Hier darf der Lehrer den Maßstab hoch ansetzen und einige Mühe verlangen.

Die künstlerische Darstellung des Delfins wäre eine schöne Möglichkeit einer Schüleraufgabe.

Der Gedanke, dass die Tiere im Vergleich zum Menschen eine spezialisierte Fähigkeit haben, auf anderes in ihrer Entwicklung aber verzichten mussten, kann auch im Stillen erwogen oder am Rande erwähnt werden. Wichtig ist, dass der Lehrer aber überhaupt einen Gedanken zum Thema hat, der natürlich auch der Wahrheit entspricht und den er lebendig bei sich erlebt, das heißt den er selbst ernst nimmt. Der Gedanke sollte für ihn eine tiefe Wahrheit bedeuten.

Ein führender Gedanke zur Behandlung von Nadel- und Laubbäumen

In der 5. und 6. Klasse werden die Laub- und Nadelbäume, sowie die verschiedenen Wälder behandelt. Dafür werden in der Regel Arbeitsblätter ausgeteilt und die Definitionen gelernt. Auf Seite 24 im Kapitel „Der Gedanke muss im Verhältnis zum menschlichen Willen seine Führungsinstanz einnehmen" wurde ein Gedanke erwähnt, der in der Behandlung des Themas wegweisend sein kann: *„Der Lehrer kann sagen: ‚Wir wollen heute die Nadelbäume in der Stunde behandeln. Die Nadelbäume sind im Unterschied zu den Laubbäumen durch eine stark zentrierende Verdichtung des Blattwerkes, das sich in fein gegliederten Nadeln an der Peripherie organisiert, gekennzeichnet'."* Wie kann der Unterschied von einem solchen Ansatz im Vergleich zu einem Ansatz erlebt werden, der mehr auf das Auswendiglernen der Bäume zielt?

Welcher Gedanke kann in der Behandlung der Nadel- und Laubbäume wegweisend sein?

Verfolgen wir dazu den vorgeschlagenen Gedanken einmal weiter. Der Lehrer kann zum Beispiel eine kleine Übung mit der Klasse machen, indem er sagt, die Klasse solle sich einmal ein großes Ahornblatt vorstellen, welches vielleicht gezeigt wird. Sie sollen sich vorstellen, dass dieses Blatt sich nun immer mehr zusammenziehen und wie zur Mittelachse zentrieren würde. Wie würde es nun aussehen? Vielleicht entsteht bei einigen Kindern das Bild einer Fichten- oder Kiefernnadel, jedenfalls wird der Prozess deutlich erlebt, dass ein völlig anderes Blatt sich bilden würde, mit anderen Eigenschaften. Auch wird das Konzentrieren und Verdichten des Blattes deutlich, welches der Lehrer vorher beschrieben hatte. Es geht nicht darum, zu sagen, dass sich etwa die Nadelbäume so entwickelt hätten, also einen phylogenetischen Zusammenhang zu behaupten, sondern vielmehr sollen die Schüler den Verdichtungs- und Konzentrationsprozess erleben. Dadurch wird schon ein Unterschied der Baumarten deutlich. Nun wird der Lehrer den Gedanken weiterverfolgen. Er fragt: „Was entsteht denn nun durch dieses Zusammenziehen und Konzentrieren in der Nadel, was auch gern die Menschen als Badezusatz benutzen, was wir riechen, wenn wir eine Tannennadel reiben und was wir im Wald auch riechen können?" Die Nadelbäume bringen Öle und Harze hervor, die mit einem Wärmeprozess begleitet sind. Diese Öle werden zu Heilzwecken benutzt. Gerade die Konzentration bringt diese Öle hervor, die die Laubbäume nicht hervorbringen. Weiter kann man nun erkunden, wie denn Öle auf den Menschen wirken. Sie wärmen ihn und fördern durch ihre Wärmewirkung auch die Durchblutung. Durch diesen in der Konzentration entstandenen Wärmeprozess kann nun

Die Schüler können das Konzentrieren zur Nadel durch eine angeleitete Aufgabe nachvollziehen.

Was bringt der Nadelbaum im Gegensatz zum Laubbaum durch das Konzentrieren und Verdichten hervor?

274

die Nadel am Nadelbaum den harten Winter überstehen und der Baum muss nicht seine Blätter oder Nadeln verlieren.

Der Laubbaum hingegen macht einen ganz anderen Prozess durch. Kaum dass die Sonne sich zurückzieht und die Wärme des Sommers nachlässt, beobachten wir, wie sich die Laubbäume verfärben. Die Kraft des Blattes, das Grün, geht wie verloren, es verschwindet später in ein erdfarbenes Braun und geht ganz zur Erde. Die Farben zeigen noch einmal die Kraft des Lichtes und erstrahlen in voller Pracht, bevor sie wie in den Himmel aufsteigen und dem Erdenbraun weichen müssen. Das Blatt geht ganz zur Erde und der nun kahle Baum wirkt wie etwas Totes, Abgestorbenes.

Wie erlebt man den Laubbaum im Gegensatz zum Nadelbaum in der Natur?

Kiefernnadel und Ahornblatt: das Blatt dehnt sich ganz in die Fläche aus, während die Nadel sich auf eine Längsrichtung konzentriert.

Der Laubbaum muss seine Blätter verlieren, da er in ihnen nicht die konzentrierte Substanz hat, die die Nadeln haben. Die Konzentration bewirkt stofflich gesehen, dass die Nadeln auch bei tiefen Frosttemperaturen nicht gefrieren, während die Laubblätter vieler verschiedener Laubbaumarten schon bei wenigen Graden unter Null erfrieren.

Die Schüler erleben den Unterschied der Baumarten und bemerken, wie die Laubbäume viel stärker den Jahreslauf mitmachen als die Nadelbäume. Diese erscheinen uns etwas entfernter, nicht mehr ganz so nahestehend, da sie nicht mehr so stark dem Jahreslauf unterworfen sind wie die Laubbäume. Sie drücken ein ernsteres, konzentrierteres und erdenferneres Wesen aus und stehen den Laubbäumen fast konträr gegenüber. Die Wälder mit ihren

Der Laub- und Nadelbaum stehen der Erde ganz verschieden gegenüber.

275

verschiedenen Bäumen werden lebendiger erlebt und die Schüler können nun die Bäume mehr gedanklich betrachten. Steht mehr das Lernen und Erkennen ohne eine gedankliche Betrachtung im Mittelpunkt, so lebt meist der Gedanke unbewusst im Lehrer. Es ist der Gedanke der Klassifizierung und des Definierens, des biologischen Bestimmens. Diese Gedanken nehmen wir schon unbewusst durch die eigene Schulbildung und durch die moderne Naturwissenschaft auf. Heinz Grill äußerte zu dem Wirken eines Gedankens einmal Folgendes: *„In jedem Fachgebiet, wie beispielsweise in einer Sprache, lebt der Geist mit verschiedenen Gedanken. Der Lehrer lernt diese Gedanken in zunehmenden Maße kennen und auch in den Zusammenhängen zu empfinden. Indem er nicht mehr nur auf unbewusste, sondern auf ganz bewusste Weise sein Fach verinnerlicht und durchdringt, ersteht gewissermaßen der Gedanke in der Persönlichkeit des Lehrers. Der Gedanke wird zu seinem eigenen Licht, zu seiner Authentizität. Der Lehrer unterrichtet mit der Bewusstheit im Gedanken nicht mehr auf intellektuelle oder schematische Weise, sondern strahlt mit seinem ganzen Gefühlsleben und sogar auch körperlichen Dasein die Wirklichkeit des Gedankens aus."*

Gewicht und Masse

Ein Beispiel aus der 3. und 4. Klasse

Ab der 3. Klasse werden die Zeit, die Längen und das Gewicht eingeführt. Diese Themen vertieft man dann in der 4. Klasse und erweitert sie durch den Flächeninhalt, den Umfang und den Rauminhalt. Der Lehrplan setzt seinen Schwerpunkt auf das Umwandeln der einzelnen Einheiten, zum Beispiel wie viel Sekunden ein Monat hat, wie lange etwas dauert und auf das Rechnen mit verschiedenen Maßeinheiten. Auffallend ist, dass viele Schüler zu den einzelnen Themen und Begriffen keine Vorstellung besitzen und oft die Begriffe verwechseln. Damit zu den einzelnen Gebieten für den jungen Schüler eine gute Vorstellung entstehen kann, ist es für den Anfang sinnvoll, ein grundlegendes Gefühl für die Zeit, für die Länge oder für das Gewicht zu erzeugen. Der Lehrer sollte möglichst einfache Beispiele benutzen, die die Kinder aus ihrem Alltag kennen. Für die verschiedenen Längen einer Strecke kann einmal jedes Kind seinen Schulweg beschreiben und man kann die Wege der Größe nach ordnen. Wenn die Sommerferien vorbei sind, können die Kinder berichten wie weit sie weggefahren sind. Sie werden die Länge von Strecken viel intensiver erlebt haben, wenn sie zum Beispiel neun Stunden im Auto gefahren sind. Daran anschließend kann man betrachten, wie viel Zeit man für die einzelnen Strecken benötigt. Wichtig ist, dass sich in den Kindern eine Vorstellung ausbildet, wie weit 10, 100 oder 700 km sind und wie lange man dafür mit dem Auto fahren muss. Eine getrennte Betrachtung der einzelnen Gebiete mit möglichst vielen Beispielen ist für das Entwickeln der Vorstellungen wichtig. Es kann zum Beispiel die Zeit ruhig eine ganze Woche behandelt werden, bevor der Lehrer die erforderlichen Rechnungen durchführt.

Die Einführung von Gewicht und Masse im Grundschulunterricht der 3. und 4. Klasse soll nun im Folgenden näher beschrieben werden. Der Lehrer kann zu der Klasse sagen: „Wir wollen die nächsten Tage einmal über das Gewicht nachdenken." Nach einer Pause kann er die Worte so wiederholen, dass das Gewicht förmlich in den Worten schon enthalten ist: „Das Gewicht, man kann auch Masse sagen." Die Worte sollen ruhig ausgesprochen werden und der Lehrer soll zunächst nicht sofort in das Unterrichtsgespräch gehen. Die Begriffe sollen von der Klasse wirklich wahrgenommen werden und der Zugriff auf sie oder das vorschnelle Erklären soll hier zurückgehalten werden, da der Intellekt zwar sehr schnell erklären möchte, aber sich auf diesem Weg keine guten Vorstellungen im Kind anlegen können. Dieses kontemplative

Der jüngere Schüler benötigt für die Entwicklung von Vorstellungen zu Größen und Maßen doch einige Zeit.

Was drückt das Gewicht oder die Masse aus?

277

Betrachten beschreibt Heinz Grill in „Die Phantasie und die Pädagogik des Mondes", als eine Pädagogik, welche die Fähigkeit gibt, einen Begriff ruhig zu erwägen. In einer Zeit, in der die meisten Kinder viele wissenschaftliche Sendungen anschauen, in denen für Kinder aus der Naturwissenschaft vieles erklärt wird, muss der Lehrer damit rechnen, dass sie sofort dieses Wissen anbringen wollen und sie der Meinung sind, sie wüssten längst, worum es sich handelt. Bewusst sollte dies der Lehrer zurückhalten und durch seine eigene ruhige Anschauung einen Raum für diese Begriffe eröffnen. Er kann durchaus die Begriffe Gewicht und Masse bei sich selbst in Ruhe erwägen, sodass die Klasse merkt, dass sie doch etwas Nachdenkenswertes sind. Die Pädagogik wird auf Seite 181 so beschrieben: *„Die Unterrichtsform, die auf diese Weise entwickelt wird, kann im weitesten Sinne dahingehend verstanden werden, dass der Lehrer eine Art besondere Kontemplationssphäre eröffnet, die das besagte Wort* (den Begriff), *um welches es sich handelt, richtiggehend zur Ruhe oder fast bis zur sensiblen unmittelbaren Greifbarkeit führt. Er verwurzelt es. Er darf hierzu keine intellektuellen Überladungen, vorschnellen Interpretationen oder emotionalen Reaktionen, die in Form von Assoziationen dem Wort sogleich beigefügt werden, dulden. Die Pädagogik, die er anwendet, ist tatsächlich mit außerordentlicher Gelassenheit und Ruhe zu vollbringen."*

Nun kann die erste Frage kommen, woran die Kinder denn denken, wenn sie das Wort „Gewicht" hören. Hier soll er sich die Beiträge ruhig anhören und wichtige Worte wiederholen. Schließlich kann er zusammenfassen, dass man bei dem Gewicht an etwas Schweres denkt, man wird sich vielleicht auch erinnern, wie man etwas Schweres angehoben oder getragen hat. Auch wenn es zunächst banal erscheint, ist es gut, wenn der Lehrer fragt, woran denn die Kinder gemerkt haben, dass etwas schwer war? Diese Frage ist von Bedeutung, weil hier sich ein Wesensmerkmal des Gewichtes beziehungsweise der Masse ausdrückt. Die Klasse wird feststellen, dass ein großes Gewicht nach unten zieht, die Arme scheinen immer länger zu werden beim Tragen und dass zum Beispiel ein schwerer Rucksack oder eine schwere Schultasche auf den Rücken drückt. Der Lehrer sollte für sich wissen, dass der Mensch die Masse dadurch wahrnimmt, da sie einen Druck auf seinen Körper ausübt. Er kann nicht durch das Sehen mit dem Auge das Gewicht eines Gegenstandes bestimmen. Das kann er erst ungefähr, wenn er Erfahrungen gesammelt hat und weiß, was eine Tonne ist. Deshalb sagen Kinder ja oft, dass etwas zum Beispiel „Millionen Tonnen" schwer sei, sie drücken dadurch aus, wie schwer sie etwas erlebt haben und können natürlich noch nicht das richtige Maß angeben. Selbst wenn schon sehr intellektuell veranlagte Kinder sagen, wie schwer etwas ist, muss sich der Lehrer bewusst sein, dass ein Drittklässler eine wirkliche Vorstellung und eine sicheres Handhaben von Gewichten und ihren Maßeinheiten noch nicht zustande bringt. Man bemerkt dies im Unterricht, wenn Kinder ein Gewicht schätzen sollen oder wenn sie mit Gewichten rechnen, dass die Vorstellung zu einer Tonne oder 10 kg nicht angelegt wurde. Nun kann man Gegenstände sammeln, die nach ihrem Gewicht geordnet an der Tafel stehen. Die Klasse kann nun Dinge nennen, die kein Gewicht haben, wie Licht, Wärme. Verschiedene Kinder können nun nach vorn kommen und die Hand ausstrecken. Der Lehrer kann verschiedene Gegenstände daraufflegen und die Kinder können sagen, wie schwer sie etwas empfinden. Die Frage wird gestellt, woran man die Schwere merkt. Er kann betonen, dass die Masse beziehungsweise das Gewicht nach unten drücken.

In einer zweiten Stunde können nun die Einheiten eingeführt werden. Dabei sollte betont werden, dass sich diese Einheiten der Mensch ausgedacht hat, damit er sagen kann, wie schwer etwas ist und das eine Tonne auf der ganzen Welt eine Tonne ist. Wann ist aber eine Tonne eine Tonne? Wer bestimmt dies? Die Kinder werden antworten, dass man den Gegenstand wiegen muss, die Waage sagt es genau. Der Lehrer kann kurz ausführen, dass alle Waagen ganz genau so hergestellt werden müssen, dass sie bei einem Kilogramm wirklich genau auf einem Kilogramm stehen. Dazu hat man vom Menschen festgelegte Gewichte oder Massen, sogenannte „Normgewichte", mit denen man die Waagen „eicht". Wichtig ist, dass nun ausführlich gewogen wird und dass das Gewicht gerade vertrauter Gegenstände wie der Lebensmittel, des Autos oder das eigene Gewicht, das der Eltern und viele weitere richtig erlebt werden. Die Kinder sollen für ein Kilogramm oder für eine Tonne wirklich ein Gefühl bekommen. Das Schätzen und das nachfolgende Abwiegen von Gegenständen sollte nicht zu mechanisch verlaufen. Hier darf es richtig lebendig werden, dass gestaunt wird und dass man den zu wiegenden Körper selber anheben will, um seine Masse zu erleben. Auf das Umwandeln der Einheiten sollte nicht die allergrößte Betonung liegen. Sicher muss sich dann der Lehrer von allgemein üblichen Kopien und vom Leistungsabfragen etwas frei machen. Wenn der Klasse gesagt wird, dass in einer Tonne 1000 kg drinstecken und man eben zu einer Tonne auch 1000 kg sagen kann, so wie man zu einer Minute auch 60 Sekunden sagen kann, so wird das die Klasse gut aufnehmen. Die Rechnungen sollten leicht durchgeführt werden, es sollte bei Fehlern nicht das Gefühl entstehen, dass man etwas nicht kann, denn so wird man das Interesse an dem Thema sehr schnell ersticken. Nach meiner Erfahrung erlernt das Kind auf diese Weise sogar leichter das Umrechnen, da der Leistungsdruck wegfällt und das Erleben der Begriffe und die Entwicklung des eigenen Interesses mehr hervortreten. Es ist gut, wenn der Lehrer

Es ist günstig, wenn das Schätzen und das nachfolgende Abwiegen von Gegenständen im Unterricht nicht zu mechanisch verläuft.

dann in der 4. Klasse zum Thema Masse und Gewicht noch einmal an die vorhergehende Klasse erinnert und wichtige Aussagen zur Masse wiederholt.

Nun kann er daran ein weiteres Phänomen anschließen, was auch den Rauminhalt berücksichtigt. Günstig wäre es natürlich, wenn vorher der Rauminhalt auch besprochen wurde.

Würfel mit dem Rauminhalt 1 cm³ aus verschiedenen Materialien, das heißt mit verschiedenen Massen und Dichten

Was drückt das Verhältnis von Masse und ihrem Rauminhalt aus? Man sollte diese Frage nicht zu schnell mit einem Begriff und einer Formel beantworten.

Was ist es, was bestimmt, dass die Würfelchen mit dem gleichen Volumen doch unterschiedlich schwer sind?

Auf dem Tisch können Anschauungsmaterialien liegen wie zum Beispiel hier im Bild gezeigt. Zunächst können sich die Kinder aus der Nähe die Würfelchen betrachten und der Lehrer sagt, dass jeder Würfel aus einem anderen Stoff besteht, einer zum Beispiel aus Eisen, ein anderer aus Holz und so weiter. Anheben sollten die Kinder die Würfel noch nicht. Der Lehrer fragt, was denn gleich auffällt und betont dann, dass alle Würfel die gleiche Größe haben, den gleichen Rauminhalt einnehmen, obwohl sie aus verschiedenem Material sind. Das Holz nimmt bei dem einem Würfel den gleichen Raum ein, wie zum Beispiel das Eisen, man kann sagen, die Würfel sind gleich groß. „Sind sie auch gleich schwer?", fragt der Lehrer. Natürlich vermuten oder wissen die Kinder, dass sie nicht gleich schwer sind. Die Würfel werden in der Hand gehalten und man wird staunen über die Unterschiede ihres Gewichtes. Klar sollte herausgestellt werden, dass man die Masse also nicht vom Sehen her bestimmen kann und obwohl alle Körper den gleichen Rauminhalt haben, sie sind 1 cm lang, 1 cm breit und 1 cm hoch, sind sie unterschiedlich schwer. „Wie kommt dies zustande?", fragt der Lehrer. Schnell wird der eine oder andere antworten, weil Eisen schwerer

280

als Holz ist. Es soll aber unbedingt nicht bei schnellen, intellektuellen Antworten stehen geblieben werden, denn warum ist das so? Beginnt der Lehrer im Unterricht scheinbar banale Tatsachen zu hinterfragen und für diese ein Interesse zu erwecken, so kann die Klasse ein Interesse entwickeln, die ihr als Kraft für das spätere Leben erhalten bleibt. Es sollte in der Schule sich niemals nur darum handeln, die Fragen und Rätsel, die in der Welt vorkommen, schnell zu beantworten und ein Gefühl zu erzeugen, man wisse alles schon und könne nun das Wissen „abspeichern". Für den heranwachsenden Schüler bedeutet dies nämlich, dass er am Leben kein Interesse finden kann und in einem Gefühl lebt, es sei ja alles schon bekannt. Es wird sich Langeweile und später sogar eine depressive Stimmung entwickeln, da sich eine innerliche Leere eingestellt hat.

Mit dem Beispiel der Würfel wird nun nahegeführt, dass es also auch auf das Material ankommt. Die Kinder werden vielleicht schon aus dem Alltag wissen, „dass Eisen schwerer als Holz ist", aber der Lehrer kann nun darauf hinweisen, dass die Sache doch nicht so einfach ist, wenn man zum Beispiel eine kleine Eisenkugel mit einem großen Baumstamm vergleicht. Hier spielt die Dichte des Stoffes eine Rolle und der Lehrer kann so viel verraten, dass in demselben Raum bei einem Körper sehr viel von dem Stoff oder von der Materie enthalten ist und bei einem anderen Körper ist in demselben Raum sehr wenig Stoff enthalten. Die Materie ist unterschiedlich dicht.

Die Materie nimmt in ganz unterschiedlicher Weise den ihr zur Verfügung stehenden Raum ein.

Der Autor Heinz Grill

Heinz Grill, spiritueller Lehrer, geboren 1960, besaß von jungen Jahren an die Fähigkeit, verschiedenste Lebensbereiche von einem übergeordneten oder geistigen Standpunkt aus zu betrachten und von diesem ausgehend, diese Bereiche neu zu beleben, durchzugestalten und hier eine notwendige Entwicklung zu fördern. Diese Fähigkeit immer mehr entfaltend schuf er in der Auseinandersetzung mit der heute im Westen üblichen Yogapraxis, aber auch mit der von Indien kommenden Tradition zunächst den im Ansatz völlig „Neuen Yogawillen und die neue Yogaempfindung". In der Folge erbaute er in Verbindung mit seiner Ausbildung zum Heilpraktiker auch neue gedankliche Ansätze in der Heilkunst und Ernährung und des Weiteren in der Architektur.

Seine größte Stärke liegt nach eigener Aussage in der Fähigkeit, Menschen nach einem geistigen Ideal zu verbinden oder schon bestehende Verbindungen mehr zu fördern und neue Perspektiven zu eröffnen. Aus den neuen oder noch besser gestalteten Beziehungen kann der Einzelne in seiner Persönlichkeit eine Ich-Substanz erbauen und seine Fähigkeiten freier in der Welt entfalten. Diese neu entfalteten Fähigkeiten fördern wiederum die Beziehungen untereinander und den Kulturaufbau in der Welt. Heinz Grill versteht unter Pädagogik nicht nur eine Lehrtätigkeit an der Schule, sondern vor allem die Gestaltung der Beziehungen der Menschen untereinander und zu den Phänomenen der äußeren Welt nach wahren Gedanken. Aus diesem Verständnis und aus seiner imaginativen Sicht, verbunden mit der praktischen Vermittlung geistiger Inhalte zu den verschiedensten Themen, entstand auch das Ihnen hier vorliegende Buch zur seelisch-geistigen Entwicklung in der Pädagogik.

Der Herausgeber Günther Pauli

Günther Pauli, geboren 1959, studierte Physik und Philosophie an der Universität Erlangen und entschied sich nach einer anfänglichen Tätigkeit in der Wirtschaft für die lehrende Vermittlung von naturwissenschaftlichen Inhalten. So arbeitete er neben seiner Lehrtätigkeit an Berufsfachschulen selbstständig in der Vermittlung der Fächer Physik, Mathematik und Chemie hauptsächlich an Schüler der gymnasialen Oberstufe. In den letzten Jahren baute er zusammen mit seiner Frau am Bodensee ein Nachhilfeinstitut auf, das von den Schülern der verschiedensten Schultypen besucht wird. Hier erlebte er die Not der Schüler, aber auch der Lehrer, die sich symptomartig in einer nervlichen Auszehrung oder aber bis in das Körperliche in einer Erschöpfung zeigt. Auch zeigte sich ihm, dass ein wirkliches Interesse und eine Freude an den Inhalten des Unterrichts schon bei jungen Schülern meistens nicht mehr entsteht und auch bei den Lehrern das Unterrichten mehr die Formen einer reinen Weitergabe von äußerem Wissen oder sogar einer Art Stellungskrieg mit der Klasse annimmt und die Freude am Unterrichten immer mehr entschwindet.

Aus der Begegnung mit Heinz Grill und aus der mit der Arbeit erfolgten Einsicht in das Schulwesen und in die immer mehr sich steigernde Problematik eines rein intellektuellen und nur an den Bedürfnissen der Wirtschaft orientierten Unterrichtens entstand der Wunsch, ein Buch mitzugestalten und herauszugeben, das in der Pädagogik einen Entwicklungsweg aufzeigt, der den Menschen in seiner Ganzheit wieder mit einbezieht.

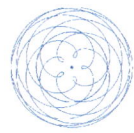

Literaturverzeichnis

Rudolf Steiner: Geistige Hierarchien und ihre Widerspiegelung
in der physischen Welt. Tierkreis, Planeten, Kosmos,
Gesamtausgabe 110, Rudolf Steiner Verlag, Dornach/Schweiz.

Rudolf Steiner: Der Mensch als Zusammenklang des schaffenden,
bildenden und gestaltenden Weltenwortes, Teil III,
Die Pflanzenwelt und die Naturelementargeister,
Gesamtausgabe 230, Rudolf Steiner Verlag, Dornach/Schweiz.

Rudolf Steiner: Die Erneuerung der pädagogisch-didaktischen
Kunst durch Geisteswissenschaft,
Gesamtausgabe 301, Rudolf Steiner Verlag, Dornach/Schweiz.

Rudolf Steiner: Geisteswissenschaftliche Impulse zur Entwicklung
der Physik, 1. naturwissenschaftlicher Kurs,
Gesamtausgabe 320, Rudolf Steiner Verlag, Dornach/Schweiz.

Rudolf Steiner: Geisteswissenschaftliche Impulse zur Entwicklung
der Physik, 2. naturwissenschaftlicher Kurs,
Gesamtausgabe 321, Rudolf Steiner Verlag, Dornach/Schweiz.

Rudolf Steiner: Das Verhältnis der verschiedenen
naturwissenschaftlichen Gebiete zur Astronomie,
3. naturwissenschaftlicher Kurs,
Gesamtausgabe 323, Rudolf Steiner Verlag, Dornach/Schweiz.

Rudolf Steiner: Der Entstehungsmoment der Naturwissenschaft
in der Weltgeschichte und ihre seitherige Entwicklung,
Gesamtausgabe 326, Rudolf Steiner Verlag, Dornach/Schweiz.

Rudolf Steiner: Mensch und Welt. Das Wirken des Geistes
in der Natur,
Gesamtausgabe 351, Rudolf Steiner Verlag, Dornach/Schweiz.

Heinz Grill: Erziehung und Selbsterziehung, Die Seele als
schöpferisches Geheimnis der werdenden Persönlichkeit,
Lammer-Koll-Verlag, Vaihingen/Enz.

Heinz Grill: Das Wesensgeheimnis der psychischen
Erkrankungen, Die Organe des Menschen, ihr seelischer
Zusammenhang und die Möglichkeiten eines spirituell
orientierten Bewusstseinsaufbaues,
Lammers-Koll-Verlag, Vaihingen/Enz.

Heinz Grill: Wie wirken die Medien auf Kinder und Jugendliche,
Lammers-Koll-Verlag, Vaihingen/Enz.

Heinz Grill: Die Seelendimension des Yoga,
Praktische Grundlagen zu einem spirituellen Übungsweg,
Lammers-Koll-Verlag, Vaihingen/Enz.

Heinz Grill: Ein Neuer Yogawille und seine therapeutische
Anwendung bei Ängsten und Depressionen,
Lammers-Koll-Verlag, Vaihingen/Enz.

Heinz Grill: Die sieben Lebensjahrsiebte, die sieben
Energiezentren und die Geburt aus Geist und Wasser,
Lammers-Koll-Verlag, Vaihingen/Enz.

Heinz Grill: Initiatorische Schulung in Arco (VI),
Gemeinschaftsbildung und Kosmos, Die Individualität im
Verhältnis zur Universalität, Karma und Reinkarnation,
Lammers-Koll-Verlag, Vaihingen/Enz.

Hansjörg Bögle: Lebendiges Erleben der Geometrie
am Beispiel des Dreiecks,
Lammers-Koll-Verlag, Vaihingen/Enz.

Richard Phillips Feynman: QED -
Die seltsame Theorie des Lichts und der Materie,
Originaltitel: QED - The Strange Theory of Light and Matter,
Piper Verlag, München.

Erich Fromm: Haben oder Sein, Die seelischen Grundlagen einer
neuen Gesellschaft,
dtv - Deutscher Taschenbuch Verlag, München.

Frits H. Julius: Grundlagen einer phänomenologischen Chemie,
Stoffeswelt und Menschenbildung Teil I und II,
Verlag Freies Geistesleben, Stuttgart.

Margot Rasshofer: Kinderyoga, Eine entwicklungs- und
erziehungsbegleitende Körperübungsweise,
Amanitva-Verlag, Unterlengenhardt

Marshall B. Rosenberg: Gewaltfreie Kommunikation,
Neue Wege in der Mediation und im Umgang mit Konflikten,
Junfermann Verlag, Paderborn.

Danksagung

Mein besonderer Dank gilt Dir, Heinz, für die geistigen Grundlagen dieses Buches, für Deine Anregungen und auch für die Gelegenheit, dass ich mich an einem so wichtigen und notwendigen Werk beteiligen konnte.

Für das Buch waren eine gute Vermittlung zwischen den verschiedenen beteiligten Personen und eine wache Übersicht notwendig. Es mussten hochwertige Fotos ausgesucht und Zeichnungen nach imaginativen Gesichtspunkten erstellt und auch beschrieben werden. Ebenso erforderten der Satz, die Gestaltung und auch das Korrekturlesen ein sehr genaues, geduldiges und ausdauerndes Arbeiten.

Bei allen Mitwirkenden bedanke ich mich an dieser Stelle für ihre engagierte Mitarbeit.

Günther Pauli

Bei Interesse an weiteren Informationen und an Veranstaltungen zu diesem Thema können Sie sich unter *www.paedagogik-impuls.de* informieren.
